· 20일간의 기록 ·
마야·잉카 여행

20일간의 기록
마야·잉카 여행

초판 1쇄 인쇄 2009년 5월 21일
초판 1쇄 발행 2009년 5월 25일

지은이　김 원
펴낸이　김태봉
펴낸곳　한솜미디어
등록　제5-213호

편집　김주영 김미란 박창서
마케팅　김영길 김명준
홍보　장승윤

주소　143-200 서울시 광진구 구의동 243-22
전화　(02)454-0492(代)
팩스　(02)454-0493
이메일　hansom@hansom.co.kr
홈페이지　www.hansom.co.kr

값 15,000원
ISBN 978-89-5959-201-2 (03980)

좋은 독자가 좋은 책을 만듭니다.

* 잘못 만들어진 책은 구입하신 서점에서 바꿔드립니다.

20일간의 기록

마야·잉카 여행

멕시코시티 / 칸쿤 / 리마 / 나스카 / 쿠스코 / 푸노 / 라파스

김원 지음

머·리·말

    20일 만에 중미의 마야문명과 남미의 잉카문명을 돌아보는 짧은 여행기이다. 비록 여행 자금이 확보되어도 시간이 넉넉하지 못한 일반인들은 가고 오는 데만 3~4일이 걸리는 남미 여행은 감히 엄두를 내지 못하는 것이 현실이다.
    물론 중미나 남미의 한두 개 나라를 다녀오는 것은 가능하나 어딘지 모르게 비경제적이라는 생각이 드는 것도 사실이다. 기왕에 멀리 왔으니 한 나라라도 더 들르고 싶은 것은 인지상정일 것이다. 이런 안타까운 현실에서도 과감히 용기를 내어 여행을 추진하려는 독자들이 있다면 이 여행기가 작은 도움이 되기를 간절히 원하는 취지에서 기억을 더듬어 보기로 하였다. 최소 한 달 이상의 여정을 생각해야 하는 남미 여행은 특별한 여행사의 단체 여행을 제외하고는 일반인들이 쉽게 도전하기 어려운 것이 사실이어서 필자의 경험담을 기록하여 개별적인 여행에 도움이 되기를 바라는 바이다.

    남미를 충분히 여행하기 위해서는 최소 40일에서 45일 정도가 소요된다고 볼 수 있다. 그러나 생업을 하며 여가 시간을 최대한 활용한다고 해도 이 정도 시간을 낼 수 있는 사람들은 휴학 중인 학생이나 일부 자영업자 등을 제외하고는 매우 힘들다고 해도 과언이 아니다. 그래서 이 글은 최소 20일 동안에 남미를 만날 수 있는 최적의 방법에 초점을 맞추었다. 남미를 대표하는 나라들을 20일 안에 모두 여행하는 것은 거의 불가능하다고 할 수 있다.
    일부 여행사에서 나온 그룹 여행은 이 기간에 남미 10여 개국을 두루 돌아보는 상품들이 있기는 하다. 이 패키지는 여러 국가를 돌며 그곳의 특정한 유명한 곳을 방문하는 것이기는 하지만 그저 스쳐 지나가는 인상이 깊고 체력적으로 힘든 여정이 되는 것은 물론이다. 이것은 매일 장거리를 이동해야 하는 문제가 따르기 때문이다. 따라서 필자는 남미 여행을 두 가지 패턴으로 나누어 여행하는 것이 그 방법의 하나가 될 수 있다고 생각한다.
    첫째 멕시코, 페루, 볼리비아를 1그룹으로 하고 칠레, 아르헨티나, 브라질을 2그룹으로 하는 것이다. 이렇게 하면 비록 두 번에 나누어 여행하는 번거로움이 있고 그 비용도 배가 되기

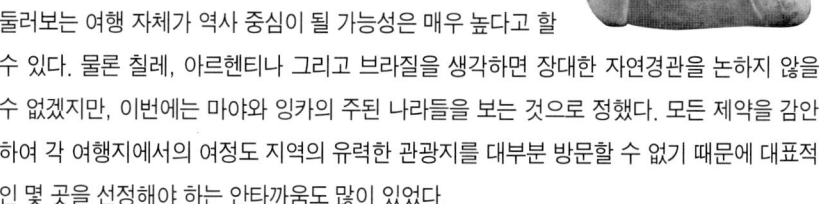

는 하지만 생업의 중단 없이 거리나 시간적인 변수 때문에 쉽게 결정하기 힘든 남미 여행에 도전할 수 있을 것이다. 그리고 특히 이번 여정에서 멕시코를 포함시킨 이유는 역사를 주제로 삼았기 때문이다. 남미의 중심이 되는 나라들을 2~3일씩 두루 둘러보는 여행 자체가 역사 중심이 될 가능성이 매우 높다고 할 수 있다. 물론 칠레, 아르헨티나 그리고 브라질을 생각하면 장대한 자연경관을 논하지 않을 수 없겠지만, 이번에는 마야와 잉카의 주된 나라들을 보는 것으로 정했다. 모든 제약을 감안하여 각 여행지에서의 여정도 지역의 유력한 관광지를 대부분 방문할 수 없기 때문에 대표적인 몇 곳을 선정해야 하는 안타까움도 많이 있었다.

땅의 개념이 우리와는 달라 어디를 움직이려 해도 버스로 7시간, 10시간… 뭐 이런 식이니 개념의 차이가 있다. 현지의 즐거운 식사도 맘껏 즐겨야 하겠지만 시간 여유가 없는 여행자로서는 그저 한 끼 때우는 정도의 식사 시간이 많아질 것이다. 경비를 감안하여 저렴한 호텔에 묵는 것도 여행의 중요한 대목이다. 하지만 촉박한 일정에 싼 호텔을 찾아다니는 수고로운 시간도 아껴야 하는 상황도 있을 것이다. 급한 대로 중급의 숙소를 택해야 하는 경우이다. 비록 자유로운 여정이라고 해도 일정 내내 하루도 여유가 없는 강행군이라고 해도 과언이 아니다. 이처럼 남미 여행은 다른 어떤 지역보다도 건강을 우선 조건으로 해야 하기 때문에 시간이 여유로워지는 은퇴 후에 충분한 시간을 가지고 다녀오는 것과 청장년의 시절에 다녀오는 것에는 그 감회의 차이가 있을 것이다. 나이에 따라 여행의 느낌은 언제나 다르기 때문이다. 여행의 시작은 준비하는 것이며 준비한 만큼 볼 수 있다는 명제를 떠올린다.

개별여행이다 보니 출발 전 세심한 준비가 필요함은 물론이다. 여행 중 갑작스럽게 발생할 수 있는 건강 이상은 예측불허의 결과를 초래할 수도 있다. 해열제, 두통약, 지사제 등 기본적

머 · 리 · 말

인 상비약은 필수다. 상처용 밴드와 연고, 물파스, 모기 퇴치약 등도 챙겨야 한다. 건강 없이 여행도 없다.

특히 고산지대에서 누구나 경험하게 되는 고산병 같은 경우는 너무도 잘 알려진 복병이다. 작열하는 한낮의 태양도 때로는 코끝과 볼에 화상을 입힐 정도다. 썬크림이 매우 중요한 역할을 할 것이다. 새벽의 공기는 무척 차다. 작게 말리는 침낭이 크게 도움이 된다. 또한 다용도 칼과 손톱깎이, 작은 플래쉬도 준비한다. 사소한 것 같지만 스카치테이프와 여러 장의 비닐봉지를 준비해 두면 매우 유용하다. 물건들을 구분해서 넣을 수 있는데 물론 비닐봉지는 속이 보이는 흰색 계열이 좋다. 이 또한 아침에 짐을 꾸릴 때면 조금이나마 시간을 절약하는 데 무척 도움이 된다.

모든 물품이 준비되면 각자가 커다란 배낭 하나를 기본으로 하고 더불어 등에 메는 작은 배낭을 추가로 준비한다. 여기에 숄더백 또는 허리에 찰 수 있는 소형 가방을 더해 용량에 맞게 짐을 꾸린다. 짐을 꾸릴 때도 공항에서든 숙소에서든 간간이 발생할지도 모르는 분실에 대비하여 일부 물품의 경우 여러 배낭에 적절한 배분해야 한다. 특히 현금은 몇 군데 나누어 넣는 것이 중요하며 한 군데 정도에는 갑자기 강도 등을 만났을 경우를 대비하여 빼앗겨도 아깝지 않을 최소한의 현금을 따로 보관하는 것도 매우 중요한 부분이다. 이런 경우가 생겨서는 안 되겠지만 워낙에 위험한 나라들이다 보니 속옷만 남기고 모든 것을 빼앗기거나 아니면 아무것도 빼앗기지 않으려다 목숨까지 위험하게 될 수도 있기 때문이다. 이렇듯 매사에 긴장되고 준비된 마음이 있다면 더욱 안전한 여행이 약속되는 것이 아닐까.

이제 기본적인 의복 및 샌들만 챙겨 넣어도 배낭의 공간은 더 이상 찾기가 어려울 정도이다. 참고로 비와 바람을 막을 수 있는 가벼운 외투도 아주 유용하다. 지형에 따라 강한 바람이 불기도 하고 날씨가 급변하여 갑작스럽게 비가 오기도 한다. 지역이 넓고 이동이 많기 때문에 준비해야 할 물품은 생각보다 많다. 그렇다고 기본 물품이 너무 많다고 한없이 큰 배낭을 고집해서는 안 될 터. 내 몸에 맞는 배낭을 준비한 후 그래도 배낭이 넘칠 정도라면 그 다음으로는 물건의 양이나 수량을 조절하는 것이 여행자의 자세라고 할 것이다. 여권과 비자, 항공권의 복사는 기본이다. 사용할 일이 없어야 되겠지만 여권 사진도 준비한다. 배낭의 잠금 열쇠도 없어서는 안 될 물건이다. 또한 다소 무거울 수 있지만 여행 안내책을 소지하는 것도 매우 중요하다. 여러 번 들추어볼 일이 발생하는 것은 물론이겠거니와 그때마다 매우 고마운 정보를 제공한다.

마지막으로 간과해서는 안 될 것이 스페인어의 숫자를 숙지하는 것이다. 여행 중 매일 사용해야 하는 것으로 영어의 원, 투, 쓰리보다도 유용하다. 호텔이나 관광지의 가이드들을 제외한 현지인들은 영어를 해야 한다는 개념이 없으며, 그들과 대화하며 답답함을 느낀다면 그것은 여행자 본인이지 그들은 아니다. 여행 안내서에 숫자나 인사말 정도는 거의 수록이 되어 있다.

이 책에는 중년의 저자가 이번 여행 중에 보았던 유적지의 개괄적인 설명을 덧붙이고 있다. 이는 우리가 그들의 문화에 대한 이해가 부족하여 발생할지 모르는 겉핥기식의 여행이나, 주마간산적인 무미건조한 여행이 되지 않도록 하기 위함이다. 다만 본의 아니게 때로는 그 내용이 지나칠 정도로 전문적일 수 있으나 굳이 깊이 있게 다룬 이유는 그 유적이나 장소가 담고 있는 의미나 내용의 상식적 범위가 그만큼 넓기 때문이다. 따라서 흥미가 없는 독자라면 이런 대목은 그냥 지나쳐 가는 것이 지루하지 않을 수 있다.

어쨌든 내용을 알고 떠나는 여행은 발견(?)의 기쁨을 보다 많이 갖게 하고 그 가치와 추억을 더욱 오래 간직하도록 만들 것이다. 이제 지리적으로 멕시코의 시에라 마드레 산맥에서 볼리비아의 안데스 산맥까지의 긴 거리를 이동하는 여행을 시작한다.

20일간의 기록
마야·잉카 여행

제1일(월)	인천 출발 그리고 미국	011
제2일(화)	멕시코시티에서 칸쿤으로	014
제3일(수)	치첸이차	030
제4일(목)	툴룸	056
제5일(금)	멕시코시티	069
제6일(토)	테오티후아칸	092
제7일(일)	인류학 박물관	126
제8일(월)	쿠스코	146
제9일(화)	마추피추	185
제10일(수)	잉카 박물관	214
제11일(목)	우로스	233
제12일(금)	볼리비아	249
제13일(토)	티아휘나코	269
제14일(일)	태양의 섬	303
제15일(월)	페루 리마	327

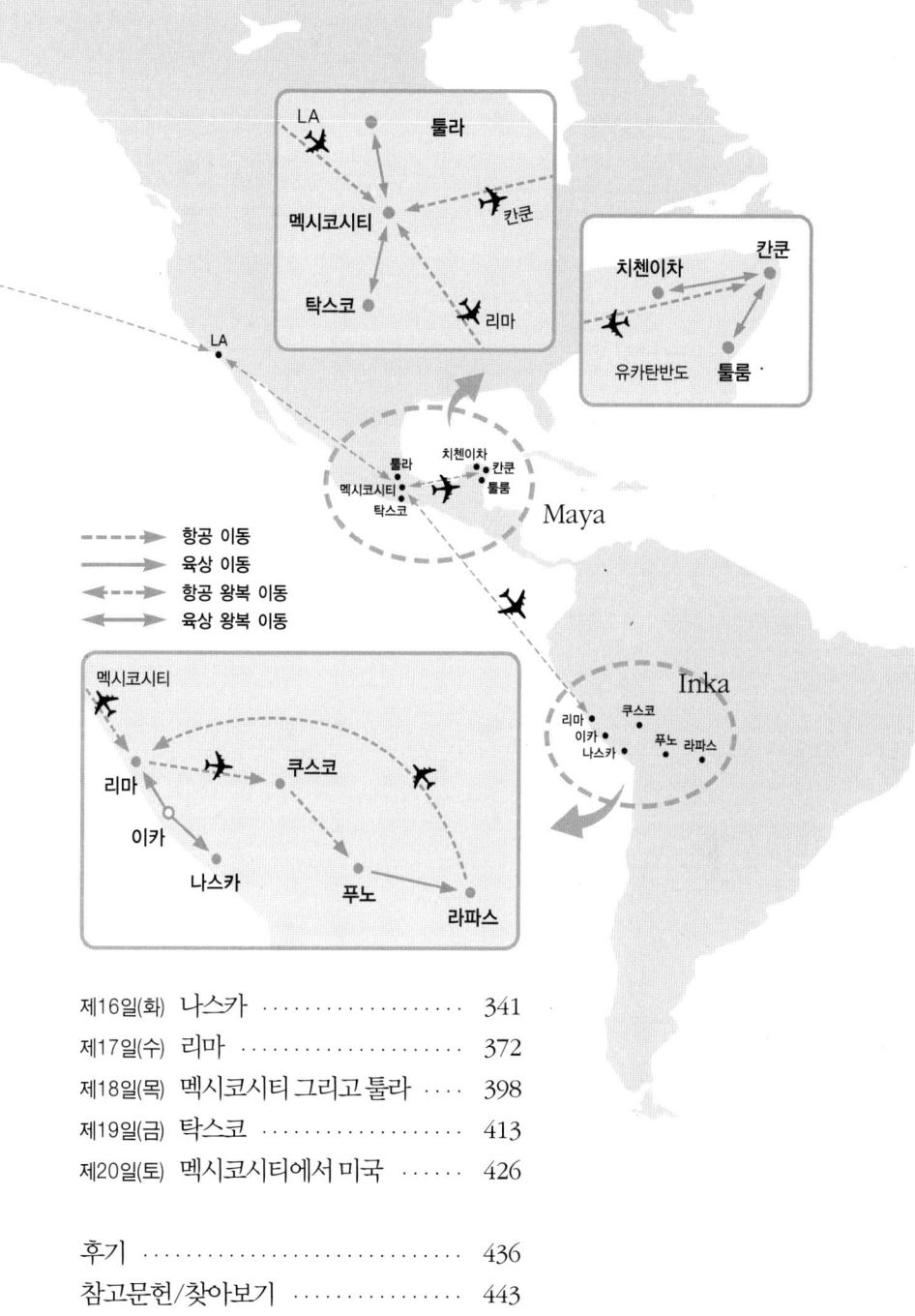

제16일(화)	나스카	341
제17일(수)	리마	372
제18일(목)	멕시코시티 그리고 툴라	398
제19일(금)	탁스코	413
제20일(토)	멕시코시티에서 미국	426

후기 436
참고문헌/찾아보기 443

일러두기

- 본 글에서 여행자는 두 사람이며, 비용에 대한 특별한 언급이 없으면 모두 2인에 대한 비용이다.
- US 1달러 = 1,000원(한국) / 10.8페소(멕시코) / 2.9솔(페루) / 7볼리비아노(볼리비아)

제1일(월)
인천 출발 그리고 미국

여행은 한국시간으로 12월 31일 오후에 인천을 떠나는 것으로 시작되었다. 인터넷으로 예약한 중국항공 air china 은 1시 15분에 인천공항을 이륙했다.

북경공항 상공에서 선회하기를 몇 십 분, 마침내 비행기는 조금 지연된 시간에 활주로에 내려 앉았다. 황량한 바람이 세차게 부는 북경공항은 공항버스로 청사로 움직이는 데만 10분 이상이 걸린다. 올림픽을 준비하는 북경공항은 새 청사를 짓고 있었는데 저 멀리 별도의 독립된 거대한 신청사가 세 개나 보인다. 드러난 외관은 스케일이 큰 민족답게 아주 거대한 규모였다. 겨울 바람이 매섭게 분다.

북경공항

대기하는 시간이 다소 지루해질 즈음 허기가 찾아온다. 청사 안의 식당에서 간단히 허기를 때우기로 한다. 식당 안은 목소리 시끄럽기로 유명한 중국인들로 북적인다. 음식은 맛이 없다. 날은 벌써 어두워지고….

북경을 이륙한 중국항공은 12시간의 비행 후 미국 시간 오후 5시 20분 로스엔젤레스공항에 도착했다. 날짜선을 넘었으니 같은 날 도착한 것이라 여행 제1일이 계속된다. 이제 곧바로 새벽 1시 15분에 예약되어 있는 멕시카나 에어라인 Mexicana airline 탑승까지는 꽤 긴 시간이 남아있어 37달러나 되는 택시비를 과감히 지출하여 공항에서 가까운 산타모니카 해변을 찾아 연말의 분위기를 느끼면서 저녁을 먹기로 했다. 여행의 시작을 태평양을 바라보며 든든한 마음으로 시작하기 위해서였다.

어둠이 내리기 시작한 로스엔젤레스의 넓은 도로 너머로 붉은 하늘이 저무는 한

해를 물들이고 있었다. 30여 분을 달리자 날은 벌써 어두워져 캄캄해졌다. 산타모니카 해변은 연말이라 그런지 많은 사람들이 나와 있었다.

유명한 산타모니카의 목조 부두 끝으로 나가 시원한 바닷바람을 맞았다. 이제 마야와 잉카를 향한 저 먼 과거로의 시간 여행에 한발 더 다가선 터라 기분은 마냥 흥분되었다. 부두로 나가는 입구에 간단한 음식들을 먹을 수 있는 스낵코너들이 있어 치킨과 감자를 주문하여 저녁식사를 하였으나 입맛이 나질 않아 음식을 일부 남겼다. 14.12달러. 유원지라서 그런지 가격은 비쌌다.

부두 끝으로 나아가 어두운 바다를 바라보며 조금은 차가운 바닷바람을 맞으며 앞으로의 남미 여정을 머릿속에 그려보았다. 마음은 벌써 지구 반대편으로의 여정에 대한 기대로 충만되어 있었다.

시간의 여유가 있는 터라 비용 절감을 위해 공항에는 버스를 타고 가기로 하고, 10여 분 정도 거리에 있는 유명한 프로메나데 promenade 3번가로 걸어가기로 했다. 부두 밖으로 나와 걷는데 입구 도로변의 넓은 잔디밭에는 많은 노숙자들이 벤치를 점령하고 있었다.

산타모니카 해변

10여 분을 걸어 프로메나데 거리에 도착했다. 화사한 가로등과 더불어 거리는 무척이나 예쁘다. 이 거리는 산책을 하거나 즐길거리 등을 고루 갖춘 곳이었지만 연말에도 불구하고 그 분위기는 조금 차분하고 여유로와 보였다. 많은 사람들이 나와 밤시간을 즐기고 있다. 영화를 보러 온 사람, 삼삼오오 모여 패스트 푸드를 먹고 있는 사람, 그리고 쇼핑하는 사람들 모두 즐거운 얼굴들이다.
　계속 배낭을 메고 있어서 다소 힘이 들어 걸음을 멈추고 이내 벤치에 앉아 오고 가는 사람들의 분위기에 같이 어울렸다. 거리의 산뜻하고 잘 정돈된 이미지가 머리에 남았다.

　공항행 메트로 Metro 버스 정류장은 이 거리에서 5분 거리 내에 있었다. 1인 1.25달러 요금이니 택시비를 아꼈다는 기분에 매우 즐겁다. 정류장에서 10분 정도 기다리자 버스가 도착했다. 버스에는 손님이 서너 명밖에 없어 한산했다. 이 곳의 버스는 일반적으로 히스패닉이나 흑인들이 주로 이용하는 하급의 교통수단이다. 운전 기사들도 백인이 없다고 한다.
　한참을 간 것 같다. 버스는 공항의 터미널마다 정차를 했는데 내려 보니 조금 지나쳐온 것 같았다. 다시 공항 셔틀버스를 이용하여 멕시카나 항공사가 있는 터미널로 갈 수 있었다. 재미있는 것은 이곳의 카트는 공짜가 아니라는 것이다. 자그마치 3달러!
　비행기를 기다리며 늦은 밤의 허기를 달래기 위해 햄버거를 먹었다. 8.5달러 지불. 늦은 시간인데도 공항은 수많은 사람들로 붐볐다.

제2일(화)
멕시코시티에서 칸쿤으로

아침 7시에 멕시코시티의 베니토 후아레스 Benito Juarez 국제공항에 착륙했다. 공항은 라틴 아메리카에서 가장 크고 혼잡한 공항이다. 이 이름은 2006년에 멕시코 역사상 유일한 원주민 출신 대통령이었던 베니토 후아레스(1806~1872)의 이름을 따서 공식적으로 명명되었다. 그는 1858년 대통령으로 선출된 후 나폴레옹 군대의 침략을 받았으나 프랑스군을 무찌른 후 병사할 때까지 재직했다.

공항은 국제선과 국내선의 관문으로써 전 세계 100여 개의 목적지에 직항노선을 운행한다. 2007년에는 2,600만 명의 승객들이 이용했다. 승객들을 위해 제1터미널에 호텔을 포함한 다양한 옵션을 제공하며 새 단장을 한 제2터미널에도 새로운 호텔이 오픈할 예정이다. 1층은 각 항공사의 체크인 카운터가 있으며 국제선과 국내선이 분리되어 있다. 2층은 출발 및 도착 게이트가 있다. 제1터미널로 들어서면 오른쪽이 국내선이고 왼쪽으로 국제선 청사이다. 현재는 항공사를 구분하여 멕시카나 항공이 제1터미널에서 운행하는 반면에 아에로멕시코는 제2터미널에서 운행한다. 멕시코 공항은 연착이 빈번하게 발생한다는 것을 염두에 두면 도움이 된다.

멕시코 공항

멕시코라는 이름은 아즈텍 Aztec 문명 때 붙은 이름으로 '멕시틀리 Mexitli 신의 땅' 이라는 뜻이다. 멕시틀리는 전쟁의 신으로 '달의 자식' 이라는 뜻이다

7페소 Peso 하는 생수를 샀다. 앞으로 이 여정이 끝나는 날까지 생수를 사야 한다. 혹시 배탈이라도 나면 모든 여정이 틀어지게 되기 때문이다. 사실 멕시코의 수도

물은 특히 석회 성분이 많기로 유명하니 더욱 조심해야 한다. 오늘부터 물은 언제나 '신가스 Sin Gas'를 사야 한다. 살 때마다 물어보아야 안심이 된다. 물론 물병에도 표시가 되어 있다. '콘가스 Con Gas'라는 것이 있는데 '신가스'는 가스가 없다는 뜻으로 무탄산수를 의미한다.

1층의 환전소에 가서 며칠간 사용할 비용으로 200달러를 멕시코 페소로 환전하였다. 시내 어디에나 있는 개인적인 환전소 '카사 데 캄비오 casa de cambio'를 이용할 수도 있지만 얼마 차이가 나지 않는 환율 때문에 이리저리 고심하는 대신 오히려 다른 부분에 더 신경을 쓰는 것이 나을 것이라 생각하여 공항 환전소를 이용했다. 또한 현금을 꺼내 보이는 일이므로 거리의 환전소보다는 공항이 더 안심이 된다. 어쨌든 모든 필요한 일은 즉시 해결하는 것도 이번 여행에서 필수적인 요소이다. 빨리 판단하고 신속하게 움직인다. 물론 최대한의 여유를 즐긴다.

이제는 칸쿤 Cancun행 비행기를 타야 한다. 칸쿤은 주변의 유명 유적지인 치첸이차 Chichenitza를 보러가기 위한 어쩔 수 없는 선택이다. 사실 와하카 Oaxaca나 베라크루즈 Veracruz같이 유명한 유적지가 있는 도시들은 멕시코에 산재해 있다. 특히 와하카는 멕시코시티 남쪽에 있는 큰 도시로 마야의 웅장한 규모의 종교도시가 있는 몬테알반 Monte Alban 유적이 있으며, 베라크루즈는 동부해안에 있는 고급 휴양 도시로 역시 고대 올멕 Olmec 문명의 유적지가 있다. 그러나 하나의 유적만을 골라 봐야 하는 짧은 일정에서는 마야를 대표하는 가장 유명한 유적지인 치첸이차를 보는 것이 가장 합당한 것이라고 생각했다.

치첸이차 유적의 대표성은 이집트의 대피라미드와 같은 것이라 할 수 있다. 이러한 이유로 막대한 경비가 소요되는 것을 무릅쓰고 칸쿤행을 결정한다. 칸쿤은 사실 버스를 타고 가는 것이 저가 여행자들의 일반적인 선택이다. 멕시코시티에서 24시간 소요되는데 버스 요금은 1인 10만원 정도이다. 물론 이 경우에 시티에서 곧바로 칸쿤에 가기보다는 도중에 유카탄주의 수도 메리다 Merida를 포함한 두어 군데의 주요 도시들을 경유하는 것이 일반적이다.

치첸이차는 메리다에서 동쪽으로 약 110km 지점에 있다. 스페인 정복자에 의해 설립된 메리다는 팔렌케 Palenque를 비롯한 주변의 여러 마야 유적지를 방문하기 위한 거점이 된다. 이런 식으로 멕시코를 둘러보는 여정이라면 최소 20일 정도가 필요할 것이다. 하지만 우리는 특수한 경우이니 무조건 비행기를 타야 한다. 물론 시티에서 칸쿤까지의 비행 요금은 매우 비싸다. 게다가 지금 바로 발권이 되지 않으면 페루에서 돌아오는 길에 칸쿤을 들르는 것으로 일정의 순서를 조금 바꿔야 한다. 지금은 칸쿤이 휴가철 성수기이기 때문이다. 여정에는 언제나 하나 정도의 대안을 가지고 있었기 때문에 사실 그다지 큰 걱정은 하지 않는다.

한국에서 미리 멕시카나 항공이나 아에로멕시코 항공 Aeromexico airline의 운항 스케줄을 인터넷으로 조사해 보았을 때 비행기들이 1시간 이내 간격으로 자주 운항하고 있어 현지 발권도 쉬울 것이며 요금도 국내에서 예매하는 것보다 더 저렴하리라는 생각으로 현지에서 발권을 하기로 결정했었다. 그러나 상황은 여의치 않았다. 칸쿤의 성수기는 12월에서 4월이다. 특히 12월과 1월은 휴가가 절정에 이른다. 여름과 초가을에는 항공료와 호텔료가 떨어지지만 성수기 동안에는 엄청나게 상승한다. 6월 말은 무척 더워 비수기가 된다. 여름과 초가을은 허리케인의 위협도 도사리고 있다.

마침 이른 시간이어서 공항 청사에는 문을 연 상가들이 몇몇 되지 않아 답답하기만 했다. 2층 스낵에서 간단히 아침을 먹고 멕시카나 항공 사무실을 찾아갔다. 그런데 말이 통하지 않는다. 이제부터 영어는 만국 공통어가 아닌 소수의 특별한 언어로 바뀌어 버린 것이다. 그래도 발권을 물어보는 나에게 여직원은 자신있게 1층의 다른 사무실로 가보라고 한다. 조금 어안이 벙벙하다. 멕시카나 항공에서 다른 사무실로 가라면 대체 어디를 가라는 건지… 공항이 크다 보니 여객 티켓 발권을 하는 사무실이 따로 있는가 싶어 아래층으로 내려갔다. 그러나 다른 사무실은 어디에도 보이지 않는다. 멕시코 공항은 북미와 남미를 연계하는 지점이라 규모가 매우 크다. 또한 공항은 국제선과 국내선이 한 청사에 같이 있다. 이런 이유로 청사 내 크기도 매우 커서 한쪽 끝에서 다른 쪽 끝까지는 아주 긴 거리였다.

다시 거꾸로 걸어오며 허탈해하고 있는데 오른편으로 체크인 하는 항공사 카운터에 멕시카나 항공 카운터가 마침 눈에 띄었다. 저곳에 가서 물어보면 되겠다 싶어 얼른 달려갔다. 티켓 발권에 대해 물어보자 관리자급으로 보이는 사람이 바로 이곳에서 발권을 한단다. 참 웃기는 일이다. 여행 처음부터 일이 이상하게 진행되고 있다. 정신을 바짝 차려야겠다.

지금 곧바로 떠나는 비행편은 거의 찾을 수 없을 것이라는 그는 마침 운 좋게도 두 자리가 가능하기는 한데 돌아오는 비행편은 비즈니스석이라고 한다. 비즈니스석은 요금이 거의 배가 된다. 시간에 쫓기는 여행자는 남아 있는 표가 두 석이라는 말에 즉시 10시 30분 비행기를 예약했다. 칸쿤 왕복에 1,188.69달러. 2박 3일의 여정에 대한 교통비로는 터무니 없이 비싼 비경제적인 일이었지만 이것은 이번 여행에서 필연적인 것으로 계획된 무리수였다. 칸쿤 일정은 멕시코의 상징 중의 하나라고 할 수 있는 치첸이차를 방문하기 위한 필수 코스라고 자신을 위안하려 했지만 과도한 경비에 대한 여운은 꽤 오래 지속되었다. 하지만 마야문명의 상징을 보는 데 지출되는 비싼 경비는 그 가치를 충분히 발휘할 것이다. 일정에 여유가 없는 우리로서는 무조건 매입해야만 했다. 아무리 성수기인 점을 감안하더라도 일이 이렇게까지 될 것이라고는 상상도 못했지만…. 연말 연초 휴가 시즌을 맞아 미국과 유럽에서 아무리 많은 관광객들이 몰려도 그렇지, 한 시간마다 있는 비행사의 좌석이 이렇게 딸린다는 것이 의아스럽기도 했다. 물론 당일표를 구하는 것 자체가 문제가 있기는 하다.

급하게 발권을 끝내고 게이트로 가고 있자니 저쪽에 보이는 아에로멕시코 카운터에서도 한번 더 확인해 보았으면 어땠을까 하는 아쉬움이 몰려왔다. 하지만 혹시 유효한 일반석이 발권 가능하다고 답변이 나오면 한참 동안을 기다려 신용카드로 결제하고 보딩 패스를 받아 든 상태에서 환불 취소를 한다는 것이 오히려 더 번거로울 것 같아 애써 외면하기로 했다.

세상살이라는 것이 다 그런 것 아닌가? 여행 중 실수가 있으면 빨리 감내하고 잊어버리는 것도 또 다른 스트레스를 발생시키지 않는 요령이 될 것이다. 물론 예상 외의 추가적인 뼈아픈 비용이 발생했지만 말이다. 그러므로 이미 비즈니스석을 제공받았으면 나중에 그 좌석을 최대한 즐기면 되는 것이라고 생각하며 다시금 낭만적인 여행자의 자세를 되찾았다.

잠시 시간이 있는 틈을 타서 기념품 가게를 둘러보는데 이국의 정취를 한껏 담은 여러가지 작은 기념품들이 시선을 끈다. 선물용으로 만든 작은 솜브레로(멕시코의 전통모자)도 화려한 모습으로 손님들의 마음을 유혹한다. 여행의 시작이고 배낭의 무게를 가능하면 줄여야 하기에 무언가를 사는 것은 자제해야 한다.

국내선 게이트쪽으로 걷다가 현관이 열려 있어 바깥쪽으로 나가 보았다. 이른 시간이라 그런지 공항 경비원들과 청소하는 사람들이 있을 뿐 매우 한산했다. 위쪽을 바라보니 모노레일이 있다. 모노레일은 제1터미널과 제2터미널을 운행하는데 7분 이내로 연결한다. 첨단을 달리고 있는 공항이다.

비행기는 벌써 멕시코 상공을 날아올랐다. 창가에 앉아 창문을 내다보니 너무나 쾌청한 맑은 하늘에 구름이 깔려있고 기온이 높아서인지 뿌연 안개 같은 것이 푸르른 정글 위에 흩뿌려져 있다. 멕시코의 남동쪽에 있는 유카탄 Yucatan 반도를 향한 비행기는 12시 정오에 칸쿤 공항에 도착하였다. 태양은 점점 더 강렬해지는 듯했다.

유카탄 반도는 멕시코만으로부터 카리브해를 분리한다. 반도는 북쪽으로 유카탄주, 서쪽으로 캄페체주 그리고 카리브해안 쪽으로 퀸타나루 Quintana Roo 주로 구성되어 있으며, 북아메리카의 나머지로부터 중앙 아메리카를 분리한다. 반도 서쪽으로 이스투무스 Isthmus 위쪽에는 치아파스와 타바스코를 포함한 멕시칸주가 위치하고 있고, 허리케인 지대 안에 직접적으로 걸쳐 있다. 전체 유카탄 반도는 카르스트 지형이다. 지역적으로 씨노테 Cenote (성스러운 샘, 자연적인 물구덩이)로 불리는 크게 패인 땅이 북쪽의 저지대에 광범위하게 널려 있다.

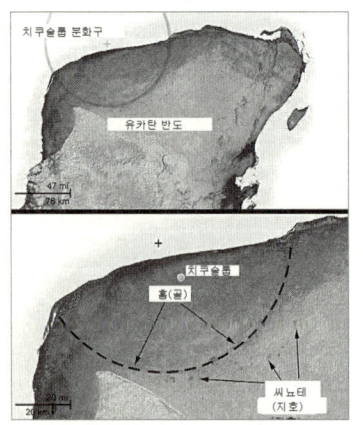

▲ 씨노테의 고리

유카탄에는 3,000개 이상의 씨노테가 있다. 노벨물리학상을 수상한 미국의 물리학자 알바레즈 Alvarez의 가설에 의하면 유카탄 반도는 고대 백악기에 공룡의 대멸종을 야기한 소행성이 충돌한 지역으로 북쪽 해안 바깥쪽에 분화구가 있다. 지표 1km 아래에 있는 6,500만 년 전의 암석에서의 충돌 사건으로부터 야기된 충격파의 윤곽이 오늘날 유명한 '씨뇨테의 고리'로 그려지고 있다. 이 깊게 묻혀있는 충돌 분화구에 의한 메커니즘은 표면에 있는 씨뇨테의 고리로써 나타난다. 반도에는 강과 호수가 거의 없었기 때문에 씨뇨테는 고대와 동시대의 마야 사람들에게 물의 주공급원이었다. 레이다 지형도는 분화구의 180km의 고리를 보여준다. 분화구 홈 주위에 무리를 이룬 수많은 지호들이 있다. 이것들은 충격에 의해 남겨진 침하된 선사시대의 대양바닥이었음을 보여준다.

유카탄 반도의 정글

유카탄 반도의 지배적인 자연의 식물 형태는 크기도 하고 작기도 한 건조한 열대 정글이다. 스페인인들이 처음으로 탐험하여 원주민에게 이 지역이 어디냐고 물었을 때 '어떻게 그들이 말하는지를 들어라' 또는 '나는 당신의 말을 이해할 수 없다'라는 뜻의 마야어로부터 유카탄이란 이름이 나왔다는 유명한 이야기가 있다. 유카탄 반도는 고대 마야의 저지대의 중요한 지역으로 구성된다. 치첸이차, 티칼, 툴룸^{Tulum} 그리고 욱스말 같은 유명한 마야 유적지가 있으며 여전히 마야어가 넓게 쓰이고 있다. 현재 유카탄 반도는 관광산업으로 그 경제가 새로운 국면을 맞이했는데 그중 작은 어촌 마을이었던 칸쿤은 아주 매혹적인 도시가 되었다. 반도는 카리브해처럼 대서양의 허리케인 대에 놓여 있으며 노르테스^{Nortes}(north의 스페인어로 북쪽에서 부는 차가운 바람)라고 불리는 강한 폭풍우가 연중 아무때나 순식간에 유카탄 반도에 올 수 있다.

비행기에서 내리자 내리쬐는 태양이 너무나 강렬하여 눈을 뜨기 힘들 정도였다. 공항은 드넓은 평원 한가운데 있었는데 날씨가 너무 더워서인지 짙푸른 풀들이 자라나 있는 평원을 지나 저 멀리 지평선 쪽으로는 뿌연 안개가 끼어있는 듯한 모습이었다. 파란 하늘엔 간간히 뭉게구름이 보일 정도였다. 그야말로 카리브해의 관문임을 실감할 수 있었다.

칸쿤공항은 연간 800만 명의 승객이 붐비는 공항이다. 이들 대부분이 칸쿤, 남쪽의 해변, 수중 다이빙 절벽, 마야 유적 그리고 휴양지를 찾는 관광객들이다.

아담한 공항 로비를 나오면 현관 바로 오른쪽에 버스 정류소가 있다. 잠시 버스를 기다리는 동안에도 후끈한 공기가 주위를 감싸고 있어서 버스를 타고 에어컨 바람을 쐬고 싶어진다. 한국은 지금 1월의 한겨울인데 이곳은 한여름 같은 날씨다. 지열이 느껴질 만큼 태양이 뜨거운데 우리는 LA를 거쳐 바로 왔기에 긴팔에 외투까지 입고 있어 늦가을 아니 겨울 복장을 그대로 하고 있었다. 남미는 우리와는 계절이 정반대이다. 앞으로 페루로 넘어갈 때는 여름이 될 것이다. 깨끗한 공항버스를 타고 시내로 출발했다. 공항버스는 거의 매 15분 정도마다 운행하는데 요금은 1인 35페소이다. 공항버스에는 현지인보다는 서양인들이 주로 탑승했다. 좌석은 물론 만원이다. 모두 휴양을 위해 온 사람들이다. 이런 모습들로 인해 이곳이 분명 관광 리조트 도시라는 느낌을 강하게 받았다. 칸쿤은 멕시코에서 가장 치안이 잘된 지역이라고 해서 마음은 한결 가볍다.

마야어로 뱀이라는 뜻의 칸쿤은 유카탄 반도 끝에 있는 퀸타나루주에 있는 해변 도시이다. 이 지역은 마야의 리비에라의 북쪽 지구에 있다. 칸쿤은 꿈 같은 휴가를 위한 관문으로 세계에서도 유명한 관광 리조트 지역이다. 근사한 클럽, 술집 그리고 쇼핑몰과 더불어 세계에서 가장 아름다운 해변으로부터 단지 몇 미터만 떨어져 있는 최신의 호텔 설비를 자랑한다. 약 35년 전, 21세기의 휴양 천국으로 만들려는 멕시코 당국의 개발 계획이 시작될 당시만 해도 이곳은 단지 작은 모래 방벽이었다.

칸쿤공항의 청사로 들어가는 길

공항 버스

오늘날 칸쿤은 중소 규모의 해변 도시와 길고 얇은 섬의 호텔존으로 구성된다. 호텔존은 '7' 자 모양인데 북쪽과 남쪽의 각 끝에서 본토와 다리로 연결되어 있다. 이곳은 하루종일 재미있는 파티가 열리고 있는 해변에서부터 조용하고 아늑한 섬에 이르기까지 모든 것을 제공한다.

칸쿤의 북동 해변에서 아주 가까운 이슬라 무헤레스 Isla Mujeres 섬은 13km 떨어져 있으며 푸에르코 후아레스나 푸에르토 칸쿤 또는 푼타섬에서 매 30분마다 페리보트로 쉽게 건너갈 수 있다. 호텔존의 물가는 엄청나지만 이슬라 무헤레스 섬은 배낭족들의 천국이라고 해도 과언이 아니다.

이슬라 무헤레스 섬은 길이 7km, 폭 650m이며 주민 14,000명 대부분이 섬의 북동쪽에 살고 있다. 섬 안의 교통수단은 택시, 골프카 그리고 스쿠터이다. 선(先) - 콜롬비아 시대에 섬은 마야의 '달의 신 익스첼 Ix Chel'을 숭배했다. 이곳에 도착한 스페인인들은 수많은 달신의 형상들을 보고 '여인들의 섬'이라고 이름붙였다. 1970년대 이래로 관광산업을 위한 실질적인 개발이 이루어져 해양 휴양지로써의 모든 것을 갖추고 있다.

하얀 모래의 드넓은 백사장으로 이루어진 해변은 놀라운 경치를 보이고 있으며 신선한 바닷물은 카리브해의 따뜻한 터키석 빛깔로 빛나고 있다. 호텔존에는 대부분의 리조트, 호텔 그리고 콘도미니엄들이 위치하고 있다. 호텔존과 시내를 연결하는 주도로는 쿠쿨칸 대로이다. 섬의 서쪽 면은 수백 종의 해양생물의 집, 바다에 접한 레스토랑, 쇼핑몰 그리고 다른 몇 개의 작은 섬들이 있는 광대한 석호이다. 섬에서 보는 일몰은 환상적이어서 방문객은 이 광경을 놓치지 않는다.

칸쿤공항에서 남쪽으로 센트로(시내)까지는 약 8km로 30분 정도를 가는데 한참을 달리는 것 같다. 새로운 곳의 설레임이 너무 강해서 느끼는 무감각인가!

냉방이 되고 있기는 하지만 차창 밖으로 보이는 무더위의 모습에 가슴이 답답해질 즈음 버스는 마침내 시내의 칸쿤 버스터미널에 도착했다. 터미널은 욱스말 거리와 툴룸 거리가 만나는 곳에 있다. 넓은 회전교차로의 중앙에 있는 잔디에는 멕시코 역사 기념비가 세워져 있다.

터미널은 그리 크지는 않았지만 사람들로 매우 붐볐다. 이곳의 버스들은 멕시코시티(26시간 소요됨)를 포함한 거의 모든

멕시코 역사 기념비

목적지를 운행하고 있다. 터미널을 나오기 전에 치첸이차나 툴룸의 버스 시간을 알아보려고 안내소를 찾았는데 많은 사람들이 줄을 서 있어 한참을 기다리다 마침내 물어보니 다른 창구를 일러주며 직접 가서 확인하란다. 허탈한 순간이다.

다시 표지판을 읽어가며 창구에 가서 물어보려니 줄이 줄어들지 않는다. 이들은 뒤의 줄은 아랑곳없이 한 사람 한 사람 차례대로 성심껏 상담을 하고 있었는데 뒤에서 기다리는 사람들은 아무런 짜증도 없이 그저 순서만 기다리고 있을 뿐이었다. 어쩌면 이런 일에 조급해 하는 나 자신이 오히려 문제임을 발견하는 순간이다. 언젠가 내 순서가 오겠지 하며 아무리 참고 기다리려 해도 지금까지의 습성은 어쩔 수가 없다. 시간을 지체하고 있다는 답답한 마음에 벽에 높이 걸려 있는 시간표의 차 시간을 확인하고 곧바로 터미널을 빠져나왔다. 귀한 시간을 무작정 줄을 서는 데 더 이상 낭비하고 싶지 않았다.

터미널 정문 앞에는 택시들이 줄을 서 기다리고 있다. 마침 길 건너편에 작은 호텔이 있어 프론트에서 호스텔의 정보를 구했더니 친절하게 가르쳐 준다. 프론트에 있는 많은 정보지들 중 유명한 『칸쿤 팁스』라는 작은 안내 책자를 손에 넣었다.

▲ 안내 책자

터미널의 왼쪽으로 작은 도로를 건너면 바로 골목길들이 보이는데 집집마다 간판들이 붙어있어 호스텔을 찾기가 쉬워 보였다. 거리는 그다지 깨끗하게 보이지 않았으며 그저 한산한 시골 마을의 전형적인 모습이었다. 터미널 근처에서 호스텔 두 곳의 상황을 알아보고 가격을 비교하였다. 처음의 호스텔과 가격이 차이가 없자 주저없이 숙박을 결정하였다. 빨리 짐을 풀고 오후의 일정을 즐겨야 하기 때문이다.

마얀 호스텔(2인 1박, 30달러) 입구의 지붕은 색다르게 짚으로 만들어 운치가 있다. 많은 여행객이

▲ 호스텔 입구

몰려드는 곳이라 마침 2인실은 방이 없었고 3인실 방이 하나 여유가 있는데 이미 다른 한 명이 숙박하고 있었다. 6인실로 꾸며진 1층의 도미토리는 개별 여행을 할 때나 자리를 구할 수 있을 정도지 두 사

호스텔의 2층

람이 동시에 자리를 구하기는 어려워 보였다. 이곳은 주거지역에 자리잡고 있어 매우 아늑한 느낌을 준다. 프론트에서 일하는 현지인 젊은 여자가 너무나 활기차고 싱글싱글거린다. 일반 주택에 방을 꾸미고 호스텔을 운영하고 있었는데 옥상에는 짚으로 된 지붕을 얹어 추가로 방을 꾸며놓고 있었다.

방에 투숙 중인 다른 여행객은 외출 중이라 아무도 없었다. 높은 초가 지붕에는 커다란 팬이 걸려 있다. 초가지붕이라기보다 야자나무 줄기를 말려서 엮어놓은 것이다. 짐을 다 풀고 테이블에 앉아 한낮의 내리쬐는 태양 아래 잠시 쉬고 있었다. 비행기를 4번 갈아타고 3일째가 된 이제서야 추후 일정 없이 편안하게 의자에 등을 기대고 앉아 있을 수 있는 것이다. 아까부터 웃통을 벗어젖힌 서양 남자가 한가로이 담배를 피우며 우리를 지켜보고 있다. 이런 신선놀음도 없다고 생각되어 날도 더운데 해변에는 안 가느냐고 물어보니 오늘은 그냥 쉬고 싶단다. 벌써 한 달 이상 장기투숙하고 있는 프랑스 사람이었다. 부러운 건 시간인 것이다.

호스텔의 천장

몸은 침대에 드러눕고 쉽지만 여전히 강렬하게 내리쬐고 있는 한낮의 태양이 사라지기 전에 바다로 나가야 한다. 태양이 없는 칸쿤은 아무런 의미가 없기 때문이다. 무거운 몸을 일으켜 부지런히 호텔존으로 향했다. 호텔지역으로 가는 시내 버스들은 역 뒤쪽의 툴룸거리의 정류소에 규칙적으로 운행하고 있었다. 이 버스는 'R1' 버스라고 하는데 'Hoteles' 또는 'Zona Hotelera' 라는 표시가 유리창에 붙어 있는 칸쿤을 순환하는 버스이다. 요금은 1인 13페소. 대로를 건너려는데 터미널

앞의 대로에도 버스 정류장이 있어 곧바로 시내버스를 탔다. 버스는 싸고 자주 운행되기 때문에 어디를 돌아다닐 때 가장 선호되는 방법이다. 대부분의 버스 운전기사들은 매우 친절하고 비록 버스 정류장이 아닌 곳이라도 손님을 태우기 위해 정차를 한다. 개인별로 요금을 내면 운전사는 티켓을 떼어주는데 티켓 뒷면에는 언제나 광고가 있다. 이 티켓을 해당 상점에 가지고 가면 할인혜택이 있다. 버스는 에어컨도 없고 좌석도 딱딱하며 다소 비좁은 듯하고 승차감도 조금 거칠다. 대부분의 운전기사는 영어를 할 줄 알아서 돌아다니는 여행자들에게 도움을 줄 수 있다. 내릴 때는 손잡이 위의 버튼을 누르든가 운전기사에게 구두로 부탁하면 된다. 승객이 많을 때는 소매치기를 주의하는 것은 물론 상식이다.

우리가 탄 버스에는 일부 서양인들 외에는 대부분 현지인들이 타고 있었는데 모두가 우리를 신기하게 쳐다본다. 아마도 이곳에서 동양인을 보는 것이 그리 흔치 않은 까닭인 것 같았다. 시내 버스는 만원이라 앞문으로 타서 뒷문으로 내리

호텔존으로 가는 길

는데 하차 하기가 매우 힘들었다. 간간히 뒷문으로 올라타는 승객들의 요금을 사람들이 계속 건네어 운전기사에게 전달했다.

10분쯤 달리자 호텔존이 시작되었음을 알 수 있었다. 초현대식의 럭셔리한 호텔들 수십 개가 줄지어 있는 해변 도로를 달리다 보면 리조트의 규모에 입이 벌어진다. 그들의 스케일은 역시 대단한 것 같다. 끝없이 이어지는 해변의 호화스러운 호텔, 그 자체만도 볼 만한 구경거리가 아닐 수 없었다. 차크물 비치, 툴룸 비치 등 너무도 많은 해변 이름들이 있어 우리는 그저 아무곳이나 내리기로 했다. 불과 50m 정도 걸으면 바로 해변이다. 이곳의 해변은 언제나 호텔 로비나 호텔들 사이를 통과하도록 되어 있다. 그만큼 호텔들이 긴 해변을 따라 연이어 붙어 있는 것이다.

버스에서 내려 호텔쪽으로 걸어가는데 날씨가 급변하고 있다. 태양이 어느새 몰려온 회색 구름 사이로 숨어버리는데 하늘의 절반이 어두컴컴해진다. 바람까지 불기 시작한다. 그러나 여름의 소나기처럼 이런 날씨는 급격히 변하는 것이라는

것을 낯선 이방인도 금방 알아챌 수 있다. 다시금 태양이 비추기를 반복한다.

이곳 해변에는 현지인들이 많이 놀러 나와 있다. 마른 나무 줄기로 만든 파라솔들이 눈길을

호텔 건물들 사이로 들어오면 해변이다

끈다. 신발을 벗어들고 곱디 고운 모래를 밟는다. 코발트 빛깔의 카리브해가 눈앞에 펼쳐진다. 아름다움 그 자체이다. 이곳에 관광 리조트가 들어서기는 했으나 이들 잘 구성된 인공물들과 자연경관과의 조화는 또 다른 미를 선사한다. 체계화되고 계획된 설계에 의해 만들어진 건물과 자연과의 환상적인 모습은 수많은 여행객을 끌어들일 자격이 있다. 또다시 저 멀리 구름 사이로 태양빛이 드러난다. 구름과 태양이 교대로 칸쿤을 접수한다. 그러나 바다의 색깔은 여전히 터키옥색으로 환상적이다.

바닷가에 발을 담그고 그저 해변을 따라 걷는다. 해변 끝자락의 파도는 반바지가 다 젖을 정도로 휘몰아친다. 시간이 충분하면 썬탠을 즐기며 수영도 할 터인데…. 그러나 칸쿤에서 하루도 머물 시간이 없다는 것은 감내하기 힘든 커다란 고통이다. 꿈 같은 바다 경치를 만끽했다. 어떤 해변에는 현지인의 모습이 그리 많지 않다. 호텔 앞에는 수많은 썬베드와 파라솔이 있다. 모두 백인들 천국이다. 그도 그럴 것이 이곳은 호텔존이기 때문에 숙박객들이 해변을 즐기기에 편한 곳이지, 외지인들은 수많은 해변 중에 굳이 이곳까지 올 필요는 없을 것이다.

해변

이번 여정은 남미의 유적을 주 테마로 하다 보니 일정이 빠듯하다. 사실 칸쿤의 경치가 아름답기는 하지만 어딘가 상업적인 분위기가 너무 강해 그 운치는 덜

해변가의 고급 호텔들

한 것 같다. 한참을 걸어 내려왔는데도 날씨는 다시 쾌청해지지 않는다. 아무래도 이 지역의 특유한 폭풍이 오려는 모양이다. 수영은 못했지만 해변을 만끽한 우리는 그야말로 칸쿤의 심장인 호텔존으로 가기 위해 버스를 탔다. 버스는 자주 운행되는 것 같았다.

호텔존의 중심은 매우 번잡한 타운이다. 모든 호텔들은 초현대식이며 주변의 경치와 잘 어우러지게 지어졌다. 이곳은 여기에 오는 어느 누구라도 기분을 들뜨게 만드는 무언가가 있는 것 같았다. 중심지의 해변에는 가장 많은 사람들이 몰려 있다. 흐린 날씨에도 불구하고 여전히 물놀이를 즐기는 사람들이 많이 있다. 하늘에는 모터보트가 끄는 패러글라이딩이 여행객들에게 추억을 만들어 주고 있다. 해변의 썬베드에 누워있는 사람들 사이를 지나 한 호텔로 들어갔다. 내일의 치첸이차 여행을 예약하기 위해서였다.

호텔 류팔레스는 아름다운 흰색의 건물이다. 넓은 로비의 한쪽 구석에는 여행사에서 나온 사람들의 공간이 따로 있다. 한 여행사 직원이 호텔로 들어선 우리에게 곧바로 다가오며 투어 여부를 묻는다. 이곳에서 쿠바를 향하는 여행자가 많이 있는 듯, 쿠바 투어를 먼저 물어온다. 칸쿤은 쿠바를 여행하기 위한 최적의 도시이기도 하다. 보통 2박 3일의 투어 패키지를 이용하여 쿠바의 낭만을 즐길 수 있다. 우리는 치첸이차에 대해서만 이야기를 나누고 약간의 흥정 끝에 마침내 140달러에 투어를 확정하였지만 보다 더 저렴한 가격에 흥정을 할 수도 있었다. 또한 이런 투어는 현재 묵기로 한 시내의 호스텔에서도 섭외가 가능한 일이었지만 시간도 꽤 늦었고 이런 일에 너무 신경을 쓰고 싶지 않아 이 정도에서 양보했다. 호스텔에서 신청을 해도 결국 투어는 서로가 연결이 되어 있어서 픽업을 하거나 개별적으로 집합장소인 호텔존으로 나와야 할 것이었다. 또한 지금은 시간이 늦어 내일 투어 신청이 마감이 될 수도 있는 노릇이었다.

시간도 벌써 6시가 다 되어간다. 이제 시내 지역으로 다시 돌아가야 했다. 호텔 앞에서 순환버스를 탔다. 어느새 기온은 내려가 바람은 매우 선선하게 창문을 통해 들어와 얼굴에 부딪쳤다. 현지인들은 여전히 우리의 모습에 시선을 고정시켰다.

칸쿤 센트로는 호텔존보다 가족적인 분위기가 돈다. 물가도 확실히 싸다. 아니 당연한 것 아닌가. '엘 센트로'로 알려진 도시의 옛 지역은 본래의 마스터 플랜을 따라 큰 대로와 회전교차로가 만나는 것으로 형성되는 슈퍼블록(교통을 차단한 주택 상업지구)으로 구성되어 있다. 회전교차로들에는 일반적으로 하나 또는 그 이상의 공원, 녹지 공간, 보행자 통로 그리고 다양한 국가의 역사적 기념비가 있다.

시내에서 남쪽으로 공항을 연결하는 툴룸거리는 북-남의 주도로이다. 툴룸거리는 코바거리로 양분된다. 툴룸거리의 동쪽인 코바는 '7'자 모양의 호텔 구역을 통하여 달리는 주 도로로 쿠쿨칸 거리가 된다. 툴룸거리는 치첸이차와 메리다로 가는 고속도로를 연결하는 거리에 의해 북쪽 면에서 끝난다. 북-남의 또 다른 주도로는 보남파크 거리이다. 보남파크는 툴룸거리와 어느 정도 평행하게 달린다. 무헤레스 섬으로 가는 페리는 보남파크 옆에 있다. 본래의 마스터 플랜은 계속적으로 수정되었지만 본토에서 자주 무시되었다. 하수 체계를 설치하고 다른 공공서비스 비용을 절감하기 위해 도시의 나머지 부분의 대부분은 격자 계획 설계로 되돌아갔다. 최근 중상층의 거주지역은 원래의 계획을 반영했지만 개발비용을 덜 들게 하기 위해 거의 모두가 획일적인 1층 또는 2층의 작은 집들로 이루어져 있고 때때로 내부에 있는 광장들 주변에 세워졌다. 본토에 있는 거의 모든 건물들의 높이는 4층 이하이다.

버스에서 내린 후 저녁을 먹기 위해 숙소 뒤 가게가 많이 몰려있는 거리로 나갔다. 저녁은 멕시코 전통 음식을 먹기로 하고 길 양옆을 두리번거리며 걸어가려는

데 눈앞에 바로 멕시코 타코 Taco 전문점이라는 간판이 눈에 들어왔고 꽃으로 된 울타리 너머로 큰 식당의 모습이 보였다. 안으로 들어가니 넓은 마당 한가운데 커다란 화덕을 설치하고 요리사 두 명이 열심히 고기류를 굽고 있었는데 맛있는 냄새가 진동했다. 화덕의 열기가 높은지 조리사들이 매우 더워 보였는데 그 모습만 보아도 군침이 돌 정도였다.

무엇을 먹어야 할지 잘 알아볼 수 없는 메뉴판을 보며 고민하고 있는데 엄청난 거구의 주인이 메뉴판을 들고 다가온다. 그 커다란 얼굴에서 눈이 튀어나올 것 같은 인상인데 무척이나 친절하다. 물에 불린 옥수수를 으깬 것을 마사 Masa 라고 하는데 이것을 얇게 원형으로 늘려 구운 것이 토티야 Tortilla 이다. 토티야는 말거나 접거나 할 수 있게 유연하며 매우 맛이 있다. 이 토티야에 여러 재료를 싸서 먹는 것이 멕시코 전통 음식인 타코다. 사실 타코는 고기, 생선, 조개, 야채 그리고 치즈 등 아무것이나 채워서 먹을 수 있다. 일반적으로 거리에서 그릇 없이 손으로 먹을 수 있다.

사실 이것은 전문 요리집에서는 주 요리가 아니다. 닭이나 소고기를 주문하면 토티야와 붉으스름한 소스가 서양식 음식에서 빵과 잼처럼 나오는 것이다. 이 소스가 살사 멕시카나 Salsa Mexicana 이다. 생토마토, 양파, 마늘, 풋고추, 실란트 등으로 만드는 매운 소스다. 그런데 이 소스와 향은 별로 입맛에 맞지를 않았다. 음식값이 152페소.

타코

안내책에는 멕시코의 음식이 한국인들의 입맛에 잘 맞는 것으로 설명되어 있었지만 나한테는 아니었다. 예전에 서울에 있는 멕시코 음식점에서 먹은 맛과는 많이 달랐는데 그것은 아무래도 한국인의 입맛에 맞게 변형된 것이 아닌가 하는 생각이 들기도 했다. 음식을 다 먹자 갑자기 소나기가 쏟아졌다. 늘 있는 일인 것처럼 종업원들은 손님들을 실내로 들어가라고 안내한다.

숙소로 돌아오기 전에 대로를 따라 밤거리를 산책했다. 어두운 밤길에 간간히 기념품 파는 가게가 손님을 기다릴 뿐 한적한 동네였다. 그래도 칸쿤은 멕시코에서 치안 상황이 꽤 좋은 편이라고 하니 마음이 놓인다. 20여 분을 지나오니 앞에 커다란 수퍼마켓이 보인다. 내일 잠시 들러 과일과 과자를 좀 사야겠다고 생각하며 숙소로 돌아왔다.

사실 숙소에는 방이 부족하다. 이곳이 터미널과 가깝고 가격도 저렴한 탓에 방문자가 많은 탓이다. 숙소에는 낮에 외출하고 없었던 투숙객이 돌아와 있었는데 30대 초반의 독일 여자였다. 기혼 여성이었는데 혼자 휴가를 내어 멕시코 여행을 즐기고 있었다. 10여 분 침대머리에서 잠시 이야기를 나눈 우리는 서로의 여정에 행운이 있기를 바라며 잠이 들었다. 내일 아침에는 우리가 일찍 방을 나와야 할 터였다.

제3일(수)
치첸이차

호스텔에서의 아침은 어수선한 부엌의 선반 위에 놓여져 있는 손바닥 크기의 얇은 빵과 잼 그리고 커피와 우유인데 각자 알아서 먹고 싶은 만큼 가져다가 먹을 수 있었다. 스프도 있었는데 새벽에 이곳에서 일하는 누군가가 조리해 둔 것이다. 시간이 없어 빵 두 조각을 가져다 우유와 함께 먹었다. 빵은 그냥 먹어도 될 정도로 맛이 있었다. 냉장고를 열면 음식을 담은 비닐 봉지들이 채워져 있는데 이것은 오래 머무는 투숙객들이 각자 개인의 음식물을 보관해 놓은 것이다.

7시 30분까지 호텔 로비로 가야 했으므로 일찍 서둘렀다. 또다시 시내버스에 올라탔다. 그런데 사람이 너무 많다. 마치 우리나라 70년대 만원버스를 타고 있는 것 같다. 앞문 계단에 겨우 올라타고 있는데 운전사는 시야가 가려 계속 오른손으로 사람을 밀치며 밖을 쳐다본다. 버스 요금을 받고 영수증을 떼어주며 무척이나 바쁘다. 모두 각자의 일터로 출근하는 모습들이다. 호텔존에 가까이 갈수록 승객의 수가 줄어든다.

약속한 시간에 호텔 로비에 들어섰는데 어제의 그 여행사 직원이 보이지 않는다. 기다리는 동안 로비 뒤쪽의 문을 열고 나가 보니 해변으로 모자가 날아갈 정도로 강한 바람이 분다. 야자수가 휘청거릴 정도의 엄청난 바람은 허리케인을 떠오르게 한다. 어제 오후의 짙푸르고 잔잔한 카리브 해는 하룻밤 사이에 그 모습을 바꾸어 버렸다. 거의 7시 50분이 돼서야 여행사 직원이 들어오더니 버스가 좀 늦으니 8시까지 기다려 달라고 말한다. 순간 뭔가 일이 잘못될 것 같은 불안한 생각이 들었지만 마음을 가라앉히고 바깥 유리문에 시선을 고정하며 주위를 살핀다.

태풍 같은 바람이 휘몰아친다

8시가 되자 다른 여행사 직원들이 들어와 이름을 호명하며 로비에 있던 다른 여행객들에게 현관에 도착한 각자의 버스를 타라고 안내를 한다. 이윽고 그들이 탑승한 고급 관광버스는 출발을 했고 현관에는 더 이상의 버스는 없다. 8시가 넘어가자 호텔 로비에는 투어를 기다리는 여행객이 아무도 없다. 순간 이상한 생각이 들었다. 역시 문제가 발생했다. 나중에 알고 보니 이런 일이 생긴다는 것이 황당할 따름이었다. 버스 출발에 문제가 있었다. 어제의 투어예약 내용에는 디럭스형과 일반형이 있었는데 아침과 음료가 제공되는 디럭스형은 가격이 다소 비싸 우리는 일반형을 선택했었는데 이것이 문제였던 것 같았다. 손님들을 태우고 떠난 버스는 디럭스형이었던 것이다. 돈이 조금 더 들더라도 디럭스형을 선택하지 않은 것이 후회스럽기도 했다.

　어찌된 영문인지 그 직원에게 강하게 불만을 토로하자 그는 어디론가 열심히 전화를 하더니 끝내는 문제가 생겼다며 우리에게 다른 버스를 타도록 해주겠다고 한다. 다른 버스라고? 대체 무슨 말인지.

　우리는 어떻게든 오늘의 일정을 진행해야 하기 때문에 겉으로 심하게 화를 내면서도 내심 그가 이 사태를 잘 해결하여 우리가 버스를 탈 수 있게 되길 바랄 뿐이었다. 사실 일정의 여유가 있었다면 오늘은 여행을 포기하고 경비를 환불받은 뒤 다음날로 연기를 하면 되는 일이기도 했지만 우리에게 그럴 여유는 없었다.

　그와 함께 10분 이상을 걸어 멕시코 컨벤션센터 쪽에 있는 다른 버스 정거장으로 갔다. 뭐가 잘못되어도 단단히 잘못된 이 순간에도 우리는 당장 무언가 할 수 있는 아무런 대안이 없었다. 그는 다른 투어 회사 관계자들에게 뭐라고 한참을 설명하였는데 잠시 후 그들이 사정을 이해하였는지 고개를 끄덕인 후에 우리에게 자기들 버스를 타라고 안내했다. 순간 '아뿔사, 당했구나!' 라는 생각이 들었으나 다른 방법이 없어 그냥 참기로 했다. 본래 모집된 인원이 우리밖에 없자 잔꾀를 부린 것이 틀림없었다. 이래저래 분함을 삭이면서 9시 출발하는 버스에 오를 수 있었다.

　안내인이 씨뇨테는 별도로 요금을 지불해야 한다고 한다. 어제 계약시에 이곳 요금이 포함되어 있었다. 하지만 지금은 또 다른 결정을 해야 한다. 또 다시 기분이 상했지만 치첸이차에서 씨뇨테를 놓치는 것은 바보 같은 일이다. 결국 12달러를 추가로 다시 내야 했다. 가이드 팁은 20페소. 이곳에 머무는 날짜가 여유가 있으면 분명히 클레임을 제기하거나 투어를 취소할 수 있지만 그럴 만한 시간이 없는 것이 정말 아쉬웠다. 항상 좋게 생각해야 다음이 편해진다는 위로를 스스로에게 할 수밖에 없었다. 모든 것을 잊고 여행에만 신경쓰기로 했다.

경치를 즐기기로 했다. 하지만 숲길 사이로 난 고속도로를 달리는지라 이렇다 할 특별한 경치는 볼 수 없었다. 버스 안에서 가이드는 은제품 판매에 열을 올리고 있다. 신청자의 이름을 마야의 상형문자로 변환하여 이집트의 카르투시(장방형의 원형 안에 왕의 이름을 새기는 것으로 BC 2500년경부터 시작됨) 모양 안에 넣어 목걸이로 만들어 주는 것인데 가격이 만만치 않은데도 생각보다 많은 사람들이 주문을 하고 있다. 어쨌거나 관광 기념품으로서는 훌륭한 아이디어라는 생각이 들었다.

치첸이차를 '치킨 앤 피자' 라고도 부른다는 가이드의 재미있는 말에 한동안 얼굴에 미소가 드리워진다. 길가에 이름모를 커다란 수풀들이 높게 자라나 있었으며 앞뒤로는 광활한 평원이어서 가는 길의 경치는 특별하게 볼 것이 거의 없었다.

도로는 놀라울 정도로 똑바르다. 무료하게 한 시간 반 정도 달려간 버스는 고속도로 옆에 한적하게 서 있는 기념품 가게에 관광객들을 내려놓았는데 한 20분 정도의 쇼핑 시간을 할애했다. 대충 지은 것 같은 건물에 페인트칠로 마감한 가게는 안으로 들어서면 전체가 하나의 홀이다. 여행객들은 모두가 서양인들이었는데 과자봉지들을 꺼내 주전부리를 하고 있다. 나중에 생각해 보니 아침을 7시경에 먹고 점심은 4시경에 먹었으니 거의 굶으면서 다닌 것과 다름없었다. 하지만 우리의 작

기념품 가게

은 가방 안에도 비스켓과 초콜릿이 들어 있어 유적지에서 배고픔을 달랠 수 있었다.

작은 장신구들과 멕시코 각지에 있는 유적의 기념품들이 있었다. 은으로 만든 액세서리들도 많이 있었는데 구입가는 얼마나 흥정을 잘하느냐에 달려있는 개인 문제다. 커다란

집을 지어 놓고 여러 업자들이 매장을 여러 개로 분활하여 입점해 있는 스타일로 나름대로 영업 전략을 짜 놓은 곳이었다. 이곳은 외진 곳에 있기는 하지만 치첸이차로 가는 모든 투어버스들은 반드시 들르고 있는 것 같아 장사는 꽤 잘되는 것으로 보였다.

버스는 다시 출발하여 마침내 치첸이차에 도착하였다. 입구의 넓은 광장의 벽면에는 치첸이차라는 커다란 글자가 새겨져 있었으며 밀려 들어온 수많은 버스들과 차량들로 꽉 들어차 있었다.

마야문명의 신비스런 신전과 피라미드들이 있는 치첸이차는 유카탄 반도 정글 속 깊은 곳, 석회암 지대가 펼쳐진 곳에 있다. 마야 이름 'Chichen Itza' 는 '이트자 Itza의 우물가의 집' 을 의미한다. Chi는 '입' 즉 '입구, 테두리' 를 뜻하고 chen은 '샘, 우물' 을 의미한다. 이트자는 반도 북쪽에 있었던 정치 · 경제적인 지배 민족과 연결된 집단의 이름이다. 이 이름은 '마술' 을 의미하는 마야의 itz와 '물' 을 의미하는 (h)a로부터 파생되었다고 믿어졌다. 스페인어의 Itza는 주로 '물의 마귀' 로 번역되지만 좀더 정확한 번역은 '물의 마법사' 일 것이다.

유럽인들이 아직 중세 암흑 시대의 안개 속에 있었을 때 이들 경이로운 사람들은 천체를 측정했고, 아메리카에 있어 고유한 실질적 문자 체계를 발전시켰으며 수학의 대가들이었다. 그들은 오늘날 우리가 사용하는 달력을 발명했다. 금속 연장, 짐을 나르는 짐승 또는 바퀴조차 없이 그들은 놀라울 정도의 정교함과 다양성으로 거대한 정글을 지나 광대한 도시들을 건설할 수 있었다. 팔렌케, 티칼, 툴룸, 치첸이차 같은 장소에 장엄하게 만들어져 남아있는 그들이 남긴 돌의 유산은 고전 마야문명의 700만 후손들에게 여전히 살아있다.

마야는 메소아메리카 고전 문명으로 가장 잘 알려져 있다. 메소아메리카라는 말은 올멕, 마야 그리고 아즈텍 등의 문명들이 꽃피었던 지금의 멕시코와 중미지역을 일컬어 멕시코 인류학자인 폴 키르쵸프 Paul Kirchoff가 처음으로 만들었다. 이 문명은 선 - 콜롬비아 시대의 아메리카에서 문자를 발전시킨 것으로 유일하게 알려진 중앙아메리카 문명이다. 약 10세기를 전후하여 고전기 마야(AD 200~900년경)와 고전기 후기로 구분된다. 선 - 콜롬비아 시대에 설립되어 고전기 동안에 최전성기를 누렸으며 스페인인들이 도착하기까지 후(後) - 고전기 기간 동안 계속되었다. 선 - 고전기 마야문명은 당시 멕시코만 해안지방에 성립되어 있던 올멕 문화의 영향을 받은 것으로 보인다.

재규어와 뱀을 중요한 상징으로 사용하던 올멕의 영향이 멕시코 고원에서 유카탄 반도와 과테말라, 온두라스, 벨리즈 등의 지역까지 널리 발견된다. 비록 문자, 비문 그리고 달력이 올멕에서 기원하기는 했지만 그들의 문명은 올멕의 그것들을 완전하게 발전시켰다. 올멕의 건축물은 점성술과 깊은 관련이 있으며 새로운 건축물은 반드시 옛 건축물 위에 지어졌다. 그 당시 재규어는 힘과 권력을 상징하는 토템 동물로 숭배되었다.

BC 300년경 마야인들은 귀족과 왕에 의해 통치되는 정부의 계급 체계를 적용했다. 마야의 예술과 건축에서는 외부의 수많은 영향들이 직접적인 정복보다는 무역과 문화 교류의 결과로써 발견된다. 유카탄 반도에 중심을 둔 마야 제국은 당시 멕시코 북부 지역인 톨텍 Toltec 문화와 활발히 교류했다. 마야인들은 통일된 제국을 형성하지 않고 여러 개의 도시국가 형태를 이루었다. 이 문명은 고전기 시대 동안 고도로 구조화된 왕국을 발전시켰다. 마야인들은 극단적 신분제도를 가지고 있었다. 화전으로 옥수수 경작을 했던 마야인들은 비의 신 '차크 Chaac' 와 천둥과 번개의 신인 '쿠쿨칸 Kukulcan' 을 숭배했다. 이들은 20진법을 사용하고 0(zero)의 개념을 가지고 있었다. 그들의 사회는 시골의 농사 짓는 공동체, 그리고 의식을 행하는 중심지 근처에 세워진 큰 규모의 도시 지역 같은 수많은 독립된 도시들로 구성되어 있었다.

마야인들은 신전, 피라미드, 궁전과 관측소들을 포함한 고도의 장식적인 의식용 건축물을 모두 금속 연장 없이 세울 정도로 기술이 뛰어났다. 그들은 또한 지상에 물이 거의 없는 광대한 열대우림의 숲을 개간하여 빗물을 저장하기 위해 거대한 지하 저장소를 건설하는 지혜로운 농부들이었다. 마야인들은 또한 옷감 짜기와 도기 만들기에 능숙했고 먼 곳의 사람들과의 광대한 무역망을 조성하기 위해 정글과 늪을 통과하는 길들을 만들었다.

마야문명은 남부 마야가 그들의 도시들을 버렸을 때인 AD 900년경 알 수 없는 이유로 쇠퇴하기 시작했다. 여러 가설들이 있지만 유력한 것들 중의 하나는 환경 파괴에 의한 식량난을 들 수 있다. 발굴이 이제 겨우 시작 단계인 엘 미라도르 El mirador라는 피라미드군의 거대 도시가 그 예라 할 수 있다.

과테말라의 멕시코 국경 쪽에 위치하고 있는 이 고대 유적지는 마야 고전기 이전의 시기인 BC 700년 이전에 번성했던 아메리카에서 가장 큰 도시였다. 1,000여개의 피라미드가 있었던 티칼의 도시보다도 규모가 3배 이상 컸으며 높이 70m가 넘는 세계에서 가장 큰 피라미드가 있었다. 광대한 고대의 고속도로 체계가 정글을 넘어 각 방향의 다른 도시 지역으로 뻗어 있었던 흔적이 있다.

고대 멕시코의 묘지에서 발견된 바퀴 달린 장남감은 그들이 바퀴 달린 운송도구를 사용했다는 것을 증명하는 것이 아닌지 가정하는 것도 비논리적이지는 않을 것이다. 이 거대 도시의 멸망도 회반죽을 사용하기 위해 무차별로 베어진 나무숲으로 인해 농지가 훼손되어 식량난에 직면한 데에 원인이 있다는 이론이 있다.

고전기 이후의 마야문명은 톨텍족이 마야족을 정복하고 유카탄 반도를 지배하기 시작한 900년 경에 성립되었다. 비록 몇몇의 주변 중심지들이 계속하여 16세기 초 스페인인들의 정복이 있을 때까지 번성하긴 했지만 북쪽의 마야가 AD 1200년에 톨텍 사회에 병합되었을 때, 마야 왕조는 마지막으로 막을 내리게 되었다.

그러나 마야인들은 고전기 후퇴시기에 또는 스페인 정복자들이 도착한 때에도 결코 사라지지 않았다. 오늘날, 마야와 그들 상당수의 후손들이 마야지역에 걸쳐 뚜렷한 전통과 더불어 선 - 콜롬비아와 후 - 정복시기의 관념들(로마 가톨릭의 채용)이 흡수된 결과로 나타난 신앙을 유지하고 있다.

멕시코 역사의 시대 구분을 년도별로 보면 아래와 같다.

- 3500 BC ~200 AD : 선 - 고전기 - 올멕 문명
- 200~900 AD : 고전기 - 테오티후아칸, 마야 문명
- 900~1521 : 후 - 고전기 - 아즈텍, 테노치티틀란(1325~1521),
  몬테주마 1세, 코르테스(1519)
- 1521~1810 : 스페인 정복 - 몬테주마 2세, 코르테스(1519~1521)

치첸이차는 그야말로 대단한 유적임에 틀림이 없었다. 수많은 관광 버스들이 몰린 주차장은 작은 공간도 없었으며 엄청난 관광객들이 입장을 위해 길게 줄을 서고 있었다. 이렇게 많은 사람들이 몰리다니… 그저 놀라울 따름이었다.

옆에 있는 기념품 가게에서는 계속하여 물건값을 외치고 있었다. 상점 입구에는 10대 어린 소년 소녀들도 호객에 여념이 없었다. 물건도 많고 관광객도 많고 정신이 없다. 30여 분을 기다렸을까. 가이드는 표를 가지고 와서 나누어준다. 국립 인류학 역사연구소 INAH에서 관리하는 유적지의 입장권은 소형의 녹색으로 멕시코의 어디서나 동일한 디자인이다. 모두가 흥분된 얼굴을 하고 있었다. 가이드는 오후 3시까지 관람을 마치고 돌아오라며 버스 위치를 다시 한번 상기시켜 준 뒤 유적지 입구를 안내해 들어갔다.

국립 유적지의 입장권 ▶

뱀 머리

입구는 좁은 것 같진 않았는데 사람들이 가장 많이 몰리는 지금 이 시간에는 무척 혼잡했다. 지하철 개찰구 같은 출입구가 4개 있는데 이곳을 통과하면 오른쪽은 기념품점과 음식점들이 있었다. 유적지를 향해 앞으로 계속 걸어가면 먼지 나는 흙길에 키 작은 마야 원주민들이 직접 만든 공예품들과 기념품들을 노점에서 팔고 있는데 상품들의 종류가 매우 다양했다.

마야족은 남부 멕시코와 북부 중앙아메리카의 토착 아메리카 사람들의 다양한 범주를 이루고 있다. 현대 마야인의 가장 큰 그룹이 멕시코의 유카탄 반도에서 발견되었다. 현재 7백만 명의 마야인이 이 지역에 살고 있는 것으로 추정된다. 본래 유카탄 고유의 인구는

1511년 해변에 난파되어 생존한 스페인인들 이후에 유럽인들에게 최초로 모습을 드러냈다. 후에 스페인인들의 탐험은 수많은 마찰을 초래했고 전쟁을 일으켰다. 유럽인들이 가져온 전염병과 그들과의 전투는 이들 유카탄 고유의 마야 인구를 1850년까지 10,000명 이하로 감소시켰다. 역사적으로 반도의 동쪽 지역의 절반에 이르는 범위에 있는 인구는 서쪽 절반의 지역보다 히스패닉 문화로부터 덜 영향을 받았다. 거대하고 놀라운 피라미드를 세웠던 마야족 자손들의 모습이 너무 초라하게 보였다. 오늘날까지 남아있는 중남미의 원주민인 인디헤나 indigena들이 과거 찬란한 문명을 소유한 조상들의 자손이라는 것이 의아하게 생각될 정도이다. 문명이란 과연 무엇인가?

치첸이차의 전경

조금 더 걸어가 유적지 안으로 들어가니 380m×165m 넓이의 유적지가 눈앞에 장대하게 펼쳐졌다. 워낙에 넓은 탓인지 그렇게 많던 사람들도 많게 느껴지지 않았다. 그러나 이곳이 발견되기 전까지는 하늘에서 보아도 알 수 없을 정도로 정글 한가운데 묻혀 있었던 곳이다. 그렇다면 이 광활한 유카탄의 정글에는 얼마나 더 많은 유적지가 숨겨 있다는 말인지 의구심이 일었다. 가이드는 영어와 스페인어 두 그룹으로 관광객들을 나누어 따로 흩어졌다. 그들의 설명은 매우 상세했으며 유적에 대한 지식이 매우 풍부한 것으로 보였다. 갑자기 모래바람이 세차게 불어 말하기조차 힘든 상황에서도 유머를 섞어가며 열심히 설명하는 그들을 볼 때 힘든 직업을 가지고 있는 것 같았다.

구름도 몰려왔다 사라지기를 반복한다. 간간이 흙바람이 불어올 때면 눈을 뜨기가 곤란할 정도다. 밀림으로 둘러싸여 있는 휑한 분지다 보니 바람이 갑자기 몰려왔다 사라지곤 하는 모양이다. 조금 스산한 날씨 속에 저 멀리 우뚝 서 있는 쿠쿨칸(퀘자코아틀 Quetzacoatl, '깃털 달린 뱀'의 마야어로 kukul '새' 와 can '뱀') 피라미드를 직접 보고 있는 것은 경이로움 그 자체였다. 계단의 똑바른 선들이 너무나 아름다웠다. 이곳은 발굴되기 전에는 온통 정글로 덮여 있었던 터라 크게 훼손되지 않은 채 발견될 수 있었다. 얼마나 다행스러운 일인가.

쿠쿨칸은 마야 신화의 만신전에서 수많은 신들 중의 하나이다. 깃털 달린 뱀이라는 신성의 묘사가 비록 지역적인 전승으로 전체적으로 다양하기는 하지만 메소

쿠쿨칸 피라미드

아메리카 대부분의 문명에서 보여진다. 쿠쿨칸은 비록 그들의 기원들이 직접적으로 관련이 된다고 해도 마야 이후의 문명인 아즈텍 신화의 퀘자코아틀 신성과 혼동되어서는 안 된다. 이 퀘자코아틀 신성에 대해서는 멕시코시티의 템플로 마요르 유적에서 다시 언급할 것이다.

치첸이차의 분위기에 흠뻑 취해 있노라니 책에서 보아온 인신공희(人身供犧) 의식이 당장이라도 여전히 진행될 것 같은 착각을 불러 일으켰다. 돌로 쌓아 올린 정교한 신전이 밀림 속 중앙의 넓은 평지에 오랜 세월 동안 자리를 지켜왔다. 예전의 사진을 보면 사람들이 계단에 설치한 줄을 잡고 꼭대기로 오르는 모습이 있었는데 지금은 유적 주변에 줄을 쳐 접근을 금지하고 있었다. 몇 년 전에 추락사고가 있었다고 하는데 유적 보호차원에서도 매우 잘한 일이 아닐 수 없다. 언제나 그렇듯이 장엄한 유적 앞에 서면 이상한 흥분을 느낀다. 마치 시간을 뛰어넘어 그 시대에 와 있는 듯한 착각을 불러 일으킨다. 그리고 그 장소에서 한몸이 되어 있는 자신을 발견하면 작은 전율을 느끼는 것이다.

9층 구조의 쿠쿨칸 피라미드는 유적지의 중심에 자리하고 있다. 아메리카의 다른 피라미드들처럼 쿠쿨칸 피라미드는 이집트에서 보아온 전형적인 피라미드들과는 대조적으로 계단식으로 된 기념물이다. 쿠쿨칸 피라미드는 또한 엘 카스티요 El Castillo(성)와 퀘자코아틀 피라미드로도 불려진다. 피라미드는 네 면에 계단이 있는데 각각은 91계단이 있어 4개를 모두 합치면 364계단이 되며, 꼭대기의 플랫폼까지 합하면 365계단이 된다.

쿠쿨칸 피라미드의 설계는 마야의 달력과 관련이 있다. 한 계단은 1년의 하루를 나타낸다. 플랫폼까지의 높이는 24m인데 2층으로 건축된 신전을 더하면 6m가 추가된다. 꼭대기에 서 있는 사람이 보통의 목소리로 이야기를 하는 소리가 바닥의 어느 정도 거리까지에서도 들리는데 이것은 티칼에 있는 마야의 다른 피라미드에서도 동일하다고 한다.

다른 계단식 피라미드들의 평균 경사가 53.3°인 반면에 엘 카스티요의 계단은 수평에서 45° 각도로 올라가고 있다. 각각의 계단의 앞면은 보다 더 큰 각도인 73°로 경사져 있다. 피라미드 양면에 있는 9개 계단의 테라스들의 수는 18인데 마야 달력에서 달(하브haab의 18개월)을 나타낸다. 또한 52패널panel은 달력이 순환하는 데 걸리는 날짜인 년(年) 수를 나타낸다.

건물의 대각선 축은 하지 때 태양의 일출 방향을 가리킨다. 이로 인해 쿠쿨칸 피라미드는 춘분과 추분(3월 21일과 9월 22일)의 늦은 오후가 되면 태양이 북쪽 계단에 몇 시간 동안 빛의 굽이치는 형상을 방사하게 한다. 태양이 비추는 각에 의해 피라미드의 9층 계단의 가장자리에 특별한 형태가 생긴다. 이들 빛의 삼각형은 계단 밑변에 있는 뱀 머리의 거대한 석조 조각과 연결되는데 거대한 물뱀이 구조물의 아래쪽으로 꾸불꾸불 내려오는 모습이다. 이것은 깃털 달린 뱀인 쿠쿨칸 신이 피라미드 꼭대기에 있는 그의 신전에서 지상에 자비를 베풀기 위해 내려오는 것을 나타낸다.

뱀 머리

춘분 때 이것은 파종의 시기를 알려주는 중요한 역할을 했다. 동지 때는 서쪽면에서 바라보면 태양은 반대편으로 내려가기 시작하기 전에 신전 위에 정확하게 일시적으로 머무를 때까지 계단의 가장자리를 올라가는 것으로 보인다. 피라미드의 실제 위치는 진북에서 동쪽으로 19도 편향되어 있으며, 이 지역의 다른 큰 구조물들은 거의 같은 방법으로 위치가 설정되어 있다.

최근에 2012년 지구 멸망설을 주장하는 소리가 다시 고개를 들기 시작했다. 이것은 바로 마야 달력의 대주기와 관련하여 제기되는 것인데 이런 가설들의 기초가 이 쿠쿨칸의 피라미드에서 기인한다는 것은 특별한 의미로 다가온다. 북쪽 계단의 아래 부분에는 문이 있어 내부로 통할 수 있게 되어 있으며 신전

춘·추분 때 계단에 드리우는 뱀의 형상

으로 향하도록 설계되어 있다. 피라미드의 동쪽은 다른 면에 비해 많이 훼손되어 계단이 허물어져 내리고 있었는데 마치 내 몸에 이상이 생긴 듯 마음이 매우 아팠다. 흘러내린 돌계단은 복구할 수가 없는지 의아하기도 했다.

구기장

왼쪽 건너편의 유적은 그 유명한 구기장이다. 구기장은 길이 166m, 폭 69m이다. 각각의 끝에는 한층 높여진 '신전' 지역이 있다. 멕시코 유적의 구기장 중에서 가장 큰 것이다. 한쪽 끝에서 속삭이는 소리가 153m 떨어진 다른 쪽에서 선명하게 들린다고 한다. 음파는 낮이나 밤이나 바람의 방향에 아무런 영향을 받지 않는다. 재건축에 참여한 고고학자들은 그들의 작업이 진전됨에 따라 소리의 전파가 더욱 강하고 선명하게 되었다고 한다. 오늘날까지 이 현상은 설명되지 못하고 있다.

구기장의 왼쪽 벽

골대

마야의 왕이 여기에 앉아서 경기를 주재했다. 패배한 추장의 머리는 베어져 승리한 추장에게 제공되었다. 이는 매우 무서운 벌칙인 반면에 마야인들은 궁극적인 명예로 생각했다. 축구 비슷한 경기였다고 하는데 사실 그 설명은 어딘가 무리가 있어 보인다. 7m 이상의 높이에, 그것도 엉덩이와 발만을 이용하여 골을 넣는다는 것은 개인적으로 왠지 납득이 가질 않았다. 현재까지 구기 경기의 확실한 규칙은 확인되지 않았으며 단지 추측만으로 상상해 볼 수 있다.

나는 구기장 벽 아래쪽의 경사진 기단 부위에 새겨진 희미한 부조들을 세심하게 보면서 지나갔다. 부조들은 칼을 들고 있는 신관, 목을 자르고 심장을 꺼내는 장면, 잘려진 목에서 피가 쏟아져 나오는 장면 등이 묘사되어 있는데 경기의 진행 과정을 보여주는 것이다. 그러나 사진을 통해 보아온 구기장 인물들의 실제 부조 모습을 보고 싶었으나 세월의 흔적인지 이제는 전문가가 아니면 파악하기 힘들 정도로 새김의 선명도는 떨어져 있었다. 아무리 보아도 피가 솟구치는 모습 외에는 알아보기가 매우 힘들다. 희생의식에 대한 또 다른 가설로는 승자의 머리가 참수되었다고 하는 반대의 주장도 있다. 승리한 추장은 하늘에 오르기 위해 통과해야 한다고 믿는 13계단을 통하여 지나가는 대신에 곧바로 가는 직행표를 얻는 것이었다.

마야의 구기경기와 관련된 신화는 종교적인 마야 신앙의 중심은 아니었다. 그것은 적어도 BC 2500년경으로 거슬러 올라가는 인류 역사상 최초의 운동경기였다. 가장 오래된 경기장은 BC 500년의 과테말라의 나크베에서 발견되었다. 과테말라에만도 경기장은 티칼에 7개, 코반 같은 곳에 좀 작은 것이 4개 등 500개 이상이 있다. 일곱 개의 후 - 고전기 시대의 신전들 때문에 그렇게 불리우는 티칼의 일곱 신전의 광장에는 마야 세계 전체의 건축에서 유일하게 한 광장 안에 세 개의 구기 경기장이 있다. 구기 경기장은 미국의 아리조나에서부터 니카라과 그리고 쿠바 같은 여러 캐리비안 섬들에서까지 발견되는데 이는 아메리카의 운동경기로서의 인기를 강하게 보여준다.

경기는 어린이와 여자들이 행하는 일상적인 단순한 여가로 진행되기도 하는 반면에 또 다른 중요한 의식적 국면이 있었으며, 최대의 공식적 구기경기들은 의식적 이벤트로 진행되었다. 또한 의식에는 나무로 만든 방망이가 사용되었다. 구기경기는 진지하게 치뤄졌고 라이벌인 공동체 간의 논쟁을 가라앉히는 데 자주 사용되었다. 선수들의 구성은 각 팀당 2~5명이다. 그들은 머리와 엉덩이에 사슴 또는 재규어의 가죽으로 만든 보호대를 사용했으며, 무릎과 팔꿈치에도 보호대를 하고 허리 벨트로는 멍에를 찼다. 이것들은 공을 칠 수 있도록 허락된 유일한 몸의 부분들이었다. 공은 고무와 구아몰 나무를 섞어 만들었고, 크기는 25~30cm이며, 무게는 1.4~2.8kg 였다. 경기장은 'I' 또는 'T' 의 모양이며 크기는 다양하지만 평균 30m 길이에 폭 8m이며 골 표시를 맞추면 골을 얻는다. 표면에 또한 3개의 조각된 돌들이 있는데 창조 신화를 재현하고 있다.

실제로 마야의 구기 경기장은 경기장 주변에 평평한 표식이 있는 경사진 벽을 가지고 있으며 커다란 고무공을 사용했다. 둥그런 고리는 후 - 고전기에 유카탄의 톨텍인들에 의해 사용되었는데 보다 작은 공들과 수직의 벽들이 사용되었고 경기의 이름은 폭아톡 Pok A Tok이라고 불렀다. 이것은 대부분의 사람들이 알고 있는 것 중의 하나이다. 만일 선수가 공을 발로 차면 다른 팀이 골을 얻고 공을 소유하게 된다. 경기에는 또한 심판이 있었다. 그들은 기술이 비범한 선수로서 고전기 구기 경기의 지배신인 부쿱 우나푸 Vukub Hunahpu('7일째 우나푸' 이름 앞에 태어난 날의 날짜를 붙이는데 우나푸는 '사냥꾼'이라는 뜻이다)에게 기도했다. 공은 고전기 마야 예술에 묘사될 때 그 크기를 나타내는 숫자와 상형문자가 있다.

사진은 친쿨틱 Chinkultic의 마야 유적지에서 발굴된 서기 591년 5월 21일에 바쳐진 구기장의 표시이다. 공에는 쌍둥이 신의 아버지인 운 우나푸 Hun Hunahpu(1일째 우나푸)의 모습이 잘 새겨져 있다.

▶ 친쿨틱의 원반

라이벌 팀들의 경기는 하늘의 신들과 지하세계의 주 신들과의 전투를 상징하였다. 공은 태양을 상징했을 것이다. 이들 의식적 게임의 몇몇에서 패배한 팀의 주장은 참수되었고, 그의 두개골은 새로운 고무공을 만드는 데 중심부분으로 사용되었다. 공통된 해석은 경기의 주된 종교적 국면으로 금성의 주기와 옥수수신의 죽음과 부활신화를 강조한다. 고대 마야는 생명 또는 다산의 신들과 지하세계의 죽음의 신들 사이에 행해진 신화적인 구기경기를 통한 재현을 믿었다. 이것은 농경과 관련된 의식 또는 군사적 정복의 숭배였을 것이다.

마야의 창조신화를 기록하고 있는 고문서인 포풀부 Popol Vuh(고전기 후기 퀘추아어로 쓰여진 '평의회 책'으로 신화 같은 이야기들과 과테말라 고원의 퀘추아 왕국 지배자들의 출생에 관한 이야기를 포함하고 있다)에 일부 신화들이 남아있다. 이 책은 1697년 과테말라 치치카스테나고에서 스페인어로 번역되었지만 그 이야기는 대단히 오래된 것이다. 책 속의 창조신화에는 두 쌍둥이에 관한 신화가 있다. 또 다른 쌍둥이 영웅 우나푸와 싸바란쿠에 Xbalanque('새끼 호랑이'라는 뜻)는 구기 선수로서 매우 뛰어났다(우나푸의 아버지는 운 우나푸이다). 이들 쌍둥이의 출생에 관해서는 이야기가 길어져 생략하기로 한다. 어쨌든 불행하게도 이들 쌍둥이의 끊임없는 경기의 소음은 지하세계의 신들을 화나게 했다. 신경질이 난 신들은 전령 올빼미를 보내 그들을 데리고 오라고 했다. 쌍둥이는 신들에게 대항해 매일 구기경기를 했다. 경기에 지는 것은 그들 생명에 대한 대가를 치뤄야 하는 것이었다. 또한 그들은 매일 밤 그들이 잠자는 집안에서 또 다른 위험에 직면했다. 그러나 그들은 잔꾀를 부려 숲속의 동물들의 도움으로 탈출했다. 소년들은 불어서 쏘는 화살통 안에 숨어서 잠이 들었지만 우나푸는 그의 머리를 곧바로 찔렸고 통속에서 꺼내어진 후 참수되었다. 다음날 신들은 우나푸의 머리를 공 대신 사용했다. 그러나 싸바란쿠에는 그들을 속일 수 있었다. 그리고 형제의 머리와 몸통을 다시 결합할 수 있었다. 결국 그 경기에 진 것은 신들이었다. 이 마야신화는 과테말라 북부의 선 - 고전기 산 바르톨로 San Bartolo 유적지의 벽화에 묘사되어 있다.

구기 경기장 가장 안쪽에 서 있는 유적은 '수염이 있는 사람의 신전'이라는 이름이 붙어 있다. 그런데 마야인들은 수염이 없는데 무슨 연유일까 궁금하지 않을 수 없다. 옛날 지중해 연안에 페니키아인들이 번성하고 있을 때 대서양을 건너온 사람들의 묘사가 아닐까 하고 다소 허황된 상상을 해본다. 이는 대서양보다도 더 광대한 태평양을 건너뛰어 발견되는 남미 연안의 중국 도자기를 보면 가능한 상상일 수 있다.

수염이 있는 사람의 신전

구기장을 들어간 쪽으로 다시 돌아 나오면 중앙에 커다란 재규어의 신전이 있다. 신전 아래쪽 가운데 재규어 상이 있는데 내부에는 왕, 전사, 신관 등 전투를 상징하는 부조가 있다. 그런데 귀엽게 생긴 작은 재규어 상은 우리의 해태상과 어딘가 매우 닮아 있는 것 같다. 마야인들에게 재규어는 신인동형의 모습을 한 신이었다. 그러나 이런 재규어

재규어의 신전

▼ 재규어 신전 하단

의 모습은 마야인들보다 약 3,000에서 4,000년 전에 중앙아메리카에서 살았던 올멕족의 유물에서도 종종 발견된다. 이 신비와 공포의 동물인 재규어야말로 올멕족에게는 가장 중요한 신이었다. 재규어 신은 동굴 속에 위치한 깊은 웅덩이에서 살았는데 그 웅덩이야말로 죽음과 영적 변신의 세계로 가는 출입구였다.

위쪽의 신전에는 채색된 그림이 있는데 올라가는 것은 금지되어 있다. 멕시코의 벽화가 디에고 리베라 Diego Rivera 에게 커다란 영감을 준 것도 이곳의 그림이라고 한다. 하단의 계단에는 뱀 머리가 돌출되어 있는데 이것을 통하여 쿠쿨칸의 피라미드를 보는 구도가 매우 독특하다.

경기장의 오른쪽을 다시 걸으며 골대를 자세히 살펴본다. 경기장 끝에서 오른쪽으로 돌아서면 촘판틀리 Tzompantli (해골의 벽)라고 하는 네 면의 벽돌단이 있는데 해골들이 새겨져 있다. 언뜻 공포스럽고 스산한 기운이 감돌지만 이는 현대를 살아가는 사람들의 선입관이 아닐까. 그 시대에는 죽음을 새로운 세계로 가는 하나의 관문으로 여겼다. 이집트 문명에서 사후세계의 존재처럼 마야에서도 죽음은 삶의 끝이 아니고 다른 세계로의 첫 출발점이었던 것이다. 그러므로 성스러운 죽음은 오히려 찬양되어야 하는 것이고 이런 이유로 구기경기에서의 죽음은 신으로

재규어의 신전에서 바라본 쿠쿨칸 피라미드

▼ 촘판틀리

부터 받은 무한한 영광인 것이었다. 이러한 의미를 알고 있으면 해골의 모습이 암울하다고 느껴지지는 않는다.

촘판틀리에서 조금 더 나아가면 독수리 제단이 있는데 깃털 달린 뱀의 머리 조각들이 돌출되어 나와 있다.

발걸음을 재촉하여 금성 플랫포옴이라 불리는 곳으로 걸어갔다. 가이드가 충분한 시간을 준 것 같았지만 이 넓은 유적지를 마음껏 만끽하려니 조급하기만 하다. 머릿속으로 유적지의 지도를 상기시켜 보는데 되돌아가야 하는 시간까지의 여유는 터무니없이 부족하다.

넓게 쌓아진 사각형 모양의 단이 있는데 이것의 주 장식은 해(年)의 상징(꽃잎에 십자가 새겨진 반 꽃) 형태를 하고 있는 금성의 조각이다. 금성은 뱀신 쿠쿨칸을 나타내는 표현 중의 하나였다. 금성은 마야인들에게 종교적으로 기본이되는 중요한 행성이다. 호머시대의 그리스에서와는 다르게 마야인들은 저녁별과 새벽별이 똑같은 행성이라는 것을 알고 있었다. 플랫포옴은 이 중요한 신성을 기리기 위한 종교적 의식을 위해 사용되었을 것이다. 가라앉은 공간 안에서 쿠쿨칸은 깃털 달린 뱀의 턱으로부터 갈라진 혀와 재규어 같은 집게발을 가지고 출현한다. 플랫포옴 각 면의 계단들은 깃털 달린 뱀들의 이미지들에 의해 보호된다. 마야인들에게 금성은 그들의 천문 측정에서는 하나의 천체였고 그들의 신화에서는 신비의 요소 둘 다였다. 그것의 중요성은 이 기념비에서 표현되는 태양의 일출에서 볼 수 있다. 행성의 주기는 공공의 그리고 제사 기능 둘 다를 위한 달력을 설정하는데 사용된 기본적인 요소들 중의 하나였다. 각 옆면이 25m인 이 플랫포옴은 또한 차크뭄 Chakmul의 무덤으로도 알려져 있다.

이곳을 떠나 움직이려고 하자

▲ 독수리와 재규어의 플랫포옴

다시금 마음만 급하다. 투어는 언제나 시간에 쫓기기 때문에 유적 옆에 가만히 앉아 느낄 수 있는 감흥의 시간이 없다. 나는 일전에 책에서 보았던 몇 개의 작은 석상들을 찾아 보았다. 그런데 주변에는 내가 찾는 아무런 석상들이 보이지 않았다. 오랜 세월 동안 많이 정리를 했을 터였다. 못내 아쉬웠다. 앞면에는 많이 마모되어 윤곽만 남아있는 차크물이 있었다. 차크물이란 선 - 콜롬비아 메소아메리카의 석조상의 한 형식에 붙여진 이름이다. 차크물은 머리를 들고 한쪽을 바라보는 비스듬한 자세를 하고 있는 사람의 모습을 묘사한다. 자세나 조각상 자체의 의미는 알려져 있지 않다. 차크물 조각상은 톨텍과 다른 후- 고전기 중앙멕시코 지역 그리고 치첸이차처럼 톨텍의 영향을 강하게 받은 후- 고전기 마야문명 지역의 신전 주위에서 발견된다. 이러한 형식의 조각상의 고대 이름은 알려져 있지 않다.

 차크물이라는 이름은 1875년 치첸이차의 독수리와 재규어의 플랫폼에서 이 조각상 하나를 발굴했던 플롱게온 Augustus Le Plogeon(1825~1908)에 의해서 붙여졌다. 플롱게온은 그것을 마야어로부터 '우뢰 같은 앞발'로 번역하였다. 플롱게온은 조각상이 치첸이차 통치자의 묘사라고 제기했다.

발견 당시의 차크물

금성 플랫폼 앞의 차크물

그의 후견인은 플롱게온의 발견을 출간했는데 철자를 'Chac-Mool'로 수정했다. 차크물은 본래 마야 신화의 지배적인 신성들의 한 명인 비와 천둥의 신 차크 Chaac와 혼동되어서는 안 된다. 차크물은 중부 멕시코와 유카탄을 통하여 발견된다. 툴라와 치첸이차와 더불어 차크물로 알려진 유물이 있는 유적지들은 멕시코시티, 셈포알라 Cempoala, 틀라싸칼라 Tlaxcala 그리고 과테말라의 퀴리기아를 포함한다. 차크물을 만든 목적은 아직까지 확인되지 않고 있다. 어떤 차크물은 배 위에 접시모양의 둥그런 부분이 있는데 이곳에 희생된 제물의 뜨거운 심장을 올려놓는 제단의 역할을 한다는 가설도 있기는 하다.

나는 이 차크물을 보며 잠시 생각에 잠겼다. 대체 마야인들은 어떻게 살다가 사라졌을까. 이렇듯 장대한 문명을 이룬 그들은 누구인가. 어디서 왔는가. 끝없는 질문을 던져온 나는 막상 그 유적 앞에서 시간의 허무함만을 느끼고 있었다.

금성 플랫포옴의 뒤에 있는 길은 물의 신에게 인신공희가 실행된 신성한 씨뇨테 또는 우물이 있는 정글로 통한다. 커다란 나무가 가득 우거져 있는 운치있는 넓은 숲길을 800m 정도 들어가야 한다. 치첸이차의 전설적인 신성한 씨뇨테는

씨뇨테

그것의 종교적이고 사회적인 중요성에서 사람들에게 아주 특별하다. 순수한 처녀와 아이들이 제물로 바쳐져 던져졌던 물웅덩이다. 씨뇨테의 설명은 잠시 뒤로 미룬다.

광장을 가로질러 전사의 신전으로 갔다. 이 이름은 정면의 기둥과 주랑에 있는 전사들의 조각상들 때문에 붙여졌다. 10m 높이에 40m 폭으로 마야 건축에 있어 톨텍의 영향을 보여주는 좋은 보기이다. 전사의 신전은 옆에 전사들을 상징하는 석조 기둥들의 열이 있고 정면에 커다란 계단식 피라미드로 구성된다. 기둥만 1,000개 이상이다. 이 단지는 고대 톨텍의 수도, 툴라의 신전 B와 유사하며 이러한 양식의 흔적은 두 지역 사이의 문화적 접촉을 가리킨다. 그러나 치첸이차의 것은 보다 큰 규모로 지어졌다. 피라미드의 정상(피라미드 신전의 입구로 향하는)으로

전사의 신전

신전의 계단

신전 상단의 입구

오르는 계단의 위쪽에는 그 유명한 차크물 조각상이 있다. 보다 초기의 신전 위에 세워진 위쪽 신전의 천장 띠돌림은 중앙에 심장을 먹고 있는 독수리와 재규어의 이미지들 같은 멕시코에서 수입된 주제로 거의 완벽하게 덮여 있다. 이들 이미지들은 군사적 엘리트들을 언급하는데 이들에게 독수리와 재규어의 플랫포옴이 봉납되었다. 또한 지구의 태양으로써 쿠쿨칸의 이미지가 있다. 건물 안에는 치첸이차 역사의 마야-톨텍 시기의 일상 생활을 보여주는 많은 다채로운 채색화가 있다.

위쪽의 신전에는 두 개의 구내가 있는데 입구는 차크물 조각상에 의해 지켜지는 인상적인 입구이다. 이 비스듬한 인물은 배 위에 제물을 올려 신들과의 전령으로서 역할을 하는 것으로 믿어진다. 제물로 바쳐진 희생자들의 모습이 눈에 아른거린다. 주 입구에는 깃털 달린 뱀의 형태로 조각된 두 개의 뱀 기둥이 있다. 그것들은 방울뱀인데 머리를 바닥에 붙이고 입을 커다랗게 벌리고 있으며 꼬리는 꼭대기에서 꺾여져 있다. 기둥들이 받치고 있었던 천장은 없다.

천 개의 기둥의 광장은 전사의 신전과 인접하고 있는 곳이다. 수많은 기둥들이 전사의 신전을 둘러싸고 있다. 이 기둥들은 AD 600~1200년 사이에 세워졌고 본래 벽토로 덮여 있었고 채색되어 있었다. 기둥들은 한때 띠 모양으로 장식된 부분과 현재는 붕괴된 지붕을 떠받치고 있었다. 지붕의 정확한 역할은 알려지지 않았다. 그것은 짚이나 나무 그리고 몰타르로 만들어졌을 것이다. 전사의 신전은 한때 커다란 회담장이었을 것으로 믿어진다. 채색된 천장의 띠 부분의 잔재물은 차크 가면과 도시를 지배하던 초기의 신관 계급을 나타내는 다른 모티브들로 장식되었음을 가리킨다. 그러나 추가한 전사들의 기둥들은 시민들로 하여금 이 지역의 군사적 종교적 국면을 깨닫게 하기 위해서였을 것이다. 전사의 신전과 비슷한 이 광대한 공간은 4변형의 바닥 구획이다. 그것은 전사의 신전, 대시장 그리고 여전히 재건축 중에 있던 몇 개의 건축물들을 포함하는 여러 개의 중요한 구조물들로 둘러싸인다.

천 개의 기둥과 비슷한 기둥들이 전사의 신전 가까이에 있는 '대시장'이라고 불리는 커다란 광장에도 있다. '시장'이라는 이름은 스페인들에 의해 붙여졌지만 그 역할은 확인되지 않고 있다. 넓은 계단으로 접근할 수 있는 넓은 마당의 입구에만 커다란

천 개의 기둥

대시장

안뜰이 있다. 이곳은 회담장이나 또는 의식 행위를 하던 장소였을 것이라는 추측만 있을 뿐이다. 이 건축물은 톨텍인들이 세운 것이 확실하다.

치첸이차에서 또 하나 유명한 유적은 엘 카라콜 El Caracol이다. 커다란 사각형의 광장의 안쪽에 나선형의 계단이 있어 '달팽이'라고 별명이 붙은 둥그런 건물이 있다. 이 건물은 분점, 달의 경사 그리고 쿠쿨칸신에게 신성시되는 다른 천문학적 사건들을 가리키기 위해 배열된 문들이 있는 관측소이다.

마야인들은 지점(至点)이 언제 일어나는지 알기 위해 문쪽으로 태양각으로부터 드리워지는 방 안의 그림자를 사용했다. 엘 카라콜의 가장자리에 놓여진 것은 물로 채워진 커다란 바위 컵이고 물 위의 별의 반영을 볼 수 있는데 매우 정교한 달력 체계이다. 반 이상이 허물어져 있는 돔이 언제 무너질지 몰라 외벽을 나무로 지

엘 카라콜

지하고 있는데 이 위대한 유적이 앞으로 얼마나 더 버티고 서 있을지 안타까운 마음이 더한다.

입구로 나오기 전에 있는 기념품 가게와 음식점 주변은 너무나 혼잡하다. 입구로 되돌아 나온 출입구에는 여전히 수많은 사람들이 몰려있다.

▼ 씨노테 앞의 운치있는 간이 식당

아직도 계속하여 입장을 하고 있는 것이다. 주차장에 와 보니 우리가 타고 왔던 버스는 다른 곳에 세워져 있다. 넓은 주차장에 차들이 빼곡하여 정신이 없다. 약속한 시간이 되었는데 차는 아직 탑승하지 않은 몇 사람을 기다리느라 20여 분을 더 대기했다.

어두운 지하 세계인 유명한 이킬 $^{Ik\ Kil}$ 씨노테를 보기 위해 버스를 타고 15분쯤 달려갔다. 우리가 왔던 180번 고속도로를 5km 정도 달려오면 우측에 비포장 진입로가 있는데 관광버스들이 계속하여 들어오고 나가기를 반복하고 있다. 이곳은 치첸이차 고대 유적지와 가까이 있는 생태 고고학 공원이다. 버스가 겨우 회전할 수 있는 이 좁은 우회전 길을 접어들자 커다란 주차장이 나왔다. 주차장을 지나면 운치 있는 간이식당이 있는데 앞쪽으로 다리가 있다. 주변의 숲은 이곳이 울창한 정글의 한가운데임을 말없이 알려주고 있었다. 사람들이 걸어가는 쪽을 가보니 왼쪽에 아래로 내려가는 계단이 보였는데 계단 바로 못 미친 곳에 사람들이 아래쪽을 바라보고 있었다. 이킬 씨노테의 뻥 뚫린 위쪽이었다.

미국의 탐험가이며 고고학자인 에드워드 톰슨 $^{Edward\ Herbert\ Thompson}$ 은 1904년에 위대한 보물을 발견하기 위해 씨노테를 조사했는데 몇 가지 황금유물과 다른 금속 장신구들을 발굴하기는 했지만 16세기 스페인 수도사인 디에고 데 란다 $^{Diego\ de\ Landa(1524\sim1579)}$ 가 가정했던 것과는 달리 인간 제물 의식이 그렇게 일상적이지 않았다는 것을 알게 되었다. 란다는 유카탄에 두 번째 주교로 있으며 유명한 책 '유카탄 견문기'에 당시 마야의 전통과 문화를 보고 들은대로 책으로 기록하였다. 그의 무자비한 명령으로 고고학적으로 값을 메길 수 없는 마야의 모든 책과 문서들은 악마의 작품이라고 해서 파괴되었다. 하지만 후대에 마야 언어 일부에 대한 해석에 매우 중요한 단서를 제공한 사람이기도 하다. 유카탄 북부의 이자말 성당에는 그의 초상화가 걸려 있다.

▲ 디에고 데 란다

초기 거주민들은 준보석, 금속과 점토로 된 물건을 물의 신에게 제공하는 것을 선호한 것으로 보인다. 발견된 모든 제물들은 희생 의식의 일부분으로 깨졌거나 파손되었다. 물건들과 일부 인간 희생자(어린 소녀, 소년 또는 전사)들이 현재도 여전히 일부분이 남아있는 제단 옆에 있는 플랫폼에서 씨뇨테로 던져졌다. 이 신전의 일부는 참여자들의 정화를 위한 의식용 목욕탕으로 사용되었다.

아래쪽으로 30m 이상 깊이의 커다란 웅덩이가 보였는데 신비스런 초록색의 물이 아름답게 고여 있었다. 물 주변에는 오래된 넝쿨들이 얽히고 설켜 꼭대기에서 수면 위까지 아무렇게나 늘어져 있었다. 그것은 천장의 부드러운 석회석을 통하여 스며나온 물에 의해 형성된 패인 구멍들로 가득찬 깊은 물이다. 육상으로는 강이 흐르지 않고 모든 신선한 물은 지하에서 흐른다. 흡수성의 토양이 거의 물을 갖고 있지 않아 이 지하 세계의 형태들은 도시에 있어서는 매우 중요한 것이었다. 동굴의 천장이 무너져 내릴 때 이 우물은 사막의 오아시스처럼 드러난다. 입구는 마야인들이 깎아낸 좁은 계단이 있는 수직의 구멍을 통과한다. 공기는 무겁고 습하다. 가장자리를 잘못 내디디면 6m 아래로 떨어진다. 나무들의 뿌리가 매달려 있는데 물을 찾아 천정을 뚫었으며 15m 아래 수면까지 늘어져 있다. 높은 바위 끝에서는 폭포가 떨어진다.

치첸이차 주변의 우물 안에서 수많은 두개골이 발견되었다. 마야의 상형문자는 이들 장소에서의 인신공희를 묘사한다. 이 씨뇨테 바닥에는 무엇이 있는지 알려진 것이 없고 아무도 이것의 깊이에 도달해 본 적이 없다. 많은 관광객들이 그 자리에서 수영복을 갈아 입고 중간 위치에 있는 돌출부에 올라서 다이빙을 즐기고 있었다. 푸른 물에 첨벙대며 수영하는 관광객들을 보며 세월의 무상함을 잠시 느껴본다. 이곳은 그 옛날 수많은 마야인들이 제물로 산 채로 던져진 곳이었을 것이다. 어떻게 보면 섬뜩하기까지 한 곳에 세월을 뛰어넘어 지금은 관광객들이 희희낙락 즐거운 물놀이를 즐기고 있는 것이 역사의 허무함을 느끼게 하기도 했다. 어쨌거나 사진으로 보아 온 씨뇨테의 모습은 장관이 아닐 수 없었다. 직접 보고서야 그 규모에 놀라지 않을 수 없었고 그 아름다움은 더 할 말이 없었다. 날씨가 몹시 흐리고 한편으로는 싸늘한 감마저 없지 않은 터라 나는 물에 들어가고 싶은 충동을 억지로 참을 수밖에 없었다. 사실 컨디션도 100%도 아니고 허기도 매우 심해서 수영을 할 수 없는 상태였다.

이킬 씨뇨테

워낙에 사람들이 많이 몰린 씨뇨테였기에 투어버스의 일정이 너무 늦어져 4시가 되서야 겨우 늦은 점심을 먹을 수 있었다. 규모가 꽤 큰 음식점이었는데 관광객만을 상대하는 뷔페식 레스토랑으로 마야의 오리지날 원주민들이 음악을 연주하며 노래를 부르는 공연을 보여주고 있었다. 특이한 것은 이들 오리지날 마야인들은 모두 키가 매우 작다는 것이었다. 그들의 키는 성인의 경우 평균 키가 150cm 정도였다. 아프리카에 피그미족이 있다고 하는데 아마도 그들 정도의 체형을 가지고 있는 듯했다. 음식점의 커다란 마당 건너편에는 멕시코의 각종 기념품을 판매하는 가게가 있었는데 규모가 매우 컸다.

음식점 모습

식사를 마치고 5시 30분경에 치첸이차를 출발했는데 9시에 겨우 호텔 지역에 도착할 수 있었다. 유명한 코코 봉고 쇼가 공연되는 극장이 있는 화려하고 시끄러운 거리로 걸어가 서양 문물에 점철된 또 하나의 멕시코를 느껴 보았다. 현란한 간판이 불을 밝히고 있는 밤거리에 현지인들이 다가와 각자의 클럽을 소개하며 호객을 한다. 이곳은 멕시코가 아닌 미국이었다.

거리의 분위기를 만끽하고 다시 호텔존에 있는 규모가 큰 기념품 가게인 멕시칸 아울렛에 들러 간단한 기념품 몇 가지를 사고 바로 시내버스를 타고 숙소로 돌아왔다. 차창 밖으로 들어오는 밤바람은 시원하기 그지 없었다. 세계 7대 불가사의 중 하나를 경이롭게 바라본 긴 하루였다. 아데오^{ADO} 버스 터미널 건너편에 치킨 체인점이 있어 우리는 이곳에서 늦은 저녁을 해결하였다. 음식은 106페소였다. 이곳 물가를 감안하면 고급 음식인 것 같았다. 손님은 없었고 나중에 가족으로 보이는 현지인들이 외식을 나온 듯 치킨을 주문했다. 치킨점 건너편에는 전병빵을 파는 작은 리어카의 노점이 있었고 사람들이 대여섯 명이 모여 차례를 기다리며 음식을 먹고 있었다. 가고는 싶었으나 가격보다는 위생문제를 고려하여 시도를 하지 않았다. 운이 나빠 배탈이라도 나면 병원에라도 가게 될 수 있기 때문이다. 모든 것이 조심스러운 이번 여행이다.

치킨 점

돌아오는 길에 아침에 먹을 과일과

과자를 사러 걸어서 20분쯤 걸리는 근처의 슈퍼마켓으로 향했다. 도중에 아담한 호스텔이 몇 군데 눈에 띄어 들어갔더니 가격은 거의 비슷한데 2인실이 여유가 있다고 한다. 오늘 우리가 묵는 곳이 3인실인데 사실 고단한 두 명의 여행자에게는 낯선 여행객과 함께 묵는 것이 다소 불편할 수도 있다. 현재 묵고 있는 호스텔에는 내일까지도 2인실이 비워지지 않는다고 한다. 내일은 칸쿤 일정이 끝나므로 조금이라도 편하게 지내기 위해 저녁에 방을 옮기리라 마음먹었다.

호스텔의 정보를 얻은 후 도착한 슈퍼마켓은 시내의 크기와는 달리 규모가 매우 컸다. 이리저리 둘러보았는데 빵 같은 것은 가격이 무척이나 저렴했다. 사과와 오렌지 등 과일 몇 개와 비스켓을 샀다. 카운터에서 계산을 하는데 한 소년이 비닐봉지에 물건을 담아 주길래 고맙게 생각했는데 다음 순간 '아차' 하며 살짝 놀랐다. 소년은 외국인에게 팁을 바라고 이런 일을 하고 있는 것이었다. 동전 몇 개를 쥐어 주니 '그라시아스(감사합니다)'를 외친다. 한편으로는 측은한 모습이었는데 이곳의 경제적 실상이 그런 것이기 때문이라고 마음을 달랬다.

제4일 (목)
툴룸

아침 일찍 터미널로 가려고 했으나 아침 식사 때 함께 묵은 다른 여행객들과 이야기를 나누다가 시간이 조금 늦어졌다. 세계 어디에서나 호스텔의 매력은 같은 여행객들과의 바로 이런 부댓김이다. 시칠리에서 온 젊은 여자는 쉴새없이 떠들고 캐나다에서 온 여자는 먹성이 좋다. 각자 자신들의 목적지에 대해 이야기를 하는데 서로에게 도움이 되는 정보들이 많다. 우리는 시간이 지체될까봐 식사를 끝내고 부랴부랴 터미널로 갔다. 툴룸행 버스가 10시에 있다. 요금은 152페소. 사실 툴룸으로 가는 일일 관광버스들이 많이 있겠으나 어제의 투어가 매끄럽지 못했던 탓에 거리도 가깝고 버스 터미널도 숙소 바로 앞에 있던 터라 일반 고속버스를 선택했다.

◀ ADO 터미널

대합실의 많은 손님들

아데오 버스 터미널에서는 하루에도 수차례 툴룸행 버스가 있다. 툴룸의 고대 마야 유적지는 칸쿤에서 130km 떨어져 있는데 버스로 2시간 거리이다. 칸쿤에서 307번 연방 고속도로를 지나 쉽게 갈 수 있다. 그런데 여행 중에 간혹 실수를 하는 것이 있는데 바로 오늘 같은 경우이다. 유명한 관광지이고 하루에도 수차례 운행하는 버스들 때문에 왕복 티켓을 끊는 것을 간과한 것이다. 툴룸 유적지를 다 보고 나올 때까지 생각도 못한 부분이었다. 출발 시간이 조금 남아 있어 버스 승차 전에 화장실에 들렀는데 유료다. 3페소! 더구나 이곳 물가에 비해 비싸다. 여행자들에게 유료 화장실은 언제나 부담스럽다. 버스는 여행객들과 현지인들이 섞여 빈자리가 없었다. 차는 잠시 호텔지역의 해변 도로를 달리는가 싶더니 이내 서행을 하기 시작한다. 교통 체증이다. 저 앞쪽으로 끝없이 이어진 차량 행렬에 즐거워야 할 드라이브가 영 씁쓸해진다. 그래도 주변의 경관을 보고 있는 것만으로도 기분은 즐겁다.

멕시코의 카리브해 연안은 칸쿤을 둘러싸고 있는 '리비에라 마야 Riviera Maya' 라고 불린다. 리비에라 마야는 퀸타나루의 카리브해 연안과 평행하게 달리고 있는 307번 고속도로를 따라 형성된 관광지구이다. 이 지구는 역사적으로 플라야 델 카르멘 Playa del Carmen에서 시작하고 툴룸 마을에서 끝이 났다. 툴룸은 멕시코에서 테오티후아칸, 치첸이차에 이어 세 번째로 관광객이 가장 많이 찾는 관광지이다.

두 시간 정도 지나 툴룸에 거의 다다랐을 때 버스는 도로를 벗어나 산 속으로 들어가더니 잠시 정차를 하고 일부 손님을 내려놓았다. 창밖의 간판을 보니 셀하 Xel-Ha라는 국립해양공원인 유명 리조트 지역이었는데 이곳 해변 지역은 아무곳에나 개발만 하면 관광지가 될 수 있는 천혜의 자연을 가지고 있다는 것이 부러울 따름이었다.

마침내 두 시간 반 만에 툴룸 유적지에 버스가 정차했다. 툴룸 시내는 한 10분 정

음식점

도 더 가는 것 같았다. 나중에 문제가 되었지만 나는 칸쿤으로 돌아올 때 시내로 들어가 터미널에서 버스를 타고 오려고 했는데 기사에게 물어보니 지금 내린 이 자리에도 버스가 정차한다고 해서 마음이 놓였다. 시내 터미널에서 다시 차를 타고 나와야 하는 번거로움이 없어진 것이다.

유적지 입구에 내리자 12시가 조금 넘었다. 두어 군데 음식점이 있어 간단히 식사를 했는데 가격이 조금 비싸다. 생수를 포함해서 152페소를

지불했다. 음식을 먹었는데도 화장실을 이용하는데 역시 유료다. 주인은 대수롭지 않은 듯 쳐다보지도 않고 5페소를 달란다. 정말 대단하다. 돈을 갈퀴로 긁는다. 화장실을 이용하는 외국 관광객들이 절레절레 고개를 흔든다. 위로는 멕시코 국기가 자랑스럽게 휘날리고 있다.

비포장 흙길을 죽 걷노라니 모두가 유적지를 향해 가는 사람들이다. 도중에 작은 객차들을 5~6칸 열차처럼 연결한 셔틀 자동차가 입구까지 약 800m를 운행 중이다.

매표소에는 긴 줄이 서있다. 많이도 왔다. 입장료는 1인 35페소. 우리 앞에 줄을 선 사람들은 현지인 가족들이었는데 갑자기 그들은 줄에서 빠져나가 입장을 했다. 알고 보니 학교 교사 가족이라 특전(?)을 베푼 것이라고 한다. 이들은 우리나라의 과거처럼 교사에 대한 권위를 인정하고 있는 것 같아 매우 기분이 좋았다. 잘 살지 못하는 나라일수록 교사에 대한 남다른 존경심이 있는 것은 왜일까. 사람이 대단히 많아 60~70m 이상 줄을 서 있다. 관광지 입장 수익이 엄청난 곳이다.

툴룸 유적지의 가장 초기 날짜는 AD 564년(석비의 명문)이다. 이것은 비록 우리가 유적지를 그것의 전성기가 보다 늦은 후 - 고전기 말기(AD 1200~1521년)로 알고 있는 것에 반하여 툴룸을 고전기 시대로 끌어올린다. 툴룸은 마야의 강대한 무역망의 주된 고리였다. 해양과 육상의 루트 둘 다 이곳에서 수렴한다.

유적지 안에서나 주변에서 발견되는 유물들은 중앙 멕시코에서 중앙아메리카 그리고 둘 사이의 모든 지역까지의 접촉을 증명하고 있다. 멕시코 고원으로부터 구리가, 유카탄의 모든 지역으로부터 부싯돌과 도자기들이, 그리고 과테말라와 다른 지역으로부터 옥과 흑요석 Obsidian이 운송되었다. 툴룸을 본 최초의 유럽인들은 쿠바 초대 총독 디에고 벨라스케스 Diego Velzaquez의 명령으로 1518년 2차로 유카탄의 동쪽 해안을 따라 답사 항해하던 후안 데 그리할바 Juan de Grijalva와 그의 부하들이었다.

스페인들은 훗날 구세계의 질병인 천연두를 가져와 원주민의 10분의 1을 죽게 만든 이 반도를 정복하기 위해 되돌아왔다. 그리고 툴룸은 이전의 많은 도시들이 그랬던 것처럼 버려졌다. 도시의 중심지(의식 및 정치적)는 마야 세계에서 가장 잘 알려진 성벽으로 둘러싸여 있다. 성벽의 높이는 3~5m이다. 폭은 8m이며 바다와 평행한 면으로 길게 400m에 이른다. 유적지를 감싸며 양쪽에 쌓은 성벽은 약간 짧은데 각각 170m 길이이다. 이 성벽 주위에 수많은 목조와 야자나무로 만든 집들이 있었다. 현재 이들 집들이 존재했는지는 사실상 아무런 증거가 없다. 반도 주변에서의 무역을 위한 마야의 배들이 정박했을 해변 지역의 중요성은 적절한 것이다.

성벽에는 다섯 개의 작은 입구가 있으며 북쪽에 두 개, 남쪽에 두 개 그리고 서쪽에 한 개다. 북쪽에 있는 작은 씨뇨테는 신선한 물을 제공하였을 것이다. 이 성벽은 마야 유적지들 중에서 가장 잘 알려진 것 중의 하나이다.

입장을 하면 외벽을 따라 정원 같은 길이 펼쳐진다. 남서쪽과 북서쪽 구석에 보초탑이 있는데 이곳을 지나 계속하여 조금 더 가면 안으로 들어가는 낮은 통로가 나타난다. 두 사람이 겨우 지날 수 있는 통로를 나오면 푸르른 넓은 지대가 눈앞에 펼쳐지는데 너무나 아름답다. 바로 앞에 있는 폐허화된 유적은 거대한 플랫포옴이 있는 북서쪽의 집 house of the Halach Uinik이다.

이 집을 지나 왼쪽으로 해변 쪽으로 걸어가면 씨뇨테의 집이다. 커다란 정원처럼 정감 있는 경치다. 파란 하늘과 태양, 푸른 나무와 잔디 그리고 코발트 빛깔이

북서쪽 집의 옆 모습

넘쳐나는 바다가 시야를 가득 채운다. 여기에 돌로 빚은 장엄한 건축물들이 여행객의 숨을 가쁘게 만든다.

통로를 통과한 직후

잔디 사이에는 자연스럽게 만들어진 흙길이 있다. 저 멀리 조금 높은 언덕에 주 신전인 카스티요가 보인다. 이곳이 무성한 정글로 완전히 덮여있었을 시절, 어떻게 마야인들은 정말로 멋진 이 지점에 도시를 세울 생각을 했을까.

카스티요

화창한 태양과 함께 하는 경치는 어디에 눈을 두어도 감탄사가 절로 나온다. 이곳은 해변과 아주 가깝다. 곧바로 툴룸의 유명한 패여진 해변이 보이는 곳으로 갔다. 절벽가의 흙길을 따라 걸으면 장엄한 주 신전 뒤쪽을 지난다.

사실 툴룸의 가장 큰 매력은 그곳의 위치이다. 그것은 떠오르는 태양이 바라다 보이는 절벽 위에서 볼 수 있는 환상적인 카리브해의 전망이 있다. 바다를 향해 열려있는 동쪽 측면을 제외하고 툴룸은 낮은 성벽으로 완전히 둘러싸여 있다. 물탑이 서쪽 측면의 두 구석으로부터 올라오고 각 탑의 안에는 제단이 있다. 절벽 아래에 눈처럼 하얀 모래가 둘러쳐진 작은 후미진 곳이 자리잡고 있다. 툴룸의 유명한 절벽 아래 해변이 이곳이다. 마야에서 툴룸은 '벽'을 의미하고 도시는 성벽으로 둘러싸인 도시였기 때문에 이렇게 이름이 붙여졌다.

연구에 의하면 그것은 공식적으로 당시에 자마 Zama 또는 '새벽'으로 불렸는데 그 위치로 보아 적절한 것 같았다. '툴룸'은 도시가 버려지고 폐허가 되어버린 지 오랜 후인 1847년 케이스테 Caste 전쟁(1847~1901, 유카탄의 토착 마야인들이 유럽계 혈통 주민들인 유카테코스 Yucatecos들의 정치적, 경제적 지배에 대하여 일으킨 반란)이 발발하기 바로 전 1841년 탐험가 스테펜스 John Lloyd Stephens와 캐서우드 Frederick Catherwood가 방문함으로써 붙여졌다. 그들은 나무를 베어내었고 캐서우드는 후에 그들의 이름으로 출간된 유명한 책인 '유카탄 여행의 사건들 Incidents of Travel in Yucatan'에 신전의 그림을 그려 넣었다.

▼ 캐서우드의 그림, 1844년

마야인들의 기원에 대한 수많은 흥미로운 이야기들 중에 이들이 이스라엘 후손의 한 갈래라는 극단적인 학설을 소개해 본다. 캐서우드가 그린 작품 중에 몇몇 조각품들은 놀라울 정도로 힌두신들과 닮았다. 또한 피라미드는 이집트와 결정적인 관계가 있다는 것을 보여주고 있다. 몇몇 연구가들은 스페인 탐험가들의 이야기 속에서 마야 신화에는 강한 기독교적인 요소가 들어 있다는 언급이 있음을 밝혀내기도 했다. 즉 스페인 사람들은 마야 문화 속에서 십자가의 상징을 발견하기도 했고, 그들이 일종의 홍수에 대한 개념도 가지고 있었음을 알았다. 그들의 신 쿠쿨칸은 많은 점에서 구세주의 역할을 하였으며 이러한 사례들이 중동에 있는 기독교 성지를 상기시킨다는 것이다.

신세계는 더 이상 신세계가 아니란 말인가? 역사란 것은 무한한 상상의 나래를 펼치게 하는 신비한 대목이 많다.

유적 입구를 지날 때만 해도 태양이 작열하는 좋은 날씨였다. 저 멀리 아름다운 절벽 위에 유명한 주 신전이 환상적인 모습을 자아내고 있었다. 아마도 의례나 의식을 위해 사용되었을 주 신전은 도시의 중앙에 있는 광장의 서쪽에 있다. 때때로

주 신전

등대라고도 언급되는 카스티요는 전형적인 피라미드로 꼭대기에 신전이 있으며 높이 7.5m로 툴룸에서 가장 크고 유명한 건물이다. 전망대로 사용되었다. 12m의 절벽 위에 서서 태양과 해안 양쪽 방향에서 수km에 달하는 전망을 내다보고 있다. 구조는 건물의 몇 단계를 떠받치고 있고 위쪽 방들의 상인방 돌은 깃털 달린 뱀의 모티브로 조각되어 있다. 방들은 그것들 자체가 고전기 마야 형식인 둥근 천장 모양이다. 엘 카스티요의 바로 북쪽에는 '바람의 신'의 신전이 있다. 전통적으로 쿠쿨칸과 관련 있는 것은 중앙 멕시코로부터의 바람의 신 에헤카틀^{Ehecatl}이다. 주변 경치에 정신을 잃어버린 관광객들이 눈치를 챌 수 없는 사이 작열하던 태양은 갑자기 사라지고 짙은 회색의 구름이 온 하늘을 덮었다. 그러나 그 독특한 코발트색의 아름다운 바다 색은 여전히 마음을 흥분케 했다. 날씨가 꽤 쌀쌀해졌는데도 사람들은 바위 뒷편 구석으로 걸어 들어가 수영복을 갈아입는다. 그리고는 아름다운 하얀 파도가 출렁이는 바다로 과감하게 뛰어 들어간다. 이곳에 오게 되면 어쨌거나 너나 할 것 없이 해변으로 내려가지 않고는 견딜 수가 없을 정도이다.

주 신전이 있는 곳에서 나무로 만든 이쁜 다리를 내려가면 신록의 하늘빛 바다가 눈앞에 펼쳐진다. 고운 모래가 있는 해변의 규모는 작지만 환상 그 자체이다. 수영복을 입은 관광객들이 이내 바다 속으로 뛰어 들어가고 나오기를 반복한다. 조금 전까지 그 뜨거웠던

후미진 해변

주 신전 뒤쪽의 아름다운 길

툴룸 절벽 아래의 해변

해변

멀리 호텔이 보인다

태양은 어디로 갔는지 몹시 아쉬운 순간이었다.

　칸쿤에서 툴룸까지에는 유명하지만 그리 붐비지 않고 저렴하게 즐길 수 있는 해변이 많이 있다. 이들 해변이야말로 적어도 일주일 이상 체류하며 신선놀음을 할 곳이지만 우리의 일정과는 거리가 먼 꿈 같은 이야기이다. 절벽의 유적지에서 바라보는 경치는 어느 방향에서 보아도 그야말로 절경이다. 날씨가 좋은 계절에 다시 한번 와 보고 싶은 곳의 하나였다.

　툴룸의 고고학적 유적지는 근교의 마야 유적지와 비교해 볼 때 상대적으로 꽉 들어차 있는 모습이며 해변의 마야 유적지들 중에 가장 잘 보존된 곳 중의 하나이다.

유적지의 중앙

파란 잔디가 나있는 넓은 광장에는 또 다른 유적이 우뚝 서 있다. 거대한 프레스코의 신전이다. 현재는 오랜 시간이 흘러 대부분 지워져 버린 벽화로 가득찬 신전이다. 벽감에는 마야 세계의 '하강하는 신' 즉, '금성의 신성'이 새겨져 있다. 신전은 여러가지 건축 형식의 흔적들을 보여주는데 동쪽 벽에 보이는 벽화는 멕시코 고원에서 기원한 형식과 닮아 있다. 기둥의 집은 유적에 있는 대부분의 구조물들

프레스코 신전

보다 더 복잡하다. 그것은 주 입구가 남쪽을 향하고 있는 네 개의 방이 있는데 궁전 같은 구조다. 6개의 기둥은 주된 방의 지붕을 지탱하고 있고 그 위에는 지붕이 있는 또 다른 신성소가 있다.

푸르고 이쁜 광장에는 이곳 저곳에 다 무너져 내린 건축물들이 단지를 이루고 있었는데 이것이 온전하게 서 있었을 과거를 다시 한번 머릿속에 그려본다. 그 장엄함과 아름다움은 실로 놀라울 따름이었다. 출구의 작은 통로에 다가서자 발이 떨어지지 않는다. 많은 사람들이 출구로 나가기에 앞서 잔디밭에 앉아 경치를 감상하고 있다. 일정이 없다면 처음부터 다시 한번 천천히 둘러보고 싶은 마음이 간

출구 앞의 전경

절한 곳이다. 입구이자 출구로 빠져나오자 아쉬움이 밀려왔다. 출구 역시 두 사람이 겨우 통과할 수 있는 성벽의 작은 구멍이다. 환상적인 이곳을 떠나야 한다니…. 하루종일 머무르고 싶은, 아니 다시 또 방문하고 싶은 곳이다.

버스 정류장 쪽으로 걸어나오다 보니 왼쪽에 음식점들이 모여있고 기념품 가게들도 여럿 있었는데 그 안쪽 넓은 마당에서는 유명한 멕시코의 전통 춤을 공연하고 있다. 토토낙 Totonac인들의 볼라도레스 voladores(날으는 사람들) 의식이 시연되고 있다. 20m 높이의 나무 봉 위로 생생한 색깔의 전통 의상을 입은 다섯 명의 원주민이 오르더니 이내 아래로 내려뜨린 밧줄에 몸을 맡기고 회전을 시작한

볼라도레스

다. 이것은 전통적인 숭배의 행위이다. 발목에 묶은 밧줄에 매달려 회전하며 천천히 땅으로 내려온다.

토토낙의 신화에 따르면 대가뭄이 있었을 때 땅에는 음식과 물이 부족했다. 다섯 명의 젊은이들이 풍요의 신 '시페 토텍 Xipe Totec'에게 비를 내려 토양을 비옥하게 하며 작물이 잘 자랄 수 있게 해달라는 전갈을 보내기로 결정했다. 그리하여 그들은 숲속으로 들어가 가장 크고 곧은 나무를 탐색했다. 그들은 완벽한 나무를 찾은 후 밤이 새도록 나무와 함께 있으며 음식을 먹지 않고 나무의 정령에게 그들의 바람에 대해 기원을 했다.

다음날 그들은 자비심으로 나무를 베어 절대로 땅에 닿지 않게 하여 마을로 가지고 왔다. 그리고 나서 의식을 치르기 위한 가장 완벽한 지점을 정하고 나무를 내려놓았다. 남자들은 잎과 가지를 벗기고 땅에 구멍을 판 후 나무를 바로 세웠다. 그리고는 제례용 제물을 바치고 그 자리에 자비를 구했다. 그들의 중요한 요구에 대해 신의 주의를 끌기 위해 시페 토텍에게 새처럼 나타나기를 원하여 남자들은 깃털로 치장했다. 허리에 덩굴을 감은 그들은 기둥에 자신들을 묶어 비행하며 피리와 북의 어지러운 소리를 내는 동안 그들의 소원인 비가 오기를 간청했다고 한다.

이것은 오늘날의 시각으로 마치 써커스와도 같아 보였는데 현장에서 실제로 보니 그들의 묘기와 노력에 나름대로 감동을 느낄 수 있었다. 서있던 다른 댄서가 팁을 요구하며 관광객들 사이를 돌아다닌다. 툴룸을 떠나오는 기분은 아쉬움 그 자체였다.

그런데 문제가 생겼다. 버스를 내렸던 곳의 승차권 판매소에 들어갔는데 칸쿤행 버스표가 모두 매진이었다. 아차! 하는 순간 큰 실수를 범했다고 생각하니 갑자기 앞이 캄캄해졌다. 칸쿤과 툴룸 간에는 버스가 수시로 다니기 때문에 예약을 하지 않은 것이다. 너무 쉽게 생각해 버린 결과였다. 내일 아침 멕시코씨티행 비행기를 타려면 무조건 칸쿤으로 가야만 했다. 입석이라도 가능하냐고 묻자 나중에 기사에게 물어봐야 한단다. 그런데 우리 같은 경우를 당한 여행객들이 여러 명 있었다. 다행히도 우리가 제일 먼저 문의했기 때문에 칸쿤으로 가는 버스가 도착하자 제일 먼저 버스에 오를 수 있었다. 입석이라는 것이 없지만 서서라도 가려고 했는데 다행히도 자리가 있었다.

돌아오는 길도 수많은 차량 행렬로 교통이 정체되었다. 버스는 도중에 어촌 마을인 플라야 델 카르멘 버스터미널에 한번 더 정차하였는데 이곳도 유명한 관광지인 코즈멜 Cozumel 섬으로 가는 경유지로 수많은 여행객들로 붐비고 있었다. 다시 도로로 진입하자 왼편으로는 무슨 공사인지 계속하여 거대한 토목공사가 진행 중이었다. 밀려드는 관광객과 이에 발맞춰 개발이 진행되는 분위기를 볼 수 있었다. 칸쿤 가까이까지 교통 정체는 풀리지 않았다.

칸쿤 터미널에 도착하자 벌써 날은 어두워진 지 오래였다. 이동에 지친 몸을 이끌고 세 명이 같이 묵었던 호스텔을 나와 어제 확인해 두었던 호스텔을 찾아갔다. 가까운 곳이었지만 무더운 날씨에 배낭을 메고 방을 옮긴다는 것이 사실은 조금 피곤한 일이었다. 그러나 방해받지 않고 편한 밤을 보낼 수 있다는 기대에 마음은 즐거웠다.

그런데 어제까지만 해도 숙박이 확실하다고 이야기한 주인은 방이 없단다. 벌써 두 번째다. 또다시 멕시코 사람들의 말을 곧이 곧대로 믿은 것이다. 습관은 어쩔 수 없는가 보다. 공항에서의 그 친절한(?) 멕시카나 에어라인의 엉뚱한 안내에 이어서… 이제는 무거운 배낭을 메고 늦은 밤거리를 돌아다녀야 할 판이다. 시간도 저녁 8시가 넘어가고 있다. 그러나 불안감은 없다. 칸쿤에서 숙박장소를 찾는 일은 매우 쉬운 일이라고 여행 안내책에는 적혀 있었다.

번화가 쪽으로 가보기로 했다. 욱스말 거리를 가다가 왼쪽으로 돌면 폭이 넓지 않은 코바 거리가 나오는데 여기가 100m도 채 되지 않는 관광 지역이다. 결국 아주 작지만 코바 거리 골목에 있는 허름한 호스텔에 250페소에 1박을 하기로 했다. 나중에 안 사실이지만 이 호스텔은 더 이상 영업을 하지 않는 곳이었으나 낯선 여행객이 오자 손님을 받은 것이었다. 짐을 풀고 방 자물쇠를 잘 확인한 후 늦은 저녁을 먹으려 밖으로 나왔다.

거리에는 네다섯 명으로 구성된 마리아치들이 관광객을 기다리고 있었고 음식점들 앞에는 원주민 아주머니나 소년 소녀들이 나와 몇 송이의 꽃을 들고 판매를 애원하고 있다. 작은 판자 위에 담배와 껌을 놓고 판매를 하는 젊은이들도 눈에 띄었다. 이들이 판매하는 물건도 물건이려니와 몇 개를 팔아서 과연 얼마를 벌 수 있는 것인지 답답한 마음이 들었다.

이 거리는 밤이 되어서야 살아나는 것 같다. 따로 경찰 같은 사람들은 보이지 않았지만 그래도 조금은 안심이 되는 분위기이다. 이곳에서 가장 유명한 음식점인 라팔리야 La Parrilla로 갔다. 라팔리야 레스토랑 역시 서양인들로 입구부터 만원이

▲ 음식점 라팔리야

▼ 마리아치들    ▼ 화롯불과 고기

었다. 멕시코 전통 복장을 한 안내양이 손님들에게 자리를 안내한다. 몇 분을 기다려야 할 만큼 내부는 온통 외국 관광객 천지였다. 홀은 매우 컸으며 네 명의 마리아치들이 테이블을 돌며 흥겹게 노래를 부르고 있었다. 우리가 시킨 요리는 화롯불을 직접 테이블에 가져다가 닭고기와 소고기를 후라이판에 익히는 요리였는데 맛은 좋았다. 토티야는 언제나 곁들여 나오는데 찍어먹는 소스는 그 향과 더불어 내 입맛에는 전혀 맞지 않았다. 가격은 300페소로 비싼 편이었으나 여행자들은 체력을 유지하기 위해 가끔 이러한 행사를 치러야 하는 것이다. 멕시코의 만찬은 여행의 기쁨을 배가시킨다.

숙소로 돌아오자마자 피곤해서 바로 잠이 들었지만 어디선가 들려오는 시끄러운 노래와 반주 소리는 날이 샐 때까지 계속되어 뜬 눈으로 거의 밤을 새고 말았다. 아직도 어제의 그 나팔소리가 귀에서 왱왱거린다. 익숙한 멕시코의 멜로디가 짜증스러울 정도로 어제는 고달픈 밤이었다. 정말이지 인생을 아무런 걱정도 없이 하루하루를 즐기며 살아가는 낙천적인 멕시코인들의 나이트 라이프를 온몸으로 체험한 소중한(?) 밤이었다.

제5일(금)
멕시코시티

　아침 일찍 아데오 버스 터미널로 갔다. 호스텔에서 꽤 떨어져 있다. 사실 먼저 묵었던 호스텔은 터미널에서 아주 가까웠는데 어제 일부러 다른 곳으로 바꿔서 묵은 호스텔은 거리도 좀 멀 뿐만 아니라 말이 호스텔이지 영업을 완전히 폐업한 곳이었다. 주변의 술집에서 새벽 4시까지 나팔까지 불며 노래하고 떠드는 바람에 잠 한 숨 제대로 못 잔 터였다. 배낭도 무겁고 거의 탈진한 사람들처럼 터미널에 도착했고 15분마다 있는 공항 버스에 몸을 실었다.

　시설이 아주 잘 되어 있는 공항대기실에서 잠시 대기한 후 비행기에 올랐다. 좌석은 12명이 큼직한 의자에 앉을 수 있는 비즈니스석이다. 자리에 앉자마자 안내양이 음료수를 권한다. 이런 호사를 누리다니…. 그러나 한편으로는 잠시 잊었던 허탈감이 밀려온다. 아껴야 할 경비를 가장 비용 항목이 큰 비행기표에서 펑크를 냈다는 것은 타격이 크다. 다시 한번 애써 잊고 안락함을 즐기기로 했다. 기내식을 맛있게 먹었다. 창밖을 보자 비행기는 벌써 메리다의 상공을 날고 있다. 뿌연 안개가 지독한 더위를 느끼게 하기에 충분했다. 비즈니스석을 즐길 시간이 아주 짧은 것이 못내 아쉬웠다.

하늘에서 본 메리다

▼ 건물 상공 위를 덮치듯 비행기는 착륙한다

잠시 졸았는가 싶었는데 어느덧 멕시코시티 상공이다. 도시가 크긴 크다. 도시 외곽에 접근했는가 싶더니 도시 상공을 한참 날고 있는 느낌이다. 상공에서 보는 광활한 도시의 모습은 구획정리가 매우 잘 되어 있어 보인다. 지상의 날씨는 뜨거운 햇빛에 후끈한 날씨가 느껴진다. 비행기는 씨티의 남쪽에서 북쪽으로 회전하며 지하철 소칼로역을 향한 2호선의 직각 방향으로 하강하고 있다. 도심 중앙에 있는 공항답게 비행기는 건물 상공 바로 위를 근접하며 착륙을 시도한다. 그런데 아래에 사는 시민들은 얼마나 시끄러울까. 벌써부터 번잡하기로 유명한 멕시코시티의 분위기가 보이는 듯하다.

출구를 나오자 사람들이 홍수를 이룬다. 과연 아메리카 대륙의 허브답게 매우 번잡하다. 마침 휴가 시즌과 겹쳐 있기도 하다. 마음이 급해 가능한 한 빨리 움직여 공항을 빠져나가려 했는데 우리 비행기의 짐이 한 시간이 지나도록 러기지 벨트에 들어오질 않는다. 빨리 움직여야 오후 일정이 여유가 있을 텐데 답답하기만 하다. 동승한 모든 승객들의 표정이 짜증스러운 듯 붉게 상기되어 있다. 워낙 비행기편이 많아 이런 일이 자주 있는 듯했다. 이동 통로도 사람들로 가득 차 매우 붐볐다.

한참 뒤에 짐을 찾은 후 공항을 나오기 전에 공항 인포메이션을 찾았다. 소칼로 Zocalo에 있는 호텔을 문의하니 친절한 안내인은 몇 군데 전화를 한 뒤 호텔 이름과 전화번호를 메모지에 적어주었다. 1박에 39달러인데 아침과 저녁이 포함되어 있다고 하였다. 곧바로 예약을 부탁했다. 급할 때는 인포메이션이 좋은 해결책이 될 때가 많다.

공항에는 요금이 12달러인 노란색 공식 택시가 있다. 입국장에서 나와 오른쪽으

▼ 공항택시 티켓

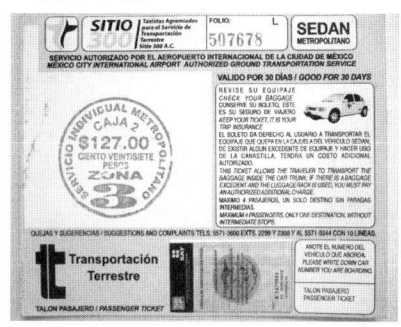

로 곧장 끝까지 걸어가면 출입구 쪽에 티켓 판매소가 있으며 이곳을 나서면 바로 택시승강장이 있다. 여행 책자에는 흰색 폭스바겐을 절대로 타지 말라고 한다. 언제라도 택시가 강도로 변할지 모른다는 얘기다. 그런데도 폭스바겐 택시가 많이 있는 것은 멕시코에 폭스바겐 공장이 있기 때문이다. 사실 멕시코에서 제일 위험한 존재가 바로 택시기사와 경찰이라고 한다. 택시를 탈 때는 노란색, 녹색 그리고 회색을 타라고 한다. 모든 공식 택시들은 지붕 위에 플라스틱 간판이 있고 문옆에도 택시라는 글씨가 도색되어 있다. 미터기도 있지만 언제나 미터기의 고장 여부도 정확히 확인해야 한단다. 정말 머리 아픈 시스템이 아닐 수 없다.

사실 우리로서는 택시비 바가지보다 강도가 더 문제였다. 물론 야간에도 혼자 다니는 것을 삼가하라다. 멕시코의 연간 관광객은 1,500만 명 선인데 폭력범죄가 증가하고 있으며 택시 강도, 무장 강도, 소매치기, 날치기 등이 빈번하다. 우리는 걸어가는 여행객의 뒷 배낭에 손을 대는 좀도둑에도 신경을 써야 했다.

공항에서 시내까지는 7km 정도로 매우 가까웠는데 고가도로를 올라가기도 전에 차는 꼼짝을 하지 않는다. 이런 것을 보고 교통체증이라고 하는 것 같았다. 기사 얼굴을 보니 창가에 기대어 연신 머리를 쓰다듬으며 이런 상황에 꽤 익숙한 모습이다. 뜨거운 태양 아래 후끈거리는 공기로 인해 금방이라도 숨이 막힐 지경이었다. 엄청난 소음과 꽉 막힌 도로, 게다가 거리의 수많은 사람들이 가슴을 답답하게 만들었다. 12월에서 2월까지 기온이 제일 시원한 달이라고 하지만 이 기간의 멕시코시티의 공기 오염은 심각하다고 한다.

세계에서 두 번째로 큰 도시인 멕시코시티는 인구가 2,200만 명으로 세계에서 인구가 가장 많은 도시 중의 하나이다. 멕시코의 전체 인구는 9,000만 명이다. 거대한 멕시코시티는 서반구에서 가장 큰 중심지역을 이루고 있고 상파울로와 함께 라틴 아메리카의 두 번째 글로벌 도시이다. 멕시코에서는 멕시코시티를 데에페 D.F. 라고 부른다. 데에페는 '직할시' 라는 뜻이다.

멕시코시티는 멕시코의 중심에 있는 높이 2,240m의 높은 고원에 있는 커다란 계곡인 아나후악 Anahuac이라고 불리는 멕시코 계곡 안에 위치하고 있다. 이 계곡은 네 방향이 모두 산으로 둘러싸여 있다. 유일하게 북쪽으로만 좁게 개방되어 있다. 계곡의 남쪽 부분에 있는 산맥의 해발고도는 3,952m이고 동쪽에는 해발 5,000m 이상인 화산이 있다. 원래 계곡의 대부분은 염분호인 텍스코코 호수의 물 밑에 있었다. 도시는 처음에 아즈텍인들에 의해 1325년 3월 18일 텍스코코 Texcoco 호수의 중심에 있는 작은 섬 위에 세워졌다. 도시는 빠른 시간 동안 복잡하게 성장하는 제국의 수도가 되었다. 아즈텍인들은 거대한 도시로의 발전을 위하여 일련의 수로를 가진 인공섬을 만들었다. 여기에 해변에서 중심도시까지 수많은 가교가 만들어졌다. 이 가교들은 오늘날 멕시코시티의 기본 대로의 기초가 되었다.

비록 호수가 짠물이긴 했지만 아즈텍인들이 세운 둑은 호수로 흘러드는 강물의 담수로 도시를 둘러싸게 만들었다. 둑은 담수를 분리하여 치남파스에서 경작할 때 사용되었고 재발하는 홍수를 예방했다. 이 둑들은 스페인인들의 테노치티틀란 Tenochtitlan('선인장 가까이'라는 의미) 포위 때 붕괴되었다.

선 - 콜롬비아 문명기 이후, 1519년 스페인의 정복자 에르난 코르테스 Hernan Cortes가 최초로 이곳에 도착했다. 아즈텍 도시는 1521년 75일간의 포위 때 거의 완벽하게 파괴되었고 다음 해에 스페인의 도시 기준에 따라 재건설되었다. 1524년 멕시코 테누스티틀란 Mexico Tenustitlan이라고 알려진 멕시코시티의 지방자치시가 설립되었고, 1585년 공식적으로 시우다드 데 멕시코 ciudad de Mexico로 알려졌다. 멕시코시티에서는 1968년 멕시코 올림픽, 1970년 월드컵 그리고 1986년 월드컵이 치러졌다. 1985년에는 진도 8.1의 지진으로 인해 5,000~20,000명이 사망했고 50,000~90,000명이 집을 잃었다.

간간히 택시가 속도를 내어 달리는데 정말로 대단한 교통 체증과 더불어 후덥지근한 날씨와 뜨거운 태양은 여행자의 숨을 막히게 할 정도였다. 그야말로 후끈거리는 공기, 매연과 소음의 한복판이다. 옆에 서 있는 낡은 폭스바겐도 에어컨이 없어 차창을 열어놓고 있었는데 안에 앉아있는 잘 차려입은 여인의 모습을 보며 지금 내가 겪고 있는 고통은 아무것도 아님을 실감할 수 있었다.

택시기사도 왼팔을 차창에 기대놓고 아무렇지도 않은 듯 정면만 응시하고 있다.

그러고 보면 우리나라에서는 더우면 차량 에어컨을 있는 대로 다 틀어놓고 운행을 하고 차창은 버튼으로 편안하게 올리고 내리는 습관이 배어 있었기 때문에 불편한 마음이 더했던 것이다. 어쨌든 이런 날씨는 사람을 피곤하고 성가시게 만든다는 느낌이 새삼 들었다. 산들로 둘러싸여 있어 공기 순환이 어려운 탓도 있을 것이다.

저 멀리 광장의 대성당이 눈 앞에 보이는데 차는 꿈쩍을 하지 않는다. 소칼로 근처도 영락없이 수많은 차량과 사람들로 꽉 들어차 있었다. 멕시코의 심장은 헌법광장이다. 시민들은 소칼로라고 부르는데 한 변이 220×240m의 세계에서 가장 큰 광장으로 알려져 있다. 사실 이보다 조금 더 큰 광장이 구소련의 붉은 광장이다. 소칼로는 공식적으로 헌법광장으로 알려졌다. 어원은 이탈리아어로 주춧돌(기반석)을 의미하는 zoccolo에서 왔다. 그러나 zocalo와 zoccolo는 라틴어에서 파생되었다. 원래는 플라사 레알 Plaza Real로 불렸으나 1843년 산타 안나 Santa Anna(1794~1876) 대통령이 독립기념탑의 기반석을 놓으면서 이름을 소칼로로 바꾸었다. 산타 안나는 1848년까지 텍사스 북부, 아리조나, 뉴 멕시코, 콜로라도, 네바다, 캘리포니아, 유타 등 멕시코 국토의 절반을 미국에 빼앗기게 한 장본인이다. 중앙에는 엄청나게 큰 대형 멕시코 국기가 창공을 향해 휘날리고 있었다.

대형 국기

1520년대에 광장은 아즈텍 건물 유적들에서 가져온 돌들로 포장되었다. 광장 한 가운데는 어마어마한 텐트를 쳐 커다란 스케이트장을 만들어 놓았다. 한창 겨울이라서 시에서 시민들을 위한 여가 공간을 만들어준 것 같은데 이로 인해 평소 사진으로 보아왔던 넓은 광장의 모습은 제대로 볼 수 없는 것이 조금 아쉬웠다. 물론 이것 때문에 또한 저녁 5시 30분경에 위병과 음악대에 의해 항상 진행되어온 국기하강식은 당분간 하지 않는다는 경찰의 설명을 듣고 안타까움은 한층 더했다.

광장에는 난생 처음 보는 수많은 인파가 움직이고 있었다. 행사로 인해 차량통행은 전면 불가했다. 평소 같았으면 차들이 광장을 왼쪽으로 돌아 운행을 하는 곳인데 광장 주변 도로는 폐쇄되어 있었으며 많은 경찰들이 나와 수신호로 차량들을 정리하고 있었고 택시 기사도 더 이상 차는 지나갈 수 없으니 내려서 걸어가라고 한다.

우리는 연방국과 최고 재판소 사이의 도로에서 내렸는데 사실 우리가 내린 곳에서 대통령궁만 지나 오른쪽으로 들어서면 바로 호텔이라고 한다. 왼편의 커다란 연방국 건물에는 여러 카페들과 기념품을 파는 상점들이 있다. 최근에 사무실과 관공서가 다른 곳으로 이주하고 대중적인 레스토랑과 쇼핑가, 호텔이 밀집해 번화가를 형성하고 있다.

광장의 축원 모습

일전에 사람 많기로 소문난 중국 상하이의 남경로에서 보았던 사람의 물결에 놀란 적이 있었는데 이 거리에서 붐비는 엄청난 사람들 또한 경이로울 정도였다. 가만히 서있어도 그저 밀려갈 정도였다. 이상한 향 냄새가 강하게 코를 찔렀는데 알고 보니 여기 저기서 치료사인 듯한 원주민들이 오고가는 사람들을 세워놓고 연기 같은 것을 태우고 있었다. 무슨 축원을 하는 듯한 모습이었는데 많은 사람들이 줄을 서서 기다리는데 이는 나쁜 것을 쫓아내는 의식이라고 한다.

이곳 저곳에서 드럼의 강렬한 장단에 맞춰 발목에 방울을 매단 채 세차게 땅을 구르는 한 무리의 인디헤나 댄서들이 정렬적인 아즈텍인들의 춤을 추고 있다. 사실 이것은 동서남북의 네 곳의 신에게 제사를 지내는 의식인데 춤판의 가

소칼로 광장

운데에는 제사용 음식이 차려져 있다. 각 방향으로 동쪽은 백색, 서쪽은 푸른색, 남쪽은 붉은색 그리고 북쪽은 검은색의 서로 다른 색상이 있다. 6~7명씩 한팀을 이룬 이들은 여기 저기에 여러 팀이 공연을 하고 있었다.

대통령궁은 규모가 매우 커서 광장의 한쪽 면을 거의 차지할 정도다. 대통령궁은 나중에 다시 방문을 할 것이다. 대통령궁의 끝 쪽으로 걸어오면 지하철 소칼로역의 지하통로 계단이 있고 오른쪽, 그러니까 템플로 마요르 Templo mayor 입구 쪽으로 나 있는 큰길 오른편으로 들어서면 우리가 찾아가는 호텔이 있다.

그 호텔의 바로 못 미치는 곳에는 우리나라 담배가게같이 작은 상점이 있었는데 길게 줄을 서 있는 사람들은 멕시코 특유의 점심을 먹기 위해 차례를 기다리고 있었다. 이곳에서는 경찰들도 선 채로 도시락으로 점심을 먹고 있다. 이 길로 계속 가면 역시나 수많은 사람들이 붐비는 상점들의 거리가 나온다.

호텔은 오래된 구식 건물이었다. 로비에 짐을 내려놓자마자 우리는 프론트에서 곧바로 내일의 테오티후아칸 Teotihuacan 투어를 예약했다. 1인당 26달러. 이 호텔은 세계의 여행객들이 모이는 곳이다. 동양인이 들어오자 좁은 로비에 앉아있던

대통령궁 앞에 모인 인파

서양인들이 힐끔 쳐다본다. 물론 눈이 마주치면 서로 반갑게 '헬로우'를 하지만 말이다. 방도 종류별로 꽤 많이 있었다. 예약을 하지 않고는 방을 잡기 힘들 정도로 방문객이 많았다. 식민시대풍의 오래된 건물이라 비좁았으며 방도 그리 산뜻하지 않았으나 며칠 묵기에는 하자가 없을 듯했다. 편안한 침대와 청결 정도, 화장실 그리고 샤워시설 점검은 중요하다. 사실 여행지의 숙박은 방을 미리 보고 정해야 하나 가격대를 보면 굳이 방을 다시 옮기지 않아도 될 정도라는 판단을 할 수가 있다.

▲ 모네다 호텔

짐을 풀고 곧바로 소칼로로 나왔다. 들어올 때의 기분으로는 그 뜨거운 태양 속으로 걸어 나가는 것이 은근히 걱정되기도 했다. 미지근한 생수병 하나 믿고 호텔 문을 박차고 나갔다. 거대한 멕시코 국기가 장대하게 휘날리고 있는 드넓은 광장이다. 아침부터 쉬지 않고 계속 이동해 온 탓인지 한낮의 뜨겁고 눈부신 태양과 함께 머리가 지끈거리기 시작한다. 멕시코시티도 간혹 고산병의 증세가 나타날 수 있다. 숙소에서도 더운 물로 샤워하는 것은 금물이다. 혈액순환이 빨라져서 그만큼 산소가 더 필요해지기 때문이다. 그런데 왜 이렇게 사람들이 많은지 이해할 수가 없다. 너무 많다. 웅웅거리는 소음에 자동차 소리 등 정신이 없다.

간간이 오르간 켜는 사람들이 눈에 띈다. 오르간 그라인더 Organ Grinder들은 베이지색 군복 같은 것을 입고 장식이 되어 있는 작은 상자처럼 생긴 전통악기를 연주하는데 자꾸 한손으로 재빠르게 L자 모양의 손잡이를 돌리며 음악을 연주하고, 왼손으로는 모자를 들고 행인들에게 돈을 요구한다. 더운 날씨에도 불구하고 매우 열정적이다. 지나가는 행인들은 돈을 넣어준다. 오늘날 이러한 전통적인 모습은 점점 없어져 가고 있다.

▲ 오르간 그라인더

아즈텍 제국 전체에서 가장 신성한 지역으로 이야기되는 의식용 주 피라미드의

▼ 소칼로 지도

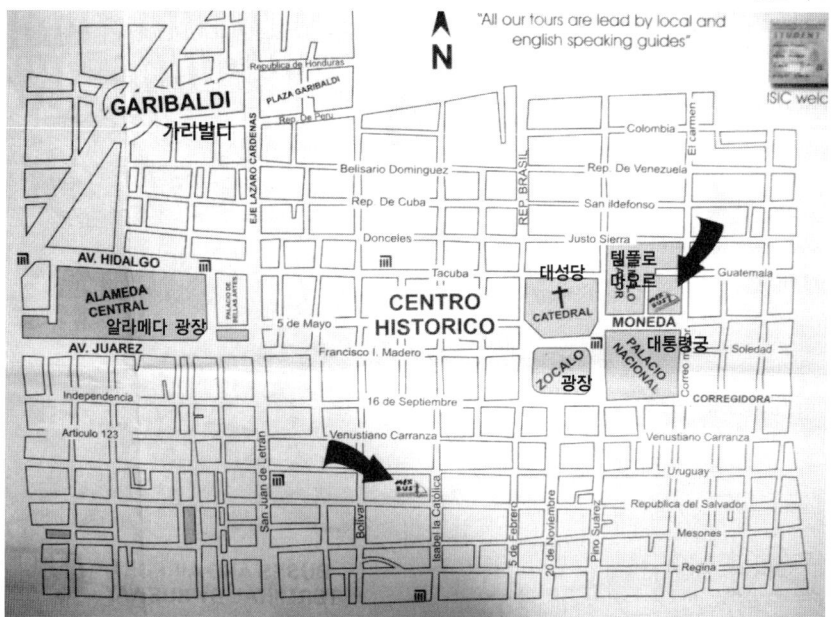

우남대 부속 건물

잔재를 보여주는 템플로 마요르는 호텔에서 나와 오른쪽으로 가면 바로 입구가 있다. 템플로 마요르는 스페인어로 '거대한 신전'이라는 뜻이다. 어디를 가나 제복을 입은 군인이나 경찰들이 보인다. 아무래도 대통령궁이 있는 곳이고 멕시코의 중심인 소칼로 광장이기 때문에 치안을 신경쓰는 모양이었다. 템플로 마요르로 들어가는 입구의 평평한 마당에 호수로 둘러싸였던 도시 옛모습의 커다란 축소 모형이 있어 유적의 모습을 상세히 보여주고 있다. 스페인인들은 호수를 메워버렸고 피라미드의 돌들을 떼어다가 도로에 깔아버렸다. 입구 왼쪽으로는 아름다운 돔이 있는 우남대학교 부속 건물이 있다.

템플로 마요르로 들어서는 작은 철문 앞에 매표소가 있다. 입장료는 1인 48페소로 상당히 비싸다. 오후 늦은 시간이어서 그런지 입장하는 사람들은 많지 않았다. 철책 사이로 유적지의 모습이 보이는데 그저 피라미드의 기단만이 허름한 건물들 가운데 있을 뿐이었다. 그러나 실망은 아직 이르다. 이곳의 박물관은 입장료의 값어치를 충분히 하고도 남을 만한 가치가 있었다.

템플로 마요르

아즈텍은 중앙 멕시코의 특정한 민족 집단을 언급하는 데 사용되는 용어이다. 나후아틀 Nahuatle어는 멕시코 중부지방에서 사용한 토착어로 아즈텍 제국의 공용어였다. 나후아틀어로 아즈텍은 '아즈틀란 Aztlan으로부터 온 사람'을 의미한다. 이 말에서 스페인 사람들이 아즈테카라는 이름을 붙인다. 하지만 아즈텍인들은 스스로를 멕시카 Mexica라 부르기도 했다.

훔볼트(1806년, 유화)

1810년 독일 탐험가이며 자연학자인 훔볼트 Alexander Von Humbolt(1769~1859)는 최근의 '아즈텍'이라는 용어가 멕시카주의 무역, 관습, 종교 그리고 언어로 연결된 모든 사람들에 적용된다고 말했다. 훔볼트에 대해서 남미의 독립영웅 시몬 볼리바르 Simon Bolivar는 남미의 진정한 정복자는 다름 아닌 훔볼트라고 할 정도로 그는 19세기 최고의 탐험가이며 학자였다.

그러나 최근에 '아즈텍'이라는 용어가 많은 논쟁을 불러 일으켜 '멕시카'라는 용어가 더 통상적이 되었다. 북멕시코에서 이동해 온 수렵민족인 이들은 특히 나후아틀어를 사용하는 사람들인데 중앙아메리카 역사에서 후-고전기 후반으로 언급되는 14~16세기에 중앙 아메리카의 광대한 지역에 걸친 정치적 군사적 지배를 통하여 강력한 통치자를 기반으로 한 아즈텍 제국을 이룩하였다. 제국은 발달된 공동체 조직을 단위로 하는 계급사회를 형성하였다.

인간 희생 제의

때때로 '아즈텍'이라는 말은 텍스코코 호수에 있는 섬에 위치한 테노치티틀란 사람들을 독점적으로 언급한다. 이들이 텍스코코 호수 지역에 처음 정착한 것은 1325년이었다. 아즈텍 문명의 절정기에 아즈텍 문화는 두드러진 건축과 예술적 업적뿐 아니라 풍부하고 복합적인 신화적 종교적 전통을 가지고 있었다. 이것들은 앞선 고대문화인 톨텍을 수용한 독특한 것이었다. 특히 놀라운 요소 중의 하나는 인간 희생 제의였다. 이 제의는 자기들이 살고 있는 '제5의 태양시대'의 태양이 멸망하는 것을 막기 위해 끊임없이 산 제물을 바치는 것이었다. 태양이 순항하기 위해서는 강물처럼 많은 피가 필요하다고 믿은 것이다. 수도 테노치티틀란에서만 매년 20,000명 이상이 제물로 바쳐졌는데 이렇게 많은 수의 희생자를 확보하기 위해 이들은 이웃과 미리 약속된 정기적 전쟁을 벌여 서로 필요한 만큼의 희생 제물을 마련했다. 이 전쟁을 '꽃의 전쟁 War of Flowers'이라고 부르는데 이 희생자들은 곧바로 고통스럽게 제물로 바쳐졌다. 사실 이러한 야만적인 흔적은 세계 전 지역, 이집트, 인도, 페니키아 등에서도 만연하고 있었다.

아즈텍인들은 테오티후아칸의 도시를 발견하고 '신들의 도시'라고 이름을 붙였다. 이 테오티후아칸 문명은 4세기에서 7세기 사이에 중미 전역에 그 세력을 뻗치는 번영을 누리다 갑자기 사라졌다. 테오티후아칸의 중심에는 퀘자코아틀 신성이 있었다. 이 신화는 마야인들을 거쳐 톨텍인들에게로 전해졌고 아즈텍인들이 계승하였다. 일각에서 이러한 독특한 문화가 이집트에서 전해온 것이라는 흥미로운 가설도 있다. 태양 숭배, 피라미드, 미이라 그리고 365일의 태양력 등이 그 이유이다.

예를 들어 매년 거행되는 최대의 톡스카틀 Toxcatl 축제가 있다. 이에 대해 아즈텍 종교에 대한 최고의 권위자인 프란시스코파의 수도사 사아군 Bernardino de saha-

▼ 테노치티틀란의 설립

gun(1499~1590)은 인간 신을 제물로 바치는 의식은 부활절 또는 그 며칠 후에 거행되는데 이 의식은 시기나 성격으로 보아 구세주의 죽음과 부활을 축하하는 기독교의 축제에 해당한다고 말할 수 있다고 한다. 제물로 바쳐지는 선택된 남자는 주님으로 여겨졌다. 사람들은 그 남자를 주(主)라고 인정하고 있었기 때문이다. 그는 인간 신이었으며 피라미드 꼭대기에서 심장이 꺼내지고 목은 잘려 창에 걸어 놓아졌다. 이런 희생 제의는 종류가 다양하였으며 여자도 제물이 되었다.

스페인인들의 언급에 따르면 테노치티틀란은 정교한 궁전, 시장, 거대한 피라미드 그리고 템플로 마요르 주변에 촛점이 맞춰진 중앙의 의식 센터로 가득 차 있었다고 한다. 신화에 의하면, 위대한 아즈텍 수도 테노치티틀란은 태양신이며 전쟁의 신, 우이칠로페크틀리 Huitzilopechtli의 신관들 중 한 명이 커다란 노팔선인장의 나뭇가지에 독수리가 앉아있는 것을 본 곳에 설립되었다. 우이칠로페크틀리는 '왼손잡이 벌새'를 뜻하는 아즈텍의 주신이다.

당시의 개념도

아즈텍의 테노치티틀란의 의식의 중심지는 테오칼리 Teocalli로 알려져 있는데 아마도 몬테주마 2세의 것으로 보이는 조각된 왕좌의 뒷면에 묘사되었다. 테노치티틀란은 고대 텍스코코 호수에 세워졌고 세 개의 긴 둑길로 본토와 연결되었다.

템플로 마요르는 AD 1325

년에 건립된 후 후기의 지도자들에 의해 전체 일곱 개의 큰 건축물로 성공적으로 확장되었다. 주 건물은 거대한 쌍둥이 피라미드이며 각각의 꼭대기에는 쌍둥이 신전들이 있고 이곳으로 올라가는 두 개의 거대한 쌍둥이 계단이 있다. 계단은 130개가 있었으며 피라미드의 높이는 40m 이상이었다. 아즈텍 피라미드는 내부에 무덤 같은 것은 없고 단순히 제단의 역할만을 수행하였다. 또한 건축물은 대체로 사각형을 이루고 아치 모양이나 둥근 형태가 존재하지 않는 것도 특징이다. 쌍둥이 신전의 남쪽은 테노치티틀란으로 향하는 우이칠로페크틀리와 그들의 여행을 이끈 신성에게 봉납된 것이다. 우이칠로페크틀리 피라미드 쪽과 전체 템플로 마요르 주변 두 곳 모두의 플랫포옴 정면에 거대한 석조 물뱀이 난간들을 따라 지나고 있다. 템플로 마요르의 우이칠로페크틀리 피라미드 옆에 있는 계단의 바닥에서 코욜사우쿠이Coyolxauhqui 석이 발견되었다.

▲ 당시의 상상도　　　　▲ 피라미드의 모형

　　쌍둥이 신전의 북쪽은 비와 농업 그리고 다산과 관련된 신성인 틀라록Tlaloc을 봉헌한다. 신전 앞쪽에 차크물이 있는데 가까이에서 볼 수는 없었지만 그 위치의 전체적인 윤곽에서 인신공양을 하는 모습이 실제의 영상처럼 상상되는 것은 유적지 자체가 누구에게라도 강력한 연상을 불러일으키기 때문일 것이다. 틀라록의 신전은 경작된 식물의 씨앗들을 가지고 있었다. 피라미드의 반대편을 장식하는 물뱀 대신에 개구리들이 틀라록 신전의 절반을 장식하고 있는데 아마도 틀라록이 물 그리고 다산과 관련이 있음을 나타내고 있다.

　　템플로 마요르 주변의 신성한 구역에는 치장벽토에 표현된 아마도 머리가 잘린 포로들을 상징하는 수백 개의 해골이 있는 촘판틀리를 포함하여 수많은 다른 구조물들이 위치하고 있다. 또한 템플로 마요르에 붙어있는 독수리 전사의 구역은 전사들이 모이는 장소로서의 기능을 했을 것이다.

피라미드의 기단을 둘러싼 통로를 따라가면 박물관 건물이 바로 나타난다. 1987년 10월 12일 개관한 박물관은 도시의 과거가 잘 보관되어 있어 아즈텍 문명의 위대한 개관을 보여준다. 중앙 멕시코의 다른 유적지에서 발굴된 7,000여 점의 유물과 조각상, 부조 그리고 템플로 마요르로부터의 다양한 다른 품목들 뿐 아니라 신들을 위한 110개 이상의 제례용품 등 많은 것들을 보유하고 있다. 박물관에는 여덟개의 홀이 있는데 특정 주제별로 구분해 놓았다.

위대한 신전에 있는 그들의 성소를 반영하기 위해 남쪽 날개에 있는 홀들은 우이칠로페크틀리를 그리고 북쪽 날개에 있는 홀은 비의 신 틀라록을 봉납하는 것이다. 제1전시실은 대모신인 코아틀리쿠에 Coatlicue(우이칠로페크틀리의 어머니)와 코욜사우쿠이와 관련되어 있다. 이곳에는 1978년에 발견된 지름 3.25m, 무게 8톤의 화산석 바위가 있다. 이 놀라운 돌조각은 믹스테카 Mixteca 예술의 영향을 받았다. 새김이 되어 있는 돌 원반은 대모신 코아틀리쿠에의 딸이며 태양신 우이칠로페크틀리의 누이인 달의 여신 '코욜사우쿠이(황금의 종 의미)' 의 팔다리가 절단된 몸을 묘사하고 있다.

등 뒤로는 해골을 낳고 있는 두 개의 머리를 가진 뱀의 벨트를 하고 있다. 머리는 거대한 깃털을 가진 모자를 보여준다. 전설에 의하면 우이칠로페크틀리가 무장을 한 채 자궁에서 나온 그의 여동생이 그들의 어머니인 코아틀리쿠에에 대하여 음모

▲ 코욜사우쿠이의 거대한 석판

우이칠로페크틀리 (telleriano-Remensis사본) ▶

장식이 있는 돌칼

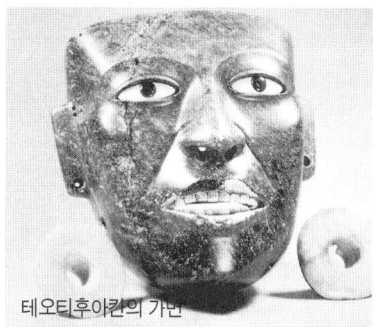

테오티후아칸의 가면

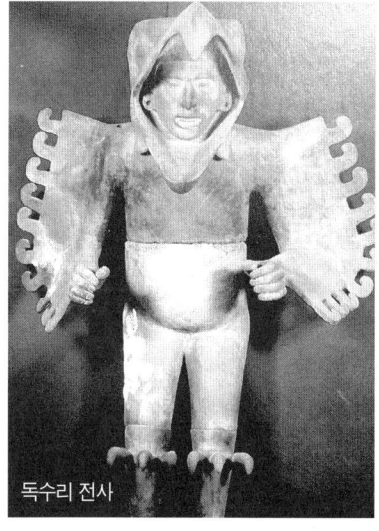

독수리 전사

를 꾸미고 인간 희생 제의를 승인하지 않았기 때문에 여동생을 살해했다. 이 바위는 박물관의 두 개의 층에서 내려다볼 수 있다.

제2전시실은 테노치티틀란의 의식과 희생제의를 개념으로 하고 있다. 고관들이 묻힌 항아리, 장례용 봉납물, 칼, 해골 그리고 악기 등이 전시되어 있다. 제물을 처형할 때 사용했던 돌칼은 손잡이 장식이 전사의 모습을 하고 있다.

제3전시실에는 아즈텍 제국의 경제와 관련한 물건들을 보여준다. 이들 중 특히 녹색의 돌로 만든 전형적인 테오티후아칸의 가면이 눈에 띈다. 눈과 이빨은 흑요석으로 박아 넣었다.

박물관의 중앙부분 제4전시실이 가장 압권이다. 우이칠로페크틀리를 기리는 이 전시실은 박물관에서 가장 중요하고 넓은 면적을 차지한다. 이 전시실에는 독수리 전사 Eagle Warrior를 나타내는 170cm의 유명한 도기 인형이 있다. 독수리 머리의 헬멧을 쓰고 날개옷을 입고 무릎에는 발톱이 있다.

제5전시실은 틀라록의 세계로 안내하며 멕시카인들의 의식, 희생제의, 전쟁 그

▼ 틀라록의 유물

리고 상업적이고 공물을 바치는 통치를 주제로 삼는다. 놋쇠로 만든 틀라록 신의 파편이 눈길을 끈다.

광장의 모습을 재현한 커다란 모형이 놓여있는데 이 지역의 형태를 쉽게 조망해 볼 수 있어 도움이 된다. 중앙 뒤쪽에 대성당이 있고 성당 왼쪽으로 소칼로 광장이며 그 앞이 대통령궁이다. 템플로 마요르는 정면에 있는 건물들 중앙에 보인다.

▲ 소칼로와 템플로 마요르의 모형

박물관은 그리 큰 규모는 아니었으나 이곳에 전시된 유물들은 하나같이 대단한 것들이어서 부럽기까지 했다. 이곳의 기념품 가게는 매우 매력적인 소품들이 많이 있어 눈길을 끌었는데 물건들이 조잡해 보이질 않았으며 따라서 가격도 다소 비싼 것이 조금 부담스러운 대목이다.

박물관을 나와 오른쪽으로 걸어가면 길 건너편에 붉은색 벽돌의 멕시코시티 국립예비학교가 보인다. 나중에 설명하겠지만 벽화주의 운동의 기수인 디에고 리베라가 오랫동안 작업을 한 곳으로 이곳 볼리바르 대강당에 그의 작품이 있으며, 특히 페미니스트들의 우상인 아내 프리다 칼로 Frida Kalo를 처음 만난 곳으로 유명하다. 계속하여 걸어가며 사각형의 신전터를 빙 돌아오다 보면 뱀머리 조각상 두 개가 시야에 들어온다.

뱀머리상

대성당이 보인다

계속하여 정문쪽으로는 유적지 사이를 관통하고 있는 식민시대의 수로가 만들어져 있는데 을씨년스러운 모습이다. 이 수로는 유적을 철저히 파괴한 스페인인들의 유물이다. 과거가 사라지고 현재가 지나가는 안타까운 모습이다.

▼ 식민시대의 수로

공사 도중 우연히 아무렇게나 툭 튀어나온 거대한 유적지, 그리고 그곳에서 출토된 무수한 유물들! 경이로운 문명의 흔적이다. 템플로 마요르 박물관 역시 한번만 훑어보고 나오기에는 너무나 가치있는 유물들로 가득찬 곳이다.

어느덧 태양이 서쪽하늘로 넘어가려 하고 있다. 이 감흥을 조금이라도 더 유지할 사이도 없이 곧바로 대성당으로 옮겨간다.

템플로 마요르 정문에서 나와 서쪽, 바로 옆 오른쪽에 있는 바로크 양식의 대성당으로 들어갔다. 그야말로 남미 최대의 성당이다. 사실 성당은 고딕, 바로크 그리고 신 - 고전기 형식이 혼합되어 있다. 저녁노을이 눈부신 시간이었는데 많은 사람들이 있었다. 철문 앞에는 경찰들이 경비를 서고 있다.

광장의 북쪽을 지배하고 있는 대성당은 서반구에서 가장 오래되고 커다란 성당 중의 하나이다. 대성당은 한때는 해골의 벽과 시페 토텍의 신전으로 점유되어 있었다. 1525년 시작된 본래의 건물은 후에 부분적으로 파괴되었고 또 부분적으로 재건축되었다. 비록 건물은 1563년 때의 것이었으나 16세기 말경에 스페인의 건축가 아르시니에가Claudio de Arciniega(1520~1593)는 죽을 때까지 성당 건축에 몰

대성당

감실 성당

두했다. 비록 이 거대한 현무암과 회색 사암 건물의 건축이 250년 이상이나 걸렸고 다양한 형식이 섞인 것으로 보이고 있지만 그럼에도 불구하고 그것은 명백하게 조화를 이루고 있다. 신-고전기 형식의 두 개의 바깥쪽 탑들과 특정한 다른 모습들에도 불구하고 외양은 거대한 소용돌이꼴과 비틀어진 기둥들의 쌍들을 가진 독특한 바로크 인상을 만들어낸다.

종탑

성당은 118m의 길이에 폭은 54m, 높이는 55m이다. 성당의 정면은 세 개의 현관을 중심으로 나뉘는 네 부분으로 구성되어 있으며 이들 측면은 기둥과 조상으로 가득차 있다. 중앙 현관은 세 개의 현관 중 가장 높은데 위쪽의 파사드 facade 에는 베드로와 바울이 조각되어 있으며 시계탑의 꼭대기에는 믿음, 소망 그리고 박애를 나타내는 조각상이 있다.

정면

성당은 두 개의 종탑, 중앙의 돔, 세 개의 주 현관, 다섯 개의 본당 회중석으로 구성되어 있다. 내부에는 다섯 개의 커다란 제단, 16개의 예배당, 성가석, 복도, 참사회원실 그리고 성당에서 가장 오래된 부분인 성구실이 있다. 150여 개의 창문으로는 햇살이 환하게 비추어 내려온다. 두 개의 종탑에는 모두 25개의 종이 있다. 동쪽 탑에 18개, 서쪽 탑에 7개가 있다.

왕의 제단

카스트로 Jose Damian Ortiz de Castro 에 의해 만들어진 종탑은 1793년 완성되었고 시계탑 위의 믿음, 소망 그리고 박애의 조각상(마뉴엘 톨사에게 헌정된)들은 1813년에 만들어졌다. 종탑의 모습 자체가 종 모양을 닮았다. 종들은 특별한 방법으로 매달려 있으며 크기가 매우 크다. 알려진 그것들 중에 '과달루페 Santa Maria de Guadalupe' 라고 알려진 하나는 그 무게가 무려 13,000kg이다.

합창구역 바깥쪽의 오른간

이투르비데 황제

르네상스 양식의 주 현관을 들어서면 홀의 크기에 압도될 정도이다. 안쪽 깊이 마련된 제단이 화려하게 장식되어 있다. 16개의 예배당 중 본당 양쪽에 각각 7개씩의 회중석이 있으며 이 14개는 일반에게 공개되어 있다. 각 예배당은 서로 다른 성인들을 봉헌하며 종교단체에서 후원하고 있다. 예배당에는 화려한 제단, 뒷면의 장식, 회화, 가구 그리고 조각품들이 있다. 나중에 나머지 2개의 예배당이 동쪽과 서쪽에 만들어 졌다. 또한 성당에는 아메리카에서 가장 큰 18세기 오르간 두 개가 있다. 주 현관과 본단의 최고 제단 사이의 중간에 반원형의 형태로 위치하고 있다.

성당에는 최고의 제단뿐만 아니라 14개의 부수적인 제단들이 있다. 이중 가장 중요한 것은 '용서의 제단 Altar de Pardon' 과 '왕들의 제단 Altar de los Reyes' 이다. 외부처럼 내부에도 정복시대 동안 유행하던 서로 다른 양식과 모양들이 섞여 있다. 가장 영광스러운 것은 최고 제단 뒤에 있는 화려하게 조각된 '왕들의 제단' (1718~1739)이다. 왕들의 제단 아래의 지하에는 수많은 주교들의 유해가 모셔져 있다. 최고 제단 서쪽의 예배당에는 불과 10개월을 재위한 멕시코의 불운한 황제인 이투르비데 Agustin de Iturbide(1783~1824, 재위 1822~1823)의 유해가 보관되어 있다.

성당에는 검은 피부의 예수상이 있는 것으로 아주 유명하다. 16세기 당시 가장 예수님 같았던 '만인의 주 카카오 Senor del Cacao' 의 조각상이다. 이 이름은 수많은 토착 참배인들이 코코아 열매로 그들의 자선품을 헌납

▲ 사그라리오 성당의 예배당

했던 시기에 영감을 받아 붙여졌다. 다른 예배당들과 옆면의 제단들에는 주로 바로크 시기의 유명한 그림들이 있다. 가장 잘 조각된 삼나무로 만든 성가대석(후안 데 로하스, 1696)은 1967년 화재로 파괴되었고 다시 복원되었다.

대성당의 오른쪽에는 사그라리오 Sagrario(감실, 성당 안에 성체를 모셔둔 곳) 성당이다. 이 성당은 18세기 바로크 양식의 대표작이기도 하다. 정면의 파사드 장식은 스페인 쇠퇴기의 과장된 장식을 특징으로 하는 츄리게라 양식 churrigueresco을 잘 나타내고 있다. 많은 방문객들이 의자에 앉거나 무릎을 꿇고 제단을 향해 경건한 기도를 올리고 있다.

라스 까사스 신부

옛날 스페인의 정복자들이 기독교의 이름으로 자행한 말로 표현할 수 없는 수많은 약탈과 파괴 행위에도 불구하고 그들의 신을 향해 오늘의 메스티조 Mestizo(인디헤나와 스페인 백인들의 혼혈)들이 올리는 기도는 역사의 아이러니가 아닐 수 없다. 사실 대성당의 건설은 코르테스의 명령에 의해 시작되었다. 파괴의 주인공이 그 잔인한 폐허 위해 신의 자비를 베풀기 위한 교회를 건립한다는 것은 오늘의 시각으로는 이해가 되질 않는다. 당시 그들의 목적은 오직 세 가지였다. 황금, 원주민 복음 그리고 개인의 명예였다. 하지만 당시로서는 하나님이 창조한 인간 세상에서 새롭게 발견된 이들이 과연 인간인가라는 의문이 있었다. 하지만 당시 정복지에서 발생한 모든 만행에 대해 본국에 호소한 수도사 라스 까사스 Bartolome de las Casas(1470~1566)의 증언은 식민 역사가 또 다른 시각으로 인식되어야 할 필요가 있음을 말해준다.

▲ 사그라리오 성당

대성당

성당 앞마당

성당 앞 마당에는 기단으로부터 발굴된 다른 유물들이 전시되어 있다. 성당은 도시의 나머지와 함께 그것이 처음 세워졌을 때부터 지금까지 호수 바닥으로 서서히 가라앉고 있다. 1990년대 최대 규모의 복원공사가 진행되었으며 2000년이 되어서야 그 안정성이 다시 확보되었다.

성당을 나와 엄청난 행인들이 오고가는 광장 반대편의 거리를 걸어보기로 했다. 성당 왼편에 있는 작은 기념품 가게와 현지인과 원주민들이 섞여 노점을 벌인 곳을 지나오는데 길바닥에 선글라스를 팔고 있는 젊은이가 눈에 띄었다. 마침 나사가 빠져 렌즈가 빠져버린 선글라스를 고치려 했는데 10페소를 달라고 한다. 그는 맞는 나사를 열심히 찾더니 (사실 맞는 나사가 없었다) 얼핏 보기에도 맞지도 않는 나사를 가지고 씨름을 한다. 결국 엉성하게 연결된 선글라스를 다 되었노라고 건네준다. 뜨거운 태양 아래 땀을 뻘뻘 흘리며 한 10분을 고생한 터라 내키지는 않았지만 수고한 것이 미안스러워 돈을 지불하지 않을 수 없었다. 선글라스를 돌려받자마자 나사가 다시 튕겨나가며 렌즈가 빠져나왔다. 그냥 가져가겠다고 말하고 돈을 쥐어주자 고맙다고 한다. 외국 관광객이 요구한 것이라 최선을 다해 노력하려는 모습이 역력해서 돈은 아깝지 않았지만 어딘가 마음은 편하지 않았다.

대성당의 왼쪽 건너편의 건물은 국영 전당포인데 귀금속, 골동품 그리고 보석 등의 판매와 경매가 이루어지는 곳이다. 국영 전당포 앞길을 건너 계속되는 건물들의 아래층은 금과 은의 액세서리를 취급하는 귀금속 상점들이 몰려 있다.

건물을 끼고 오른쪽으로 돌면 마데로 거리다. 가게들 사이에 마침 안경 가게가 있어 선글라스를 보여 주었더니 주인은 바로 고쳐 주었다. 수리비를 지급하려고

노점들

하자 그는 괜찮다고 그냥 가라고 한다. 이런 고마운 일이 있을 수 있다는 것이 여행객으로 하여금 매우 깊은 인상을 받게 한다.

라틴 타워

즐거운 마음으로 거리를 계속 걸었다. 지금은 백화점 등 큰 상점으로 쓰이고 있는 스페인 식민시대에 세워진 건물들 사이를 몇 블록 더 걸어 시내 구경을 했다. 가게와 가정집 문 그리고 창문의 철창 등이 자주 보였는데 아마도 치안이 잘 확보되지 않은 이유라고 생각되었다.

저 앞쪽에 알라메다 공원 쪽으로 시내에서 가장 중요한 상징적인 건물인 44층의 라틴아메리카 타워가 보인다(라틴아메리카에서 가장 높은 건물은 톨레 마요르 Torre Mayor이다).

저녁을 먹으러 호텔로 돌아왔을 때는 8시가 가까워지고 있었다. 벌써 식사 시간이 한 시간 정도 지난 탓인지 제공되는 음식은 하나도 남아 있지 않았는데 우리는 그나마 흰 쌀밥 두 공기 정도가 음식대에 남아 있는 것을 보고 이내 늦은 식사를 해결했다. 서양인들은 얼마 남지 않은 밥은 손을 대지 않고 있었다. 주식이 밥인 것이 매우 다행스럽게 생각되었다. 우리보다 늦게 온 다른 많은 투숙객들은 전부 식사를 하지 못했다. 멕시코인들의 관리 체계가 조금 이해가 되질 않았다. 이런 이유로 아침 식사는 제 시간에 무조건 올라가야 한다는 좋은(?) 정보를 얻은 셈이다.

제6일(토)
테오티후아칸

아침 식사는 8시부터다. 옥상의 식탁에 음식이 마련되는데 일찍 움직이려는 투숙객들에게 이 시간은 너무 늦은 감도 없지 않다. 장기 체류자들에게는 적당한 시간일지 모른다. 7시에 느긋하게 기상하여 옥상으로 올라갔다. 확 트인 전망은 오늘 일정에 작은 기대감을 갖게 한다. 빵, 계란, 귤 등 맛있는 아침이다. 나는 물론 코카차를 마셨다.

9시에 로비에 나가 있으니 투어를 하는 작은 버스가 도착했다. 현지 가이드 한명과 캐나다와 미국에서 온 몇몇의 커플들과 투어가 시작되었다. 심한 교통체증을 뚫고 맨 처음으로 틀라텔로코 Tlatelolco에 갔다. 틀라텔로코는 빌딩, 발굴된 아즈텍 유적, 17세기 교회, 산티아고의 신전 그리고 교회 건물 뒷편에 멕시코 외무부의 최신 청사에 의해 세 면이 둘러싸인 광장인 트레스 쿨투라스 Tres Culturas(세 가지 문화가 겸해 있는 3문화 광장)에 있는 중심이다.

아즈텍 제국의 마지막 왕 쿠아테목 Cuauh Temoc(몬테주마 2세의 조카)이 1521년 8월 13일 제2의 신전에서 에르난 코르테스의 스페인군과의 최종 결전에서 패배했다. 그리하여 이곳은 아즈텍 제국에 대한 스페인 정복자들의 최후의 승리 지역으로 유명하다. 스페인인들은 이곳에서 승리함으로써 그들의 신전을 허물고 그 벽돌로 가톨릭 교회를 지었다. 역사의 불행이 아닐 수 없다. 또 이곳에서 멕시코 정치사에 있어 커다란 '도스 데 옥투브레 Dos de Octubre' 사건

성당 앞의 기념비

이 발생하였다. 1968년 라틴아메리카에서 처음으로 개최되는 하계올림픽 10일 전, 10월 2일에 오리다스 대통령의 군정에 대한 학생 운동가들의 민주화를 위한 유혈투쟁으로 군과 경찰에 325명 이상이 죽고 2,000여 명의 사상자가 있었는데 그 기록이 새겨진 비문이 있다.

1985년 9월 19일, 수많은 주택들이 멕시코시티를 강타한 지진으로 파괴되거나 피해를 입었다. 재난기간 동안 멕시코 인들의 결속의 상징이 된 '누에보 레온 Nuevo Leon' 빌딩은 붕괴된 지점의 작은 광장에 상징으로 남아있다.

본래 틀라텔로코는 독립된 아즈텍 도시였지만 테노치티틀란에 흡수되었다. 아즈텍 시기에 그것은 아즈텍 수도 테노치티틀란의 북쪽에 위치한 시장 구역의 하나였는데 아메리카에서 가장 규모가 큰 것 중의 하나였다. 정복자 카스티요 Bernal Diaz del Castillo에 따르면, 그것은 세비야보다 컸으며 또한 20,000에서 40,000명이 무역을 하던 베니스와 콘스탄티노플보다도 컸다고 한다. 오늘날 여러 자료를 토대로 추정해본 테노치티틀란의 인구는 8만 명 수준이었다고 한다. 1521년 아즈텍이 멸망할 당시 유럽에는 큰 도시가 파리, 나폴리, 베니스 그리고 밀라노 4개밖에 없었으며 이들의 인구는 10만 명 수준이었다. 스페인에서 가장 큰 도시인 세비야도 4만 명 수준이었다. 코르테스가 이끌던 정복자들이 테노치티틀란을 포위했을 때 그들은 한 구역씩 정복하며 무너뜨렸다. 포위된 아즈텍 도시는 75일간의 공격으로 코르테스에게 항복했다.

1484년 스페인 카스틸레에서 귀족 아래 계급의 가족으로 태어난 코르테스는 신세계로 가기로 결정했다. 그는 히스파니올라(지금의 아이티와 도미니카 공화국)으로 갔고 나중에 쿠바에 갔으며 잠시 동안 작은 마을의 시장이 되었다. 1519년 그는 개인적으로 자금을 일부 투자하여 본토를 향한 세 번째 항해에서 선장으로 임명되어 600명의 부하와 함께 멕시코로 갔다. 그러나 규모가 커진 코르테스에게 위험을 느낀 쿠바의 총독 벨라스케스가 코르테스에게 원정을 포기하고 돌아오라는 전령을 보낸다. 그러나 교활한 코르테스는 전령을 도중에 죽이고 쿠바를 빠져나왔다. 벨라스케스는 콜럼버스의 아들 디에고와 삼촌 집안의 사람이다. 쿠바에서 가까운 유카탄의 코스멜에 내린 그는 마야 정복에 나섰다.

대륙에 도착한 코르테스는 다른 이들, 적대적인 사람들과 전략적으로 동맹을 맺는 데 성공했다. 그는 또한 통역으로 원주민 여인 라 말린체 La Malinche('나라를 배반한 여인'이라는 뜻)를 이용했는데 후에 그녀는 코르테스의 아들을 낳는다.

▲ 코르테스

▲ 코르테스와 몬테주마 2세의 첫 번째 만남

그는 마야를 정복하고 11월 아즈텍의 수도 테노치티틀란으로 갔다. 벨라스케스 총독은 코르테스가 반란을 꾀한다는 의심으로 1,000여 명으로 구성된 부대를 보내 그를 체포하려 했으나 코르테스는 그들을 선제 공격하여 오히려 증원군을 얻는 상황이 되었다. 코르테스는 왕에게 직접 그의 성공에 대해 승인을 요청하는 편지를 썼다.

스페인 정복의 바로 전까지 현재 멕시코의 대부분의 지역을 지배했던 아즈텍의 마지막 통치자인 몬테주마 2세(1470~1520년 경)가 권좌에 올랐을 때 아즈텍 제국은 반독립적인 도시국가의 형태를 취하고 있었다. 몬테주마 2세는 그의 대부분의 치세를 도시국가들에 대한 그의 권력을 강화하고 보다 중앙집권화하는 데 치중했다. 그의 전임자들에게 봉사했던 귀족들의 배신을 두려워한 몬테주마 2세는 그들 중 많은 사람을 자기 사람들로 대체했고 관리 체계를 개혁했다. 그는 평민들이 고관에 오르는 것을 매우 어렵게 만들었으며 귀족들에게 부와 풍성한 궁정을 창출하여 새로운 특권을 부여함으로써 그들을 보다 더 기품이 있게 하였다. 그들의 의식과 예식은 그의 반신성의 지위를 강화하였다.

▲ 몬테주마 2세

몬테주마를 만나러 가는 코르테스 ▶

한편 몬테주마 2세는 아즈텍의 수도 테노치티틀란에 들어온 코르테스를 퀘자코아틀 신이라고 생각하여 환대했다. 그러나 역사적 사실은 이 상황에 대해 회의적이다. 스페인인들에게 이미 정복당한 다른 지역의 사람들로부터 그들이 가톨릭 개종을 강요당한 사실을 이미 알고 있었고 오히려 코르테스가 원주민들의 전설을 이용하여 자신을 귀환한 퀘자코아틀 신으로 생각해주기를 바랐을 것이라는 가정이다.

몬테주마 2세는 그들의 의도를 파악하는 데 실패했다. 그들의 생김새와 전쟁에서의 교활함에 당황한 몬테주마 2세는 결국 포로가 되었다. 결론적으로 코르테스는 몬테주마 2세를 투옥한 후 내부의 정치적 상황을 이용하여 아즈텍 제국을 타도하려 했으나 몬테주마 2세가 살해되었다는 소문에 분노한 아즈텍인들은 소위 '슬픔의 밤'이라 불리우는 사건에서 대부분의 스페인 군인들을 괴멸시켰다. 그러나 틀락스칼란 인디안 동맹군과의 재정비를 꾀한 코르테스는 1520년 12월 테노치티틀란을 공격했다.

▲ 테노치티틀란의 멸망

20대 중반의 새 황제 쿠아테목이 이끄는 아즈텍은 마침내 그들의 최후의 저항선인 틀라텔로코에 갇혔고 약 30만의 방어군은 75일이 넘는 저항 이후 패배하고 주 신전에서 남자, 여자 그리

틀라텔로코

고 아이들 40,000명 이상의 아즈텍인들이 대량으로 학살되었다. 코르테스는 아즈텍 멸망 후에 고위 귀족 안토니오 데 멘도사에게 주어진 총독보다도 더 높은 직함을 수여받았다. 그는 1541년 스페인에 돌아왔고 이후 평화롭게 운명을 맞이한다.

틀라텔로코에서 발굴된 건물들 중 하나인 주 신전은 그 안에 700년 이상 오래 된 또 하나의 피라미드가 있는 것이 최근에 발견되었다. 이것으로 이 유적은 지금까지 생각했던 것보다 더 오래 되었음을 보여준다.

피라미드 기단

이것은 테노치티틀란의 것과 비슷한 문양의 형태를 보이고 있기 때문에 아마도 아즈텍과 틀라텔로코 건축물의 혼합된 형식으로 밝혀진 최초의 것으로 증명될 것이다.

피라미드 계단

입장시 작은 설명 브로셔를 자발적으로 매입하도록 했는데 사실 영문도 없이 스페인어로 씌어 있어 내게는 별로 의미가 없었지만 그래도 작은 금액이 성당의 유지에 사용된다고 하니 마음은 그리 언짢지 않았다. 남미에서는 영어가 통하지 않는다. 사실 이것은 아쉬우면 스페인어

를 배우라는 그들만의 당당한 모습에 기인한다고 보겠다. 요 새화된 성당의 외벽은 그 어떤 침입도 허락할 수 없을 정도로 견고해 보였다. 성당 주변에 있는 현대의 아파트들은 모두 슬럼화되어 있었는데 가이드 말로는 그래도 서민층이 사는 곳이 아니란다.

▼ 안내 책자

　태양은 점점 떠 뜨겁게 내리쬐고 있었다. 틀라텔로코를 출발한 우리의 소형 버스는 곧바른 도로를 얼마 동안 더 달려간 후 과달루페 Guadalupe 성당에 도착했다. 운전기사는 대로의 가장자리에 정차하여 우리 일행을 내려주고 급히 다른 곳으로 이동했다. 거리는 차량과 사람들로 매우 붐볐는데 사실 그곳에 내린 이유는 여기가 성당 입구 바로 맞은편이어서 일행들의 편의를 도모하기 위한 것 같았다. 앞쪽의 횡단보도를 건너자 건물 아래층은 우리의 남대문 시장같이 모두 상점들로 이루어져 있었다. 도로보다 몇 계단 깊이의 아래에 있는 이 상점들 옆으로 30여 미터를 걸어가자 우측으로 짧은 지하통로 같은 것이 있었는데 계단을 오르자 곧바로 넓은 광장이 나타났다.

　바로 전 세계에서 가장 많은 신도들이 찾는 과달루페 성당이 있는 곳이었다. 몇 개의 건물 군이 있었는데 왼쪽으로는 체육관처럼 둥근 성당이 있었고 중앙에는 전형적인 성당 모습을 한 건물이 있었다. 체육관 모양의 성당의 사진을 찍으려 주머

과달루페 성당

니에 손을 넣었는데 카메라가 없다. 혹시 잃어버린 것이 아닌지 가슴이 덜컹했다. 그동안 찍었던 사진을 잃어버린 것이 아쉽기도 했지만 더 안타까운 것은 또 다른 비용을 들여 카메라를 새로 사야 하기 때문이며 또한 이로 인해 하루의 일정이 엉망이 되기 때문이었다. 성당에 대한 아무런 설명도 들리지 않고 그저 마음만 답답할 따름이었다.

여행 중 무엇이든 간에 분실이 없을 수는 없겠지만 그것이 카메라라면 큰 낭패 중에 하나일 것이다. 혹시나 하는 마음에 차에 흘리지 않았는지 가이드에게 확인을 요청했더니 한참 만에 기사가 차 바닥에서 발견했다는 전달을 해 주었다. 무엇보다도 기쁜 순간이었다. 얼마 있으니 운전기사가 직접 성당으로 달려와 카메라를 건네준다. 잃어버린 경험이 있는 사람만이 느낄 수 있는 값진 기쁨이었다. 이로써 앞으로 있을 여정에 대한 마음의 긴장을 더 추스를 수 있었다. 이 생각은 여행이 끝날 때까지 계속되어 더욱 조심스럽게 휴대품을 관리하게 되었다.

먼저 좌측의 성당으로 들어갔다. 내부에 들어서자 수많은 사람들이 있었는데 정말 커다란 성당이 아닐 수 없다. 안에는 지하로 통하는 평평한 에스컬레이터가 있어 관광객들이 편리하게 통과할 수 있게 해 놓았다. 이곳 출입구 복도에 전시용으로 걸린 검은 피부의 성모 사진이 있다. 과달루페의 성모 마리아는 1531년 로마 가톨릭으로 개종한 성 후안 디에고 Juan Diego 에게 출현했다고 믿어지는 성모 마리아의 모습이다. 전통적인 설명에 따르면, 후안 디에고는 1531년 12월 12일 그의 마을에서 멕시코시티 사이를 걷고 있었는데 과달루페의 성모 마리아가 나타나 그에게 토착어인 나후아틀어로 이곳에 교회를 지으라고 이야기했다고 한다. 후안 디에고가 스페인 주교에게 말했을 때 주교는 기적의 증거를 요구하며 그를 믿지 않았다. 비록 겨울이었으나 성모 마리아는 후안 디에고에게 꽃들을 모으라고 말했고 스페인 장미들

▲ 검은 성모

▲ 후안 디에고(동판화)

이 그의 발 앞에 꽃을 피웠다. 후안 디에고가 이것들을 주교에게 가져갔을 때 장미들은 그의 앞치마(틸마)에 떨어졌고 성모 마리아의 상징이 기적적으로 옷에 찍혔다. 주교는 과달루페의 성모 마리아를 봉헌하기 위한 교회를 즉시 지으라고 명령했다. 그 이후로 과달루페의 성모 마리아의 성소는 매우 유명해졌다. 스페인의 선교사들은 그녀의 출현에 관한 이야기를 아즈텍 제국의 수백만의 토착민들을 개종하는 데 사용했다.

멕시코와 더불어 라틴아메리카 다른 나라들의 가톨릭 신념으로 여전히 버팀이 되고 있는 과달루페의 성모 마리아는 1737년 이래로 멕시코의 지배적인 성인으로 인식되어 왔다. 가톨릭 교회에서 최근 '마리아 주의'의 대두는 과달루페의 의식으로부터 파생된다. 1810년 사제 미구엘 이달고 Miguel Hidalgo(1753~1811) 신부는 동정녀 마리아의 그림을 자신의 휘장으로 사용해 동정녀 마리아는 멕시코 독립운동의 상징이 되었다.

멕시코시티에서 북서쪽으로 160km 떨어진 돌로레스라는 마을에서 이달고 신부는 미사 도중 스페인 통치에 반기를 들라고 외쳤으며 이것이 멕시코 독립운동의 발단이 되었던 것이다. 이 사건은 '돌로레스의 절규'라고 알려져 있다.

1904년 교황 피우스 10세는 이 성당에 바실리카라는 지위를 내렸다. 2002년 교황은 후안 디에고를 성인으로 선언했고 그는 성인의 신분을 이룬 최초의 멕시코인이었다. 오늘날 과달루페의 성모 마리아에 기도하기 위해 수많은 순례자들이 수 킬로미터를 무릎으로 기어서 과달루페 성당에 온다. 일년 내내 순례자들이 오지만 과달루페의 성모 마리아 축제인 12월 12일에는 수백만 명이 모여든다.

광신자들은 과달루페의 성모 마리아가 거의 모든 병들을 치유할 수 있다고 믿는다. 또한 문제가 많은 음주자들은 음주프로그램에 가는 대신에 다시는 술을 마시지 않겠다고 그녀와 약속을 하기 위해 1년에 단 한 번이라도 그곳에 간다. 이것은 멕시코인들이 얼마나 성모 마리아에 의지하는지를 잘 보여주는 것이다. 이처럼 자신들의 고유신앙과는 확실히 다른 종교를 쉽게 받아들인 것은 그들의 종교 전통이 가톨릭의 그것들과 유사했기 때문이었을 것이다. 인신공양과 예수의 자기 희생이 그것이다.

1536년 이래 본래의 성모 마리아 대성당은 여전히 서있다. 그러나 건축물은 오랜 세월 동안 약해져 새로운 과달루페 성당이 1974년과 1976년 사이에 옛성당 왼쪽 옆에 세워졌다. 멕시코 인류역사 박물관을 설계한 페드로 라미레스 바스쿠에스 Pedro Ramirez Vasques가 설계했다. 교회라기보다는 스타디움처럼 보이는 새로운 대성당은 신성한 유물과 여기서 행해지는 봉사에 초점을 맞추고 있다. 성모 마리아의 그림은 유럽인의 흰 피부가 아닌 토착 멕시코인들과 그들의 혼혈 후손들 양쪽을 나타내는 올리브 피부를 가지고 있다.

후안 디에고가 입고 있는 앞치마는 1981년 적외선으로 조사되었다. 얼굴, 손, 옷 그리고 망토 부분은 어떠한 스케치나 붓질이 없이 단 한 번에 칠해졌다. 색칠은 미네랄, 채소 또는 동물의 원료가 아니었다. 성모 마리아의 눈동자에 반영되어 있는 이미지들은 토착 아메리카인들과 프란시스코 수도회원(가난하고 겸손한 모습의 예수를 섬김)들의 그룹을 반영한다. 1531년 이래로 과달루페의 성모 마리아의 이미지가 먼지, 열, 습기 그리고 폭탄에 노출되었는데도 닳거나 변색없이 어떻게 보전되었는지 이해할 수 없었다.

구성당

기울어진 구성당

성당에서 나와 오른쪽으로 가면 구성당이 있는데 피사의 사탑처럼 한쪽으로 기울어져 왠지 불안해 보인다. 성당 왼쪽으로는 세계 3대 성지 중 하나인 이곳을 5회나 방문했던 교황 요한 바오르 2세의 동상이 있다.

구성당을 지나 뒤쪽으로 돌아가면 정상으로 오르는 곳에 바위산을 배경으로 작고 아름다운 연못이 있는데 검은 피부의 성모상과 몇몇 원주민들의 조각이 다양한 원색의 칼라로 조각되어 있다. 조각상은 성모에게 여러가지 선물을 전하고 있는 것을 표현한 듯하다. 머리에 후광이 있는 갈색의 마리아 앞에는 스페인 신부가 서 있고 그 뒤에는 귀족과 백인 시민이 있다. 마지막으로 원주민들은 무릎을 꿇고 머

▼ 언덕 정상으로 가는 길의 연못

리를 조아리고 있다. 당시의 신분 계급을 정확히 보여주고 있어 기독교의 전교라는 미명 아래 행해진 '페닌술라레 Peninsulare' (스페인에서 파견된 정치 및 종교 세력)들의 폭정을 다시 한번 상상케 하기 충분했다. 옛날 정복자 코르테스 일행이 원주민 정복 전쟁을 행하며 '통첩문' 이라고 하여 선언한 포고문의 억지성이 마음을 씁쓸하게 한다.

흘러내리는 물과 더불어 모양새가 이쁘다. 연못 주위는 아름답게 조성되어 있다. 많은 순례객들과 관광객들이 아름다운 조각상을 배경으로 사진을 찍으려 하는데 좋은 배경의 각도에서는 사진사들이 카메라를 세워놓고 손님을 맞고 있다. 우리의 70년대 말의 모습과 흡사하다.

5분 여를 걸어 올라가자 언덕의 정상인데 테페약 Panteon del Tepeyac이라는 또 다른 성당이 있다. 성당의 왼쪽에는 두 천사들 사이에 작은 십자가가 있는데 사람들은 기도를 드리기 위해 올라온다. 이곳은 과달루페 성모가 후안 디에고에게 출현한 바로 그 지점이다.

돌 난간에서 내려다보이는 멕시코시티의 전망이 아주 좋다. 구성당의 첨탑과 신성당의 모습이 멕시코시티 배경과 너무나 잘 어울리고 있다. 날씨는 쾌청한데 도시의 스카이라인 주변은 안개가 낀 것처럼 뿌옇다.

성당 지붕들 모습과 도시 전경

다시 아래로 내려오면 정면에 커다란 시계가 있고 옆면에는 아즈텍 달력이 있는 특별하게 생긴 거대한 기념탑이 있다. 이 구조물은 시간을 유지하는 기기들의 역사를 보여주고 있다. 미사 집전을 알릴 때는 종탑이 울린다.

기념탑

차량은 넓은 도로를 원활하게 잘 달리고 있다. 차창 밖 왼편으로는 언덕 위로 특유의 빈민가가 보였다. 우리의 달동네 같았는데 콘크리트인지 벽돌인지 잘 구분이 되지는 않지만 무언가 완전한 집으로는 보이질 않았다. 주민들은 그저 비바람만 막아주면 괜찮다고 생각하고 살고 있는 것 같았다. 멕시코의 북부 지역은 서민 빈곤층이 거주하고 있었다.

도로망은 잘 되어 있었으며 차는 이내 고속도로로 진입하여 달리고 있었고 곧 테오티후아칸이라는 도로 표지판이 보이더니 이윽고 차창 밖으로 거대한 피라미드가 시야에 들어왔다. '신들의 도시' 테오티후아칸은 현재 멕시코시티 북동쪽 거의 40km인 지점에 위치하고 있다. 한낮의 태양이 너무나도 뜨겁고 빛이 강해 눈을 뜨기가 힘들다. 책에서만 보아온 바로 그 태양의 피라미드를 보자 마자 가슴이 뛰기 시작했다.

테오티후아칸에는 BC 400년경부터 사람이 살았던 것으로 추정된다. 그러나 이들에 대해서는 알려진 것이 없다. 테오티후아칸은 AD 1세기 전반에 아메리카에서 최전성기에 있던 선-콜롬비아시대의 가장 큰 도시였으며 아메리카 대륙에서 최초의 도시 중심지였다. 같은 시대에 로마를 포함한 유럽의 어떤 도시보다도 큰 도시였다. 이 도시의 전체 면적은 83km²로 신정(神政) 도시국가였다. 테오티후아칸의 영향은 대서양 연안 베라쿠르즈와 유카탄 반도의 동쪽 끝 마야 지역 그리고 오늘날 과테말라의 남쪽지역까지 뻗어나갔다. 테오티후아칸이란 이름은 도시가 멸망한 이후 나후아틀어를 쓰는 아즈텍 시기에 지어졌다.

이 이름은 테오티후아칸에서 생겨난 나후아 Nahua 창조 신화를 반영하는 '신들의 출생지'를 의미했다. 도시의 원래 이름은 알려지지 않았지만 마야 지역의 상형문자 문서에 '푸 puh' 즉 '갈대들의 장소'로써 나타난다. 20세기 초에 학자들은 테오티후아칸이나 '툴라 Tula'가 16세기 연대기에 묘사된 후- 고전기 중앙 멕시코의 또 다른 정착지 '톨란 Tollan' 이었는지 논쟁함으로써 많은 혼동을 일으켰다. 그러나 현재 톨란은 또 다른 커다란 정착지에 적용된 것으로 명백히 이해되고 있다. 테오티후아칸의 초기 역사는 매우 불가사의하고 그 설립자의 기원도 논쟁거리이다. 수년 동안 고고학자들은 이것이 아즈텍 부족이 융성하기 전 '톨텍'에 의해 지어졌다고 믿었다. 이 믿음은 톨텍 유적에 속한 식민 시기의 플로렌틴 고문서 florentine codex 에 기초하고 있었다.

'톨텍'은 나후아틀어로 '위대한 장인'을 의미한다. 그러나 톨텍문명이 테오티후아칸 이후 수세기에 번성했기 때문에 그들은 도시의 설립자로서 이해될 수 없다. 아즈텍 부족이 융성하기 전 AD 900년경에 톨텍족이 침략을 하여 도시는 불타버렸으며 그들은 지금의 툴라에 도시를 건설하였다. '톨텍 제국'은 10세기와 12세기 사이에 중앙 멕시코의 대부분을 지배했다고 보여진다. 톨텍이라는 말은 또한 고전기 후기와 후- 고전기 초기에 생겨났던 마야 지역의 특징을 보여주는 중앙 멕시코의 특정한 문화의 도래와 관계된다. 그리고 치첸이차와 과테말라 고원의 후- 고전기 마야문명들이 톨텍화된 마야문명으로 언급된다. 예를 들면 툴라와 치첸이차의 놀라운 유사성이 후- 고전기 마야의 톨텍 지배에 대한 결정적 증거로 인용된다. 최근에 툴라 유적지에서 어린이의 유골이 발견됨으로써 이들도 아즈텍과 비슷한 종교적 믿음을 가지고 있었음을 추측하게 한다.

후기 형성기에 많은 도시 중심지들이 중앙 멕시코에서 부흥했다. 이들 중 가장 현저한 것은 텍스코코 호수 남쪽 해변의 쿠이쿠일코에서 나타난다. 학자들은 씨틀레 Xitle 화산의 폭발로 사람들이 중앙 계곡 밖으로 나와 테오티후아칸 계곡 안으로의 대량 이주를 야기했다고 추측했다. 이들 정착민들이 테오티후아칸을 설립하고 도시의 성장을 가속화시켰을 것이다. 다른 학자들은 테오티후아칸의 설립자가 토토낙 사람들이라고 발표했는데 그 논쟁은 오늘날까지 계속되고 있다. 테오티후아칸에 살고 있는 사람들의 적어도 일부가 자모텍, 믹스텍('구름의 민족'이라는 뜻. 와하카 지방에 고도의 문화를 이룩한 그림문자를 쓴 부족) 그리고 마야 사람들을 포함한 테오티후아칸 문명에 의해 영향받은 지역들로부터 왔다는 증거가 있다. 토토낙은 언제나 그들이 그곳을 세운 사람들이었다고 생각했고 나중에 아즈텍인들에 의해 점유되었다고 이야기한다.

아즈텍인들은 멕시코에서 지배적인 원부족 중 최후의 부족이었다. 테오티후아칸의 문화와 건축은 메소아메리카의 '문명의 어머니'라고 생각되는 올멕인들에 의해 영향을 받았다. 테오티후아칸의 가장 초기의 건물은 BC 200년이고 가장 큰 건축물인 태양의 피라미드는 BC 100년에 완성되었다.

도시는 그 영향이 메소아메리카 대부분의 지역을 통하여 뻗어나가 강력한 문명의 중심지였던 AD 150~450년 사이 도시의 전성기에 인구는 150,000명~250,000명이었을 것이다. 도시에는 요새와 군사 구조물이 분명히 없었다. 테오티후아칸과 마야지역의 중심지 사이의 정치적 문화적 상호작용에 대해서는 학자들 내에서 논쟁이 오랫동안 계속되어 왔다. 그러나 선 - 고전기 말기에서 중기 고전기까지의 수세기 동안 진행된 상호작용이 있었고 테오티후아칸 자체가 쇠퇴한 이후 오랜 시간이 지나 후 - 고전기로 들어가는 마야 중심지에서 '테오티후아칸으로부터 수입된 모티브들이 분명히 있었다.

현재 새로운 발견에 의하면 테오티후아칸이 톨텍과 아즈텍처럼 나중의 제국들과 그렇게 많이 다르지 않았던 것으로 보인다. 또한 테오티후아칸의 정치적, 군사적 지배의 증거로 멀리 있는 수많은 메소아메리카 유적지에서 테오티후아칸의 지배적인 건축 형태들이 발견된다. 이 건축 형태는 안쪽으로 경사진 외부의 면(탈루드 Talud)이 사각형 판 위에 얹혀진(타블레로 Tablero) 계단식 건축 구조물(탈루드 -

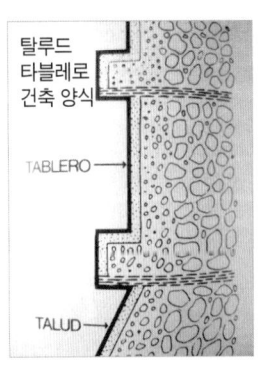

달의 신전 앞의 건축물

타블레로)이다. 이 형태의 변형된 모습들이 5세기경 티칼, 특히 페텐 지역과 중앙 과테말라 고원을 포함한 수많은 마야 지역 유적지에서 발견된다. 그러나 탈루드 - 타블레로 형식은 선 - 고전기 시기에 틀라싸칼라 - 푸에블라 지역에서 처음으로 기원한 것으로 보인다. 이후 이 형식은 테오티후아칸을 경유해서 메소아메리카에 두루 파종된 것으로 보인다.

도시는 수많은 도공, 보석세공자 그리고 장인들이 몰려 있었다. 테오티후아칸은 수많은 흑요석 예술품을 생산한 것으로 알려졌다.

테오티후아칸의 문명에 대해 우리가 알고 있는 대부분은 그 지역을 찬양하는 벽화와 마야인들이 테오티후아칸의 정복자들과 조우하여 묘사한 상형문자 명문에서 나온다. 수천 개의 벽화는 AD 450~650년 사이에 그 정점을 이루었다. 화공의 예술성은 메소아메리카에서 따를 자가 없었으며 이탈리아의 플로렌스의 그것과 비교할 만하다. 마야 도시들의 명문에 있는 언급은 테오티후아칸의 귀족들이 여행을 했으며 아마도 온두라스 같은 아주 먼 지역의 지배자들을 정복했음을 보여준다. 마야의 명문들은 60년 이상을 통치하고 그의 친척들을 티칼과 과테말라의 우악삭툰의 지배자로 설정한 테오티후아칸의 통치자인 '창 던지는 올빼미' 라고 별명이 붙여진 인물을 분명히 언급하고 있다.

도시의 붕괴에 대하여 이전에는 9~10세기 동안에 아마도 톨텍인 침략자들에 의해 약탈되고 불태워졌다고 믿었다. 그러나 그 원인에 대해서는 알려진 것이 별로 없다. 최근의 증거에 의하면 화재가 기본적으로 고위층과 관련한 건물과 주거지에 국한되었음을 보였다. 어떤 이들은 이것으로부터 화재가 내부의 봉기때문에 일어난 것이며 침략이론은 초기 도시에서의 고고학적 작업이 전적으로 고위층이 사용했던 장소인 궁전과 신전들에 초점이 맞추어졌던 사실에 기인한 결함으로 본다. 그리고 이들 모든 유적지들이 화재의 모습을 보이기 때문에 고고학자들은 도시 전체가 불에 탔다고 결론지었다. 반면에, 도시의 파괴는 '사자(死者)의 길'을 따라 거대한 도시 건축물 위에 초점이 맞추어졌다고 현재 알려졌다. 몇 개의 조각상들은 규칙적으로 파괴되어 파편들이 흩어진 것으로 보인다.

6세기경에 시작하는 인구 감소의 증거는 내부의 불안 때문이라는 가설이 지지를 받는다. 또 테오티후아칸의 쇠퇴는 AD 535~536년의 기후 변화와 관계된 가뭄과 상호 연관이 있었다. 이 이론은 6세기 동안 영양실조의 증거가 있는 청소년 해골들의 분량이 증가함을 보이는 것으로 지지된다. 결론적으로 위 이론들은 둘 다 전쟁과 내부 정치불안의 증가 그리고 가뭄과 기아의 원인을 들 수 있다.

촐룰라 Cholula, 소치밀코 그리고 카카스틀라 같은 근처의 다른 중심지들은 테오티후아칸의 쇠퇴에 의해 남겨진 커다란 진공상태를 메우기를 시도했다. 그들은 그것의 영향과 힘을 경감하려는 의도에서 테오티후아칸에 대해서 그들 스스로를 동조시켰을 것이다. 이들 유적지의 예술과 건축은 테오티후아칸 형태를 모방했을 뿐만아니라 특별히 마야 지역 같은 메소아메리카의 다른 지역의 형태와 절충된 혼합된 모습을 보여준다.

테오티후아칸의 종교는 다른 메소아메리카 문명과 비슷하다. 깃털 달린 뱀과 비의 신을 포함한 수많은 동일 신들이 숭배되었다. 테오티후아칸은 커다란 종교적 중심지였고 신관들은 막강한 정치적 힘을 가지고 있었다. 다른 메소아메리카 문명과 더불어 테오티후아칸은 인신공희를 실행했다. 사람과 동물 희생물들의 잔재들이 테오티후아칸의 피라미드 발굴 때 발견되었다. 도시가 팽창될 때 새로운 건물을 봉납하는데 이때 희생제의가 실행되었다. 도시의 번영을 위하여 의례적으로 제물이 바쳐지는데 제물들은 전장에서 붙잡힌 적의 포로들이었다. 일부는 참수되었고 일부는 심장이 도려내졌으며 다른 이들은 머리를 여러 번 두드려 맞아 죽었고 어떤 자들은 생매장되기조차 했다. 신성하게 여겨지고 신비한 힘을 나타낸다고 하는 쿠거, 늑대, 독수리, 매, 올빼미 그리고 독사들은 우리에 가두어 또한 생매장되었다.

테오티후아칸의 건물들과 거주지의 지리적 배치는 우주에 대한 테오티후아칸 사람들의 관점을 나타내는 것으로서 메소아메리카 전통의 좋은 보기이다. '사자의 길'을 따라 있는 도시 구획은 달의 피라미드 북쪽 끝의 사화산 세로 고르도 Cerro Gordo(고르도 언덕)로 이어지는데 동쪽으로 정확하게 15.5° 선상에 있다. 태양의 피라미드도 정확하게 방위를 설정해 놓고 있다. 이는 춘분과 추분일에 태양이 내리쬐이면 완벽한 그림자가 피라미드 반대 방향에서 만들어진다. 도시는 한때 숲과 얕은 호수에 의해 둘러싸여 있었다. 테오티후아칸의 거대한 유적의 지식은 결코 잊혀지지 않았다. 도시의 몰락 이후 다양한 무단 점유자들이 유적지에 살았다. 아즈텍 시기 동안 도시는 순례자들의 장소였고 태양이 창조된 곳인 톨란의 신화와 동일시했다.

유적지는 1905년 고고학자 네오폴도 바트레스에 의해 발굴과 복원의 거대한 계획이 시작되었다. 태양의 피라미드는 1910년 멕시코 독립 100주년 기념을 위해 복원되었다. 시우다델라 La ciudadela에서의 발굴은 1920년 진행되었고 다른 구역들은 1940년대 와 1950년대에 발굴되었다. 복원과 발굴의 거대한 계획의 첫번째 지역이 국립인류학 역사 연구소에 의해 1960~65년 사이에 진행되었다. 이것은 사자의 길을 드러내고 퀘자코아틀 궁전을 발굴하는 데 초점이 맞춰졌다. 1971년에 '소리와 빛' 의 쇼를 설치할 때 태양의 피라미드 지하의 터널 체계로 들어가는 입구가 우연히 발견되었다. 최근의 조사는 터널이 자연 동굴이 아닌 완전히 인공적인 것으로 확인됐다. 발굴과 복원의 또 다른 거대한 프로그램이 1980~82년 사이에 퀘자코아틀 피라미드와 사자의 길 단지에서 진행되었다. 가장 최근에 달의 피라미드에서의 일련의 발굴들은 엄청난 문화적 유물들을 드러냈다.

유적지로 향하는 길로 접어들자 황량한 사막의 풍경이 펼쳐진다. 마른 흙 위에 군데 군데 수풀들이 자라나 있는 황폐한 땅이다. 강한 바람이 불어 흙먼지가 휘날리는 곳에 간간히 집들이 있었는데 기념품을 파는 집이다. 나중에 보니 이 곳에서는 점심을 먹을 수 있는 식당도 함께 운영하고 있었다. 가게에서 일하는 여자는 익숙하게 선인장으로 술을 만드는 모습을 실제로 시연을 곁들여 가며 설명을 한다. 투어에서 제공되는 전통음식은 우리 입맛에 별로 맞질 않았다. 함께 간 다른 외국인들은 아주 맛있게 잘 먹었는데 그 모습이 부럽기까지 했다.

식사가 끝나고 잠시 가게를 둘러보았다. 특별히 살 만한 기념품은 없었고 단지 유리 광택을 가진 흑요석이라 불리는 광석이 눈길을 끌었는데 특히 여러 번 두둘겨 깨어 만든 흑색의 돌칼 같은 것은 매우 흥미로웠다. 흑요석은 화산지대에서 발견되며 용암이 빠르게 식을 때 형성된다. 약간 충격을 주면 세로 결로 얇게 쪼개지는 특성이 있으며 경도는 유리와 비슷하다. 바로 이 특성으로 인해 흑요석은 석기 시대의 치명적인 무기로 사용되었다. 흑요석은 그냥 쪼개도 날카로운 모서리를 얻을 수 있으며 비록 충격에 잘 깨진다는 단점이 있긴 했지만 약간의 연마로 치명적인 살상무기로 만들 수 있다. 그러나 재료가 특정 지역에 한정되어 있고 충격에 약하다는 단점이 있었

▼ 가게에서의 점심 식사

다. 중앙아메리카 같은 일부지역에서는 16세기 초기까지 흑요석으로 만든 무기가 사용되었다. 금속 제련술이 뒤떨어진 아즈텍과 마야에서는 흑요석으로 된 칼을 사용했으며 아즈텍 전사들은 마쿠아우이틀 macuahuitl로 불려진 곤봉에 흑요석 날을 붙인 몽둥이 같은 무기를 사용했다.

    이곳에서 물건을 구입하는 여행객은 없었다. 기념품은 유적을 다 보고 나올 때 그 감흥을 잊지 못해 구입하는 경우가 더 많을 것 같았다. 다시 차를 타고 유적지 주차장에 들어섰다. 차에서 내리니 가이드는 유적 입장료를 별도로 내야 한단다. 어라! 이런 경우가 있나…. 1인 48페소다.

    넓은 주차장에는 생각보다 방문객들이 많지 않았다. 사실 유적의 입구는 하나가 아니다. 우리가 들어간 곳은 제3문으로 달의 피라미드가 있는 곳이다. 반나절의 일정이라 이곳을 먼저 방문하고 사자의 길을 걸어나와 태양의 피라미드를 보고 남서쪽에 있는 제1정문에서 짧은 방문을 마무리하는 것이다. 제1정문은 퀘자코아틀 피라미드가 있는 곳이다. 이 유적의 관람은 사실 제1정문에서 시작하는 것이 맞는 순서이다. 입구에서 정면으로 보이는 퀘자코아틀 피라미드를 시작으로 사자

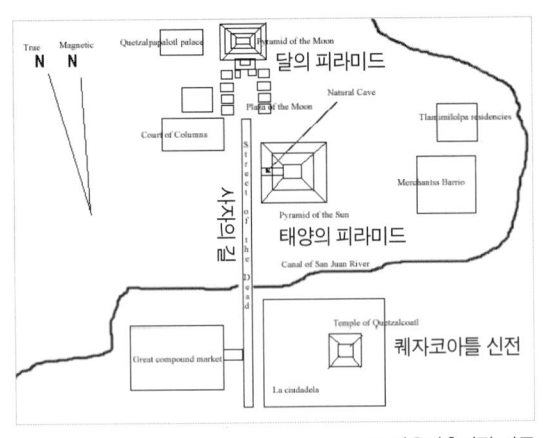
▲ 테오티후아칸 지도

의 길을 걸어 북쪽으로 걸어가 오른쪽의 태양의 피라미드를 보고 나서 다시 맨 끝에 있는 달의 피라미드를 보고 돌아나오는 것이다. 그러나 이렇게 자세히 관람하기에는 하루를 꼬박 소비해도 모자라기 때문에 시간 단축을 위해 거꾸로 내려오며 관람을 하는 것이 못내 아쉬웠다.

입구에 들어서자 오른쪽에 기념품을 파는 작은 가게들이 줄지어 서있다. 이 곳을 지나 왼쪽의 퀘잘파파로틀 Quetzapapalotl(퀘잘 나비) 궁전의 마당으로 들어갔다. 12×10m 넓이의 이 궁전은 테오티후아칸의 통치자의 주거지였다. 주위에 단을 이룬 석조 구조물들이 매우 견고하게 느껴졌다. 정면에 다섯 개의 기둥이 받치고 있는 홀의 입구도 보인다. 마당에서 약 15m 너비의 15계단층을 올라 실내로 향했다. 햇볕이 들지 않아 어두웠으나 장엄한 기운을 느낄 수 있었다. 어두운 방을 곧 빠져나오면 10×7m 넓이의 궁전 안뜰이 나오는데 이곳에 서서 채색이 선명히 남아있는 벽들을 바라본다.

퀘잘파파로틀 궁전

지붕의 장식석

이곳의 12개 모든 기둥들은 나비와 퀘트잘 새의 모티프로 장식되어 있다. 일반적으로 좀 더 작은 방들로 나누어지는 다른 생활 공간들은 장식이 덜 되어 있다. 원래 지붕이 있었는데 이유를 알 수 없는 화재로 소실되었다. 지금도 지붕의 장식석 아래로 불탄 흔적이 뚜렷이 보이고 있다. 지붕 장식석의 특별한 모양과 문양은 분명히 어떤 의미를 지니고 있음을 직감할 수 있다. 시간 주기를 나타내는 상형문자라는 가설이 있다. 이 궁전에 보이는 특별한 문양들은 과거 고대인들의 이야기를 들려주는 듯 방문자의 시선을 끌기에 충분했다. 나는 모든 관심을 가이드의 설명과 벽의 문양에 집중했다. 조개와 물고기의 벽화도 있었다. 본래의 색을 유지하고 있는 이곳 벽화의 보존 상태는 놀라울 정도로 좋다. 퀘잘파파로틀의 부조는 매우 선명하다. 깃털 장식의 머리를 하고 있는 재규어의 모습 또한 한눈에 들어온다. 현란하고 장엄한 모습이었을 당시가 머릿속에 떠오른다.

▲ 홀의 벽화

부조가 있는 기둥 ▶

아즈텍인들이 살고 있던 시절에 이곳을 구성하고 있던 모든 사람들이 성장을 하고 각자의 일을 하고 있음을 상상하니 그 아름다움이 원색의 색감과 함께 머릿속을 맴돌고 있었다.

테오티후아칸에서 가장 인상적인 회화 중의 하나는 소위 틀라로칸 Tlalocan이라 불리우는 것이다. 테오티후아칸의 많은 주거지역 중에서 테판치틀라 궁전 터에 있는 벽에 있는 붉은색의 배경에 밝은 파렛트 풍으로 채색된 것이다. 어거스틴 빌라그라 agustin Villagra에 의해 복원된 그림은 매우 아름답다. 이 그림은 인류학 박물관의 테오티후아칸 실에서 볼 수 있다. AD 500년경에 그려진 벽화에는 틀라록 신의 낙원을 묘사하고 있다. 멕시코의 인류학자였던 알폰소 카소 Alfonso Caso는 이 풍부한 물의 장면은 아즈텍의 틀라로칸의 모습이었다는 것을 보여준다고 한다. 물의 의식이 관련되었음은 부인할 수 없다. 하지만 최근에는 틀라록은 남성신인 데 반해 이 그림은 대지의 여신이 그려진 것으로 우주의 나무를 머리 위에 얹어 놓고 지탱하고 있는 모습이라는 새로운 주장이 나왔다. 여신의 손가락에서는 물이 흘러내리고 있다. 두 명의 신관이 있고 꽃과 나비가 날아다니고 있다. '고귀한 꽃'인 위대한 출산의 신 또는 '물의 어머니'와 흡사하다는 것이다. 이러한 해석으로 여신의 머리에 피어난 식물도 나팔꽃으로 확인되었다.

퀘잘파파로틀에서의 테오티후아칸에 대한 전반적인 가이드의 설명이 끝나자 마자 우리는 궁전에서 나와 우측의 신전 기단 위로 올라갔다. 그곳에서는 앞쪽으로 달의 광장을 품고 있는 달의 피라미드가 바로 정면에 보였는데 너무나 웅장하고 아름다운 모습이었다. 그것은 하나의 거대한 인공 산이었다. 그 뒤로 보이는 세로 고르도 산의 봉우리의 모습은 달의 신전의 형상을 매우 자연스럽게 보이도록 한다. 반대 쪽으로는 사자의 길이 저 멀리 아득하게 뻗어 있었다. 조금도 지체함 없이 우리는 달의 피라미드로 발길을 옮긴다.

달의 피라미드는 AD 250년경에 완성되었다고 추정한다. 피라미드 계단의 기초 가까운 곳에서 최근에 희생된 동물뿐 아니라 흑요석과 녹옥의 수많은 무덤 부장품과 함께 남자의 해골이 있는 무덤이 발굴되었다. 이는 아마도 피라미드의 중심에는 더 중요한 무덤이 묻혀있다는 것을 가리킬 것이다. 43m의 높이에 151×141m 넓이의 피라미드는 남쪽을 바라보는 훌륭한 계단 위에 놓여진 네 개의 거대한 단으로

달의 피라미드

나뉘어진다. 달의 피라미드는 태양의 피라미드의 절반 정도 이하의 크기이다.

  달의 피라미드를 오르는 일은 생각보다 의외로 쉽다. 많은 사람들이 중간 지점의 평평한 곳에 앉아 사자의 길 저편을 바라보고 있다. 모두가 흥분된 모습이다. 뛰어난 조각들과 재규어, 뱀, 나비, 독수리 그리고 화려하게 차려입은 신관들을 묘사하고 있는 프레스코 벽화들을 포함하고 있는 많은 작은 피라미드들과 건물들이 달의 광장을 감싸고 있다. 앉아 있는 동안 저 멀리 태양의 피라미드가 계속하여 나를 부르는 것 같아서 가고 싶은 충동을 억제할 수 없었다. 태양의 피라미드에 오르는 사람들의 모습이 점으로 보인다. 한없이 멀리까지 곧게 뻗은 사자의 길이다. 오늘날에도 이와 같이 큰 규모의 대로는 별로 없을 것이다. 당시 사람들의 신념은 상상을 초월하고 있었다. 좀더 오래 이곳에 앉아 광대한 유적을 관망하고 싶었으나 저 멀리 좌측에 너무도 장엄하게 서 있는 태양의 피라미드를 어서 올라야 한다.

뒤에 보이는 산등성이와 피라미드를 비교해 보자

▲ 달의 피라미드에서 보는 사자의 길

태양의 피라미드는 달의 피라미드에서 가깝게 보였으나 상당히 거리가 떨어져 있다. 저 멀리 보이는 계곡을 둘러싸고 있는 산의 모양과 같은 형상으로 태양의 피라미드를 설계했다는 가이드의 설명은 그저 지어낸 이야기인지 아닌지 신기하기도 했다. 이 설명은 나중에 갈 예정인 페루의 마추피추 정상의 석조 구조물들이 주변의 성스런 산의 형세와 닮은 꼴로 조성되었다는 새로운 이론과도 묘한 유사성을 보인다.

달의 피라미드에서 내려와 남쪽으로 걸었다. 군데 군데 여러가지 작은 기념품들을 파는 행상들이 말을 걸어온다. 사실 그들의 물건을 볼 틈이 없다. 목표는 태양의 피라미드이다. 긴 대로를 따라 걷고 있노라니 태양은 너무나도 따갑게 지상으로 내리쬐고 있었다. 이런 것을 두고 멕시코의 작렬하는 태양이라고 하는 것 같다. 선글라스 없이는 다니기가 힘들 정도인데 현지인들은 이런 환경에 잘 적응이 되었는지 아무렇지도 않게 잘 다니고 있었다. 튼튼한 두 발로 계속 걸어야 하는 강행군으로 몸이 쉽게 지치는 것을 느낄 수 있었다. 또한 수시로 썬크림을 덧발라 주는 것이 남미 여행에서 필수사항임을 짚어본다.

'사자의 길'은 4.8km 길이에 폭 36.5m로 도시의 중심 도로이다. 그것은 제1정문에 있는 요새로부터 북쪽으로 계속 달의 신전으로 뻗어 있다.

사자의 길 왼편의 태양의 피라미드

태양의 피라미드에 이르러 달의 피라미드를 바라보는 경치 또한 장엄했다. 아무리 수많은 관람객이 몰려들어도 유적지는 한산해 보일 정도였다.

태양의 피라미드는 규모가 워낙 커서 그런지 위로 오르는 계단은 그다지 경사가 심하지 않아 보였다. 그러나 경사로의 밧줄을 잡고 한칸 한칸 계단을 오르는 발걸음은 그 어떤 경험과도 바꿀 수 없는 대단한 것이었다. 손에 든 물병과 어깨에 멘 가방도 너무 힘겹게 느껴진다. 중간 지점에서는 숨이 차 제멋대로 앉아있는 사람들도 많이 있었는데 얼굴만은 환하게 흥분되고 즐거운 모습들이었다. 잠시 앉았다가 올라가고 싶은 유혹도 있었지만 가능하면 꼭대기에서 조금이라도 더 머무를 목적으로 돌계단을 응시하며 손에 힘을 주었다. 발을 잘못 디디면 굴러 떨어지기 십상이다. 꽤 높은 피라미드였는데도 생각보다 금방 올라왔다고 느낄 수 있었던 이유는 흥분과 기대감 때문이었다. 한없는 설레임이 이곳을 찾는 여행객들에게 잠재된 힘을 발휘하게 하는 듯싶었다.

태양의 피라미드

정상에서 아래쪽을 바라보며

정상에 오르자 저 멀리 아래로 펼쳐지는 테오티후아칸의 구조물들이 한눈에 들어온다. 그 옛날 이 도시가 살아있던 시절의 모습을 머릿속에 그리다 보니 그 놀라움은 상상할 수 없을 정도였다.

태양의 피라미드(사실 태양의 피라미드는 높이 55m, 넓이 352m×312m인 촐룰라의 거대한 피라미드 다음으로 두 번째로 큰 건축물이다)는 고대 아메리카의 가장 큰 건물 중 하나이다. AD 200년경에 처음 완성되었는데 나중에 실제로 5개의 단이 있는 플랫포옴으로 재건축되어 약 63m 높이에 226m×223m 넓이로 확장되었다. 피라미드는 일출 그리고 춘분일에 플레이아데스의 출현과 정렬된다. 이것은 무덤으로 지어진 것이 아니라 천문관측소, 숭배 그리고 희생제의를 위해 설계되었다. 전체 구조는 사람들이 신들을 알현하기 위해 올랐던 창조의 우주산을 상징하는 것으로 보인다. 16세기에 아마도 툴라의 아틀란테스Atlantes와 비슷한 5.5m 크기의 신상이 피라미드 꼭대기의 폐허가 된 신전 안에 서 있었을 것이다. 이 이미지는 여전히 순례자들에 의해 숭배되지만 아즈텍 종교를 말살하려고 시도했던 정복자들에 의해 파괴되었다.

피라미드는 1970년에 발견된 두 개의 터널 같은 동굴의 꼭대기에 세워졌다. 동굴은 91.5m 길이에 네개의 방들이 있는 네 잎 클로버의 모양에서 끝이 난다. 고대 멕시코의 동굴들은 지하세계로의 통로를 나타냈지만 또한 최초의 인간이 세상으로 나온 대지의 자궁으로도 생각되었다. 동굴들은 창조신화 그리고 메소아메리카 역사를 통하여 지하세계와 관계된 상징적 이미지의 중요한 부분이다. 어떤 학자들은 동굴이 제사행위를 위해 사용되었다고 믿는다. 피라미드 아래에는 초기의 구조물들이 있다. 아마도 테오티후아칸 통치자의 무덤이 석조벽들 안에서 발견될 것이다.

태양의 피라미드에서 본 사자의 길

동지와 하짓날에 테오티후아칸은 흰옷을 입은 사람들로 꽉 들어차고 250개 정도의 계단이 있는 태양의 피라미드 꼭대기에 오른다. 그들은 그날에 그곳의 특별한 에너지를 받기 위해 팔을 쭉 펼치고 꼭대기에 선다. 꼭대기에서의 전망은 환상적이다. 단지 내려올 때 '뒤를 돌아보지 마라' 는 옛 속담이 있다고 한다.

태양의 피라미드

정상에 한동안 앉아 놀라운 전경에 감탄하고 있었다. 햇볕은 여전히 따가웠으나 바람이 매우 시원하고 상쾌했다. 그 규모가 실로 장대했다. 아쉬움을 뒤로하고 태양의 피라미드를 내려온다. 커다란 감동에 여운이 계속된 탓인지 얼마나 빨리 피라미드를 내려왔는지 모를 정도다. 계속해서 출구 쪽을 향해 부지런히 남쪽으로 걸음을 옮긴다. 사실 출구가 아니라 유적지의 제1정문인 주 입구이다. 태양은 뜨겁게 내리쬐고 있었다.

태양의 피라미드

이 길을 계속하여 가면 유명한 '요새 Citadel'가 나온다. 이 지점의 사자의 길은 양 옆의 많은 작은 피라미드 플랫포옴들이 늘어서 있었는데 관리가 잘 되지 않은 듯 잡초가 무성했다. 모두 탈루드-타블레로 플랫포옴들이다. 이것들은 매우 인상적인 의식용 건물들인데 귀족들의 분묘로도 이용되었다. '사자의 길'은 아즈텍인들이 이것들을 단순히 무덤으로 생각하고 붙인 이름에 불과하다.

오늘날 그것들은 꼭대기에 신전이 있는 의식용 플랫포옴으로 알려진다. 사실 수시로 관리를 하고는 있지만 지역이 너무 광대해서 역부족인 듯한 인상을 받았다. 오른쪽에 현재의 지면보다 낮은 곳에 있는 생생한 막사들이 발굴된 지역에 포개진 건물이 보인다. 그것은 두 번째 층을 짓기 위해 잡석들로 채워져 있다. 사자의 길이 정확하게 북남쪽으로 가기보다는 북서쪽으로 15.5°로 배열되어 있다고 이미 언급을 하였는데, 이것은 분명히 특정한 날에 태양을 맞추기 위한 배열을 목적으로 한 것이다. 그런데 이 길이 참 힘이 든다. 가다가 움푹 패인 광장으로 내려가고 다시 올라오기를 반복한다. 이것이 힘이 들면 가장자리로 걸어가면 조금 수월하기도 하다.

좀 더 내려가면 왼쪽에 폐허가 된 퀘자코아틀의 피라미드 단지가 있는데 요새와 광장으로 구성되어 있다. 도시의 가장 남쪽 지점이다. 이 지역은 도시의 종교적, 정치적 중심지를 형성하는 신전들에 둘러싸인 커다란 광장이었다. '요새' 라는 이름은 그것이 요새라고 믿었던 스페인인들이 붙였다. 대부분의 일반인들은 도시를 가로지르며 펼쳐진 커다란 아파트(?) 건물에서 살았다. 많은 건물들은 도자기와 다른 물건들을 생산한 작업장을 포함하고 있었다.

'요새' 는 테오티후아칸 도시의 중심이었다. 테오티후아칸의 실제 도시는 20㎢가 넘게 뻗어 있었고 인구가 집중되어 있었다. 신전이 둘러싸고 있는 요새는 아마도 의식에 사용되었던 커다란 열린 공간이었다. 광장을 건너 걸어가 퀘자코아틀 신전을 보기 위해 반대편의 계단에 오른다. 퀘자코아틀 피라미드는 옆면이 65m로 테오티후아칸에서 세 번째로 큰 피라미드이며 AD 2세기에 세워졌다. 비록 '태양의 피라미드' 와 '달의 피라미드' 와 비교하면 그 크기가 매우 작지만 이 도시에서 가장 정교한 기념비 중의 하나이다. 이 피라미드 단지는 피라미드(계단형 플랫포옴), 그것을 감싸는 신전 그리고 나중에 세워진 아도사다 Adosada 플랫포옴(경사진 플랫포옴)으로 구성되어 있다.

퀘자코아틀 피라미드

1917년에서 1922년 사이의 발굴 때 건물의 정면은 인상적인 3차원의 조각상과 더불어 조각된 블록으로 덮여 있었다. 건물은 또한 달팽이와 물의 상징인 조개껍데기로 장식되어 있다. 정면의 조각들은 깃털 달린 뱀 그리고 신성한 두건의 형태

등 중요한 신화와 종교적인 존재들을 묘사하고 있다. 틀라록이라 불리는 뱀과 또 다른 모습의 변화하는 머리인 퀘자코아틀이 조각되어 있다. 비록 퀘자코아틀 상징주의가 보다 일찍 발견되기는 하지만 많은 학자들은 이곳을 이 신을 숭배하기 위해 봉헌된 최초의 제례 중심지로 보고 있다. 퀘자코아틀 신전은 보다 큰 피라미드의 아래에 묻혀 있다. 몇몇 고고학자들은 이것이 아마도 퀘자코아틀 제사의 전복을 나타낸다고 추측한다.

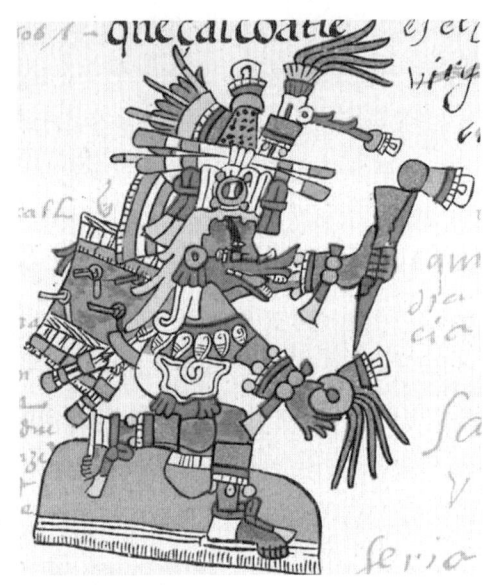

퀘자코아틀이란 이름을 알고 떠나는 멕시코 유적 여행은 그 경이로운 유적들에 대한 감흥이 배가될 것을 확신하며 좀더 구체적으로 설명해 본다.

퀘자코아틀(나후아틀어로 '퀘트잘 코아틀' 로 발음)은 아즈텍의 하늘과 창조의 신이며 아즈텍의 우두머리 신이다. 이 이름은 메소아메리카의 색깔이 밝은 새인 퀘트잘리 Quetzalli와 뱀을 뜻하는 코아틀 coatl의 합성어이다. 퀘자코아틀은 깃털 달린 뱀으로 자주 언급되고 금성과 관련된다. 그는 또한 아즈텍 성직의 지배 신이고 배움과 지식의 신이다. 그러나 퀘자코아틀은 아즈텍 만신전의 틀라록('만물을 성장시키는 자' 라는 뜻으로 높은 산정에 살면서 비와 번개를 주관한다), 테즈카틀리포카 Tezcatlipoca('흐린 거울'

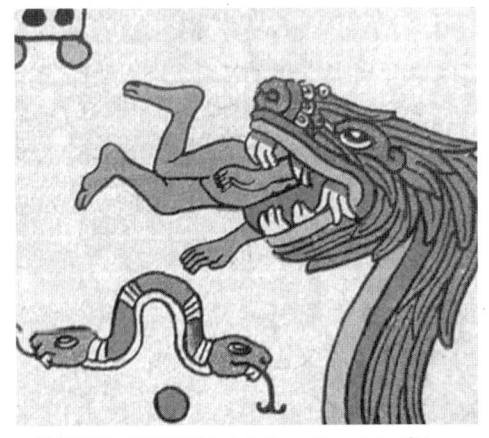

▲ 사람을 먹는 퀘자코아틀 : telleriano-Remensis 사본

을 뜻하며 전사의 신, 거울로 인간의 행위를 본다) 그리고 우이칠로페크틀리와 함께 여러 중요한 신들 중의 하나였다.

깃털 달린 뱀의 신성은 선-고전기로부터 스페인의 정복시기까지 약 2,000년 동안 대부분의 메소아메리카의 예술과 종교에서 중요한 것이었다. 올멕의 선-고전기(BC 1150~ BC 500)보다 오래된 것으로 새와 같은 특성들을 지닌 뱀의 표현들이 있다. 뱀은 땅과 식물을 나타낸다. 그러나 도시의 벽화에서 볼 수 있듯 퀘트잘의 진귀한 깃털을 가지고 있던 뱀이 테오티후아칸 (약 BC 150)에 있었다. 가장 정교하게 만든 표현은 퀘트잘의 긴 초록색의 깃털을 가진 방울뱀을 보여주는 것으로 BC 200년 경의 가장 오래된 퀘자코아틀 신전으로부터 나왔다. 테오티후아칸 사람들로부터 그것을 차용한 믹스텍, 톨텍, 아즈텍 그리고 마야를 포함한 문명들은 깃털 달린 뱀을 숭배한다. 그런 현상은 치첸이차와 툴라 같은 유적지에서 또한 두드러진다.

테오티후아칸에서는 틀라록과 동시에 풍요한 땅의 표현이었던 뱀으로 퀘자코아틀을 봉헌했다. 숭배가 진화함에 따라 그것은 독립적이 되었다. 이윽고 퀘자코아틀은 다른 신들과 혼합된다. 퀘자코아틀은 자주 바람의 신, 에헤카틀과 조합하고 자연의 힘을 표현한다. 틀라록이 땅의 물, 호수, 동굴 그리고 강에 있는 물의 신이었고 또한 식물의 신이었던 반면에 퀘자코아틀은 천상의 물 그리고 그것들의 바람과의 조합의 표현이었다. 마침내 퀘자코아틀은 창조의 신들 중의 하나로 변모하였다. 퀘자코아틀 숭배는 때때로 동물 제물을 포함하고 있었지만 대부분의 전통에서 퀘자코아틀은 인신공희를 반대한 것으로 이야기되었다. 퀘자코아틀의 중요성과 공적들은 여러 문명들과 역사 전반에 어느 정도 다양하다. 아즈텍인들은 그를 책과 달력, 인류에게 옥수수를 주는 자, 때때로 죽음과 부활의 상징 그리고 신관들의 후원자로 바꿔놓았으며 아즈텍 고위 신관의 호칭이었다.

이 이름은 또한 고대의 여러 통치자들이 차용하였다. 시간 주기에 대한 그들의 관념과 자신들의 통치를 정당화하기 위해 역사를 수정하려는 통치자들의 경향으로 인해 퀘자코아틀에게 공이 돌아간 많은 사건들과 특성들을 자신들에게 접목한 정치적 통치자들로부터 분리시키기가 매우 어렵다.

테오티후아칸의 영향으로 마야인들은 그를 쿠쿨칸으로 차용하였다. 소치칼코

(AD 700~900)에서는 통치 집단이 퀘자코아틀의 이름으로 통치했고 신의 표현들은 보다 인간적이 되었다. 그들은 톨텍에 영향을 끼쳤고 톨텍의 통치자들은 퀘자코아틀의 이름을 사용하기 시작했다. 톨텍은 퀘자코아틀을 신같은 속성을 가진 사람으로 표현했고 이런 속성들은 또한 그들의 통치자들과 조합되었다. 믹스텍은 또한 깃털 달린 뱀으로 이름 붙인 통치자를 기록했다. 이들 중 가장 유명한 통치자가 10세기에 톨텍을 통치한 토필친 세아카틀 퀘자코아틀 Topiltzin Ce Acatl Quetzalcoatl 이었다. 세아카틀 Ce Acatl 은 '갈대 하나'를 의미하고 신들의 이야기로부터 거의 분리할 수 없게 된 전설적인 통치자의 가상의 역사적 이름이다. 이와 같이 메소아메리카 신관들과 왕들은 때때로 그들이 조합한 신성의 이름을 취했으며 이와 같은 이유로 퀘자코아틀과 쿠쿨칸은 또한 역사적 인물의 이름이기도 하다.

   톨텍은 퀘자코아틀을 그들 고유의 신 테즈카틀리포카와 조합했고 그들을 동일시한다. 세아카틀의 전설은 그의 얼굴이 추해서 수염을 길렀고 결국 흰 가면을 쓴 것으로 이야기한다. 전설은 왜곡되어 왔고 흰 수염을 기른 사람으로서 퀘자코아틀의 모습은 일상적이 되었다. 나후아인들은 퀘자코아틀의 전설을 취했고 그것을 자신들의 것과 혼합했다. 퀘자코아틀은 예술, 시 그리고 모든 지식의 창시자로 고려될 것이다.

   퀘자코아틀의 신화는 다음과 같다.

   톨텍은 이중의 신념 체계가 있었다고 믿어진다. 퀘자코아틀의 반대는 한 전설에서 퀘자코아틀을 추방해 버린 테즈카틀리포카였다. 그는 악마와 주술의 신이며 밤의 신이었으며 다양한 모습의 신이었다. 그는 최초의 태양으로 변신한다. 그는 사악했기 때문에 다른 신들은 평화롭지 않았다. 그리하여 퀘자코아틀은 그를 바다 속으로 빠뜨려 버렸는데, 그는 호랑이의 몸으로 변신을 했다. 이어서 어둠이 오자 호랑이 테즈카틀리포카는 모든 거인들과 인간들을 먹어치워 버렸다. 그러자 퀘자코아틀은 두 번째 태양이 되었다.

   어느날 테즈카틀리포카가 하늘로 뛰어올라 호랑이 발톱으로 퀘자코아틀을 땅으로 끌어내렸는데 퀘자코아틀이 떨어지며 허리케인이 일어났다. 이로 인해 모든 살아있는 것과 인간들이 또다시 멸망했다. 몇몇 사람들은 살아남아 원숭이가 되었다.

그러자 퀘자코아틀은 찰치우틀리쿠에 Chalchiutlicue (녹옥 치마를 입은 여자) 여신을 창조했다. 그러나 질투심이 생긴 테즈카틀리포카는 다시 한번 대홍수로 태양, 땅 그리고 대부분의 인류를 파괴했으며(네 번째) 생존자들은 물고기가 되었다.

어둠이 오자 모든 신들이 테오티후아칸에 모여 다시금 빛이 오기를 바라며 번제를 올렸다. 그러자 눈부신 달이 생겨났다. 눈부심에 화가 난 신들은 달의 중심에 토끼를 내던졌다. 그리하여 그곳에 토끼 모양의 어두운 구멍이 생겼으며 지구에 다시금 빛이 비추어졌다. 그러자 퀘자코아틀은 치후아코아틀 Chihuacoatl 의 도움으로 지하세계인 믹틀란으로 내려가 파괴된 이전 종족의 뼈들을 모아 새생명을 불어넣기 위해 자신의 성기의 상처로부터 나온 피로 다섯 번째 세상의 사람들을 창조했다. 이렇게 아즈텍인들은 퀘자코아틀의 직계 자손들이었다. 그는 자비로운 신이었으며 농사, 산업 그리고 예술의 창조자였다.

여전히 화가 난 테즈카틀리포카는 퀘자코아틀에게 독버섯의 술을 마시게 하여 그의 쌍둥이 여동생 소로틀 Xolotl 과 잠을 자게 유혹했다. 소로틀의 탄생 역시 퀘자코아틀처럼 평범하지 않았다. 그녀는 여신 코아틀리쿠에로부터의 동정녀 출생이었다. 선한 신으로서 퀘자코아틀은 양심의 가책을 받고 이 불명예를 극복하기 위해 테오티후아칸을 떠났으며 결코 돌아오지 않았다. 전설은 그가 양자택일의 기로에서 뱀으로 만든 뗏목을 타고 다시 돌아올 것을 약속하며 자발적으로 떠났다고 한다. 그리고 태양이 매우 뜨거운 어느 날 그와 뗏목은 대양에서 불에 타버렸다. 그리고 그의 재는 새로 변했으며 그의 심장을 하늘로 다시 가지고 갔다고 한다. 이것이 퀘자코아틀이 새벽별(금성)이 된 사연이다.

퀘자코아틀이 다시 돌아올 것을 약속하며 떠난 것에 대해 어떤 이들은 예수의 재림을 의미하는 것이라고 의미를 부여하기까지 하는 것을 보면 이 신에 대한 신비가 아직도 확실히 풀리지 않았음을 반증하고 있다고 할 것이다.

아즈텍인들이 톨텍의 문화를 채택했을 때 그들은 반대이면서 동일한 테즈카틀리포카와 퀘자코아틀의 쌍둥이 신들을 만들었다. 퀘자코아틀은 또한 검은 테즈카틀리포카와 대비하기 위해 흰 테즈카틀리포카로 불렸다. 그들은 함께 세상을 창조했다. 테즈카틀리포카는 이 과정에서 그 흔적이 잊혀졌다.

대부분의 메소아메리카 신앙들은 태양의 주기들을 포함했다. 항상 우리의 현재 시간이 다섯 번째 태양으로 고려되었다. 이전의 네 개는 홍수, 불 등에 의해 파멸되었다. 한 아즈텍 전설에 의하면 그는 흰 피부에 수염이 있고 자기의 백성들을 통치하고 적들(테즈카틀리포카)을 물리치기 위해 언젠가 돌아올 것이라고 이야기한다.

아즈텍 황제 몬테주마 2세가 1519년 에르난 코르테스의 상륙을 퀘자코아틀의 귀환으로 믿었다는 것은 널리 알려져 있다. 그러나 퀘자코아틀 - 코르테스 연결은 정복 이후 만들어진 스페인 영향의 문서들 어디에서도 주장되고 있지 않고 퀘자코아틀의 귀환에 대하여 스페인 정복 이전 시대의 믿음에 대한 증거는 거의 없다. 이 이론을 설명하는 대부분의 문서들은 코르테스가 스페인의 카를로스 5세에게 보낸 편지처럼 전적으로 스페인인들이 원천이다.

코르테스의 대부분의 생각은 정복 이후 약 50년 이래로 쓰여진 플로렌틴 고문서로 추적할 수 있다. 이 문서에서 몬테주마 2세와 코르테스가 처음으로 만나는 모습은 아즈텍 통치자가 고유의 나후아틀어로 된 준비된 연설을 하는 것으로 묘사된다. 이 만남을 목격하지 않았던 사아군은 틀라텔로칸의 정보제공자에 의해 쓰여진 문서에 축어로써 묘사된 것을 기록했다.

이 연설은 다음과 같은 굴복적이면서 신성에 가까운 찬양의 선언들을 포함했다; "당신은 우아하게 이 땅에 오셨습니다. 당신은 우아하게 당신의 물에 다다랐습니다. 멕시코의 당신의 고귀한 장소, 당신은 제가 짧게나마 당신을 위해 지켜왔던 당신의 자리, 당신의 왕좌로 내려오셨습니다. 당신을 위해 그것을 지키는 것에 저는 익숙합니다. 그리고 당신은 우아하게 도착하셨습니다. 당신은 고통을 알고 계십니다. 당신은 약함을 알고 계십니다. 지금 이 땅으로 오십시오. 휴식을 취하십시오. 당신의 궁궐로 들어가십시오. 당신의 온몸을 편안하게 하십시오. 우리의 주인께서 이 땅에 오시도록 하십시오."

나후아틀어의 뛰어난 표현 형식으로 인한 난해함과 학자적 입장에서 이해하려는 불완전성은 이들 해석들의 정확한 의미를 분명히 하기에 종잡을 수 없게 만들지만 레스톨은 예의를 갖춰 그의 왕좌를 코르테스에게 제공하는 몬테주마 2세(만일 정말로 그가 보고된 대로 그 연설을 했다고 한다면)는 완전히 반대의 의미였을 것이라고 주장한다. 아즈텍 문화의 예의 바름은 우월을 주장하고 지고함을 보여주는 방법이었던 것이다. 그러나 몬테주마 2세가 퀘자코아틀 신의 귀환으로써 코르테스에게 행한 이 연설은 널리 퍼진 신뢰의 요소가 되었다.

프란시스코 수도회의 유명한 역사가와 같은 또 다른 무리들은 또한 고유 아메리카인들이 정복자들을 신들이라고 믿었다는 생각을 보급하였다. 어떤 프란시스코 수도회원은 당시에 새천년의 신앙을 가지고 있었고 스페인 정복자들을 신들로 생각한 원주민들과의 관계가 잘 될 것이라는 생각이 있었다. 플로렌틴 고문서를 편집했던 베르나르디노 데 사아군 역시 프란시스코회였다는 것은 이미 언급한 바 있다.

몇몇 학자들은 여전히 아즈텍 제국의 멸망이 코르테스를 귀환한 퀘자코아틀이라고 믿는 몬테주마 2세의 신념에 어느 정도 기인한다는 관점을 갖고 있지만 최근 대부분의 학자들은 '퀘자코아틀- 코르테스 신화'를 정복 초기 이후의 시기에 생겨났던 스페인인들의 정복에 대한 수많은 신화들 중의 하나로 본다.

그러나 퀘자코아틀 전설과 북부 아리조나 호피족이 가지고 있는 파하나 Pahana의 신화와의 유사성을 짚어보는 것은 흥미롭다. 학자들은 많은 아즈텍 신화와 미국 남서부의 신화와의 유사성을 묘사했고 공통된 뿌리를 확인했다. 호피족은 '잃어버린 백인의 형제'로 파하나를 묘사하고 그들은 사악함을 멸하고 평화와 번영의 새로운 시대를 시작하는 동안 동쪽으로부터 그의 최후의 귀환을 기대했다. 호피족의 전승은 16세기 스페인인들이 호피족의 땅에 도착했을 때 그들을 처음에 파하나로 잘못 알았다는 사실을 지니고 있다.

'멕시카니스타스 Mexicanistas' 라고 불리는 현대의 비밀 그룹은 퀘자코아틀과 현대의 비밀 관습이 혼합되어 있다. 고대신화를 말 그대로 사실로 보려는 창조주의자들은 퀘자코아틀이 익수룡 pterodactyl (백악기 후기에 서식한 익룡)의 말뜻 또는 묘사라고 제기했다. 몰몬경의 몇몇 신봉자들은 몇 가지의 관련된 이야기들이 예수 그리스도 이야기의 변조라고 강조한다. 몰몬경은 그가 부활 이후, 메소아메리카 원주민들을 방문했다고 쓰고 있다.

출구쪽(사실 제1 정문 입구)에 있는 기념품 가게들에서 몇 가지 작은 기념품들을 구입하고 2층의 카페에서 커피를 즐겼다. 은으로 된 기념품들이 많이 있었고 직접 손으로 만든 것이라고 하는데 집집마다 가격이 차이가 있어 구입할 때는 무조건 흥정해야 하는 것은 당연한 과정이었다.

재미있는 것은 멕시코 최대의 유적지 중 한 곳인 이곳 상가의 화장실은 좌변기에 받침대가 없다는 것이다. 원래 없었는지, 도난을 당했는지 보수도 하지 않고 있다. 매우 불편한 일이 아닐 수 없다. 다른 공공 화장실에서도 마찬가지라고 한다. 화장실을 다녀오는 서양인들의 얼굴에는 매우 황당한 모습이 보인다. 너무 어이가 없어서인지 오히려 환한 웃음을 터트린다.

▲ 기념품 원반

▲ 내부의 세부 그림

테오티후아칸의 추억을 생각하며 즐거운 마음으로 호텔로 돌아온다. 커다란 아쉬움이 밀려온다. 몇 번이고 다시 와 봤으면 좋겠다는 생각이 떨쳐지지 않는다. 시내는 여전히 번잡하다. 알라메다 공원을 지나는데 차창 밖으로 보이는 공원이 매우 넓다. 수많은 사람들이 나와 있다. 소칼로에서 조금만 걸으면 올 수 있는 곳으로 멕시코 현지인들의 분위기를 마음껏 즐길 수 있는 곳이다. 베니토 후아레스를 기념하는 아름다운 흰색의 기념비가 우아하게 보인다.

호텔에서의 저녁은 저녁 7시에서 9시까지이다. 간단한 뷔페식인데 벌써부터 많은 투숙객들이 옥상 위 식당에 앉아 음식을 기다리고 있었다. 한 시간만 늦어도 음식은 동이 난다. 한푼이라도 경비를 아끼려는 여행객들에게 이것은 큰 문제가 될 수 있다. 테이블에 음식이 셋팅되자 우루루 줄을 서며 음식을 챙긴다. 조금은 삭막한 풍경이다.

저녁 시간 소칼로의 모습을 보기 위해 별다른 대화도 없이 서둘러 식사를 끝내고 방으로 내려왔다. 식사가 끝나면 이곳은 선술집 분위기로 바뀐다. 장기 투숙객들은 저마다 맥주병을 들고 자리를 잡는다. 스피커에서 흘러나오는 시끄러운(?) 음악을 들으며 오랫동안 잡담을 즐길 것이다.

소칼로 주변으로 통하는 큰 도로로 들어갔다. 시내는 언제나 수많은 사람들로 꽉 들어차 있었으며 매우 활기가 있었다. 늦은 저녁이라 퇴근한 시민들도 거리에 나와서 그런지 거리는 더 복잡했다. 멕시코는 일교차가 무척 심하다고 하는데 한낮의 무더위에 비하면 지금은 긴팔을 입고 있는데도 쌀쌀한 기운이 돈다. 연평균 기온이 15℃(5월에 17℃, 1월에 12℃)인데 아마도 고지대에 위치하고 있기 때문일 것이다. 식민지 시대의 건물들의 여러 가게를 두루 구경하고 호텔로 돌아왔다.

제7일(일)
인류학 박물관

아침 일찍 호텔 체크아웃을 하고 짐을 프론트의 보관소에 맡긴 뒤 오후 2시에 공항행 택시를 예약했다. 또 페루에서 멕시코시티로 돌아오는 날의 숙박도 3일간을 미리 예약했다. 혹시라도 이미 예약이 차있을 경우 다른 호텔을 찾아봐야 했는데 다행히도 시간을 절약할 수 있었다. 호텔을 옮기는 번거로움은 꽤나 수고를 요하는 일이 될 수도 있기 때문이다.

박물관을 가기 위해 지하철을 타러 소칼로역으로 내려갔다. 박물관은 지상으로 갈 때는 광장에서 서쪽으로 직선으로 나아가면 레포르마 대로가 나오는데 여기서 남서쪽으로 계속 가면 소나 로사를 지나 독립기념탑을 거쳐 오른쪽에 있다. 그러나 거의 직선이라고 보면 되는 이 길은 사실 시티의 살인적인 교통체증을 감안하면 한없이 기약 없는 길이 되고 말 것이다. 시간이 많고 적당한 버스 노선이 있다면 시내 투어를 겸할 수는 있을 것이다.

소칼로역 구내에는 아크릴 유리관 속에 광장의 모습을 세밀하게 만들어 놓은 커다란 모형이 있다. 유명한 광장의 모형을 시민들이 많이 다니는 곳에 설치하는 것도 좋은 아이디어라고 생각되었다.

동양인에 대한 지하철 승객들의 시선을 한눈에 받으며 혹시라도 역을 지나칠까 정류장마다 역이름을 확인한다. 지하철은 폭이 매우 좁다. 게다가 잡상인이 많다. 단속을 많이 하는지 여기저기 눈치를 살피는 것은 어디나 똑같은 모습이다.

▲ 지하철 역사 내의 광장 모형

특히 CD 파는 상인이 눈에 띈다. 경쾌한 멕시칸 음악이 흥겹게 들려온다. 가격이 무척이나 쌌던 것 같았는데 지금은 기억이 나질 않는다. 멕시코 시민들의 일상적인 모습을 볼 수 있어 좋았다. 특이한 것은 남자들이 멋을 부릴 때는 모두 머리기름을 바른다고 하는데, 멕시코인들이 우아한 것을 좋아하기 때문일 것이다.

처음으로 타 본 지하철이었는데 가이드북에 '좀도둑이 기승을 부리고 있고 특정 구간을 제외하면 외국인들이 이용하기에 매우 위험할 수 있다' 고 적혀 있기 때문에 다소 긴장이 되었다. 하지만 멕시코에 오래 체류하는 사람이라면 멕시코의 지하철만큼 가격이 저렴한 교통시설을 찾기는 어려울 것이다. 물론 지하철이란 것이 여행자들에게 세계 어느 도시에서도 가장 편리한 교통수단임에는 틀림이 없다. 멕시코의 지하철은 새벽 6시부터 자정을 넘긴 1시까지 운행한다. 요금은 거리에 상관없이 1인 2페소로 정말 싸다. 그리고 지도를 자세히 들여다보면 시내의 거의 모든 가고 싶은 곳에 지하철이 닿고 있다. 지하철역의 안내도는 지역에서 특별히 대표되는 인물이나 상징들의 그림문자가 표시되어 있는데 이는 문맹자들이 많은 멕시코에서 그들을 위한 배려라고 한다. 우리는 차풀테펙 Chapultepec과 오디토리오 둘 중의 한 곳의 역에서 내리면 된다.

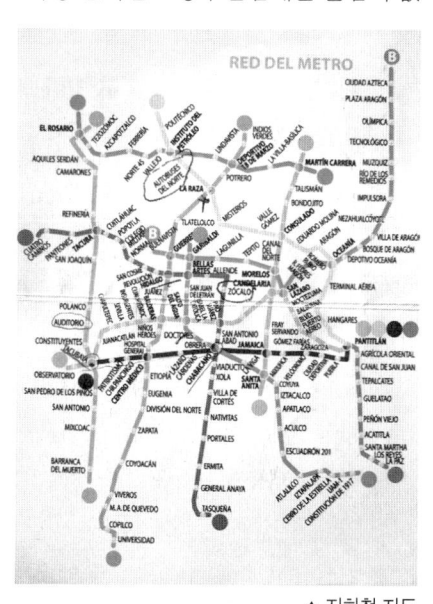

▲ 지하철 지도

오디토리오역의 밖으로 나와 보니 날씨가 너무나 화창하다. 눈이 부셔 선글라스가 없으면 낭패를 볼 정도다. 오른쪽으로 차풀테펙 공원의 수목들과 호수가 눈에 들어온다. 차풀테펙 공원은 시내를 동서로 관통하고 있는 레포르마 거리의 서쪽 끝에 있다. 레포르마 거리는 신시가지의 중심 도로로서 금빛의 여신상으로 유명한 멕시코 독립기념탑, 최고의 고급 번화가 소나 로사 그리고 알라메다 공원 등이 있으며 소칼로까지 계속 이어진다. '메뚜기의 언덕에서' 라는 뜻의 차풀테펙은 멕시코 역사를 통하여 멕시코 사람들에게 특별한 장소였고 아즈텍인들이 1200년대 북부 멕시코로부터 도착한 후에 왕의 임시 휴양지였다. 차풀테펙 공원은 언덕을 포함한 주변의 6.5km²의 면적으로 많은 위락 시설이 있다. 테노치티틀란이 아즈텍의 섬 수도였을 때 도시는 차풀테펙과 수상가교로 연결되어 있었다. 아즈텍왕은 언덕과 주변 숲을 왕가의 요양소로 변화시켰다. 스페인의 카를로스 5세는 이 지역을 1537년 자연보호구역으로 선언했다. 스페인 식민 기간 동안 스페인의 총독은 선-콜롬비아시대의 건축물을 파괴하고 차풀테펙 꼭대기에 그들의 궁전을 지었다. 1784년 같은 지점에 부왕의 더 큰 성이 건축되었다. 독립전쟁에서 승리 후 부왕의 옛 궁전은 1833년 군사학교로 바뀌었다. 1847년의 미국과의 전쟁(차풀테펙 전투)에서 6명의 어린 사관생도들이 미국 해병대에 맞서 싸우다 전사했는데 오늘날까지 '어린 영웅들'로 추앙되고 있다. 미 해병대의 임관하지 않은 장교와 참모의 파란색 바지에는 붉은색의 옆줄이 있는데 이것은 전사한 해병대를 기억하기 위하여 '피의 줄 Blood Stripe' 이라고 불린다.

◀ 차풀테펙 전투

공원에는 여러 개의 작은 호수, 동물원 그리고 대통령의 공관 외에 여러 개의 박물관 등이 있다. 언덕 꼭대기의 차풀테펙 성에는 국립 역사박물관이 있다.

사람들이 배를 타고 따스하게 내리쬐는 햇빛을 받으며 호수 위를 한가로이 떠다니고 있다. 역 앞에 나와도 인류학 박물관의 표시가 없어 지나는 경찰에게 물으니 곧장 걸어가서 길을 건너란다. 공원의 담장을 따라 거리에는 오늘 무슨 큰 행사가 있는 듯 온갖 가장행렬 행사차량들로 꽉 들어차 있고 각양각색의 퍼레이드 복장을 한 사람들이 분주히 움직이고 있었다. 축제를 좋아하는 민족답다고 생각하며 박물관으로 향했다.

도로는 모든 차량이 출입을 할 수 없게 띠를 둘러 사람도 통과하지 못하도록 하고 있었다. 이 길 건너편으로 가야 하는데 절대 건널 수 없다고 한다. 행사가 시작하려면 아직 멀은 것 같은데 이렇게까지 통행을 제한해야 하는지 의아하다. 멕시코 사람들은 친절하지만 믿을 수 없다는 말을 실감한다. 한참을 갔는데 다른 행인이 지금 거꾸로 왔으니 되돌아가란다. 이건 뭐 이런 경우가 있어? 은근히 짜증이 난다.

눈을 뜨고 있기 거북할 정도로 햇살이 강렬하다. 거꾸로 잠시 걷고 있는데 갑자기 길 건너편으로 비의 신 틀라록의 석조상이 눈앞에 들어온다. 틀라록 신은 정교한 가면을 쓰고 커다란 둥그런 눈에 긴 어금니를 갖고 있는 신으로 고원 문명인 테오티후아칸 시대(AD 3~5세기)로 거슬러 올라간다. 그의 특징적인 용모는 같은 시기의 마야의 비의 신 차크와 놀라울 정도로 흡사하다. 길을 가로질러 건너자 그 유명한 멕시코 인류학 박물관 입구의 모습이 드러났다. 넓은 입구에는 분수가 있고 커다란 멕시코 국기가 있는데 마음을 흥분케 하기에 충분했다.

박물관 정면

▲ 박물관 입구에 있는 비의 신 석상

현관 정면의 벽에는 선인장 위에서 독수리가 뱀을 잡고 있는 전형적인 멕시코의 도안이 새겨져 있다. 입장료 35페소를 내고 현관을 들어서자 넓은 실내에는 왼편에 기념품 가게가 있고 오른쪽 끝에 금속 탐지기가 있다. 이곳에서는 마시는 물도 갖고 들어갈 수 없다. 나올 때 찾아가라며 경비는 물병을 맡아둔다. 간단한 소지품 검사를 하고 입구에 들어서면 넓은 콘크리트 광장에 거대한 사각의 천장을 떠받치고 있는 기둥이 시선을 사로잡는다.

거대한 기둥

기둥은 멕시코의 신화에서 생명의 나무를 상징한다. 기둥에는 멕시코의 주 신인 틀라록 외에도 멕시코의 과거와 현재의 역사에 대한 상징적 형상들이 조각되어 있다. 기둥 위에서는 빗줄기처럼 물이 내려오고 있다. 햇살이 엄청나게 강한데도 기둥과 천장 밑은 아주 어두울 정도다. 시원하다 못해 추운 기운이 돌 정도로 물이 세차게 내린다. 이토록 거대한 천장을 떠받치고 있는 기둥이 어쩐지 불안해 보이기도 한다. 여기가 바로 인류 최대의 박물관 중의 하나인 멕시코 인류학 박물관이다. 사진을 찍으려는데 전체 모습이 잡히지 않아 이내 포기한다.

국립 인류학 박물관은 18세기 이래 멕시코에서 수집된 대다수의 고고학적 인류학적 소장품들이 모여 있는 정말로 장엄한 박물관학적인 공간을 가지고 있다. 1964년에 준공된 독특한 모양의 박물관은 23개의 전시실과 3개의 소개실이 있는데 전시실은 연대순과 문화지역으로 구분되어 방문할 수 있게 되어 있다. 로비의 기념품 가게에는 각종 전시물의 복제품 등과 서적들이 판매되고 있다. 전시실의 배치는 비록 전체 박물관을 적절히 돌아보는 데 며칠이 걸릴지라도 각 방문객들로 하여금 선호도에 따라 독립적으로 방문할 수 있게 되어 있다. 전시실과 그곳의 전시목록은 아래와 같다.

제1실 인류학 개관 / 제2실 메소아메리카 개관 / 제3실 기원 / 제4실 선-콜롬비아의 중앙 고원 / 제5실 테오티후아칸 / 제6실 톨텍 / 제7실 멕시카 / 제8실 와하카 / 제9실 멕시코 만 / 제10실 마야 / 제11실 북부 / 제12실 서부 / 2층 민족지학

이들 시기를 문명별로 간략히 구분해본다.
- 올멕 : BC 1200~400
- 마야 : AD 250~900
- 톨텍 : AD 900~1527
- 멕시카 : AD 1250~1521
- 와하카 : BC 1500~AD 1521

이 전시홀들의 엄청난 전시물들 가운데 가장 뛰어난 최고의 예들을 추려내는 것은 정말 어렵다. 1층은 고고학 그리고 2층은 민속학으로 구성되어 있는데 우리는 1층 우측의 제1실 인류관부터 들어갔다. 박물관은 시대별로 방을 꾸며 놓아 시간이

별로 없는 우리로서는 각 시대마다의 특별하고 유명한 유물들을 집중적으로 보기로 하였다. 원래 박물관이라는 곳이 자세히 보면 일주일도 모자라는 경우가 허다하기 때문인데 대영박물관, 루브르 박물관, 카이로 박물관 등과 같이 멕시코 박물관이 그러한 곳 중에 하나이기 때문이다. 관람객은 많지 않았다. 현지인들, 일본인 투어그룹 그리고 서양인 투어그룹 등이 있었는데 관람하기에는 무척이나 한산했다. 박물관은 시끄럽거나 혼잡하지 않으면 제일이다.

제1, 2, 3, 4실을 재빨리 지나오며 시간을 절약한다. 이 방들은 인류학 전반적인 설명과 메소아메리카의 문화들을 보여주며 멕시코 역사의 기원들을 개괄적으로 보여준다. 제5실의 테오티후아칸실의 바깥 마당에는 커다란 도시모형이 전시되어 있다. 테오티

테오티후아칸 모형

툴라의 거상

후아칸실도 이미 유적방문을 마친 터라 빠른 걸음으로 지나친다.

이윽고 제6실 톨텍 실에는 툴라의 전사상이 보는 이를 압도하고 서있다. 톨텍 문명은 치첸이차보다 조금 앞선다. 툴라의 중앙 신전의 지붕을 받치고 있던 4개의 석주 중 하나이다. 머리의 헤드기어, 복장 그리고 손에 들고 있는 물건 등 어떤 인물을 묘사하고 있는지 신비하기만 하다.

톨텍 실에서 나오면 박물관의 안뜰에 경관이 좋은 커다란 연못이 있다. 연못까지는 돌길로 이루어져 있는데 수많은 전시품을 관람하는 데 지친 관람객들이 계단에 걸터앉아 숨을 고르고 있다. 숨차게 지나만 왔는데도 피곤함이 밀려오는

듯하다. 뜨거운 태양 아래 앉아 잠시 휴식을 취했다.

박물관의 핵심인 제7실 멕시카실의 입구에서 전시실 저 끝 정면으로 태양의 석판, 소위 카렌다 스톤이 시야에 들어왔다. 역석은 전시실 맨 안쪽에 있었고

▼ 박물관 중앙에서 정문쪽을 바라보며

정면 제일 앞쪽에는 커다란 재규어상이 마치 이곳을 지키는 모습으로 바깥을 응시하고 있다. 이 상을 보고 있노라니 또다시 우리의 해태상이 떠오른다. 이 재규어상의 등에는 둥그렇게 패인 곳이 있는데 이곳은 제물의 심장을 올려놓는 데 사용되었다. 재규어상 뒤에는 엄청난 크기의 티소크 Tizoc의 돌이 놓여있는데 둥그런 돌의 옆면은 정교하게 그림이 조각되어 있다. 윗면과 꼭대기 중심에는 태양석과 하늘을 나타내는 별들의 띠가 있다. 반면에 밑면에는 땅의 괴물 네 마리가 새겨져 있다. 옆면에는 아즈텍의 정복에 관하여 아즈텍의 왕(또는 고위 군관) 티소크와 그의 부하들이 적의 마을의 신성을 붙잡고 있는 모습과 함께 일련의 의식적 '포로' 장면들을 연속적으로 묘사하고 있다.

티소크의 돌

그 뒤로 코아틀리쿠에와 우이칠로포크틀리의 입상이 왼쪽과 오른쪽에 각각 서 있다. 멕시카는 아즈텍의 또 다른 이름이다. 이곳이 박물관의 절정이다. 엄청난 크기의 하나의 석판에 정교하게 새김을 한 것인데 이는 아즈텍의 시간의 개념을 자세하게 보여주고 있다. 고대 메소아메리카의 이미지들 중에 아즈텍 달력만큼 잘 알려진 것은 없다. '카렌다 석'

중앙 벽면의 태양의 돌

제5 태양의 돌

이라고 잘못 알려진 이 돌의 진짜 이름은 '제5 태양의 돌'이다.

원래의 아즈텍 달력은 선-콜롬비아 시대 1479년 6대 아즈텍 군주의 재위 동안 조각된 거대한 현무암 석판이다. 이 역석은 최고의 아즈텍 신성인 태양에게 봉납되었다. 이것은 달력들의 기본적인 구조를 공유하는 고대 메소아메리카 달력들 중의 하나이다. 세월이 지나며 멕시코 곳곳에 그것의 번역들이 많이 존재하고 있다. 역석은 신화적이고 천문학적인 중요성을 가지고 있다. 역석은 무게가 거의 25톤에 달하며 지름 3.6m, 두께 0.9m이다. 1790년 12월 17일 멕시코에서 발견되었고 소칼로 광장에 다시 묻혔다. 후에 그것은 1885년까지 남아 있던 메트로폴리탄 성당의 서쪽 탑의 벽에 파묻혔다. 그것은 대통령인 코르피리오 디아즈 장군의 명령으로 멕시코 인류학 박물관으로 옮겨졌다. 달력에는 2012년 12월 23일까지만 표식이 있어 지구 멸망이라는 공포를 불러 일으키기도 한다.

너무나 유명한 유물이므로 지루한 감도 있겠지만 그 설명을 자세히 기록해 본다. 시간이 허락되면 그 문양들을 자세히 관찰하는 것도 즐거운 일일 것이다. 이집트의 상형문자와 같이 아즈텍인들도 상형문자를 사용했다. 형태는 완전히 다르지만 그 신비감은 다르지 않을 것이다.

▲ 원반의 중심 - 토나티우

아즈텍 달력은 아즈텍인들의 우주관을 보여주고 있는데 1년이 260일로 구성된 '촐킨 tzolkin'이라는 제례력과 360일로 구성된 '하브'라는 태양력이 모두 포함되어 있다. 이들 우주관은 톨텍의 영향을 많이 받았다. 아즈텍인들은 우리 시대 이전에 네 개의 우주가 있었다고 믿었고 태양석은 이러한 반복되는 세상들을 묘사하고 있다. 아즈텍인들은 그들이 다섯 번째 세계이자 마지막 창조의 시대에 살고 있다고 믿었다. 이 최후의 날까지 아즈텍 태양석은 다섯 번째 태양신으로 믿어지는 토나티우 Tonatiuh에게 앞으로의 대재앙과 세계의 멸망을 방지하는 수단으로써 그를 기리기 위해 인간 제물을 규칙적으로 바침으로써 헌신하도록 한다.

중심에 있는 신성은 토나티후인데 그 얼굴은 하늘의 지배자인 태양의 얼굴이며 그 주위에 모든 매일의 주기 현상이 발생한다. 왕관, 코 장식물, 귀걸이 그리고 목걸이들은 이 신성의 특성을 보이는 장식물로써 매우 멋지다. 머리는 태양의 황금빛 출현에 기인하여 금발이다. 얼굴의 주름은 나이와 완숙함을 보여준다. 그리고 삐죽 나온 혀는 신성이 피와 인간의 심장을 먹기를 요구하는 것을 가리키는 흑요석 칼의 모양이다.

토나티우를 둘러싸고 있는 중심으로부터 첫 번째 원은 우리시대에 앞서 멸망한 이전의 시대이며 역시 네 개의 태양들(네 개의 이전 우주)이라고 묘사한다. 이들

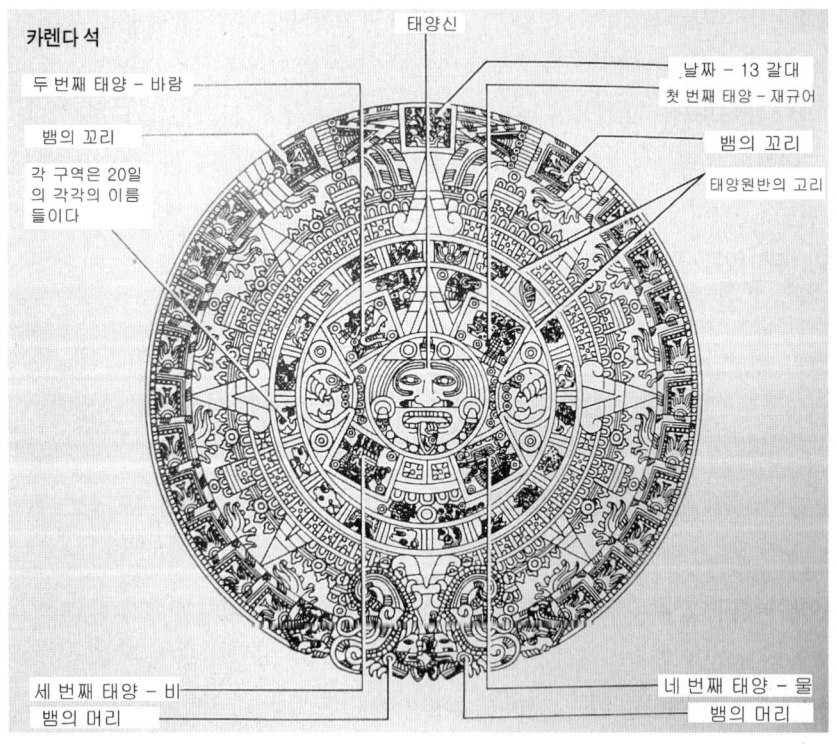

네 개의 올린 Olin은 지진시대 또는 태양을 나타낸다. 오른쪽 사각형의 꼭대기에는 재규어가 묘사되어 있다. 첫 번째 태양은 재규어에 의해 파괴되었다. 왼쪽으로 움직이면 바람이 있다. 두 번째 태양은 바람에 의해, 바람 아래에는 세 번째 태양으로 불의 비가 있고, 오른쪽 사각형의 아래에는 물이 있다. 네 번째 태양은 대홍수에 의해 파괴되었다는 것을 나타낸다. 참고로 첫 번째 태양은 최초의 인간인 거인족들의 시대였다.

안쪽의 원으로부터 바깥쪽으로 세어나가면 다음 동심원 두 번째 원은 20개의 사각형으로 구성되어 있는데 각각은 아즈텍 달(月)의 20개의 다른 날(日)들을 각각 이름 붙이고 있다. 시계 방향으로 이 날들은 뱀, 도마뱀, 집, 바람, 악어, 꽃, 비, 부싯돌, 움직임, 콘돌, 독수리, 재규어, 지팡이, 풀잎, 원숭이, 털없는 개, 물, 토끼, 사슴, 해골 등이다.

각각의 아즈텍 해(년)는 18개의 달로 구성되어 있다. 각각의 해(년)는 20날들의 4개 중의 한 날에 시작한다. 네몬테미 Nemontemi라고 불리는 다섯 개의 추가된 점들이 원의 안쪽에 첨가되어 있는데 전체 365일을 맞추기 위해 제물을 바치는 윤날들을 묘사한다.

다음의 세 번째 동심원은 몇 개의 사각형의 구획을 포함하고 있다. 각각의 구획은 아마도 5일의 주(週)라고 믿어지는 다섯 개의 점들을 포함하고 있다. 또한 태양석은 8개의 뾰족한 각들이 있어 8개의 부분들로 나누어지고 있다. 이것들은 태양광선(피 튀김 상징들)이 분점에 따라 놓여진 것을 나타낸다고 믿어진다.

바깥쪽 원에서 태양석의 아래쪽 부분에는 태양석을 감싸는 것으로 보이는 서로 마주보는 두 마리의 뱀이 있다. 그것들의 몸체는 불꽃과 재규어의 수족을 나타내는 상징을 묘사하는 부위들로 나뉘어진다. 이들 부위들은 52년의 주기를 나타내는 것으로 믿어진다(아즈텍의 1세기는 52년으로 구성되어 있다).

달력의 꼭대기에, 커다란 뱀의 꼬리 사이에 사각형이 조각되어 있다. 사각형 안에는 13일인 '지팡이'가 조각되어 있다. 이것은 달력이 완성된 해인 1479년과 일치하는 것으로 믿어진다.

달력의 가장 바깥 경계에는 여덟 개의 동일한 공간의 구멍이 있다. 태양석은 해시계로도 또한 사용되었을 것으로 믿어진다. 아즈텍인들은 이들 구멍에 수직 막대기를 놓았는데 그것들의 그림자들이 시간을 묘사하고 표시하는 달력의 문양들에 드리워졌을 것이다.

52년 주기의 완성에서 다음 단계로 변화할 때 중요한 종교적 축제인 불의 의식이 실행되었다. 이 의식은 12일간 지속된 축제였고 참회의 상징으로 단식을 포함했다. 이 축제의 시작에 도시의 모든 불을 껐을 뿐 아니라 사람들은 그들의 화롯불도 꺼 버린다. 축제의 12일째 되는 날 한밤중에 죄수가 신관에게 불려온다. 신관은 밤하늘을 바라보며 천정에 도달하기 위한 불의 별을 찾는다. 그리고 신관은 죄수의 심장을 꺼내어 터키옥의 조각 위에 놓여진 나무 조각 위에 올려놓는다. 이것은 신관이 또다시 도시의 새로운 불을 밝히는 것을 시작하는 곳이다.

다음으로 신관들은 예견적인 목적으로 기본적으로 260일의 제례용 달력을 사용했다. 이는 우리가 일반적으로 생각하는 달력의 개념이 아니다. 각각의 날들은 20개의 그림 기호가 맞물리며 날짜가 정해졌는데 그림 문자와 1에서 13까지 숫자로 그래픽하게 표현되었으며 주기에서 두 날이 혼동되지 않도록 점들로 표현되었다.

10페소 동전

멕시코의 10페소 동전에는 토나티우 그리고 5페소와 2페소의 동전에는 카렌다석의 둘레를 두르는 두 마리의 뱀 문양이 새겨져 있다. 뒷면에는 뱀을 잡아먹는 독수리의 문양이 있다. 동전 자체가 멕시코 방문 기념품이 아닐 수 없다.

5페소 동전

전시실 오른쪽에는 아즈텍의 수도 테노치티틀란의 조감도와 도시 모형이 재현되어 있다. 마치 현대의 도시 공학적인 개념을 보고 있는 것 같은 착각을 불러 일으킬 정도다. 조감도를 보고 있노라면 플라톤이 말했던 아틀란티스 대륙이 바로 이 테노치티틀란의 모습과 비슷한 도시를 언급한 것이 아니었을까 하는 생각이 든다.

▲ 템플로 마요르의 조감도

▲ 모형

　제8실은 와하카실로 사포테카족의 몬테알반 유적을 볼 수 있다. 유명한 '춤추는 사람Dancer' 의 부조 석판이 있다. 올멕의 영향을 강하게 받은 유물이다.
　제9실 멕시카만 실에는 아프리카 흑인의 얼굴을 하고 있는 산로렌초에서 가져온 올멕의 두상이 있다. 이 모습을 보고 학자들은 올멕 문명이 다른 지역에서 전파되어 왔다고 하지만 확실한 증거는 없다.

올멕 두상

　올멕 문명에서 가장 잘 알려진 것은 헬멧을 쓴 거대한 두상들이다. 이것들을 설명하는 선 - 콜롬비아기의 문서는 알려져 있지 않다. 이 인상적인 기념비들은 수많은 추측의 주제가 되어왔다. 한번은 구기 경기의 선수라는 이론도 있었으나 현재는 일반적으로 이들 두상들이 통치자의 초상이라고 받아들여진다. 한 고고학자에 따르면 머리덮개의 독특한 요소들은 이것들이 개인적이거나 단체의 상징임을 표시하는 다른 멕시코만에 있는 기념비들의 사람 모습의 두건들로 인식되어질 수 있다고 한다. 각각의 석상은 얼굴 표현들이 전부 다르다. 대부분 귀 장식을 하고 있는데 귓불을 통과하는 실패 모양의 둥근 것과 직사각형의 막대를 달고 있다. 모든 얼굴의 뒷면 중앙에 평평한 표면이 있는데 이것은 이

▲ 산로렌초에서 출토된 두상

머리들을 벽에 기대어 만들었다는 것이다. 이는 얼굴들이 정면이나 삼면에서 보이도록 고안되었을 것이라는 사실이다. 산로렌초, 라벤타, 트레스 자포테스, 란초 라 코바타에서 오늘날까지 17개의 거대한 두상이 출토되었다.

두상은 크기가 3.4m 높이의 란초 라 코바타 두상으로부터 1.47m의 트레스 자포테스의 쌍둥이까지 있다. 가장 큰 두상의 무게는 20톤 이상이다. 올멕인이 살았던 곳은 강수량이 많은 매우 습한 지역이었기 때문에 바위가 없었다. 트레스 자포테스 두상은 툭스탈라스의 동쪽 끝에 있는 세로 에드 비기아 Cerro ed Vigia의 정상에서 발견된 화강암으로부터 조각되었다. 반면에 산로렌초와 라벤타 두상은 아마도 야노 델 지카로 Llano del Jicaro 작업장 근처에 있는 남동쪽의 세로 신테페드 Cerro Cinteped로부터 조각된 것 같고 그들의 최종 목적지까지 끌거나 물에 띄워 옮겨졌다. 거대한 두상을 옮기려면 1,500명이 3~4개월의 노력이 필요한 것으로 계산된다. 몇몇 두상들과 다른 많은 기념비들은 다양하게 절단되고 파묻히고 파헤쳐졌고 새로운 위치에 재설치되거나 다시 파묻혔다. 몇몇 기념비들과 적어도 두 개의 두상은 재생되어 재조각되었지만 이것이 단순히 두상에 대한 두려움에 기인했는지 혹은 이들 행위가 제사 또는 다른 의미를 가지고 있었는지는 알려지지 않는다. 그것은 또한 몇몇의 절단된 두상들이 단순한 파괴 이면에 다른 중요성이 있었는지 의심되지만 어떤 학자들은 여전히 내전 또는 침략 같은 것을 배제하지는 않는다.

두상의 납작한 얼굴, 두꺼운 입술의 특성은 그들의 모습이 아프리카인의 얼굴 특성을 닮았다는 논쟁을 일으켰다. 이 비교에 기초하여 어떤 이는 올멕인들이 신세계로 이주해 온 아프리카 사람이라고 강조했다. 이 주장대로라면 아프리카와 멕시코만 사이의 대서양 횡단 교류가 있었다는 것이다. 시대를 기초로 하여 이를 더 확장시키면 이집트의 흑인들이 멕시코로 건너왔다는 이야기가 된다. 다른 이들은 넓은 코와 두꺼운 입술과 함께 두상이 아시아인의 눈을 갖고 있다고 지적하며 이들 특성들 모두가 현대의 메소아메리카 인디언들에게서 여전히 발견될 수 있다고 한다. 그렇다면 아메리카 대륙에 이집트인과 중국인이 있었다는 대담한 가정을 할 수 있다.

홀에는 '레스링하는 사람'이라는 특이한 조각상이 있다. 이 조각상은 그 얼굴 모습으로 아주 유명하다. 수염을 기르고 있는 모습이 영락없는 중국인이다. 토착

레슬러

멕시코인들은 수염이 없다. 이는 오래전 중국인이 태평양을 건너 아메리카로 왔다는 이론을 뒷받침하는 증거이기도 하다.

홀의 왼쪽에는 아즈텍 신들의 석상들이 있다. 중앙광장 소칼로를 재포장하는 과정에서 우연히 발견된 코아틀리쿠에의 조각상은 한동안 재매장될 만큼 공포스러운 것으로 고려되었다. 코아틀리쿠에는 '신들의 어머니'로 달, 별 그리고 태양과 전쟁의 신인 우이칠로페크틀리를 잉태한 강력한 대지의 여신이다. 그녀의 이름은 문자 그대로 '물뱀 치마를 입은 여자'를 의미하는데 이것은 그녀가 입고 있는 치마에 물뱀이 복잡하게 조각되어 있기 때문이다. 그녀는 나이 든 여자의 출렁이는 가슴을 가지고 있고 그녀의 머리는 옆모습을 보이고 있는 두 마리의 물뱀에 의해 하나로 형성되는

코아틀리쿠에

데 이중성을 나타낸다. 그녀는 여러 개의 손들, 심장들 그리고 해골로 된 목걸이를 착용하고 있다. 그녀의 손은 무덤을 파기 위한 집게발로 되어 있다.

후-고전기 초기의 치첸이차의 금성 플랫폼 안에서 가져온 높이 80cm의 차크물 상도 있는데 이것은 치첸이차까지 미친 톨텍 문명을 보여준다.

차크물

제10실은 지하에 유명한 팔렌케의 묘가 재현되어 있다. 비문의 신전이 복원되어 있는데 유명한 파칼 Pakal(AD 603~683) 왕의 석관 뚜껑은 경이로움 그 자체이다. 팔렌케는 치아파스의 멕시코주에 있는 우수마친타 Usumacinta 강 근처에 카르멘시 남쪽 130km에 있는 고고학 유적지이다. 중간 크기의 유적지인데 티칼이나 코판보다는 아주 작지만 뛰어난

마야인들이 만든 건축물, 조각상, 지붕의 볏 그리고 얇은 돌을새김이 있다. 명문의 신전에 있는 부장품으로 유명한 위대한 파칼왕은 615년에서 683년까지 통치했다.

알베르토 루즈 루일리에르 Alberto Ruz Lhuillier가 파칼의 무덤을 발굴했을 때 이것은 페루 시판에서의 풍부한 모체문화의 발굴과 최근에 코판에서의 발견이 있을 때까지 고대 아메리카에서 발굴된 어떤 곳보다 가장 풍부하고 뛰어난 것이었다. 명문의 신전은 파칼왕의 장례 기념물로써 675년경에 건축이 시작되었다. 신전은 마야 세계에서 알려진 두 번째로 가장 긴 상형문자 문서를 가지고 있다(가장 긴 것은 코판에 있는 상형문자 계단이다).

명문의 신전은 제4카툰 K'atun에서 12카툰까지의 도시의 역사인 거의 180년간의 역사를 기록하고 있다. 1952년 알베르토 루즈 루일리에르는 신전의 뒤쪽 방의 마루에서 파칼의 무덤으로 내려가는 통로를 드러내기 위해 석판을 제거했다. 무덤 자체가 조각된 커다란 석관으로 파칼왕의 엄청난 장신구들이 있는 놀라운 것이었다. 석관의 뚜껑은 지하세계의 입에서 나오고 있는 옥수수신의 현시 중의 하나의 모습을 하고 있는 파칼을 묘사하고 있다. 사제이자 왕이었던 파칼은 마야인들에게 지식의 전수자로 지혜, 예술, 달력 그리고 모든 좋은 것들을 가르친 자인 퀘자코아틀로서 숭배되었다.

이 파칼왕의 부조는 1960년대 후반 이후 고대 우주인 지구 내방설로 세상을 떠들석하게 했던 데니켄 Erich Von Daniken이 그 증거로 내세운 절대적인 사례 중 하나였다. 뒤에서 불을 내뿜는 우주선에 앉은 조종사 그림으로 일반인들에게 더 잘 알려진 유명한 유물이다. 그러나 마야를 조금이라도 공부한 사람이라면 파칼왕 앞에 있는 십자가의 모양이 우주의 나무를 그린 것이라는 것을 쉽게 확인할 수 있다.

▼ 파칼왕의 석관 뚜껑 복제품

마야실의 정원으로 나오면 야외에 마야문명 초기에 번성했던 호초브 Hochoob의 신전과 보남파크 Bonampak 신전의 벽화가 완벽하게 복원되어 전시되어 있다. 호초브

호초브 신전

신전은 고전기의 건축물로 모자이크 무늬로 장식되어 있다. 호초브 신전 바로 앞에는 신성문자를 조각한 실물 크기의 비석이 서 있다.

보남파크(현대 마야어의 '채색된 벽')는 치아파스의 멕시코주에 있는 고대 마야 고고학 유적지이다. 이 유적은 약스칠란 Yaxchilan의 넓은 지역의 남쪽 30km지점에 있다. 보남파크는 공간적이나 고고학적 규모뿐 아니라 특히 구조물 1 (벽화의 신전) 에 있는 많은 벽화들로 유명하다. 유적지의 건축물은 초기 고전기(약 AD 580~800)로 거슬러 올라간다. 보남파크는 사진가 길레스 힐리 Giles Healy에 의해

▲ 복원된 보남파크 벽화

1946년 재발견되었다. 그는 세 개의 방을 가진 한 건축물의 벽에서 한 전투와 그 승리에 대한 이야기를 보여주는 거대한 그림을 보았다. 사진은 제1구조물의 중앙의 방에 있는 벽화로 전투 후에 왕에게 애걸하는 포로와 머리가 잘린 포로 그리고 계단에 죽어있는 포로 등을 묘사하고 있다. 각각의 인물의 키는 1.2m 정도이다.

바깥으로 다시 나왔다. 뜰 위쪽에 라벤타에서 출토된 부서진 제단도 보인다. 제12실에서 나오면 지하층의 레스토랑으로 갈 수 있는데 잠시 음료를 마실 시간도 없이 곧바로 2층 민속박물관으로 올라갔다. 전시실 입구는 현대미술의 추상 작품을 보는 듯한 벽면 장식이 있었는데 새끼줄 같은 것으로 정교히 붙여 만든 작품이 있었다. 멕시코의 유명한 현대작가가 민속박물관의 의미를 상징적으로 장식했다고 한다.

▲ 민속 전시실 입구의 벽면 작품

멕시코 전역에 걸친 인디헤나들의 생활상과 가옥, 민예에 대한 전시물들이 색다른 호기심을 자극한다. 특이한 것은 이들의 색감이었다. 강렬한 원색이 시선을 압도한다. 제13실에서 제22실까지 있는데 푸에블라 산악지방, 와하카, 멕시코만, 마야족 등의 전시실이다.

2층의 민속 전시실

인디헤나의 일상 생활을 보여주기 위해 실물 크기의 인형들을 사용했는데 이해하기가 쉽다. 주요 부족들의 가옥들도 꾸며놓았으며 가톨릭적이기는 하나 생활 중심의 원주민 종교를 볼 수 있다. 그외 여러 풍속 등 풍부한 민예품을 망라한 민속실의 전시 규모 또한 광범위하였다.

1층 고대문명의 유물들을 보았던 강렬한 인상으로 인해 민속관에서의 관람은

원주민의 가옥, 성전 그리고 원주민

주마간산 격으로 훑어보는 정도였는데 그럼에도 불구하고 정복 이후의 이들 역사에 대한 우리의 상식도 보다 넓고 정확하게 알고 있는 것이 오늘의 중남미를 보는 시각 및 안목에 큰 도움이 될 것으로 보였다.

이 위대한 문명이 한낱 몇몇의 강도나 약탈자에 의해 처참히 멸망해 버리고 콜롬비아 시대를 맞이했다는 것은 역사의 퇴보인가 진보인가, 아이러니가 아닐 수 없다. 스페인과 포루투칼의 식민 경쟁에서 오늘에 이르기까지 개종의 역사는 이들의 문화에 어떤 방향으로 변화를 갖고 왔는지 19세기에 들어서 이루어진 이들의 독립은 앞으로 무엇을 제시하고 있는지 커다란 문제의식을 고찰해 보는 것도 여행의 의미를 배가시킬 것이다.

박물관의 로비에 있는 기념품점에 들어갔다. 유적지의 다소 조잡한 기념품과는 달리 디자인과 마무리가 깔끔한 물건들이 마음에 들었다. 유물의 복제품도 훌륭했다. 몇 가지 사고 싶은 물건들이 있긴 하지만 조금이라도 짐을 늘리고 싶지 않을 뿐이다.

▲ 오라토리오 지하철 역

관람을 마치고 여유롭게 여운을 음미할 시간이 없다. 사실 시간만 허락된다면 곧바로 다시 박물관으로 들어가고 싶은 마음이다. 커다란 아쉬움을 남기고 박물관을 나왔다. 공항은 언제나 충분한 시간 여유를 가지고 도착해야 하기 때문이다. 오는 길에도 오디토리오역으로 걸어왔다. 아침부터 정신을 집중하고 돌아다니니 피곤이 쉽게 밀려왔다. 이곳 주변은 고층 건물들이 들어선 초현대식 다운타운이다. 태양은 눈을 뜰 수 없을 정도로 여전히 강렬하다. 정신없이 그늘을 찾아 지하도로 내려와 지하철을 탔다.

소칼로로 돌아와 시간에 쫓겨 근처 햄버거 집에서 분주하게 햄버거와 시원한 콜라로 간단히 점심을 해결했다. 70페소 지불. 뜨거운 태양 아래 허겁지겁 돌아와서 그런지 또다시 머리가 멍하며 어지럽기 시작했다. 고산병이다. 보관실에서 짐을 꺼내 로비에 잠깐 앉아 호텔에서 부른 택시를 기다리는데 어지러운 증상은 이내 사라졌다.

택시는 현관에까지 와서 기다리고 있었다. 이 많은 사람들을 뚫고 어떻게 들어왔는지 신기할 따름이다. 소칼로를 빠져나가는 길은 시장 거리 같았는데 수많은 사람들이 오가고 있었다. 계속해서 상가 지구를 빠져나오니 확 트인 대로가 나타났다. 도로 옆의 인도에도 엄청난 사람들이 지나다니고 있었다. 공항 가는 길은 예상 외로 교통체증이 없으며 시간도 얼마 걸리지 않았다. 예전에 소칼로로 왔던 길과는 다른 것 같았다. 오고 갈 때의 모습이 너무 차이가 많이 나는 것 같아 다소 의아스럽기까지 했다.

▲ 소칼로 광장을 나와서 공항 가는 길

▲ 도로 표지판

거리 표지판에 터미널 1과 터미널 2가 있는데 국내선과 국제선을 구분하는 것이다. 막상 떠나려고 하니 시간이 매우 더디게 가는 듯한 느낌이다. 공항에 대기하며 안내서에 소개되어 있는 리마의 한 중급 호스텔에 전화를 걸어 새벽 두 시에 예약을 했다. 이 호스텔에서는 리마 공항에서 택시를 타고 20불을 지불하면 주소지로 데려다 준단다. 밤중에 낯선 곳에 내리더라도 안심이 되기는 하겠지만 막상 하루 숙박비를 지불할 것을 생각하면 비용이 너무 과할 것 같다. 하지만 새벽에 공항에서 아무렇게나 머무르는 여행객들도 많이 있는 터라 당일의 일정은 도착해서 결정하기로 마음을 먹었다. 이것은 하루라는 시간이 늘어나느냐 줄어드느냐의 중요한 문제이다.

이제 우리 여행의 주 목적지인 페루로 향한다. 그런데 페루행 아에로 멕시코 비행기는 이륙을 하기 위해 활주로를 활주하다가 갑자기 급브레이크를 밟는다. 당황한 승객들이 모두 일어나 웅성거린다. 곧바로 비행기 정비가 있을 것이라는 안내 방송이 흘러나온다. 이렇게 시작한 출발 지연이 벌써 두 시간째다. 마음은 급하고 그저 좁은 비행기 안에 갇혀있는 것이 답답할 뿐이다.

잠시 잠이 들었는지 눈을 떠보니 01시 30분 도착 예정인 리마의 호르헤 차베스 Jorge Chavez 공항에 03시 30분에야 착륙했다.

제8일(월)
쿠스코

호르헤 차베스 국제공항은 리마 시내로부터 10km 떨어진 칼라오^{Callao}에 위치한 국제선 및 국내선의 관문이다. 현재 칼라오는 항구 도시로 리마에 완전히 통합되었다. 호르헤 차베스(1887~1910)는 젊은 나이에 당시로서는 가장 높은 고도를 비행하는 업적을 이루고 1910년에 알프스를 넘는 최초의 비행을 시도하다가 죽은 인물이다. 공항 이용객은 2007년 현재 750만 명이었다. 현재 공항은 많은 항공회사의 허브로서 역할을 하고 있다.

비행기가 연착한 이유로 이젠 고민 거리가 없어졌다. 호텔에 가서 일정을 조정할 일이 없어진 것이다. 무조건 공항에 잠시 머무르다 가능한 한 제일 빠른 비행 편으로 쿠스코^{Cusco}로 향하는 것이었다. 각 도시에서 쿠스코행 비행 편은 날씨의 영향이 심한 이유로 새벽 5시에서 11시 사이까지로 제한되어 있다. 공항 로비의 도착과 출발 지역에 관광안내소가 위치해 있다.

우리는 리마 시내에 예약했던 호텔행을 포기하고 안내소에서 당일 아침 제일 빠른 시간에 출발하는 쿠스코 항공을 예약했다. 통상적으로 첫 비행기가 이른 새벽 5시 50분에 있는데 스타 페루^{Star Peru} 항공 편을 예약할 수 있어 다행이었다. 요금은 1인 91달러였다. 더불어 쿠스코에서 묵을 호텔도 예약했다. 요금은 1박에 35달러였다. 쿠스코에는 수많은 호텔이 있다. 현지에 도착하여 언제라도 호텔을 바꿀 수 있기 때문에 여유로운 마음으로 예약을 했다. 더구나 첫날이기도 하고 문제의 고지대로 올라가는 경우라 호텔 문제로 미리 고생할 필요는 없을 것이다.

공항 로비에서의 대기 시간은 매우 빨리 지나갔다. 공항은 제법 규모가 컸으며 매우 깨끗한 느낌이다. 기다리는 동안 환전을 하였다. 환전 데스크가 서로 마주보고 있었는데 처음에는 몰랐는데 서로 경쟁하는 사이 같았다. 두 데스크 사이의 환율을 비교해 보려고 하다 그만 포기해 버렸다. 많은 돈도 아니고 새벽의 졸리고 피곤한 몸을 의자에서 일으키고 싶지 않았다. 그런데 리마에서 쿠스코로 가는데 공항세를 낸다. 25솔^{Sol}인데 조금 과하다는 생각이 든다. 남미의 공항에서 공항세를 내는 것은 일반적이다. 국내선의 경우 6달러, 국제선의 경우 30달러선이다. 창구에서는 미국 달러만

칼라오 항구의 새벽

을 받는데 페루 통화를 지불할 경우 거스름 돈도 페루 통화를 받게 되어 몇 푼 되지는 않지만 낭패를 볼 수 있다.

칼라오 항구를 선회한 비행기는 안데스 산맥을 가로질러 고원지대로 날아간다. 구름 위로 솟아오른 만년설의 거봉들이 창문 밖으로 내다 보인다.

구름 위로 솟아오른 안데스 만년설의 고봉들

쿠스코 외곽 모습

제8일 - 쿠스코 | 147

마침내 푸른 산들이 보이는가 싶더니 진흙색의 붉은 지붕들이 몰려있는 쿠스코가 내려다 보인다. 정말 아름다웠다. 리마에서 쿠스코는 55분 거리이다. 커다란 분지를 이루고 있는 곳은 푸른 식물로 녹색의 물결을 이루고 있었다. 붉은 기와집들이 정말 다른 세계에 온 것 같은 착각을 불러 일으켰다. 아담한 듯하면서도 뭔가 신비로운 일이 생길 것만 같은 기분을 자아내기에 충분했다.

잉카시대 이전 오래 전에 중앙 안데스에서는 퀘추아Quechua어가 사용되었으며 오늘날에도 페루의 400만 명을 포함하여 남미의 여러지역에서 천만 명이 여전히 사용하고 있다. 퀘추아어로 쿠스쿠Qusqu는 페루의 남동쪽 안데스 산맥의 우루밤바Urubamba 계곡(신성한 계곡) 가까이에 있는 도시이다. 영어로는 Cuzco보다 Cusco로 표기하는 것이 공식적이다. 사실 원어의 표기에 있어 본래 퀘추아어가 스페인어의 영향을 받고 또 영어화하는 과정에서 일반적인 발음이 매우 혼돈스러운 경우가 많이 있지만 그 의미에 대한 혼란은 없을 것이다. 인구는 약 30만명으로 20년 전보다 3배가 증가했다. 약 3,300m 높이의 고도이고 잉카제국의 역사적 수도이다. 평균 기온은 11℃(최대 17℃, 최소 -2℃)이며 11월에서 3월까지는 우기이다.

원주민들의 전설에 따르면, 쿠스코는 작물이 자랄 수 없는 황폐한 곳이었다. 지금은 도시의 중심으로 당시에는 호수와 습지가 있었다. 망코 카팍Manco Capac('최고로 부유한 자' 라는 뜻)의 장자인 두 번째 잉카, 신치 로카Sinchi Roca('용감한 자' 라는 뜻)는 늪지의 물을 빼서 그들의 석조 건축물들이 세워질 수 있을 만큼 단단해질 때까지 돌과 통나무로 채웠다. 또한 계곡을 비옥하게 하기 위해 수많은 좋은 토양들을 가져와 땅 위에 뿌렸다. 세계의 배꼽이라는 의미의 쿠스코는 잉카 왕조의 상징인 퓨마의 형상으로 설계되었다. 잉카 우주론에서 퓨마는 카이 파차kay pacha(문자 그대로 '인간 세상')의 토템이었다. 공중에서 내려다볼 때 퓨마의 배는 중앙 광장, 투유마요Tullumayo 강은 퓨마의 척추, 그리고 삭사이와망Sacsayhuaman은 퓨마의 머리였다. 쿠스코가 세상의 중심을 의미하고는 있지만 정복자의 입장에서 기술되는 역사 기록을 감안하면 쿠스코가 잉카제국의 수도로 정해지면서 이러한 관념이 생겨난 것일 수도 있다.

현재 쿠스코에서는 무지개 색깔의 깃발을 많이 볼 수 있는데 이것은 무지개가

태양과 쿠스코를 연결하는 고리로서 태양이 내려오는 다리를 상징하는 것이다.

스페인의 초기 연대기 학자에 따르면 잉카의 황제 파차쿠티Pachakuti(비라코차의 아들, 1438~1471 재위, 파차쿠티는 '지진'을 의미하며 '우주의 본질로 돌아가다'라는 뜻으로 '세상을 뒤바꾼 사람'을 비유)는 고대 티아훠나코Tiahuanaco의 신성한 도시로 순례를 떠나 그가 보았던 건축물의 완벽함에 감동을 받아 이를 모방하여 쿠스코의 신전들을 건축하였다고 한다. 그는 9대 잉카로서 잉카제국 건설의 초석을 놓았으며 태양신 숭배를 도입하였다.

실제로 쿠스코는 유럽인들이 갖고 있는 세계관의 감각 안에 있는 도시는 아니었다. 그것은 거대하고 신성한 예술품이었고, 잉카 귀족들의 가족들이 거주하는 장소였고, 또한 잉카 우주의 중심이었다. 당시 일반인들은 의식이 행해지는 중심지역에 입장하는 것이 허락되지 않았다. 잉카사회는 오늘날의 복지국가의 형태를 띠고 있기는 했지만 엄격한 신분차별사회였으며 공중 법규가 대단히 엄했다. 이들의 사회상을 극단적으로 과장하면 올더스 헉슬리의 소설 '멋진 신세계'를 연상케 하기도 한다.

잉카들의 목록이 이 책을 읽는 데 도움이 될 것 같아 적어둔다. 잉카는 자기들의 왕을 '태양의 아들'과 동일시했다. 잉카라는 이름은 '사람들을 이끄는 자'라는 뜻으로 '지도자, 통치자'였다. 8대 잉카까지는 신화시대의 잉카들이다.

- 1대 잉카: 망코 카팍Manco Capac, ?
- 2대 잉카: 신치 로카Sinchi Roca, ?

- 3대 잉카 : 요쿠에 유판퀴 Lloque Yupanqui, 13세기
- 4대 잉카 : 마이타 카팍 Maita Capac, 13세기
- 5대 잉카 : 카팍 유판퀴 Capac Yupanqui, 13세기
- 6대 잉카 : 잉카 로카 Inca Roca, 14세기
- 7대 잉카 : 야와르 우아칵 Yahuar Huacac, 14세기
- 8대 잉카 : 비라코차 잉카 Viracocha Inca, 14세기
- 9대 잉카 : 파차쿠텍 Pachacutec(또는 파차쿠티 Pachacuti), 1438~1471
- 10대 잉카 : 투팍 Tupac(또는 투파 Topa), 유판퀴 Yupanqui, 1471~1493
- 11대 잉카 : 우아이나 카팍 Huaina Capac, 1493~1527
- 12대 잉카 : 우아스카르 Huascar, 1527~1532
- 13대 잉카 : 아타우알파 Arahualpa, 1527~1532

　쿠스코 공항은 도시의 가장자리에 있다. 그러나 도시 중심에서 매우 가까운 거리 때문에 현재 수용인원은 한계에 달해 있다. 공항은 최근에 개보수되었고 터미널과 비행기 사이에 활주로가 있는 페루의 유일한 공항이다. 리마와 아레퀴파로 그리고 아마존 만에 있는 정글의 작은 비행장에 왕복 비행 편이 매일 있다. 가장 가까운 국제공항은 리마이다. 리마로의 가장 싼 편도요금은 70달러 정도이다. 나쁜 날씨로 인해 수시로 비행이 취소되는데 이틀 정도까지 취소되는 경우가 있다. 처음부터 쿠스코에 곧바로 들어오는 경우 처음 며칠간 고산병으로 고생할 수 있다. 코카차가 도움이 된다고 하는데 많은 호텔과 호스텔에서 손님들이 도착하면 코카차를 제공한다고 한다. 안내서는 쿠스코 도착 당일에는 휴식을 취하며 천천히 움직이라고 한다.

　공항이 매우 작아 현관을 바로 나올 수 있었다. 갑자기 문앞에 택시기사들이 몰려들며 호객을 한다. 그들 중 아무 기사에게나 12솔에 흥정을 하여 주소를 보여주며 호스텔로 이동했다. 호스텔이 있는 광장까지는 4km정도 거리인데 10분 정도 소요되었다. 쿠스코에서 택시는 매우 일반적이다. 거리에 따라 다르긴 하지만 쿠스코 시내에서 공식적인 요금은 5솔 정도이다. 밤에는 강도들이 택시기사와 공모하는 경우가 자주 보고되므로 특정시간에는 콜택시가 가장 안전하다고 한다. 또

택시는 타기 전에 흥정을 해야 한다. 기사들이 짧은 거리임에도 불구하고 15솔 이상의 터무니 없는 요금을 요구하기도 한다.

우리가 탄 택시가 언덕 중턱에 있는 호스텔에 도착하자 택시기사는 잠깐 동안 시간을 할애해 달란다. 다름 아닌 관광투어 안내를 광고하는 것이다. 마추피추투어가 어떻고 시내투어가 어떻고 설명하며 가격을 최상으로 해주겠다는 것이다. 새벽부터 잠도 못 자고 피곤한 터에 가격만 확인한 뒤 나중에 전화연락을 하겠다고 이야기하고 택시에서 내렸다. 사실 이곳은 어디에나 여행사가 있으므로 여행자는 투어 선택의 여지가 매우 많다. 나중에 호텔 카운터에서 정보를 얻어 본 후 가격 차이가 많으면 그때 고려해 보아도 늦지 않기 때문이다.

여전히 아침 태양이 눈부시게 내리쬐고 있었다. 호스텔은 조금 높은 지대에 위치하고 있어 쿠스코의 경치가 한눈에 들어왔다. 사실 경치는 좋은 데 반해 나중에는 얼마 높지 않은 이 언덕이 오르내리기 그렇게 힘들 줄을 몰랐다. 고지대의 언덕은 과연 무시할 수 없는 사안이다.

작은 현관문을 열고 들어서면 조그마한 프론트가 있는데 여기서 방으로 가려면 여러 번의 계단을 오르내려야 한다. 젊은 청년이 배낭을 들고 앞장서 걷는데 숨이 차다. 방은 아담하고 창문을 통해 쿠스코가 한눈에 들어온다. 수고비로 동전을 꺼내주니 청년은 씨익 웃음을 띠며 수줍게 뛰어나간다.

언덕 중턱에 위치한 호텔

호텔 내부의 계단

호텔은 17세기의 집을 개조한 것인데 중간급의 호텔로 운영되고 있다. 호스텔에서 보이는 도시의 모습은 온통 진흙색 테라코타(구운 흙) 지붕으로 덮인 집들로 말미암아 한 폭의 그림처럼 아름다웠다. 작고 아담한 분지에 한 움큼 손에 잡힐 듯한 조그마한 곳이다. 이곳이 그 거대했던 잉카제국의 수도가 있었던 중심지이다.

잉카제국은 13세기 초 페루의 고원에서 일어났으며 콜롬비아 이전 시대의 아메리카에서 가장 큰 제국이었다. 행정, 정치 그리고 군사적 중심지는 쿠스코에 있었다. 1438년에서 1533년 까지

테라코타 지붕

잉카는 남미 서쪽의 커다란 지역을 통합하기 위해 정복과 평화적인 융합 등 다양한 방법을 사용했고 오늘날의 에콰도르, 페루, 볼리비아의 서부와 남부, 아르헨티나의 북서부, 칠레의 북부를 포함하는 안데스 산맥에 그 중심을 두었다.

제국의 퀘추아 이름은 네 개의 통일된 지역들이라 번역되는 타완틴수유 Tawantinsuyu였다. 타완틴 Tawantin은 네 개의 그룹이 하나로 통합된 것을 그리고 수유 suyu는 '지역' 을 의미한다. 제국은 네 개의 수유로 나뉘었는데 각각의 구석들은 수도 쿠스코에서 만난다. 친차수유 Chinchasuyu(북서), 안티수유 Antisuyu(북동), 콘티수유 Contisuyu(남서), 콜야수유 Collasuyu(남동). 특히 콜야수유는 고원지대로서 '주술의 나라' 라는 뜻이다. 이 고원지대는 신성한 호수인 티티카카 호수를 에워싸고 있다.

안데스라는 말이 안티수유의 'Anti' 나 퀘추아어에서 '산꼭대기' 를 의미하는 'anti' 에서 유래했다는 설이 있다. 지역적 숭배 형태는 많이 있었는데 대부분이 그 지역의 신성한 '우아카 Huaca' 였지만 잉카의 지도력은 태양신, 인티 Inti 숭배를 장려했고 이것을 파차마마 Pachamama(대모신)의 것 같은 다른 의식들보다 위에 있는 최고의 것으로 강요했다.

잉카에는 다양한 기원신화가 존재한다. 한 신화에 의하면 태양신 티키 비라코차 Tiki Viracocha가 네 아들과 네 딸들에게 그들의 마을을 세우라고 파카리탐보 Pacaritambo(근원이 되는 장소) 동굴로부터 떠나보냈다고 한다. 여러 우여곡절을 겪은 도중에 네 번째 아들인 아이아르 망코 Ayar Manco와 마마 오클로는 신치 로카를 낳았고, 그들은 쿠스코 계곡으로 들어가 자기들의 새로운 마을을 세웠다. 이곳에서 아이아르 망코는 그들의 지도자가 되었고 '망코 카팍'으로 알려지게 되었다. 신치 로카는 망코 카팍의 뒤를 이어 쿠스코의 두 번째 왕이 된다.

망코 카팍

또 다른 기원신화에서는 태양신 인티가 혼란스런 인간세상을 다스리고 신을 잘 섬기기 위해 망코 카팍과 마마 오클로에게 티티카카 호수의 깊은 곳으로부터 나오라고 명령했다. 그들은 호수에서 태어났고 나라를 세우기 위해 북쪽으로 방랑을 떠났다. 그들은 지하 동굴을 통하여 여행을 하며 쿠스코에 도착하여 최초의 왕조를 설립했다. 그들은 각각 북쪽과 남쪽으로 떠나 사람들을 쿠스코로 모아 왔다. 망코 카팍은 '윗쪽 마을 Hanan saya', 마마 오클로는 '아랫마을 Huryn saya'에 살 곳을 정했으며 이후 잉카의 모든 도시와 마을들은 항상 윗마을과 아랫마을로 나뉘었다.

잉카인들은 12세기에 쿠스코 지역에서 한 부족으로 시작했다. 망코 카팍의 지도력 아래 그들은 쿠스코의 작은 도시국가를 형성했다. 위에서 언급했듯이 망코 카팍은 모든 인간들을 도와주라고 태양신이 내려보낸 최초 잉카의 전설적인 이름이다. 여기서 잉카의 기원신화는 다른 세계에서 일반적으로 볼 수 있는 전능한 신의 우주 창조를 이야기하지 않고 기존에 존재하던 혼돈스런 세상에 질서를 가져다주는 것으로 이야기된다.

1438년에 그들은 사파 잉카 파차쿠티 Sapa Inca Pachacuti의 지휘 아래 그 영토가 멀리까지 미치는 팽창을 시작했다. '사파 잉카'는 계급 구조의 최상위 unique Inca를 나타낸다. 그의 이름은 말 그대로 '땅을 흔드는 자'였다. 그의 지배 기간 동안 그와 그의 아들은 오늘날의 페루와 에콰도르인 안데스 산맥의 대부분을 잉카 통제 아래에 두었다. 파차쿠티는 쿠스코 왕국을 고귀한 통치자인 잉카가 사는 중앙 정부가 있는 타완틴수유 제국의 연방체계로 재형성하였다. 파차쿠티는 또한 가족들이 살 집으로 또는 여름 은거처로 마추피추를 건설하기로 생각했다. 제국에서 잉카의 아들이 군대를 이끄는 것은 전통이었다. 파차쿠티의 아들 투팍 잉카 유판퀴는 1463년에 북쪽으로 정복을 시작했다. 투팍은 '빛나는 이, 외교관' 이라는 의미이며 '유판퀴' 는 '너는 말한다' 라는 뜻이다. 그는 '미띠마 Mitima' 라는 강제 이주를 통하여 정복한 지역의 주민들을 다른 지역으로 이주시키고 충성심이 강한 부족을 그곳에 살게 함으로써 피정복자들과의 마찰을 피했다.

　잉카가 남미의 거대한 영토를 통합한 대제국을 이루고 있었지만 이들의 정복과정은 강력한 군사력에 의한 파괴행위가 아니었다는 점을 기억할 필요가 있다. 이것은 예를 들면 아시아의 몽골제국처럼 적을 철저히 유린하는 힘에 의한 점령과는 확연하게 차이가 있었다. 이들이 정복해 나갔던 적들은 도처에 산재해 있던 소수의 씨족사회들이었으며 정복하기 이전에 그들이 굴복을 하지 않을 경우에 발생하는 비극을 사전에 주지시키는 설득이 선행되었다. 이는 곧 이후에 피정복민의 종교도 인정해주는 배려도 포함되어 있었다. 투팍 잉카의 정복이 무서운 기세로 영토를 확장시키기는 했으나 그들의 전투는 체계화된 것이 아니었고 나무곤봉을 휘두르며 단순하게 때리며 적을 제압하는 것이어서 추후 소수의 스페인인들과의 싸움에서 엄청난 병력의 차이에도 불구하고 패배를 하게 되는 이유 중의 하나가 되었던 것이다.

　타완틴수유는 언어와 문화 그리고 사람들의 혼합체였다. 잉카제국은 대체로 사치품과 노동력의 교환 및 과세에 기초한 경제를 가지고 있었다. 신분구조로 잉카 아래 다음으로 귓불을 뚫어 그 구멍에 황금 실패를 끼우는 상층 귀족계급이 있었고 그 다음 아래에 또다시 '쿠라카 curaca' 라고 불리는 지방의 수장이 있었다. 스페인에서는 사람들의 귓볼을 뚫고 커다란 귀걸이를 한 이 상층 귀족계급을 '오레호네스 orejones' 라고 불렀다. 쿠바의 시에라 쿠비타스 sierra de Cubitas 에 있는 피카르도 Pichardo 동굴에는 '오레호네스(큰 귀를 가진 자)' 라고 불리는 신인 동형의 그림이 있다. '오레호네스' 를 나타내는 그림이나 새김들이 서로 다른 멀리 떨어진 지역들에 광범위하게 퍼져있다는 것은 놀라운 일이다.

1532년 피자로가 페루에 돌아왔을 때 우아이나 카팍의 아들들인 우아스카르와 아타우알파 사이에 서로 왕위를 차지하기 위한 전쟁이 한창이었다. 그리고 천연두가 중앙아메리카로부터 퍼져 제국을 심각하게 쇠약하게 만들었다. 당시 천연두와 전쟁에 의하여 80% 이상의 인구가 소멸되었다는 것은 어렵지 않게 가정할 수 있다. 피자로는 강력한 힘을 가지고 있지 않았다. 그에게는 병사 180명, 대포 1문

그리고 말 27마리가 전부였다. 그러나 스페인의 기병은 완전히 무장되어 있었고 잉카군을 압도하는 엄청난 기술적 우위에 있었다. 스페인인들은 또한 자기들 지역에서 잉카의 지배를 끝장내려는 토속 연합체의 수천 명과 힘을 합치고 있었다. 전면전에서는 승리할 수 없다고 판단한 피자로는 계략을 꾸며 교활하게 황제를 사로잡았고 잉카의 고위 인물을 정치적 알력 속으로 빠져들게 했다. 여기서 간과해서는 안 될 부분이

있는데 안데스인들은 외지인이 방문하면 절대로 외면하지 않는 전통이 있었다는 것이다. 손님을 대접하는 것이 그들에게는 기본적인 덕목이었다. 처음부터 일부 수염 난 사람들이 나타나 마을을 약탈하는 모습을 황제는 이미 알고 있었으나 마음만 먹으면 언제든지 그들을 멸할 수 있는 힘이 있었음은 당연한 일이었다. 그로 인한 방심은 무장도 없이 피자로와 대면하는 실수를 범하게 되는 원인이 되었다.

멕시코에서 코르테스가 몬테주마 2세를 사로잡아 자기 진영에 포로로 붙잡아 두었던 것은 그의 경험에 따라서 행동한 것에 지나지 않는다. 피자로도 아타우알파에게 이와 동일한 행동을 했는데 인디언의 관례에 따르면 포로는 사형에 처해진다. 그런데 만일 포로가 된 대추장이 살아있는 경우에는 포로는 그 직위를 그대로 차지하고 있기 때문에 다른 이로 보충할 수 없었다. 민중의 행동은 이 신기한 사정으로 말미암아 마비되었다. 잉카 정복 과정에서 이것은 간과할 수 없는 중요한 요소 중의 하나이다.

아버지가 천연두에 의해 사망하자 왕위 계승의 문제를 놓고 쿠스코는 커다란 투쟁 속으로 빠져들었다. 아타우알파는 자기의 적인 우아스카르를 죽이도록 명령하였고 스페인인들은 기술적으로 교묘하게 잉카 안에 있는 다양한 파벌들을 조종해 나갔다. 그들은 또한 계속하여 그들 토착 연합세력을 증대시킬 수 있었고 궁극적으로 쿠스코를 성공적으로 공격할 수 있었다. 아타우알파는 몸값으로 자기가 감금되어 있는 방에 꽉 들어찰 만큼의 황금과 그 두 배되는 은을 제공했다. 그러나 피자로는 그들을 속이고 잉카를 석방하는 것을 거절했다. 이는 계속해서 그를 사로잡고 있음으로 해서 보다 많은 황금을 얻어낼 수 있다는 생각에서였다. 원정에서 돌아온 알마그로의 반대에 부딪힌 피자로는 1533년 6월 아타우알파를 죽이고 이복동생인 망코 잉카 유판퀴 Manco Inca Yupanqui(1516~1533)를 왕위에 앉혔다. 아타우알파가 죽은 후에 실질적으로 잉카는 이제 완전히 꼭두각시 왕으로 변하게 되었다.

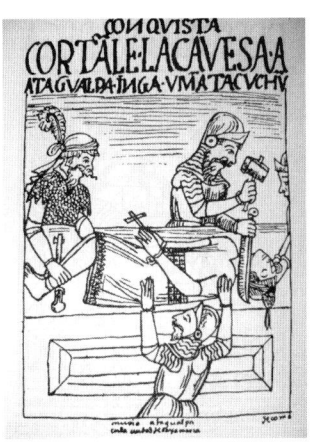
▲ 아타우알파의 처형

한동안 스페인인들과 협조하던 망코는 언제나 쿠스코를 재탈환할 것을 속으로 벼르고 있었다. 마침내 그는 쿠스코를 다시 탈환하지만 곧바로 1536년 안데스 산맥의 험한 골짜기로 쫓겨났으며 잉카의 마지막 수도 빌카밤바 Vilcabamba를 세운다. 그는 또 다른 36년을 그의 아들과 함께 한정된 지역을 계속 통치하였다. 이후 그의 아들 아마루가 새 황제가 되어 스페인 군대와 싸움을 계속하였으나 마침내 1572년 빌카밤바는 함락되어 마지막 통치자인 투팍 아마루 황제는 붙잡혀 쿠스코에서 처형된다. 타완틴수유의 몰락 후에 새로운 스페인의 통치자는 사람들을 잔인하게 억압하고 그들의 전통을 억눌렀다. 그들의 복잡한 농업 체계를 포함한 잉카문명의 많은 국면은 체계적으로 파괴되었다.

▲ 투팍 아마루

잉카인들 기술의 가장 중요한 것은 정보를 기록하는 데 사용한 매듭있는 끈들을 모아놓은 퀴푸 Quipu인데 이

▼ 퀴푸

결승문자는 지금은 그 사용법이 알려져 있지 않다. 문자라고는 하지만 이것은 여러 종류의 매듭 모양 그리고 색깔로써 구두로 전해지는 이야기들을 기억하는 연상작용을 위한 것이었다. 그러므로 이 퀴푸를 전문으로 해석하고 통역하는 전문가가 별도로 있었으나 이들은 스페인의 정복시기에 거의 사라져 버렸다.

잉카인들은 뇌에 구멍을 뚫어 상처의 압력을 낮추는 성공적인 뇌수술을 실행했다. 코카 잎은 배고픔과 통증을 절감하는 데 사용되었다. 잉카의 군대는 평범한 마을 사람들이나 농부를 군인으로 전환시키거나 전장에 나서게 할 수 있었기 때문에 당시 그 지역에서 가장 강력했다. 잉카인들은 철이나 쇠가 없었고 그들의 무기는 적들보다 좋질 않았다. 그들은 북을 치고 나팔을 불며 전쟁을 했다. 잉카의 길들은 그들이 매우 빠르게 이동할 수 있도록 했고 하루 거리에 쿠오야^{quolla}라는 피난소를 두었다. 사파 잉카의 보

잉카의 길

관창고의 이름은 탐보^{tambo}였다. 탐보는 퀘추아어로 '휴식을 취하는 곳'이라는 뜻이다. 소식을 전하는 파발꾼들은 차스키^{chasqui}(퀘추아어로 '교환하다, 주다, 받다'라는 뜻)라고 불렸다. 이는 순전히 연락만을 위한 길이었는데 이들이 움직인 잉카의 길은 총연장 3~4만km에 달했다.

프론트에서 내일 출발하는 마추피추 투어를 예약했다. 1인 220달러였다. 호텔에서는 모든 투어 예약이 가능하다. 아마존 투어도 물론 가능하다. 페루 국토의 60%가 아마존의 열대우림 지대이며 아마존강은 페루의 안데스를 발원으로 하여 시작한다. 아주머니는 지금 여행객들이 많아 내일 출발이 가능한지를 알아봐야 한단다. 시간이 없는 우리로서는 불안하지 않을 수 없었다. 사실 투어가 모레 가능하다고 해도 일정만 조금 변경하면 되겠지만 정해진 계획이 수정되는 것은 꺼림직했기 때문이다. 그렇게 될 경우 우리는 쿠스코에서는 내일 피삭^{Pisac}과 오얀타이

탐보Oyantaytambo를 돌아보면 되고 볼리비아에서 태양의 섬을 포기해야 하는 차
선책이 있기는 했다. 마침 내일은 화요일이어서 피삭에서 열리는 원주민들의 사
장을 볼 수 있기도 했다.

　잠시 머리가 복잡해지고 있는데 아주머니는 전화를 해보더니 다행히도 예약이
가능하단다. 예상 가격보다 많이 비쌌지만 신청을 하지 않을 수 없었다. 내가 알고
있는 가격보다 터무니 없다고 슬쩍 운을 떠 보았는데 카운터의 아주머니는 반색을
하며 마추피추행 기차표가 금년부터 무척 많이 올랐으며 이건 이렇고 저건 저렇다
면서 떠들어 대기 시작해서 나는 그만 됐다고 웃으면서 말을 막았다. 투어의 가격
은 다른 곳에도 거의 비슷할 것으로 짐작이 되었기 때문이었다. 사실 이 요금은 조
금 전 택시기사가 말한 요금과 같은 것이었다. 택시기사도 DC를 요구하자 기차 요
금이 많이 올랐다는 이유를 말했었다. 사실 모두가 그저 쉽게 무마하기 위해 하는
말일 수도 있지만 어쨌든 호텔에서 투숙고객에게 제공하는 정보인 만큼 신뢰해 보
기로 하고 예약을 확정했다.

　오후에 진행되는 시내 근교 투어를 예약(1인 8솔)하고 난 후 방에 짐을 풀고 밖으
로 나왔다. 실제로 근교 투어는 시간이 얼마 소요되지 않아 오후에 하기로 결정했

아르마스 광장

아르마스 광장의 왼쪽

었기 때문에 오전에는 그저 쿠스코 시내를 둘러보기로 한 것이다.

아르마스 광장의 오른쪽

 급한 경사가 진 골목길을 내려오면 양옆으로 여러가지 생필품을 파는 구멍가게가 보이는데 여행사의 간판을 함께 붙여놓은 곳도 있고 호스텔이라는 간판을 걸고 작은 현관을 열어놓은 집들이 있다. 골목을 빠져나오면 탁 트인 아담한 광장이 보이는데 상점, 음식점 그리고 대성당 등 쿠스코의 모든 것이 모여있는 중심지인 유명한 아르마스 광장이다.
 광장은 본래 잉카의 주 광장인 아우카이파타 Haucaypata 의 일부였다. 이곳 잉카의 심장에서 잉카 왕들의 궁전들은 중요한 잉카의 의식이 행해지던 자갈 지역으로 둘러싸여 있었다. 네 개의 주 도로가 광장으로부터 시작되어 잉카제국의 네 구역인 '타완틴수유' 까지 이어진다. 무엇보다도 스페인인들이 세운 대성당이 광장을 지배하고 있다. 주변 거리에는 고원지대의 원주민들이 그들의 전통 직물과 수공예품을 바닥에 놓고 파는 반면에 사람들이 광장에 앉아 태양을 즐기는 모습이 보인다. 퀘추아 여인들이 자기의 알파카를 몰며 물건들을 시장에 내놓기 위해 조약돌의 거리를 걸어가는 모습을 보는 것은 즐거운 일이다. 반면에 물건을 팔거나 사진을 함께 찍어주고 돈을 받는 원주민들의 호객행위 때문에 한가하게 시간 보내기가 조금 힘들기도 하다. 특히 전통복장을 한 아이들이 사진을 찍자고 할 때는 거절하기가 미안할 정도다.

라꼼빠냐 교회

 광장의 푸른 잔디가 작은 정원처럼 이쁘게 보였다. 왼쪽의 대성당 광장을 지나면 라꼼빠냐 교회와 자연 역사박물관이 있고 왼쪽으로 엘솔거리가 나온다. 길은 아래 쪽으로 길게 똑바로 뻗어있었다. 좁은 인도를 걷고 있노라니 길 양옆에 은행, 관공서, 작은 사무실 건물 등이 있고 많은 사람들이 움직이고 있어 꽤 활기 있는 모습이었다. 점심시간이라 그런지 지나는 사람들이 많이 있었다. 사람들이 많이 모여 서 있는 곳은 아마도 버스 정류장으로 보였다. 쿠스코의 대로이긴 하지만 우리의 작은 시골 거리같이 아주 아담한 것이 그저 산책로처럼 느껴진다. 마음에 쏙 드는 거리이다.

엘솔 거리

엘솔거리의 건물들

 오른편에는 2층의 집들이 이어져 있었는데 1층은 견고한 돌벽의 아치형태를 이루고 있어 옛 건축물의 우아한 모습을 보이고 있었으며 이곳에 각종 상점들이 들어서 있고 관공서도 있었는데 2층은 아마도 사무실들이 있는 듯 보였다. '태양의 거리' 라는 거리 이름이 왠지 마음에 든다.

코리칸차

코리칸차의 정원

 300m 정도의 두 블럭을 지날 즈음 왼편에 아주 넓은 푸른 잔디 광장이 나타나더니 유명한 코리칸차 Coricancha 신전이 눈앞에 펼쳐진다. 푸른 잔디가 있는 이곳은 황금 조각상들이 세워져 있던 코리칸차의 정원이었다. 정원은 몇 개의 단으로 구성되어 있었다. 그런데 둥그렇고 시커먼 잉카의 성벽 위에 서있는 스페인식 성당의 모습이 어딘가 불협화음을 보이고 있는데 성당에서 튀어나온 아랍식의 발코니는 더더욱 그 모습을 어색하게 만들고 있었다. 오후 일정에 코리칸차 관람이 있는 터라 다시 계속하여 경사진 도로를 따

라 아래로 내려갔다. 왼편으로는 지하로 들어가는 작은 계단이 있는데 코리칸차 박물관 입구가 있다.

 태양은 너무나 강렬해 선글라스도 도움이 안 될 정도였다. 개인적으로 강렬한 태양을 무척 좋아하는데도 이건 정말 살인적이라 표현해도 과언이 아니다. 사실 광장을 조금 지나서 내려올 즈음부터 고산병 증세가 나타났는데 난생 처음 겪어보는 이상한 증상이었다. 시야가 말로 표현할 수 없을 정도로 어지러웠으며 뒷머리가 심하게 띵한 느낌이었는데 그저 방에 들어가 눕고 싶은 심정이었다. 여기에 강력한 햇빛으로 인해 아무곳이라도 그늘 속으로 들어가고 싶은 마음뿐이어서 근처 건물의 처마 밑으로 들어가 숨을 가다듬었다. 고산병의 증상을 완화시키기 위해서는 하루에 적어도 2리터 이상의 물을 마시는 것이 좋다고 하는데 이것은 적혈구가 높은 고지대에 적응하기 위해서 필요한 것이다. 과연 태양의 나라답게 천천히 걸었는데도 땀이 날 정도였다.

 다시 왼쪽으로 돌아 투유마요 거리를 통하여 광장 쪽으로 거슬러 잉카의 돌길을 따라 올라와 음식점들이 늘어선 건물들로 걸음을 옮겼다. 마침 성당 왼쪽으로 2층의 작은 발코니 유리창문에 차이니스 푸드 Chiness food라고 쓰인 중국 음식점이 눈에 들어왔다. 페루에는 중국 음식점이 많은데 치파 Chifa라고 한다.

 이것 저것 생각할 겨를도 없이 그곳으로 들어갔다. 고산병의 어지러움 때문에 먹기 쉬운 면류나 스프를 먹기 위해서였다. 실내는 무척이나 깔끔하고 예쁘게 정돈되어 있었다. 마침 테라스에 두 명의 여행객이 식사를 하고 있는 테이블을 보았는데 볶음밥과 스프 그리고 치킨류가 매우 맛있어 보였지만 그 양이 무척이나 많아 보였다. 스프 두 개와 볶음밥 1인분을 시켜 먹었는데 둘이 먹어도 남을 정도였다. 45솔을 지불했다. 하여튼 남미에서 우리들은 음식은 일단 1인분만 주문하는 것이 최선이라는 노하우를 다시 한번 깨달았다.

중국 음식점(2층)

1시 30분에 시내 근교 투어가 있어 우리는 아르마스 광장의 북동쪽 골목의 자갈길에 있는 유명한 12각돌을 보러 갔다. 아툰 루미욕 Hatun Rumiyoc(기석)이라 불리는 거리에 쿠스코의 가장 큰 석벽이 있다. 잉카제국 타완틴수유의 전설적인 지배자들 중의 한 명으로서 6

대 잉카인 잉카 로카는 아툰 루미욕 궁전을 세웠다. 이 궁전의 가장 중요한 점은 녹암으로 뒤쪽으로 기울어지게 세운 아름다운 벽이다. 여기에 유명한 12각 돌이 있다. 궁전은 파괴되었고 완벽하게 남아있는 유일한 부분은 이 기하학적인 모양의 벽이다. 현재는 대주교의 관저가 있다. 12각돌은 약 10km 떨어진 곳에서 가져왔다고 한다. 이렇게 큰 돌을 대체 어떻게 가지고 왔다는 것인지. 돌의 건너편에 덩치가 큰 현지인이 마야 전통 복장을 하고 사진을 함께 찍어주는 일을 하고 있다. 황제의 복장이란다. 같이 어깨를 맞잡고 사진을 찍었는데 매우 흥미로운 경험이었다.

　쿠스코 중심은 걸어서 돌아다니기에 충분할 정도로 아주 작다. 그러나 밤에는 여행객이 혼자서 돌아다니는 것은 때때로 강도들 때문에 매우 위험하다고 한다. 뜨거운 태양이 내리쬐는 광장의 계단에 주저앉았다. 세계의 배꼽, 쿠스코에 앉아 있는 이 순간을 얼마나 오래도록 고대해 왔던가?
　옆에 혼자 앉아있는 여자 여행객은 이스터섬에 가기 위해 쿠스코에 경유차 들렀단다. 내일 칠레 산티아고로 출발하여 이스터섬에서 1주일을 보내는 것이 이번 여행의 여정이라고 했다. 미국에서 왔다는 이 젊은 여성은 그을린 얼굴에 구릿빛 피부를 하고 있었는데 혼자서 여행하는 전형적인 여행객의 모습이었다. 살아있는 경험으로서의 여행을 몸소 실천하는 모습이었는데 그들에게는 이러한 여행이 그저 보편적인 삶이라고 해도 과언이 아니었다.
　일정만 허락한다면 이스터섬도 잉카 여정에서 필수 코스라고 할 수 있다. 그러나 이 여정이 포함되면 또 다른 일주일이 있어야 한다. 칠레 산티아고에서 출발하여 섬에서 4~5일 머문 후에 다시 산티아고로 나오는 것이다. 시간이 충분치 않은 여행자에게는 다음 기회로 남겨놓아야 할 꿈의 여행지일 뿐이다.

태양은 참기 힘들 정도로 눈부시다. 시간이 되자 소형 버스들이 연이어 광장 앞 계단 아래로 모여들기 시작했다. 다섯 대 정도가 순식간에 몰려왔는데 어디서 나타났는지 수십 명의 관광객들이 모여들었고 각자의 투어 여행사들의 가이드들의 호명을 들으며 그룹을 찾아가고 있었다.

우리는 일정상 시내 근교 투어를 모두 할 수 없어 70솔(20달러)에 판매되고 있는 쿠스코 방문객용 일괄 티켓을 구매하지 않았다. 며칠 더 여유 있게 묵을 수 있다면 필요한 티켓이었지만 오후에 돌아보는 유적지만을 위해서는 개별로 티켓을 끊으며 관람하는 것이 더 싸게 생각되었기 때문이었다. 매번 불편하게 각각의 유적지에서 표를 구입하여 관람을 했는데 이상하게도 오늘 입장료 총액은 1인 66솔 정도가 들었다. 결과적으로 일괄 티켓을 구입하는 것이 보다 수월했을 것이다.

대성당

버스 앞에서 인원이 확인되자 우리는 먼저 대성당으로 발길을 옮겼고 일부 관광객들과 함께 매표소에서 표를 구입했다. 언뜻 느끼기에 입장료가 의외로 비쌌다. 확 트인 내부는 역시 웅장했고 규모가 매우 컸다. 가이드의 설명이 훌륭했으나 고산증이 계속되고 있어 서있기가 무척이나 힘들었다. 성당의 의자에 앉아 그저 내부를 감상할 뿐이었다.

대성당

대성당은 스페인인들이 잉카 비라코차의 왕궁을 허물고 그 기초 위에 삭사이와망에서 가져온 화강암 블록들을 사용하여 세운 건물인데 1560년부터 짓기 시작하여 100년 이상이 걸렸다. 대지진 때 잉카인들이 세운 아래의 받침은 괜찮았는데 위에 지어진 스페인의 건물은 모두 무너져 내려 다시 지었다고 한다. 성당의 오른쪽에는 좀더 최근에 세워진 예수 마리아 교회(1733)가 있고 왼쪽에는 쿠스코 최초의 기독교 교회인 트리운포 Triunfo(승리) 교회(1539) 가 있다. 이 교회는 스페인인들이 잉카와의 쿠스코 방어전에서 극적으로 승리한 후에 설립하여 이름이 붙여졌다. 교회의 지하실에는 연대기 작가인 잉카 가르실라소 데 라 베가 Inca Garsillaso de la vega 의 유골이 있다.

르네상스 형식의 이 성당은 망코 카팍에 대한 승리를 기념하기 위해 세워졌다. 성당의 정면에는 두 개의 탑이 있다. 중앙의 커다란 문은 '용서의 문' 으로 알려졌다. 습기, 방치 그리고 적어도 네 번의 지진으로 인해 건물에 세금이 지급되지 않았다. 운좋게도 쿠스코의 주교는 재정후원을 받아 성당과 그림들을 덮고있던 시간의 때를 완벽하게 벗겨내는 대혁신 작업을 하였다. '쿠스코화 화풍' 의 독특한 회화들을 포함한 400여 점의 종교화들을 새롭게 하는 것이 가능했다.

쿠스코학파는 '에스쿠엘라 쿠스케냐 escuela cusquena' 로 콜로니얼의 회화를 가리키는 말로 유럽의 성화에 원주민의 토속적인 부분을 접목시킨 그림들이다. 예를 들면 성모 마리아는 풍성한 치마를 입고 있는데 삼각형의 치마는 산을 의미한다.

최후의 만찬

성당의 이들 회화 중에는 '우리 주, 지진의 신 Our Lord of the Earthquakes' 과 '최후의 만찬' 이 유명하다. 특히 북동쪽 정찬실 벽에 걸려있는 마르코스 사파타 Marcos Zapata(1710~1773, 퀘추아족 미술가)의 유명한 '최후의 만찬' 은 예수가 치차를 마시며 구운 기니아 돼지(스페인어로 '쿠이 Cuy')를 먹는 모습을 그렸다. 그 밖에 임신한 만삭의 성모 마리아와 같은 기이한 작품도 있다.

제단의 레타블로

또한 1650년의 지진 기간 동안 마을 사람들이 아르마스 광장에서 기도를 하고 있는 쿠스코의 모습을 보여주고 있는 가장 오래되었다고 보고된 흥미로운 회화가 있다. 성당에는 11개의 예배당이 있고 두 개의 제단은 매우 유명하다. 하나는 황금으로 덮인 본래의 르네상스 제단으로 안쪽에 있다. 그 앞쪽에 있는 다른 하나는 갈색의 예수상 El Senor de las Tem-blores 으로 쿠스코의 지배신인 '지진의 신' 을 위한 것이다. 이것은 3톤의 은으로 된 주 제단이며 훌륭한 황금과 은공예품을 포함하고 있다. 이 은제단은 원래 삼나무에 금박이 입혀 있었는데 1803년에 기증받은 은으로 입혀졌다. 또한 연단과 성가대는 17세기에 조각된 것으로 매우 아름답다. 성당 내부에서 제단 뒤를 장식하는 레타블로 le tablo 는 그 섬세함이 화려하기 그지없다.

오른쪽 종탑에는 세계에서 가장 큰 종들 중의 하나로 1659년에 올려진 높이 2.15m, 무게 5,980kg의 거대한 마리아 앙골라 Maria Angola 종이 있다. 전설에 의하면 종의 이름은 12kg의 황금과 함께 녹인 금속의 도가니에 몸을 던진 앙골라 태생의 흑인 노예로부터 유래했다고 한다. 그 종소리는 40km 밖에서도 들렸다고 한다. 오늘날 종은 금이 가 손상되어 청명한 소리를 잃었으며 단지 특별한 경우에만 울린다.

대성당을 나온 우리는 다음 행선지로 쿠스코에서 잉카제국의 가장 중요한 신전인 코리칸차(퀘추아어로 문자 그대로 '황금의 방' 이라는 뜻. '칸차' 는 '뜰' 이라는 뜻이지만 왕궁이라는 의미로도 사용)로 향했다. 사실 코리칸차는 대성당 바로 옆 잉카 골목을 지나면 나온다. 이 '로레또' 라는 이름의 골목은 대단히 운치가 있다. 양옆으로는 장엄한 잉카의 성벽의 있고 바닥은 아름다운 돌길이다. 왼쪽 담장 안쪽에 아끄야와시 Acllahuasi(태양신을 모시는 동정녀들이 기거하는 곳)가 있었고 앞쪽에 산타 카탈리나 수녀원이 있다. 마침 골목에는 인디헤나 여인들이 서서 이야기를 나누고 있었는데 마치 16세기에 와 있는 느낌을 그대로 받을 수 있었다. 이렇게 현재까지 남아있는

코리칸차로 가는 골목

잉카의 석벽이 이곳을 비롯하여 두어 군데밖에 없다는 것은 커다란 슬픔이 아닐 수 없다.

　코리칸차는 오전에 쿠스코 시내를 거닐 때 광장 아랫길로 내려오면서 그 경관을 멀리서 조망할 수 있었다. 코리칸차는 '조상들을 위한 신전' 이다. 스페인인들은 '태양의 신전' 이라고 불렀다. 이것은 잉카 파차쿠텍의 재위 때 세워졌다. 왼쪽의 입구에 들어서기 전에 보이는 옛 잉카의 돌벽은 검게 그을린 똑바른 돌들로 곡선을 이루고 있는 것이 매우 아름다워 보였다.

　코리칸차는 본래 창조신인 비라코차와 태양신인 인티를 숭배하기 위한 곳이었다. 또한 달, 금성, 플레이아데스 그리고 다양한 날씨의 신들을 숭배하는 부수의 사원이었다. 놀라울 정도로 정교하게 베어낸 신전의 화강암 벽들은 각각 2kg 정도 이상의 무게가 나가는 700장 이상의 순수

왼쪽이 입구이다

아랍식 발코니

한 금박으로 덮여 있었다. 넓은 마당은 실제 크기의 동물들의 조각상들과 순수한 금으로 장식된 옥수수 밭으로 가득차 있었다. 신전의 바닥은 황금으로 덮여 있었다. 그리고 떠오르는 태양을 향해 태양의 거대한 황금 형상이 에머랄드와 다른 진귀한 보석들로 아로 새겨져 있었다. 이 황금으로 만든 모든 작품들은 스페인인들에 의해 재빠르게 도둑을 맞았다. 그들이 이곳의 금과 은을 녹이는 데 3개월이 걸렸다는 이야기가 있다. 신전의 토대 위에 그들은 스페인 지방의 한 성인인 도밍고 구즈만 Domingo Guzman을 봉헌하기 위해 산토 도밍고 Santo Domingo 성당을 세웠다.

황금의 방

내부

주랑을 통과하여 코리칸차의 상징이라고 할 수 있는 동쪽의 황금의 방을 들여다 본다. 황금의 방의 지붕은 여전히 쿠스코의 전형적인 진흙색의 테라코타 지붕으로 덮여 있었다. 건물의 벽이나 문 그리고 창문 등은 모두 안쪽으로 기울여 건물의

황금방의 견고한 입구

강도를 높이고 있다. 방을 막아놓은 벽들은 하나의 돌을 일일이 깎아 세운 것인데 그 가공 기술은 현대 기술로도 감당하기 어려울 정도로 놀라운 것이었다. 'ㄴ' 자로 꺾어지는 2중 구조의 문은 전형적인 잉카의 건축 형태이다. 유리판으로 막아놓은 방의 입구에 있는 정교한 구조물은 매우 견고하게 보였다. 화강암은 맨들맨들하게 광이 날 정도로 다듬어 놓았다. '금성, 플레이아데스 그리고 모든 별들'에 봉헌된 방의 외벽 안에 벽감이 있다.

제8일 - 쿠스코 | 167

황금의 방 옆 복도에는 쿠스코의 기원신화를 새겨놓은 듯한 황금으로 만든 판과 뱀이 기어가는 모습과 동일한 우주의 은하수 형상을 보이는 그림이 걸려 있어 보는 이로 하여금 그 신비감을 극대화시켰다. 황금 부조물은 잉카 우주 기원론의 두 개의 기본 구조 원리인

한 개의 돌을 자유자재로 꺾어 가공한 모습

듀얼리즘과 수직적 계층주의를 보여주고 있다. 이 도식은 잉카의 연대기 학자인 파차쿠티 얌큐이 Joan Santa Cruz Pachacuti Yamqui가 그린 것으로 알려진다.

사실 모든 사물에는 두 개의 국면이 있다는 것은 잉카의 세계관에서만 나타나는 유일한 것은 아니다. 낮과 밤, 겨울과 여름, 남성과 여성 등은 서로 대응하는 쌍으로 구성되는 세계의 질서이다. 이것은 세계의 기원에 대하여 마야문명에서 메소포타미아문명에 이르는 우주론이 갖고 있는 공통점이다.

잉카의 우주관에서 별자리는 신들과 결부되지 않았으며 다만 별들 사이에 있는 검은 형태가 여우와 라마의 윤곽을 보이는 데 주의를 기울였다. 전시되어 있는 밤하늘의 그림을 보면 은하수는 날아가는 라마의 모습을 보이고 있는데 밝은 눈은 남십자성 근처의 별들로 켄타우로스 자리이다. 은하수는 실제로 하나가 아닌 두 개의 강으로 구성되어 있다. 두 강은 본래 북쪽의 공통된 지점에서 기원하며 반대쪽인 남쪽으로 흘러가서 은하수와 만난다. 이것들은 천상의 강이 두 번째

은하수 그림

황금 부조물

의 중심지를 가지고 있음을 가리킨다. 우기가 되면 라마는 바다로 날아가서 물을 마신 다음 다시 돌아와 그 물을 지상에 뿌린다고 한다. 이는 곡식들이 잘 자라라고 비를 내리는 것이다.

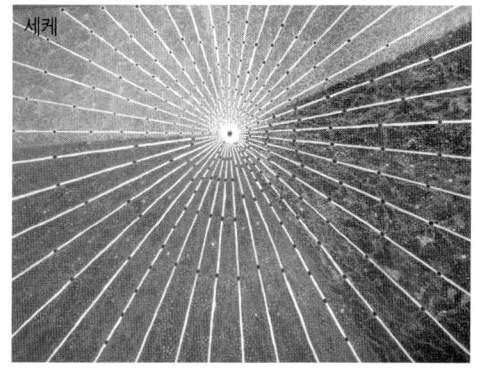
세케

코리칸차는 또한 광대한 천문학적 관측의 중심지였고 세차운동(지구의 자전축이 황도면의 축에 대하여 2만 5,800년을 주기로 회전하는 운동. 이 결과 천구의 북극은 현재는 북극성이나 14,000년 전에는 거문고자리의 직녀성 근처였다)을 정교하게 계산하는 달력의 장치였다. 코리칸차의 복도 벽에는 네 가지 색으로 구분되어 흰 선이 방사되는 그림이 걸려 있다. 신전으로부터 발산되는 세케 seque라고 불리는 41개의 선들은 수평선상의 중요한 천체의 지점들 수백km를 가리킨다. 세케는 퀘추아어로 '광선' 또는 '직선'이라는 뜻이다. 이들 세케들 중 4개는 타완틴수유 네 지역으로의 기본 방위 사이의 네 길들을 나타내고 다른 것들은 춘분과 추분점을, 그리고 또 다른 것들은 다른 항성들과 잉카에게 매우 중요한 별자리들에서 태양이 떠오르는 위치들을 가리켰다. 잉카인들은 세상에 수많은 신들이 살고 있다고 믿었는데 그들이 있는 장소 또는 신의 상징을 우아카(신성한 장소)라고 불렀다.

스페인의 예수회 신부 베르나베 코보 Bernabe Cobo(1582~1657) 주교의 목록에 의하면 328개의 우아카들이 20km에 이르는 41개의 세케와의 연결선상에 있다고 한다. 잉카 달력에서 관찰되는 주기와 관련된 숫자들인 항성월 27.3일은 매우 중요한데 이것에 12를 곱하면 328이 되며 이는 8×41일이 된다.

산토 도밍고 성당의 주랑의 안쪽 벽에는 빙 둘러서 커다란 그림들이 걸려 있는데 그림들은 회랑의 기둥 앞에 하얀 천을 대어 햇볕만을 가리고 있다. 진귀한 그림들을 비바람에 저렇게 노출시켜 놓아도 되는지 안타깝기도 했지만 혹시 진품은 별도로 보관해 놓고 있지 않을까 하며 위안을 삼았다. 마당 중앙에는 하나의 돌을 잘

라내서 만든 커다란 '쿠스코 카라 우루미 Cusco Cara Uurmi' (열린 배꼽의 돌)이라는 팔면체의 돌 상자가 그 신비함을 더하고 있었다. 어떻게 한 개의 돌을 저렇게 자유자재로 가공할 수 있었을까. 비록 이 돌이 왜 이곳에 있게 되었는지 그리고 그것의 기능이 무엇이었는지는 알 수 없지만 이 돌은 한때 55kg의 황금으로 띠를 두르고 있었으며 타완틴수유의 중심을 표시하였다고 한다. 삭사이와망의 거대한 석벽의 돌 표면에는 돌이 녹아 흘러내린 흔적을 볼 수 있는데 이는 어떤 특별한 풀들을 섞어 작용시키면 그 화학적 성질이 돌을 녹일 만한 반응을 보이는데 그 알 수 없는 방법을 잉카인들이 알고 있었다는 가설이 있다.

아치형 기둥이 아름답다

열린 배꼽의 돌

이 마당에서 잉카제국 시절 태양의 축제가 거행되었다. 왕은 동쪽을 바라보는 벽으로 세워진 왕좌에 앉아 있었다. 벽의 모든 구멍에는 수많은 진귀한 보석들과 에머랄드가 박혀 있었다. 이곳에는 쿠스코에 데려온 정복된 사람들(일부는 신하로, 또 다른 일부는 인질로)의 수많은 종교적인 우상들이 있었다. 1533년 쿠스코에 들어온 최초의 스페인인들의 보고서들은 코리칸차의 시계 주위에서 의식들이 행해졌고 그것의 화려함은 믿을 수 없을 만큼 놀라웠다고 한다.

황금의 방 앞쪽의 성당 돌벽은 일부 개방되어 있는데 이곳의 난간에 앉아 엘솔 거리 쪽

정원에서 본 황금의 방

로레또 골목길을 되돌아

잔디 광장을 바라본다. 이 전망도 잊을 수 없는 감동이다.

왜 역사는 그렇게 잔인하게 한 문명을 파괴해 버려야 하는가? 역사에 '만약' 이라는 것이 없다고 하지만 피자로가 이곳에 오질 않고 이 문명이 고스란히 오늘날까지 살아남았다면 어떻게 되었을까… 하는 씁쓸한 상상을 해 보며 잉카의 골목길을 되돌아 나왔다. 라 꼼빠냐 데 에수스 교회의 돔이 보인다.

다시 아르마스 광장으로 나온 우리들은 버스를 타고 다음 목적지를 향해 출발했다. 소형 버스는 다시금 쿠스코 시내 외곽의 동쪽 언덕으로 오르기 시작했다. 바로 삭사이와망으로 가는 길이다. 언덕을 조금 오르자 버스가 서더니 입장권을 구입하란다. 물론 종합 티켓을 갖지 않는 관광객들에 한해서 표를 구입하도록 매표소 앞에 잠시 정차한 것이다. 우리처럼 종합 티켓을 구입하지 않은 관광객들도 꽤 많이 있었는데 창구 여직원이 기계적으로 내주는 표를 받으며 돈을 지불하는데 부르는 값을 확인할 겨를도 없다. 우리 차 뒤로 계속하여 차들이 줄을 잇고 있기 때문이다. 그림을 보니 맞긴 맞는 모양이다.

이 표는 삭사이와망, 푸카푸카라 Puca Pucara, 탐보 마차이 Tambo Machay 그리고 켄코 Quenc를 볼 수 있는 또 다른 종합티켓이다.

매표소에서 고개 저편을 바라보니 잉카인이 세운 삭사이와망(Saksaq Waman으로도 알려짐)이 푸른 잔디 위로 그 모습을 보이고 있었다. 거대한 돌들이 관람객을 압도한다. 사진에서 보아온 것보다 대단히 넓은 지역을 차지하고 있었다. 거대한 석벽과 푸른 잔디는 아름다운 색의 조화를 이루고 있었다. 스페인의 시에자 데 레온 Pedro de Cieza de Leon(1520~1554)은 이것이 요새의 성채로 보이지만 이 건축물은 코리칸차처럼 종교적 목적으로 지어졌다고 한다.

▲ 네 유적을 볼 수 있는 종합 티켓

▼ 삭사이와망 입구의 원주민과 라마

표를 구입하고 차에 오르니 차는 곧 바로 언덕 아래로 내려가더니 바로 정차해 버린다. 유적지 입구란다. 입구에는 어김없이 전통옷을 입고 있는 원주민이 라마들과 함께 서성대고 있었는데 역시 사진을 찍어주는 부업을 나온 것이 틀림이 없다.

삭사이와망

삭사이와망은 쿠스코 북쪽 2km 위치에 있는 매우 가까운 성벽 단지로 그 길이는 약 300m 이상이다. 퀘추아어로 '만족한 매' 라는 뜻이다. 삭사이와망으로 가는 길은 각각 약 2km와 4km 길이의 두 개의 포장도로가 있다. 성벽에 접근하면 작은 도랑이 있다.

스페인 정복자들이 처음 이곳에 도착했을 때 그들은 어떻게 페루의 '인디언들' 이 (논리적 사고 능력이 없는 무지하고 야만적인 동물 같은) 이러한 위대한 건축물을 세울 수 있었는지 스스로 설명할 수 없었다. 종교적 심리는 그들로 하여금 이 모든 것이 단지 악마 또는 마술사의 작품이라고 믿게 했다. 오늘날까지 많은 사람들은 고대 퀘추아인들이 그런 놀라운 작품을 만들 수 있는 능력이 없었다고 믿고 있으며 그것들은 고도의 기술을 가진 다른 세계에서 온 사람들, 즉 외계 생명체에 의해 만들어졌다고 제안하기도 한다.

가장 큰 거석

이곳의 성벽 또는 누벽은 거대한

석회암 거석으로 만든 매우 인상적인 것이다. 첫 번째 벽의 가장 큰 거석은 5m 높이에 360톤이나 된다. 다른 모든 바위들처럼 3km 떨어져 있는 시시칸차 Sisicancha라고 불리는 채석장으로부터 가져왔다. 바퀴를 사용하지 않은 잉카인들이 어떻게 이 큰 돌을 운반해 왔는지 여전히 수수께끼이다. 삭사이와망에는 3개의 출입구가 있었는데 이 거석의 오른쪽에도 출입구가 있었다.

세 개의 벽 위쪽의 모습
(퓨마 머리 모양의 이빨 부분)

본래 세 개의 '벽들' 또는 '방벽'은 오늘날에도 여전히 그 기초를 볼 수 있다. 그것들은 구세계에서 어떠한 것도 비교할 수 없는 가장 멋진 건축물의 근사한 잔재이다. 거대한 크기의 석회암으로 서로 다른 높이로 지어진 세 겹의 평행한 벽들은 22회나 꺾이면서 지그재그 모양으로 세워져 있는데 그 모습이 퓨마 머리의 이빨을 나타내는 것으로 보인다. 꺾이는 부분의 돌들을 이어맞추어 놓은 기법에는 벌어진 입이 다물어지질 않는다.

첫 번째 또는 낮은 높이에 사용된 거석들이 가장 크다. 그 중 높이 8.5m, 두께 3.6m에 140톤 무게의 거석이 하나 있다. 크기를 가늠해 보기 위해 돌 옆에 바짝 다

지그재그 부분

▼ 구석의 확대 모습

가가 섰더니 돌이라기보다는 하나의 거대한 산과 같다. 다시 한번 어안이 벙벙해진다. 분명 오늘날의 우리가 알 수 없는 특별한 기술이 있었음이 분명해 보였다. 기초에 있는 거석들은 섬록암으로 가까운 근처에서 가져와 사용했을 것 같다.

어떤 학자들은 세 개의 벽이 안데스인들의 종교 세계에서의 세 층을 나타낸다고 믿는다. 바닥으로부터 시작해서 지하 단계, 중간인 땅의 단계, 그리고 꼭대기 하늘의 단계이다. 뿐만 아니라 이 층들은 그들의 신성한 세 동물인 뱀, 퓨마, 안데스 콘도르로 확인된다. 의도적으로 불규칙한 모양의 돌덩어리들을 사용한 벽의 지그재그 형태 때문에 어떤 학자들은 그것들이 이야파 illapa 신(천둥과 번개)을 나타낸다고 제안한다. 그들 종교와 관련된 모든 요

거석

소들이 제외되지 않았다는 것은 가능한 일이다. 왜냐하면 거기에는 신성한 상호작용이 있었으며 '3'은 퀘추아인들에게 중요한 숫자로 알려져 있기 때문이다. 돌들은 너무 완벽하게 맞춰져 있어 그것들 사이에 종이 한 장도 끼워 넣을 수 없다. 몰타르도 사용하지 않았다. 현대인이라 할지라도 이것과 똑같은 것을 만들 수는 없을 것이다.

세 개의 벽들로부터 남아있는 것은 기초를 세우기 위하여 사용된 경우이다. 성벽은 산 레로니모의 북쪽 와코토Waqoto나 도시에서 35km 떨어져 있는 루미콜카Rumiqolqa에서 채석한 검은색의 안산암(안데스 지역의 화산암)으로 만들어져 있다. 삭사이와망 주변에서 석회암이 발견되지만 그것들은 부드러워서 잉카제국 형식의 주벽들의 안산암처럼 정교하게 가공될 수 없다.

삭사이와망의 파괴는 망코 잉카가 스페인인들과 전쟁을 시작하고 그 자신이 이

여러 각도로 잘려 맞춰진 석벽

곳에 피신하였을 때인 1536년 이래로 약 400년간 지속되었다. 후에 첫 번째 정복자들은 도시에서 그들의 집을 짓는 데 이 돌들을 사용했다. 마침내 도시의 교회는 1559년에 성당 건축에 안산암을 가져다 사용하도록 명령했다. 삭사이와망은 아마도 1508년경에 완성되었을 것이다. 누구의 말을 듣던 간에 20,000~30,000명이 60년간 작업을 했을 것이다. 이것은 미스터리이다.

고고학자들은 삭사이와망의 성벽들이 현재 남아있는 것보다 3m는 더 높았다고 이야기한다. 이들 3m 높이의 돌들은 성당들과 정복자들의 집들을 짓는 데 건축 자재로 공급되었다. 이것은 성벽이 특정한 높이까지는 완벽한 상태에 있는 데 반해 그 지점 윗부분들이 없어진 이유이다. 이 돌들은 남아있는 거대한 돌들보다는 매우 작았을 것이다. 아마도 작고 규칙적인 모양의 돌들로 건축되었을 성벽의 윗쪽 부분은 잉카인들이 세우기 시작하여 '1508년에 끝마친' 삭사이와망의 유일한 부분일 것이다. 석회암 블럭의 둥그스름한 모퉁이와 결합된 정교함, 안쪽으로 결합되는 모양의 다양성 그리고 벽이 안쪽으로 경사지는 방법은 유적지가 쿠스코의 파괴적인 지진에서 살아남는데 도움을 주었다고 생각된다. 현재의 유적은 본래의 20% 정도만 남아있는 것이라 한다.

삭사이와망은 또한 요새와 쿠스코 안에 있는 다른 잉카의 유적지를 연결하는 친카나스 chincanas(미로)로 알려진 강력한 지하 통로의 체계로 유명하다. 몇몇 사람들이 통로를 따라 묻혀져 있는 소문의 보물들을 찾다가 길을 잃은 후에 죽었다. 이 사건으로 인해 쿠스코시는 삭사이와망에 있는 친카나스의 주 입구를 막아버렸다.

2008년 3월 13일, 고고학자들은 삭사이와망 주변에서 고대 신전의 유적지를 발견했다. 이것은 잉카인들이 오기 전인 AD 900~1200년 이 지역을 점유했던 킬케 Killke 문명에 의해 세워진 것으로 믿어진다. 이 요새는 나중에 잉카인들에 의해 사용되었다. 최근에 이곳에서 발견된 신전은 군사적일 뿐 아니라 종교적으로도 사용되었음을 보이고 있다.

요새의 중간 중간 꺾이는 부위에 있는 수미터 높이의 거석은 마치 어디서 본 듯하다. 돌의 형상이 유명한 영국의 스톤헨지의 거석과 매우 닮아 있는 것처럼 보였다. 고대 브리튼인들도 BC 2500년경 스톤헨지를 세울 때 최대 45톤의 화강암과 흡사한 사르센석이라고 하는 거석을 40km나 떨어진 북쪽의 채석장으로부터 운송을 해왔었다. 하단의 성벽 끝 쪽에 상인방이 인상적인 전형적인 돌문이 있었는데 이러한 문은 마추피추에도 있지만 저 멀리 크레테의 '사자의 문' 과의 유사성이 생각나 무척이나 놀라웠다.

요새의 문

요새와 설산

요새의 윤곽을 보기 위해 초원의 중간 쪽으로 나아가 멀리서 조망해 보았다. 맞은편 로다데로 Rodadero 언덕 위에 올라보려고 했지만 시간은 짧기만 하다. 하지만 잔디밭 중간 지점에 누워서 바라보는 요새의 위용은 신비롭기 그지 없었다. 저 멀리 눈 덮인 설산이 매력적으로 다가온다. 이곳에서는 매년 6월 24일 잉카 최대의 축제가 열린다. 이곳은 남반구이니까 우리의 동지와 하지의 개념이 정반대이다. '인티 라이미 Inti Raymi' 축제는 태양에게 감사를 올리는 추수감사제이다. 화려한 복장의 수많은 사람들이 장대한 '태양의 축제' 를 연다. 영상에서 보았던 형형색색의 옷을 입은 잉카 원주민들의 모습이 눈에 선하다.

삭사이와망의 관광차들

푸카 푸카라

저 멀리 쿠스코 평화의 공원 위에 있는 흰색의 예수상이 외롭게 두 팔을 벌려 도시를 내려다보고 있다. 이런 예수 조각상은 남미에서 매우 익숙하게 볼 수 있다.

갑자기 해가 사라지고 어둑어둑해지는가 싶더니 날씨가 흐려지며 쌀쌀해진다. 삭사이와망을 뒤로한 채 버스는 쿠스코에서 6km 떨어진 푸카 푸카라(붉은색의 요새)로 향한다. 군사 용도의 요새는 정글로부터 공격하는 부족들로부터 쿠스코를 방어하는 전략적 위치에 길을 따라 세워졌다. 그 규모로 보아 요새라기보다는 하나의 초소라고 보기에 더 적절하다. 삭사이와망보다는 장엄함이 덜하지만 보존상태는 매우 좋다. 뛰어난 석조 건축공법이 선명하게 보인다. 요새는 주변의 경관과 잘 어울려 매우 아름답다. 푸카 푸카라에서 탐보 마차이로 가는 길 옆에 천진스럽게 원주민 아이들이 뛰어놀고 있다. 이들은 사진을 찍어주고 돈을 받을 것이다.

잉카의 왕들이 목욕을 했던 탐보 마차이('동굴 탐보' 라는 뜻. 후에 '목욕탕' 이라는 의미로 불림)를 향해 언덕길을 계속 달렸다. 조금 가다 보면 공터가 나오는데 주차장이다. 현지인 노점들과 행상들이 모여있어 약간 어수선하다.

앞으로 50여 m를 더 올라가야 탐보 마차이를 볼 수 있을 텐데 나의 고산증은 허기와 더불어 참을 수 없을 정도로 아주 심해졌다. 해발 3,850m. 주저앉아 버릴 정도였으나 있는 힘을 다해 꾹 참고 아주 천천히 경사로를 올라갔다.

마침내 정교하게 만든 석조 우물이 눈에 들어왔다. 놀라운 석조 기술에 입을 다물 수 없었다. 탐보 마차이는 쿠스코의 북쪽 8km에 위치하고 있다. 잘 가공된 석벽, 아름다운 샘물들 그리고 카치마유 Cachimayu(소금강) 위의 목가적인 경치는 이 지역에서 사람들이 가장 많이 방문하는 곳 중의 한 곳이다. 이곳은 접근하기 쉽고 주변의 환경과 잘 조화되어 있다. 근사한 석조 작업, 이중의 문 그리고 바깥쪽을 향해 있는 커다란 네 개의 벽감 모두가 이 유적지가 잉카인들에게 중요한 성소였음을 가리킨다. 그럼에도 불구하고 원래의 이름은 확실하지 않다. 1635년 코보 주교는 탐보 마차이가 잉카 유판퀴의 집이었다고 이야기하고 있으나 그 증거는 없다. 원래의 이름은 '쿠이노아푸쿠이우 Quinoapuquiu' 였던 것 같다. 코보는 이야기한다.

"… 두 개의 수원으로 구성된 탐보 마차이 근처의 샘물."

▲ 탐보 마차이의 샘물

▲ 탐보 마차이의 벽감

탐보 마차이는 제례적인 목욕을 위한 장소였다. 뛰어난 석조기술은 의식을 행할 때 고위층에게만 제한되어 사용되었을 것이다. 유적은 기본적으로 3개의 단으로 구성되어 있다. 꼭대기의 4개의 사다리꼴 벽감은 아마도 좌석으로 사용되었을 것이다. 다음 층은 석조작업의 기반에 있는 구멍으로부터 지하수가 직접 나오고 여기에서 작은 폭포가 아래쪽 단으로 떨어진다. 이 단에서 샘물은 두 개의 수로로 갈라져 지상으로 떨어진다. 아름다운 샘물들은 유적지의 핵심이다. 건기에도 항상 같은 양의 물이 샘솟는다. 중심에서 약간 비켜진 곳에 만들어진 샘물들은 샘의 중요성을 강조하는 역동적인 건축학적 구성을 이룬다. 쿠스코 주변 지역은 주로 몬순 계절의 몇 달 동안 연중 강수량이 950mm이다.

어느 정도 메마른 이 지역에 있어 샘은 정신적으로 독립적인 물 공급의 중요성을 보여준다. 잉카의 실제 물 관리 상황을 이해하는 것은 수문학과 지리학의 깊은 배경뿐만 아니라 잉카문명의 지식을 필요로 한다. 고고 수문학은 확실히 필수불가결한 연구 영역이다. 지하수와 잉카 건축 사이에는 상호작용이 있다. 석회암 지표석의 이랑은 지하수가 강으로 흘러가는 것을 막는다. 비슷한 이랑이 석벽들의 다른 쪽 면의 물을 막는다. 석조 건축은 두 개의 석회암 이랑들의 틈을 통하여 지하수의 방출을 조절하기 위해 위치하고 있다. 카치마유는 가장 앞쪽에서 말라 있다. 그러나 어떤 물은 벽 아래로 흐르고 있고 다리 근처의 강바닥으로 방출하는 것을 볼 수 있다. 벽들은 지하수를 거르고 모으며 벽 뒤에 있는 땅의 원위치로 물을 저장하기 위해 방출을 느리게 한다. 탐보 마차이의 수원은 아직도 밝혀지지 않고 있다. 이곳을 방문하여 이 물을 마시면 나중에 쿠스코에 되돌아온다는 전설이 있다.

입구의 알파카 제품들

입구 길가에는 알파카 제품을 늘어놓고 파는 원주민들이 군데 군데 있었으며 저녁 시간이 다 된 터라 허기진 관광객들에게 옥수수를 파는 원주민 아주머니들이 있었는데 없어서 못 팔 정도였다. 가격도 매우 저렴해서 우리도 두어 개를 사서 먹었는데 알도 크고 아주 맛이 있었다.

다시 버스는 이미 어둑어둑해지고 날씨까지 꽤 싸늘한 시간이 되어서야 오늘의 마지막 행선지인 켄코(제례장)에 도착할 수 있었다. 켄코 유적지 역시 쿠스코에서 가깝다. 그것은 쿠스코 북동쪽으로 4~6km 아스팔트 도로를 5분 정도 가면 있지만 관광객들이 자주 방문하지는 않는다. 1934년 출토된 이곳의 유적은 이 지역의 다른 곳과 비교할 때 규모가 작다. 켄코의 본래 이름은 알려지지 않았지만 퀘추아 이름은 '지그재그'를 의미하는데 아마도 미로 같은 지하의 회랑 또는 바위 위에 새겨진 작은 수로 때문인 것 같다. 이 유적지는 흥미롭다. 잉카인들에게 종교적인 숭배의 장소인데 그 특성은 아직

파악되지 않고 있지만 우리는 돌에 친숙한 잉카인들의 새김 작업의 완벽함을 볼 수 있다. 이들 유적은 복잡한 신화적 표현들을 조각한 돌출된 석회암인데 땅을 숭배했던 것으로 믿어진다.

 타완틴수유의 수도에 도착한 스페인들은 건물들과 도시들을 유럽인의 개념에 따라 분류하기 시작했다. 켄코에는 반원형 건물이 있었기 때문에 원형극장으로 생각되었다. 우리는 이 유적을 제단, 법정 또는 아마도 파차카막의 무덤이었을 것으로 추측한다. 그것은 잉카시대에 존재했던 가장 중요한 신성소 중의 하나였을 것이다. 이 기념비의 인티와타나 Intihuatana, 지그재그형의 수로, 원형극장 그리고 지하 방 등 몇 개의 건물들은 스페인인의 우상 박멸에도 파괴되지 않았다.

 도로가에 주차한 버스에서 내려 경사 아래로 내려가면 거대한 돌출된 바위가 있다. 이것은 계단, 좌석, 기하학적 부조의 모양 그리고 퓨마 문양 등 잉카인들의 바위 조각 기술의 정수를 보여준다. 잉카인들은 이 거대한 바위 돌출부를 어떤 숨겨진 영적 힘을 소유한 것으로 여기며 경외하였다. 꼭대기까지 조각된 계단이 있는 돌출 바위 맨 위쪽에는 조그마한 지그재그 수로가 있는데 작은 구멍에서 출발하여 경사면을 따라가다 다시 두 갈래로 갈라진다. 한 지류는 경사를 따라가고 다른 하나는 바위가 있는 곳 안쪽의 지하 방, 즉 희생 제의의 방 위쪽까지 간다. 이 액체는 신들을 위해 희생된 제물들(동물 또는 사람)의 피였을 것이다. 이것은 신성을 봉헌하는 치차 chicha(옥수수로 만든 지역의 맥주)와 아직 확인되지 않은 어떤 제사에서 라마의 피를 운반하는 데 사용되었을 것이다. 액체의 속도와 경로는 바위에 만

▲ 켄코 입구

▲ 제물의 피가 흘렀던 작은 수로

들어진 특별한 모양들과 합쳐지는데 사제의 기원에 대한 해답을 준다. 맨 꼭대기에는 머리가 부러진 콘도르와 퓨마로 추정되는 몇 개의 바위 조각이 여전히 남아 있다.

'거대한 조각된 바위' 아래에는 마추피추의 경우처럼 자연적인 절벽이 특별한 방으로 만들어졌다. 이 지하 방에는 바닥, 천장, 벽, 제단과 좌석 등이 놀라운 솜씨로 맨바위에 조각되어 있다. 좌석은 잉카 황제가 앉았던 것으로 추정된다. 이곳에는 조금 낮은 귀족의 미이라들을 황금과 진귀한 물건들과 함께 나란히 보존했을 것이다. 의심의 여지 없이 그것은 비밀의 숨겨진 의식을 행하는 숭배의 장소였다. 또한 사람, 라마 희생의식이 이곳에서 실행되었을 것이다. 하나의 돌로 된 거대한 암석을 두부 자르듯 가공한 놀라운 유적이었다. 이곳을 만든 사람들은 주변에 봉사를 하는 방들, 계단식 경작지 그리고 빗물을 통과시키는 수로로 그것의 구성을 완성했다.

확 트인 지역의 정면에는 단단한 사각형의 받침 위에 놓여지는 6m 높이의 커다란 석조 블록이 있다. 그것은 동물 모양의 거대한 조각상이다. 본래의 모양은 '앞 아있는 퓨마' 또는 남근이었다. 전설에 의하면 실제의 퓨마가 앉아 돌로 변했다고도 한다. 이것의 앞쪽은 반원형의 광장지역인데 형태는 원형극장을 닮았다. 완벽하게 조각된 석조 벽돌들이 사방에 함께 모여있다. 그것은 경작용 테라스의 단지와 그곳으로부터 물을 빼내는 관개수로 체계로 이르는 통로를 가지고 있다. 파괴된 흔적은 아마도 정복시기 동안 수도사들의 우상 박멸에 의해 야기되었을 것이다. 이곳 동쪽에서 4m가량의 석주가 또한 발견되었다. 그것은 켄코를 세우라고 명령한 우아이나 카팍 황제였다고 믿어진다.

다른 이들은 켄코가 또한 천문학적 기능이 있다고 믿는다. 인티와타나는 모든것이 하나의 블록 위에 조각되어 있는데 '태양이 묶여 있는 곳'이라고 번역되며 그곳으로부터 태양의 위치를 계산할 수 있다. 우리들은 아직도 이것이 어떻게 잉카시대에 기능을 했는지 알지 못한다. 그러나 이것은 시간을 측정하고 계절을 설정하고 지점과 분점을 결정하는 데 사용되었던 천문 관측소의 한 종류였고 태양, 달, 금성 그리고 다른 별들을 숭배하는 신전으로서 추측할 수 있다.

▼ 소로체 캡슐약

　광장에 돌아와 해산한 우리는 곧바로 저녁 식사를 위해 오전에 내려온 다른 길로 들어섰다. 날이 벌써 캄캄해져 강도나 도둑에 대한 걱정이 많이 생겼으나 여행객들이 많이 북적여서 그런지 약간은 안심이 되었다. 전형적인 잉카의 골목길로 접어들자 마침 약국이 눈에 들어온다. 아침부터 계속해서 약국이 있으면 고산병약을 사려고 했던 터라 곧바로 들어가 8시간마다 먹는 소로체 Soroche 알약 한 상자를 16솔에 구입했다. 이곳에서는 '소로체' 자체가 고산병이라는 뜻이다. 고산병은 저녁 내내 계속되었다. 고산병에는 무엇보다 잠이 최고라고 했는데….

　가는 길에 여기 저기 쉽게 볼 수 있는 여행사에 들러 푸노 Puno행 비행기를 예매했다. 이곳의 여행사는 규모가 매우 작아보였다. 도시 자체가 큰 집들이 없어 아기자기한 터라 상가의 규모가 워낙 작은 이유 때문일 것이다. 우리의 일정이 푸노에서 볼리비아의 라파스, 라파스에서 리마로 돌아오는 것이어서 라파스에서 리마로의 비행기도 예약하고 싶었지만 돌아오는 날짜를 지금으로서는 확정할 수 없어 이 구간의 예매는 현지에서 하기로 하고 미루었다.

　이것은 욕심이었다. 라파스에 가면 도착 다음날에 티티카카 호수 방문이 하루 일정, 그 다음날 티아휘나코 유적 방문이 또 하루 일정이고, 4일째에는 시내 관광 및 휴식을 한 후, 5일째 오전에 리마행 비행기를 타야 하는 것이었다. 하지만 나중에 페루에서 나스카 여정 중에 피스코 Pisco나 이카 Ica에서 하루 숙박을 할 것인지를 결정하기가 어려웠기 때문이다. 이 경우 라파스 도착 4일째에 리마로 와야 한다. 이 문제는 라파스에 있는 내내 신경이 쓰였다. 그러나 자의로는 어쩔 수 없는 여행의 과정들은 늘 일어나게 마련이며 이런 일들이 많지 않기만을 바라는 길밖에는 없다.

　사실 이번 일정에는 안전한 일정을 위한, 소위 버퍼가 없었다. 한 일정이 틀어지면 특히 비행 일정의 경우 다른 일정들이 연쇄적으로 피해를 보게 되어 있었다. 나중에 여행이 다 끝나고 이런 염려에 대한 이상 상황이 발생하지 않은 것에 대해 무척 안도했다. 예를 들어 미국 로스엔젤리스에서 다섯 시간 후에 멕시코시티행 비행기를 갈아타야 하는데 LA에 비행기가 연착하게 되면 어떤 일이 벌어질지 암담한 상황에 놓이게 되는 것은 자명한 일이기 때문이다. 이런 경우를 대비하여 여행에는 하루 또는 그 이상의 날들을 여유롭게 날짜를 배정해야 하지만 이런 여유가 이번 여정에 절대적으로 없었던 우리로서는 언제나 불안할 수밖에 없었다.

이럴 경우 비용은 비용대로 추가가 되겠지만 목적한 여행지를 일부 포기해야만 하기 때문이다. 그러므로 짧은 여행에서는 다소 무리하더라도 어느 정도의 배짱도 필요할 것이라 생각한다. 사실 여권 분실 같은 문제는 보다 더 심각한 결과를 초래할 수도 있을테지만…. 여기서 분실이란 혹시나 발생할지 모르는 강도 또는 도둑 같은 뜻밖의 상황을 의미한다. 어쨌든 이런 타이트한 여정에서는 사실 행운만이 있기를 기대하는 것이 나을 것이다. 그러기 위해서는 항상 긴장해야 함은 물론이다. 발생할 수 있는 실수를 최소한으로 줄여야 하기 때문이다.

한식집의 현지인 주방 아주머니

무엇이든 먹어야 했지만 고산병 때문에 입맛에 맞는 한식을 먹기로 했다. 마침 이곳에 오기 전에 인터넷을 통해 본 적이 있는 한인 음식점을 찾아 나섰다. 좁은 골목길을 몇 바퀴 돌다 보니 마침내 가까운 곳에서 음식점을 발견할 수 있었다. 간판들이 작아 언제나 입구에 가까이 접근해야만 확실히 확인이 되는 게 이곳의 특징이기도 하다. 워낙에 오래되고 좁은 골목으로 이루어진 곳이기 때문이다. 손님은 아무도 없었다. 현지인 아주머니는 반갑게 맞아 주었는데 음식값은 싼 편이 아니었다. 된장찌개와 김치찌개를 시켰는데 가격은 비쌌다. 60솔 지불. 현지인이 만들어서인지 별로 맛은 없었는데 그래도 밥을 먹었다는 것 자체만으로 힘이 되는 것 같았다. 이곳 주인은 이민온 한국인 가족인데 리마에 거주하며 그곳에서도 한국식당을 운영하고 있다고 한다.

음식점을 나와 골목길로 되돌아오는데 잉카의 돌벽 사이에 있는 반지하 가게에서 주인아주머니가 은으로 만든 액세서리들을 보고 가란다. 들어가 보니 아저씨가 직접 손으로 만든 은제품들이 다양하게 있었다. 귀걸이와 반지 등 간단한 기념품들의 가격은 매우 저렴했다.

호텔로 돌아오니 긴장이 어느 정도 풀린 탓인지 몸이 매우 피곤하였다. 멕시코에서부터 긴 하루를 보냈다. 내일은 새벽에 기상해야 하기 때문에 간단히 씻고 잠을 청했다. 늦은 밤의 기온은 쌀쌀했다. 일교차가 심한 탓일 것이다.

제9일(화)
마추피추

　새벽 5시에 모닝콜을 부탁해 놓았으나 그보다 일찍 기상하였다. 마치 다음날 소풍을 가는 초등학생처럼 들뜬 마음으로 새벽을 기다린 듯싶다. 식당으로 내려가 빵과 쨈 그리고 코카차로 간단한 아침을 먹고 재빨리 올라왔다. 창밖으로 보이는 새벽 날씨가 흐려 다시 한번 복장을 점검한 뒤 로비에 앉아 있는데 한 원주민이 일을 보러 물건들을 가지고 호텔로 들어온다. 짐 하나를 의자 위에 올려 놓는다. 그런데 이 사람들은 짐을 꼭 보자기에 싸는 것이 신기하다. 아무래도 원주민들의 오래된 전통인가 싶다.

　이른 시간에 바쁘게 움직이는 아저씨의 움직임을 보고 있는 사이 가이드가 티켓 묶음을 가지고 들어왔다. 작은 마을에 여행사가 매우 많이 있다고 들었는데 택시 한 대가 방문한 것을 보면 우리만 픽업을 한다는 것인데 좀 이해가 안 가는 부분도 있었다. 그렇다면 우리가 지불한 여행대금이 비싼 것일 수도 있다는 생각이 언뜻 스치고 지나갔지만 이런 소소한 생각들은 곧 잊을 수 있었다. 오늘은 마추피추라는 공중도시가 기다리는 날이기 때문이었다.

원주민의 짐 보따리

　택시로 산 페드로 San Pedro 역까지는 5분도 채 걸리지 않았다. 쿠스코에는 기차역이 두 개 있다. 쿠스코역은 아레퀴파를 향한 기차가 출발한다. 쿠스코 자체가 아주 작은 도시다. 역에는 역시 많은 여행객들이 있었는

▲ 티켓 묶음

페루레일 열차

데 모두가 마추피추를 향해 가는 사람들이었다. 페루레일은 페루의 기차 여행에서 마추피추와 신성한 계곡까지 112km를 연결하는 가장 특별한 것이다. 페루레일을 통한 여행은 다른 방법으로는 접할 수 없는 지역의 뛰어나고 아름다운 경치를 볼 수 있다. 마추피추를 왕복하는 대표적인 열차로는 백팩커와 비스타돔이 있다. 많은 방문객들에게 마추피추 방문은 일생에 한번 있는 경험이다. 백팩커는 가장 경제적인 것이며 비스타돔은 천장에 있는 창문을 통해 마추피추로 향하는 계곡의 아름다운 전경을 볼 수 있고 냉난방이 되며 간단한 스낵이 제공된다. 사실 페루에서는 마추피추행 기차를 현지인용과 외국인용을 구분해 놓고 있다. 물론 외국인용의 가격이 비싼 건 당연하다. 다만 이 기차의 소유권이 유럽인의 것이라는 이야기가 있는데 이 기차의 관광수입이 국고보다는 외국인의 수중에 들어간다는 것이 안타까운 현실이다.

제복을 입은 남녀 승무원들이 표를 검사한다. 비스타돔은 고급 열차인데 천장의 가장자리 쪽은 유리로 마감을 하여 밖이 보일 수 있다는 것 외에는 그리 특별한 것은 없어 보였다. 표를 보니 좌석번호가 달라 우리는 서로 헤어져 앉았다. 뭐 이런 경우가…. 호텔측의 일 진행에 약간 짜증이 났다. 지금은 어쩔 수 없다. 웃으면서 받아들이는 수밖에.

내 앞에는 부부로 보이는 젊은 일본인 두 명이, 그리고 내 옆에는 그들의 현지 일본인 안내인이 앉아있었다. 이 기차에 타고 있는 유일한 동양인이라 무척이나 반가웠다. 안내인은 계속하여 부부에게 여러가지를 설명하고 있었는데 매우 성의있어 보였다. 부부도 연신 '소데스까~'를 연발하며 여행에 흥분된 마음을 드러내고 있었다.

선-콜롬비아 잉카 유적지인 마추피추(퀘추아어로 '오래된 봉우리')는 페루 쿠스코에서 북서쪽으로 80km 지점인 우루밤바('빛의 들판'이라는 뜻) 계곡 위의 산줄기에 위치하고 있는 해발 약 3,050m인 마추피추 산의 2,350m 지점에 있다. 이곳은 페루에서 관광객이 가장 많이 찾는 곳이다. '잉카의 잃어버린 도시' 라고도 불리우는 마추피추는 잉카제국의 가장 절정기인 1450년경에 세워졌지만 잉카제국의 스페인 정복시기인 백년 정도 후에 버려졌다. 대부분의 주민들은 스페인 정복자들이 도착하기 전에 천연두에 의해 완전히 사라진 것 같다. 수세기 동안 잊혀졌던 유적지는 1911년 6월 24일 미국의 역사가이며 예일대학의 강사로 있던 히람 빙엄 Hiram Bingham(1875~1956)에 의해 전 세계에 알려졌다. 그것은 1983년 유네스코 세계유산으로 선언되었고 또한 2007년에 새로운 세계 7대 불가사의의 하나로 선정되었다.

1911년의 사진

마추피추의 기본이 되는 건물들은 신성한 구역으로 알려진 곳에 위치하고 있는 인티와타나, 태양의 신전 그리고 세 개의 창이 있는 신전이다. 2007년 9월 예일대학은 히람 빙엄이 20세기 초에 마추피추에서 가져갔던 예술품의 반환에 동의했다. 현재는 매년 약 40만 명씩이나 몰려오는 관광객 때문에 걱정이 많다고 한다.

▲ 히람 빙엄

사실 마추피추의 건설 연대는 확실하지 않다. 유적의 가장 오래된 부분은 2,000년 전에 만들어졌다는 가설도 있을 뿐 아니라 도시가 잉카문명에 의해 재발견되었다는 가설도 있다. 히람 빙엄은 몇몇의 다른 사람들과 함께 요새가 원래 잉카인들의 전통적인 출생지이거나 '태양의 탄생지 Virgins of the Suns' 로서 정신적 중심지였다는 가설을 세웠다. 또 다른 이론은 마추피추가 정복한 지역의 경제를 조절하기 위해 세워진 거주지로 잉카의 '약타 llacta' 였다고 한다. 그것은 또한 잉카 사회에 대해 흉악한 범죄를 저지른 몇몇 죄수들의 감옥으로 세워졌을 것이라는 가설도 있다.

미국의 고고학자들인 존 로웨 John Howland Rowe와 리차드 버거 Richard Burger는 연구 결과 마추피추가 잉카 황제 파차쿠티의 땅이었다고 확신했다. 더욱이 네셔널 지오그래픽의 조안 라인하드 Johan Reinhard 박사는 이 지역이 신성스런 주위 경관의 모습과 상관하는 위치에 근거하여 선택되었다는 증거를 보여준다고 한다. 그러한 보기들의 하나는 해발 6,271m의 살카타이 Salcantay를 포함한 주위의 산들인데 중요한 천문학적 현상들과 일치된다고 일컬어진다.

요새는 발견되지 않았고 결과적으로 스페인인들로부터 강탈되거나 파괴되지 않았다. 수세기 동안 주변을 둘러싸고 있는 정글은 유적지를 휘감았고 몇 사람만이 그 존재를 알고 있었다. 히람 빙엄은 그곳을 자주 갔었던 지역인의 안내를 받아 그곳으로 갔다. 빙엄은 그 지역의 고고학적 연구를 수행했고 조사를 완성했다. 그는 자신의 첫 번째 책의 제목으로 '잉카의 잃어버린 도시' 라는 새로운 말을 만들어냈다. 빙엄은 스페인의 페루 정복 기간 동안 마지막 잉카인이 피난을 가고 저항했던 지역인 비트코스Vitcos의 도시를 찾고 있었다. 이 지역에 대한 이전의 여행과 탐험들 이후인 1911년, 그는 퀘추아인들에 의해 요새로 안내되었다. 이 사람들은 본래의 잉카의 기반 안에 있는 마추피추에 살고 있었다. 그는 단지 '지역의 소문' 을 언급하며 그를 마추피추로 안내해 준 사람들에게 결코 아무런 명예도 주지 않았다.

비록 대부분의 본래 거주민들은 도시가 건설 중인 시대에 죽었지만 1911년 이 곳이 '발견' 되었을 때까지 몇몇의 가족들이 생존하고 있었다. 마추피추에는 미이라들(대부분이 여자들)이 있었다. 빙엄은 1915년까지 이 지역으로 몇 차례의 여행을 더 했고 발굴을 수행했으며 마추피추의 발견에 대한 여러 권의 책과 기사를 썼다.

유적들과 더불어 이 지역은 풍부한 동·식물의 군락을 이루고 있다. 관광객의 급증, 근처 아구아스 칼리안테 Aguas Caliante 마을의 난개발과 더불어 법원의 결정과 정부의 항의를 무시한 빌카노타 강을 건너는 다리의 건축(더 많은 관광객들을 이곳으로 오게 하는 것 같은)으로 인한 환경파괴의 결과로, 세계 기념비 펀드는 가장 위험에 직면한 세계의 100대 유적지에 2008년 마추피추를 감시 대상에 올려놓았다. 마추피추의 절벽은 꼭대기로부터 600m의 수직 암벽으로 우루밤바 강 아래까지 이어진다. 도시의 위치는 깊은 절벽 때문에 군사적 비밀이었고 산들은 뛰어난 자연적 방어책이었다. 우루밤바 강을 지나는 잉카의 밧줄 다리는 잉카 군대들을 위한 비밀의 입구를 제공한다. 마추피추의 서쪽으로 가는 또 다른 나무 줄기로 만든 잉카의 다리는 절벽 면을 건너는 6m정도의 공백이 있는 구간이 있다. 이 구간은 두 개의 나무 몸통에 의해 연결될 수 있었을 것이다. 만일 나무가 제거된다면 그것은 절벽 아래 570m의 낭떠러지로 떨어질 것이다. 이것은 우루밤바 계곡 위에 있다.

　도시는 계곡이 내려다보이고 뒤쪽으로는 올라오기 거의 불가능한 두 개의 산 사이의 안부에 있다. 그것은 쉽게 막을 수 없는 우물로부터 물의 공급원이 있고 실제로 그곳에 많은 사람들이 살 수 있을 만큼의 양보다 네 배의 음식을 경작할 수 있는 충분한 땅을 가지고 있다. 언덕 면은 농작물이 잘 자랄 수 있는 많은 농토를 제공할 뿐만 아니라 침입자들이 올라오기에 경사가 너무 가파른 계단식 논으로 이루어진다. 마추피추로부터 산등성이를 건너 쿠스코로 가는 높은 곳의 길이 두 개 있는데 하나는 '태양의 문^{Intipuncu}'을 지나고 다른 하나는 잉카의 다리를 건넌다. 만일 침입자들이 그것들을 따라 접근해 오면 둘 다 쉽게 봉쇄될 수 있다. 그것의 궁극적 목적에 상관없이 그것은 매우 방어적인 위치에 있다.

　마추피추에 있는 대부분의 건축물들은 규칙적인 모양을 하고 있는 연마된 석벽들의 고전기 잉카 건축 양식을 사용하고 있다. 잉카인들은 돌 블록들을 몰타르 없이 단단히 맞추어 깎는 아슬라^{ashlar}라고 부르는 기술의 달인들이었다. 그들은 세계의 가장 뛰어난 석공들이었고 도시 중앙의 많은 접합부들은 돌들 사이로 칼날조차 들어갈 수 없을 정도로 너무나도 완벽하다. 다른 잉카의 건물들은 잉카인의 기준에 의하지 않고 몰타르를 사용하여 빠르고 조잡하게 세워졌다. 페루는 지진이 많은 땅이고 몰타르가 없는 건축물은 몰타르를 사용한 것보다 지진에 더 잘 버틸 수 있었다. 잉카의 석벽은 그것들을 지진에 의한 붕괴로부터 막아줄 수많은 미묘한 모양의 섬세함을 보여준다. 문과 창문들은 사다리꼴이고 바닥에서 꼭대기까지 안쪽으로 기울어져 있으며 구석들은 언제나 둥그스름하다. 구석 안쪽에는 종종 바깥쪽으로 약간 기울어지며 바깥에 있는 구석들을 묶기 위해 'L' 모양의 블록들이 자주 사용되었다. 벽들은 꼭대기에서 바닥까지 똑바르게 세워지지 않지만 줄에서 줄까지 약간 단을 지었다. 그 결과 마추피추는 수십 년 동안 지진으로부터 잘 서 있는 도시가 되었다.

　바퀴를 사용하지 않은 그들이 돌을 밀어서 경사진 면에 올리는 데 수백 명의 사람들을 필요로 했다는 일반적인 믿음이 있기는 하지만 어떻게 거대한 돌 블럭들을 옮겨다 놓았는지는 미스터리이다. 몇몇의 돌들은 제 위치에 놓기 위해 사용되었을 꼭지가 여전히 그 위에 있다. 돌들이 놓여진 후에 잉카인들은 꼭지를 갈아 없앴을 것이다. 그들은 도로 체계의 일부분으로 마추피추로 가는 길을 만들었다. 오늘날 수천 명의 관광객들이 마추피추를 향해 잉카 트레일을 걷는다. 우루밤바 계곡으로부터 안데스 산맥 구역을 통해 걸어서 올라가는 2~4일간의 트레킹을 출발하기 앞서 쿠스코에서 풍토에 적응한다.

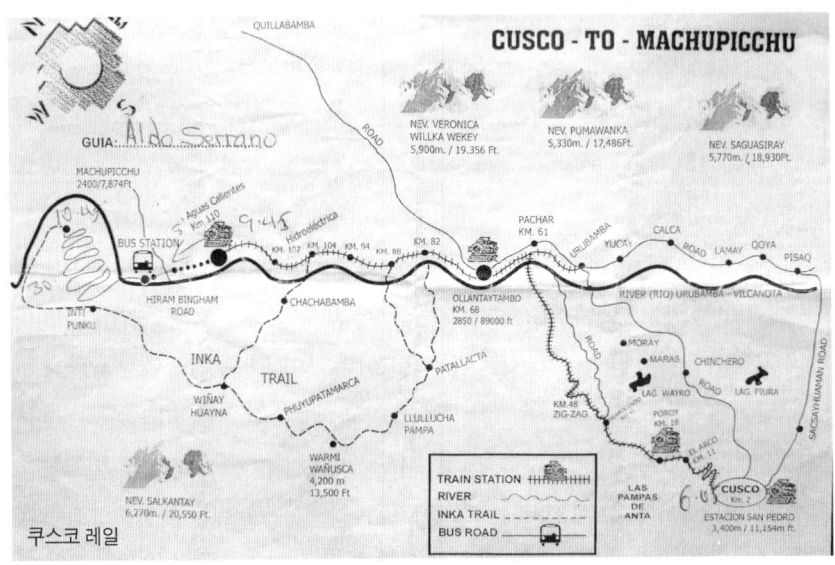

쿠스코 레일

성스러운 계곡

쿠스코 시내 외곽의 북서쪽에 있는 가장 높은 지점은 'El Arco'(아치)라고 불린다. 6시에 역을 출발한 기차는 이곳의 언덕을 오르기 위해 흙벽돌로 지은 집들이 이어져 있는 작은 길들 사이로 지나가는 철로를 지그재그로 올라갔다. 제법 환하게 밝은 아침 하늘 아래로 보이는 쿠스코 풍경은 너무도 독특하고 아름다웠다. 그리고는 파란 초원과 푸른 언덕 같은 산들이 그림처럼 펼쳐지는 경치를 기차는 열심히 달려나갔다. 쿠스코에서 마추피추로 가는 산길은 성스러운 계곡이라 불리우는 굽이치는 산길이다. 이곳을 지나며 피삭, 칼카 Calca, 우루밤바 그리고 오얀타이탐보 등의 마을을 지난다. 오얀타이탐보는 마을의 모습이 옛 그대로의 형태를 지금까지 간직하고 있으며 원주민들도 시대의 변화와는 아무런 상관없는 옛 정취를 그대로 보여주고 있다. 사그라도 Sagrado 계곡의 우루밤바 강을 바라보며 신성한 계곡을 왜 그렇게 부르고 있는지 감상에 젖는다.

1시간쯤 지나자 식사가 나왔는데 그저 간식 정도라고나 할까. 그래도 3시간 30분 정도의 기차 여행에 잠시나마 즐거운 시간이었다. 비스타돔 천장으로 보이는 우루밤바 계곡의 하늘은 너무나도 파랗고 청명했다. 눈부시게 너무나 화창한 날씨에 기분이 매우 좋았다.

비스타돔

이곳을 수차례 방문했다는 일본인 현지 가이드는 마추피추 정상의 날씨는 장담할 수 없단다. 그녀의 말대로 나중에 마추피추 입구에 들어서자 날씨는 매우 흐리고 비가 많이 왔다. 사실 여행자들에게 날씨는 그렇게 중요한 변수는 아니다. 좋으면 좋은 대로 나쁘면 나쁜 대로 여행자 나름대로의 일정을 소화해야 하기 때문이다. 도중에 오얀타이탐보라는 중간역에 정차하여 새로운 관광객들을 실었다.

오얀타이탐보 역

오얀타이탐보는 남부 페루에 있는 해발 2,792m에 있는 마을이며 쿠스코의 북서쪽으로 거의 60km에 있다. 유적지가 매우 유명하다. 정교하게 잘려진 돌들과 경작지들은 정복자들에게는 통과하기 매우 커다란 장애물이었고 요새는 또한 잉카의 황제 망코 잉카가 피자로와 리마에 근거를 둔 다른 스페인 정복자들을 성공적으로 공격하는 데 사용되었다. 마을의 이름 오얀타이는 잉카의 공주를 사랑했던 평민 출신 장군의 이름인데 이들의 사랑이야기는 오늘날까지도 잘 알려져 있다. 현재 이곳은 잉카 트레일로 잘 알려진 3박 4일의 트레킹을 출발하는 지점이다.

10분도 채 안 되는 시간을 정차한 기차는 마침내 거의 4시간 만에 아구아스 칼리안테역에 도착하였다. 아구아스 칼리안테는 우루밤바 강에 있는 마추피추 마을의 구어체의 이름으로 '따뜻한 물, 온천' 이라는 뜻이다. 마추피추에서 6km 떨어져 있고 걸어서 한 시간 반이 걸리는 곳이다. 마을은 매우 작으며 자연 온천뿐 아니라 호텔과 음식점이 많이 있다. 온천은 동쪽 800m 지점에 있는데 바위 바닥으로부터 거품이 이는 지하의 유황온천이다. 마을을 지나 8km경에 있는 수력발전소가 쿠스코로부터 오는 철도의 끝나는 지점이다. 몇 편의 기차가 새벽에 쿠스코를 출발해 온다. 마을로 오는 유일한 방법은 기차와 도보이다. 쿠스코로부터 오는 페루레일은 하루에 두 편 있다. 표는 쿠스코의 가르실라소 거리에 있는 열차역에서 미리 사두어야 한다. 오얀타이탐보에서 오후 8시에 떠나는 지역 기차가 있는데 백패커 열차이다. 이것은 아구아스 칼리안테로부터 출발하여 오전 5시 45분에 오얀타이탐보로 되돌아간다. 이것이 현재까지 가장 저렴한 철도이다. 되돌아오는 표는 44달러이며 미리 예매해야 한다.

버스 승차장

기차에서 내리자 산 기슭에 옹기종기 밀집해 있는 상점들과 음식점들로 인해 이곳이 그 유명한 유적지가 있다는 느낌이 절로 들었다. 여행객들을 정상으로 데려다 주는 고급 셔틀버스들이 경사진 길가에 줄지어 서 있었고 사람들은 도착하는 대로 버스에 올랐다. 버스는 이내 곧 숲이 우거진 산길을 오르기 시작했는데 정상에서 보면 잘 알 수 있듯이 180도 계속해서 굽이치는 경사로였다. 길은 버스 한 대가 겨우 다닐 수 있는 폭이다. 마주오는 버스가 있으면 U턴 지점까지 가서 교차한다. 나중에 내려올 때 볼 수 있는 '굿바이 보이' 가 버스 앞문 계단에 앉아 같이 올라갔다. 체격이 아주 작았는데 우리나라 초등학교 5학년 정도로 보이는 나이에 그렇게 힘든 일을 하고 관광객들로부터 얼마 되지 않는 팁을 받는다고 생각하니 가슴 한쪽이 뭉클해지기도 했다.

버스는 굽이 굽이 산길을 20여 분 올라와 정상에 도착했다. 주차장은 버스들로 꽉 들어차 있었다. 이곳에는 호텔이 하나 있었는데 1층에 카페테리아가 눈에 띄었다. 갑자기 허기가 밀려오는 느낌이었다. 호텔 반대편 저 안쪽으로는 간단한 음식을 먹을 수 있는 야외식당이 있었다. 입구에서 또 다른 가이드를 만나기 위해 잠시 기다리는 사이 갑자기 날이 흐리고 비가 오기 시작했다. 유적지 내에는 화장실이 없다는 안내를 받고 화장실에 다녀온 윤미가 낙담을 하고 나타났다. 선글라스를 잃어버렸단다. 유적 내에서 급하게 화장실을 찾을 경우 관람 중에도 다시 나와 이곳을 이용해야만 한단다. 물론 사용료는 유료다. 마침 비가 와서 그렇지 해가 떴다면 선

경사로를 오르는 초입의 환영 간판

셔틀버스 - 오른쪽은 굿바이 보이

글라스 없이는 고산의 태양열기를 참기 어려웠을 터였다. 쿠스코로 돌아가면 새 것을 곧바로 다시 사자고 위로하며 우리는 설레는 마음으로 입구로 올라갔다.

이 입구에서는 표를 팔지 않는다. 개별적으로 마추피추에 오면 표는 아구아스 갈리안테의 마추피추 문화센터에서 122솔(44$)에 구입해야 한다. 입장권에는 쓰레기를 버리지 말 것에서부터 시끄럽게 떠들지 말라는 등 10가지가 넘는 주의사항이 적혀 있다.

매표소를 통과하자 갑자기 날씨가 더욱 시커멓게 변하더니 굵은 빗줄기가 내리기 시작했다. 그러나 이제 죽기 전에 꼭 가봐야 할 명소 중에 하나인 마추피추를 볼 수 있다니 뛰는 가슴을 주체할 수가 없었다. 마추피추에서는 모기를 조심하라고 한

▲ 매표소

▼ 마추피추 입장권

다. 한번 물려서 잘못되면 병원에 실려갈 정도라는 것. 그래서 이곳만큼은 반팔, 반바지가 관람에 해로울 수 있다는 것이다. 마침 열대우림 기후라서 그런지 비가 쏟아졌고 오히려 운무에 싸인 마추피추를 더욱 신비스럽게 바라볼 수 있었다.

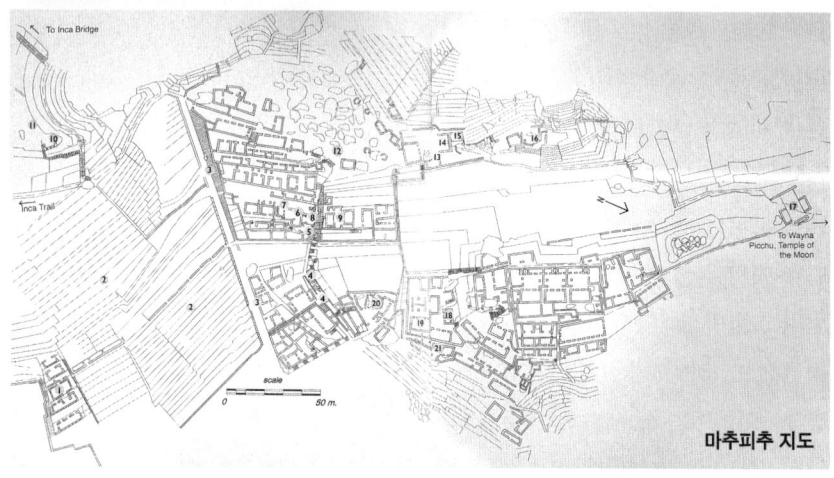

마추피추 지도

1 농경지 관리인의 집 (주 입구)
2 농경지
3 마른 해자
4 의식용 목욕탕
5 기본 목욕탕
6 태양의 신전
7 공주의 궁전
8 우물 관리인의 집
9 귀족 지역
10 파수꾼의 오두막
11 장의석
12 채석장
13 세 개의 창이 있는 신전
14 주 신전
15 성구실
16 인티와타나
17 신성한 바위
18 공동 구역
19 몰타르 건물
20 감옥 또는 콘도르 구역
21 인티마차이

매표소를 지나면 평평한 흙길이 이어지는데 계속하여 들어가면 마추피추 도시지역으로 들어가게 되어 있다. 이 길은 엄청난 규모의 계단식 농경지인 안데네스Andenes의 중간에 나 있는 것으로 우리는 이 길을 조금 더 나아가 곧바로 왼쪽으로 방향을 바꿔 산 위로 오르기 시작했다. 농경지 한쪽에 창고 건물들이 모여있고 짚으로 지붕을 덮은 관리인의 오두막이 나온다. 농경지 위쪽으로 계속하여 100m정도 올라가면 파수군의 전망대가 있다. 입구에

매표소를 지나며

농경지

서 꼭대기에 있는 파수군의 전망대까지 200m 정도를 오르는데 힘은 전혀 들지 않았다. 경작지의 계단이 무척이나 많았는데 막상 올라가 보면 쉽게 오른 느낌이었다. 위에서 내려다보는 경작지는 아찔할 정도다. 양옆에도 여전히 계단식 농경지가 펼쳐져 있다. 한 줌의 땅도 버려진 곳이 없이 철저하게 개간을 해 놓았다.

안데스에는 350여 종의 감자가 자란다. 잉카인들이 채식주의자들이었다는 것을 상기하는 것도 기억해 둘 만하다. 대부분의 마추피추 사진은 이 전망대에서 찍은 것이다. 마침 온 정상이 비구름에 휘감기며 주위가 어두워졌는데 구름 사이로 보이는 저 아래 우루밤바 계곡은 신비감을 드리우고 있었다. 농경지와 도시를 남쪽과 북쪽으로 나누는 것은 지금까지 올라온 높은 층계와 건물들의 방벽이다. 층계와 방벽 사이에는 수로가 있다. 농경지는 저지대와 고지대로 나뉘는데 위쪽은 잉카 트레일의 길로 또 아래쪽은 일반 관광객이 들어가는 길로 나뉜다.

운무에 휩싸인 파수군의 전망대

비구름이 벗겨지자 갑자기 환하게 시야가 트이면서 곧바로 사진에서나 보았던 낯익은 산이 눈에 들어왔다. 지금 서 있는 부분은 바로 계단식 농지의 꼭대기라는 것을 알 수 있었다. 이곳을 방문한 수많은 사람들이 너나할 것 없이 사진을 찍었던 바로 그 자리다. 비록 비는 오고 안개 구름이 저쪽 와이나피추Wyna Pichu(젊은 봉우리) 산을 어렴풋이 가리고 있긴 했어도 그 장관은 말로 표현할 수 있는 것이 아니었다. 이런 것을 보고 장관이라고 하는 것 같았다. 비구름이 드리워진 와이나피추는 신비감을 더하였다. 때마침 비구름도 바람에 쓸려 서서히 걷히고 있었다.

오래된 책자의 사진에서 보았던 이곳이 발굴되기 이전의 모습이 떠올랐다. 수풀에 숨겨져 간간히 석벽들이 드러나 보이던 사진! 당시 이곳을 처음 발견했던 히람 빙엄의 흥분되고 떨리던 기분은 얼마나 대단했을까! 사람은 아름다운 것을 보면 시간이 딱 멈추어 버린 듯한 착각을 일으킬 때가 있다. 대단한 감흥을 감당하기가 힘들다. 맑고 화창한 날씨는 아무래도 상관이 없었다. 빗속의 흐릿한 모습이 오히려 그 신비감을 더하고 있었다.

정상에서 내려가 마추피추의 여러 구역을 돌아보는 것은 오랜 시간이 걸렸으나 보다 자세히 보기 위하여 며칠이 더 필요할 것 같았다. 마추피추는 크게 농경지, 도심, 종교 지역의 세 부분으로 구성된다.

마추피추에서는 가이드의 설명을 들으며 옮겨다니는 방법이 좋을 수도 있다. 그러나 이것은 마추피추의 역사를 잘 모르는 경우에 한할 것이다. 이럴 경우 가이드의 설명이 없다면 이곳의 방문은 그저 커다란 돌 구조물을 보는 것 외에는 아무것도 아닐 수 있다. 하지만 어느 정도의 정보와 안목이 있다면 개별적인 감상이 더 인상적일 것이다. 예를 들면 인티와타나, 토레온 Torreon 신전 등 특별한 여러 곳에서 좀더 긴 시간 동안 나름대로 흥분된 감동을 느낄 수 있기 때문이다.

유적지에는 신전, 지성소, 공원 그리고 거주지(짚으로 된 지붕이 있는 집)를 포함하여 140개의 건축물이 있다. 백 개 이상의 돌 계단(종종 한 개의 화강암 블록으로부터 완벽하게 잘려진)의 그룹이 있고 수로에 의해 내부적으로 연결되어 있는 수많은 우물 그리고 원래의 관개 시스템을 위하여 설계된 바위를 관통한 배수로들이 있다. 물을 신성한 우물로부터 각각의 집으로 차례대로 끌어오는데 관개수로 시스템이 사용되었다고 제기하는 증거가 발견되고 있다.

마추피추

장의석

천천히 움직이며 농경지역에 있는 장의석을 본다. 관리인의 집 뒤에 있는 장의용 평판으로 시신을 올려놓고 장기를 제거한 후 건조한 산의 태양과 추운 밤을 지내며 미이라가 된다. 이 주변에서 매장이 이루어졌음을 알려주는 사람의 유골이 많이 발견되었다. 홈이 파져 있는 돌들이 주변에서 발견된 점으로 보아 그것들이 희생 제의 때 사용된 것으로 보인다.

농경지를 내려가면 시가지의 입구에 다다른다. 이곳에서 채석장을 지나 주 신전이 있는 광장으로 향한다. 이 채석장에서 돌들이 잘려지고 가공되었다. 도시의 중간 지점에서 완성되지 않은 채석장이 있는 것으로 보아 잉카인들이 도시를 매우 급작스럽게 떠난 것을 확인시켜 준다. 중요 유적을 자세히 보기에는 시간이 없다. 이곳에서는 누구나가 흥분된 모습이다. 도시구역은 중앙 광장을 중심으로 서쪽 구역인 아난 Hanan(윗마을)과 동쪽 구역인 우린 Hurin(아랫마을)으로 나뉜다. 서쪽은 신성한 구역으로 주로 인티와타나, 주 신전, 세 개의 창이 있는 신전 등 종교적인 건물이 세워진 반면, 동쪽에는 일반 백성들을 위한 주거지 같은 건물군으로 이루어져 있다. 종교적인 건물들은 그들의 태양신이며 가장 위대한 신성인 인티에게 봉헌되었다.

주신전인 사그라다 Sagrada 광장은 커다란 사각형의 마당으로 길이 11m, 너비 8m이다.

주 신전

히람 빙엄은 이곳에서 중요한 의식행사가 있었기 때문에 주 신전이라고 이름을 붙였으며 신전 바닥에서는 모래가 발견되었다. 이 신전은 남쪽을 향해 열려 있다. 사다리꼴 모양의 전형적인 벽감 위로 길게 쌓아진 돌벽들이 단단하게 결합되어 있다.

주 신전의 왼쪽 벽

왼쪽 벽의 마무리는 마치 두부를 자르듯 매끄럽게 마감 처리하였다. 오른쪽 부위의 돌들은 지진으로 인해 틈새가 심하게 벌어져 있었는데 금방이라도 무너져 내릴 듯 붕괴의 모습을 보이고 있는 것이 안타까웠다. 벌어진 모양새로 보아 잉카인들은 다른 특별한 공정없이 그저 돌을 짜맞추었음을 짐작할 수 있다.

주 신전 왼쪽으로 세 개의 창이 있는 신전이 있다. 이 신전에는 지붕이 있었던 흔적은 없다. 사다리꼴 형태의 세 개의 돌창문은 너무도 아름답게 맞추어져 있었다. 돌창문 사이로 광장이 내려다 보인다. 경치가 장엄하다. 이 신전은 주 신전과 함께 마추피추에서 가장 인상적인 건축물이다. 거대한 다면체가 조각되었고 밀리미터 수준의 정교성으로 접합되었다. 와이라나^{Wayrana} 형식(사각형의 돌로 단지 3면에 벽을 세운 형식)의 건축물 정면에 지붕을 지탱하는 중앙의 기둥 옆에 있는 커다란 문설주에는 세심하게 연마된 틀과 평평한 부분이 있는 조각된 석판이 있다. 창문 아래벽에 있는 거석은 단을 이루고 있다.

세 개의 창이 있는 신전

세 개의 창 바깥쪽으로 돌출되어 있는 석벽 또한 지진으로 인해 크게 틈이 벌어져 있는데 이 상태로 얼마나 더 많은 세월을 버틸 수 있을지 안타깝기만 하다.

언덕 꼭대기에 있는 신성한 광장의 인티와타나를 향한다. 첩첩이 솟아오른 봉

벌어진 석벽

우루밤바 강

우리들로 둘러싸인 절벽 아래에는 빗물을 한껏 머금은 우루밤바 강의 흙탕물이 세차게 흐르고 있다. 조금만 다리를 헛디디면 절벽 아래로 굴러 떨어지기 십상이다. 멀리 보이는 작은 다리만이 이곳에 사람이 다니고 있음을 보여주고 있는 깊은 산중이다.

방문객은 봉우리의 경사면 중앙에 있는 78개의 잘 다듬어진 계단을 통해 돌이있는 곳으로 올라갈 수 있다. 계단 왼쪽은 역시 작은 경작지이다.

광장의 건물들은 잘 가공된 돌들이 정교하게 짜 맞추어져 있다. 이 마당에서는 종교적 의식이 행해졌다. 인티와타나라는 돌은 몇 개의 테라스로 만들어진 언덕 위에 위치하고 있다. 계단의 끝 위쪽의 확트인 플랫폼에서 세 개의 층으로 조각된 화강암 바위를 볼 수 있다. 인티와타나 앞에 섰을 때는 누구나 느끼듯 무슨 알 수 없는 기운이 온 몸에 짜릿하게 들어오는 기분이었다. 나는 한동안 넋을 잃고 지난 시절을 상상해 보았다. 마지막 잉카가 스페인 정복자들을 피해 이곳에 피신하여 최후를 맞이했다는 이야기는 너무도 안타까운 일이었다. 이곳은 도시에서 가장 높은 지점 중의 한 곳이다. 사방을 둘러보는 경치는 그저 장엄할 뿐이다.

인티와타나는 중심부에서 36cm 높이에 북서에서 남동을 가리키는 사각형의 돌 출부를 볼 수 있다. 그것의 네 구석은 네 개의 분점을 향하고 있다. 인티와타나는 특별한 기능을 가지고 있다. 태양빛과 그림자를 사용하여 시간을 측정하고(지점

인티와타나로 오르는 계단

과 분점) 또한 제단으로 사용된다.

　잉카인들은 뛰어난 천문학자들이었다. 퀘추아어로 '인티'는 '태양'을 '와타'는 '년'을 의미한다. 그것은 잉카인들에 의해 세워진 천문학적 시계로 믿어졌다. 그러므로 이것은 태양년 관측소를 의미하고 있는 것이다. 그것은 또한 '태양을 붙들어 매는 곳'으로 불렸는데 왜냐하면 그곳 안에 태양이 붙잡힌다고 생각되었기 때문이었다. 3월 21일과 9월 21일 한낮에 태양은 전혀 그림자를 만들지 않는 기둥 위에 머물러 서 있는다. 6월 21일 동지 때 고위 신관은 황금원반을 인티와타나에 밧줄로 붙들어 매는데 이것은 상징적으로 태양을 붙잡아 또 다른 한 해의 계절주기를 위해 지구에 태양을 되가져 오는 것이다.

　샤먼의 전설들은 민감한 사람이 이 돌 앞에서 자기 이마를 문지르면 영적 세계를 볼 수 있을 것이라고 이야기한다. 남미에서 인티와타나석은 수많은 의식용 돌들 중의 하나이다. 스페인인들이 이곳을 발견하지 못했기 때문에 이 조각상은 다른 많은 의식용 돌처럼 파괴되지 않고 남아있을 수 있었다. 이것은 2000년까지 살아남았다. 한 맥주 회사가 비디오 촬영을 한 적이 있었는데 이 기간에 450kg의 크레인이 돌 위에 넘어져 돌 조각이 떨어져 나갔으며 커다랗게 균열이 생겼다. 회사는 자신들은 사고 책임이 없다고 말했지만 많은 사람들은 이 사고로 인해 많은 영들이 사라졌다고 믿는다.

인티와타나

중앙의 배수구멍

　그러나 지금까지 많은 가설에도 불구하고 이 돌의 정확한 목적은 알려져 있지 않다. 인티와타나를 뒤쪽으로 내려가면 또 다른 마당이 나온다. 이곳에는 마당을 에워싸고 있는 석벽 기단이 있는데 2/3 높이의 위치에 자유자재로 설계한 배수구가 인상적이다. 경이로운 모습이 아닐 수 없다.

　아랫쪽 북동쪽으로 10m 정도 내려가면 중앙광장이 나온다. 푸른 잔디가 빗물에 젖어 초록물이 떨어질 듯 너무나 선명하다. 날씨가 맑았으면 좋았을 것이라는 것은 기우에 불과했다. 물에 젖은 마추피추는 비구름에 그 모습을 감추거니 보여주거니 하며 지금 이 순간을 환상으로 점철시켜 주고 있었다. 이곳이 평화로운 시절에는 에덴동산이 아니었을까.

주 광장

광장 끝쪽에 짚으로 된 지붕이 있는 오두막이 있다. 잠시 서성대며 주위를 살폈다. 대광장을 지나 건너편의 귀족 거주구을 지난다. 계속하여 아래로 내려오면 기술자의 거주구역에 이른다. 이 지역에 서있는 전형적인 문은 그 안쪽으로 곧바로 같은 구조가 계속 이어져 맨 끝쪽의 부등변 사각형의 창문까지 일직선상에 이어져 있다.

직선상에 연결되어 있는 문들

다시 계속하여 아래로 내려갔다. 공동구역이 있는 곳이다. 공동구역은 낮은 계급의 사람들이 살았던 곳이다. 이곳에는 창고 건물들과 사람이 살 수 있는 단순한 집들이 있다. 잉카제국에서는 법을 어기는 자에게는 중형을 내렸다고 한다. 이곳 감옥에는 돌 의자가 있는데 여기에 무릎을 꿇고 앉아 팔을 약간 벌려 돌에 있는 구멍에 손을 넣어 고리를 채우면 꼼짝을 못하게 되어 있다.

감옥

다시 위쪽으로 조금 올라가면 주 도시의 정상 부근에 태양의 신전이 있다. 경사지며 둥그런 모양으로 쌓아올린 아름다운 석벽이다. 태양의 신전으로 올라오면 여러 단계로 세워진 건물지역이 이어진다. 이 건축물은 반원형의 모양이고 지름 10.5m에 자연적인 곡선이 섞인 모양의 화강암 블록이 견고한 바위 위에 세워졌다. 이것은 고도로 연마된 다면체로 구성되어 있는데 몰타르 없이 쌓여진 놀라운 석조 가공 기술이다. 이 건물에는 각 구석에 돌출된 혹이 있는 두 개의 사다리꼴 창문이 있다. 그리고 북쪽 면에는 쿠스코의 코리칸차 신전에서와 아주 흡사하게 문설주에 구멍이 있는 조심스레 조각된 문이 있다. 스페인의 역사가는 문 안에 황금과 진귀한 보석이 박혀 있었다고 이야기한다. 안쪽에는 제단으로 사용하기 위해 가공된 것으로 추정되는 튀어나온 커다란 바위가 있다.

태양의 신전

태양의 신전은 토레온 신전이라고도 하는데 천문관측소로 사용되었다고 한다. 천상의 플레아데스 별자리의 위치가 하지 때 태양의 위치와 가깝기 때문에 창문이 다른 창문에 들어맞게 설치되었다. 플레아데스 별자리는 오늘날에도 경작과 날씨의 예견과 관련이 있다. 신전의 왼쪽으로 사각형의 테라스가 있으며 프리즘 모양의 장식용 못이 교차하고 있는 아홉 개의 의식용 출입구들이 있다. 태양이 떠오르면 그 빛이 창문을 통해 비춘다. 춘분 때 빛이 들어오는 모습을 보고 파종의 시기를 알려주었다고 한다. 그러나 이러한 이론들에도 불구하고 태양의 신전의 정확한 용도는 알려져 있지 않다. 어떤 연구가들은 이곳에서 숭배된 신이 잉카의 최고신인 비라코차였을 것이라고 가정하기도 한다.

이 신전의 아래에는 능묘가 있다. 기념비적으로 크고 음침한 방은 내부가 둥근 천장으로 되어 있으며 그림들이 새겨져 있는 조각된 조상이 있다. 놀라운 석조 가공 기술은 여전히 내 머리를 갸우뚱하게 만들었다. 마치 두부를 자르듯 석공의 마음 먹기에 따라 원하는 대로 돌들을 자르는 기술은 지금도 그 방법을 이해하지 못하고 있다. 한 개의 돌을 계단형으로 가공한 것은 산을 형상화한 것이라고도 이야기되는데 이것은 동굴이 산의 숭배와

사다리꼴 창문

관련이 있다는 가설을 상기시킨다. 삼각형의 석실은 잉카의 왕들을 미이라로 만들어 안치하는 곳으로 추정하고 있다. 또는 의식이나 희생 제의를 하는 데 사용되었을 것이다. 이곳에서 100개 이상의 해골이 발견되었는데 80%가 여자의 것이었다. 이 사실은 마추피추가 고위 신관과 선택된 여자들이 살았던 곳으로 추정하게 한다. 또한 어떤 민간전승에는 이곳이 잉카가 태어난 곳이라고도 한다. 그러나 이러한 가정에도 불구하고 마추피추의 진짜 목적은 아직 확인되고 있지 않다.

능묘

능묘 옆에는 놀라울 정도로 정비가 잘 되어 있는 샘물이 있다. 그런데 이 샘물의 수로체계가 말로 표현할 수 없을 정도로 정교하다. 샘물은 작은 도랑을 따라 여러 단계로 흘러내리고 있었다. 도랑은 여러 돌들을 깎고 다듬어서 수로를 낸 것인데 그 기술은 경탄할 만하다. 돌에 홈이 있어 그 사이로 물이 흘러내리고 있다. 이것은 마추피추 거주민들의 유일한 생명수이다. 이 샘물은 지하수인데 경작을 위하여 수로를 통해 흐른다. 이 물은 그때 이래로 끊임없이 흘러내리고 있다.

샘물 수로 사진

계속하여 왕족 구역으로 간다. 이곳에는 귀족을 위한 지구가 있다. 경사면을 따라 줄지어 위치하고 있는 집들과 아마우타스 Amautas(현명한 사람들)의 주택들이 붉은 벽으로 특성화되어 있다. 그리고 누스타스 Nustas(공주들)의 지역은 잉카 건축에서 보기 힘든 2층 건물이다. 공주의 방은 사다리꼴 모양을 하고 있다.

이리 저리 한참을 돌아다니다가 도시의 남쪽, 태양의 신전과 왕의 궁전 사이에 있는 우물 앞에 잠시 앉아 휴식을 취했다. 마침 이곳에서 일본인 단체관광객 중 한 젊은 여성이 고산병에 극심히 시달리고 있었다. 현지 가이드가 매우 걱정스럽게 그녀를 돌보고 있었는데 속히 관람이 끝나 빨리 내려가는 방법밖에는 아무런 조치가 없다. 그녀의 마음속에는 자기로 인해 다른 사람들이 피해를 입지 않게 하려는 노력이 더해져 있을 터였다. 고산병 자체만으로도 그녀의 고통이 어떤지 알고 있는 나로서는 안타깝기 그지없는 마음뿐이었다.

우루밤바 계곡

발 아래로는 저 멀리 한참 아래 깊은 계곡에 우루밤바 강물이 S자형으로 굽이치

기차역

며 세차게 흘러가고 있었다. 당시에 저 아래에서 지나다니던 사람들이 과연 이 높은 봉우리에 사람들의 거주지가 있을 것이라고 상상이나 했었을까?

　계곡 좌측 하단에 타고 왔던 페루레일의 파란색 기차가 어렴풋이 계곡의 철길 사이로 보이고 있었다. 우루밤바 강을 가르는 작은 다리가 보이고 있으며 마을은 울창한 숲에 가려 보이지 않는다.

　오른쪽 산 경사면으로는 버스로 힘겹게 올라왔던 지그재그길이 마치 칼로 베어낸 듯 선명하게 보이고 있다. 샘물 앞에서 바라본 장엄한 경치의 감회를 뒤로하고 아래로 내려왔다. 오른쪽 벽을 끼고 걸어가면 저 멀리 농경지가 눈앞에 나타난다.

버스로 올라오는 길

농경 지구

경계에서 본 마추피추

계속하여 걸으면 마른 해자다. 이곳은 농경지를 구분하는 것으로 사실상 마추피추의 경계선이라고 볼 수 있다. 마추피추는 이렇게 농업지역과 도시 지역으로 크게 나뉜다. 도시지역은 'U'자 모양이며 거리와 계단을 포함한 수직의 공간이 있는 두 개의 거대한 건축지역이 있다. 멀리 도시보다 약 400m 높은 와이나피추의 모습이 보인다.

농경지의 건물들 사이를 빠져나와 지붕에 짚을 얹어 놓은 주거지 사이를 걷는다. 뒤돌아보면 얼기설기 쌓아올린 돌벽과 지붕 사이로 도시의 모습이 보이는데 옛날 이곳의 주민들도 매일같이 이러한 모습을 보며 생활을 했으리라.

입구로 되돌아 나오는데 아저씨의 부축을 받은 서양아주머니가 도시가 시작되는 지점의 아랫쪽 계단 옆의 벽면을 붙들고 한 발 한 발 내딛는 안쓰러운 모습이 보

농경지의 건물들

건물들 사이에서 본 모습

계단식 밭

였다. 이 계단은 급경사면에 만들어져 있다. 고소공포증이 분명했다.

　인생에 한번 와보는 것이 꿈인 사람들일 것이다. 그녀가 마침내 주저앉는 모습이 보이는 순간 나는 고개를 돌렸다. 수많은 사람들이 와 보고 싶은 이곳! 나는 계속하여 사방을 두리번거렸다. 언제나 다시 올 수 있을까. 이곳은 실제 존재하는 세상이 아니었다. 이제 타임머신을 타고 다시 현실로 돌아와야 했다.

　마추피추를 나와 정문 옆에 있는 가게에서 치킨버거로 점심을 먹었다. 20솔을 지불했다. 날씨는 다시 화창해져 강렬한 태양이 작렬하고 있었다. 셔틀버스를 타고 아구아스 칼리안테 마을로 내려온다. 이내 곧 버스 안이 소란스러워진다. 바로 굿바이 보이를 만난 것이다. 180도로 굽이치는 내리막길을 돌 때마다 어린 소년은 먼저 내려와 손을 흔든다. 아까 올라올 때의 아이보다는 훨씬 작은 체구의 아이였는데 그가 몇 번 손을 흔드는 모습이 익숙해지자 마음 한구석에는 측은한 마음도 일어났다. 나는 얼른 지갑에서 동전을 챙겼다. 아래에 다 내려와 아이가 버스에 올

먼저 내려와 손을 흔드는 굿바이 보이

버스가 도착한 후의 굿바이 보이

랐을 때 많은 사람들이 박수를 보냈다. 버스 제일 앞좌석에 앉아있던 나는 제일 먼저 아이의 손에 동전을 쥐어 주었다.

계곡을 세차게 흐르는 강물

다리를 건너 오른쪽이 기차역이다

버스에서 내려 길옆 도로 난간에 잠시 앉아 강물을 내려다보았다. 마을 중심을 가로질러 흐르는 우루밤바 강의 거친 흙물이 무서울 정도로 세차게 흘러내리고 있었다. 오전에 비가 온 것과 아마도 관련이 있었을 것인데 물살의 세기가 예사롭지 않았다. 마추피추는 입장권을 자유롭게 구입할 수만 있다면 이 마을에 며칠을 머물면서 두어번 더 보고픈 유적지였다. 그러나 그렇지 못하기에 이곳이 일생에 단 한번밖에 올 수 없는 특별한 곳이기도 할 것이다. 기차 시간이 되기 전에 마을의 모습을 하나라도 더 구경을 해야겠기에 피곤한 발걸음을 옮겨본다.

돌아오는 기차는 3시 30분에 출발한다. 기차를 기다리는 여행객들은 유적지의 추억을 담아갈 목적으로 모두 역 앞에 몰려있는 기념품 가게들을 둘러보고 있었다. 마추피추 길을 따라 큰 시장이 있고 기차역 정면에 큰 수공예품 시장이 있다. 시장의 규모는 크지 않았지만 미로처럼 이어져 있었다.

기념품의 종류가 아주 다양하다. 마추피추뿐 아니라 퀘추아족과 관련된 민속 문양을 나타내는 소품들이 눈길을 사로잡는다. 몇 푼 되지 않는 작은 동전 지갑들은 천으로 만든 것, 비닐로 만든 것 등으로 여행객의 손길을 끄는 데 하자가 없다. 어떤 상점은 손으로 직접 그린 티셔츠를 파는데 가격이 다른 것보다 아주 비쌌지만 매우 독창적이다. 나무 껍질을 깎아 모자이크처럼 붙여 마추피추를 정교하게 표

기념품 상가

현한 그림이 있는데 와이나피추의 모습이 사람의 얼굴을 닮아 있어 깜짝놀랄 지경이었다. 그림을 세워놓고 보니 영락없는 사람의 옆얼굴이었다.

나무로 붙여 만든 그림

너무나 유명한 유적지여서 다른 곳보다는 더 비싼 곳이긴 했지만 우리가 느끼는 체감 가격은 역시나 매우 저렴했다. 6솔짜리 동전 지갑을 하나 살 때는 주인아주머니가 오늘 개시를 했다며 매우 기뻐한다. 벌써 3시가 넘었는데 참 순수한 사람들이다.

기념품 상가 안

돌아오는 기차에 올라 앉아 있는데 조금 후에 우리 맞은편 자리에 남아공에서 온 커플이 앉았다. 릭키는 체격이 아주 크고 잘생겼으며 다이엔은 대단한 미인이었다. 40대로 보이는 그는 개인사업을 하며 시간만 나면 외국으로 여행을 한다고 했다. 인사를 나누고 나니 자연스럽게 대화가 이어졌다.

남아공 커플

그는 오얀타이탐보에서의 추억을 이야기했다. 사실 이곳은 쿠스코의 일정에서 매우 애매한 위치를 차지하고 있다. 오얀타이탐보는 마추피추를 가는 도중에 있어 이 유적지를 방문하려면 최소 1박을 해야 하기 때문이다. 현실적인 대안으로써 삭사이와망을 포함하는 시내 주변 관광을 하는 것으로 결론을 내렸지만 아쉬움이 큰 결정이었다. 그는 그곳의 석조 유적에 대해 당시의 기술로는 그러한 작업을 할 수 없다고 강하게 주장했다. 무언가 우리가 알 수 없는 종류의 기술로 바위가 절단되고 우리 시대와는 달랐던 천문 배열에 따라 건축물의 위치가 정해졌다고 열변을 토했다. 그는 마추피추의 채석장 근처에서 찍은 바위 사진을 보여주며 바위 절단 방법을 설명했다. 하지만 이것은 근래에 다른 연구가가 실험한 흔적에 불과한 것이다.

이야기가 한층 무르익자 옆에 앉아있는 다이엔도 큰 눈을 말똥거리면서 릭키의 말을 자랑스럽게 거들고 있었다. 아마도 잉카 역사에 대해 잘 아는 사람들이었다면 다소 황당하게 들릴 법한 이야기지만 고개를 끄덕이며 흥미롭게 듣고 있는 우리들에게서 자극을 받았는지 릭키는 종이 위에 그림까지 곁들이며 생각을 설명했다. 지구가 비스듬히 기울어져 태양계를 공전하기 때문에 섭동이라는 천문현상이 생기며 고대에 남미에서 태평양의 여러 섬으로 갈대배로 항해가 가능했다는 등 예사롭지 않은 상식을 가지고 열변을 토한다. 나는 이들의 생각이 서양인의 시각에서는 여러 다양한 생각들 중의 하나일 거라는 생각을 했다. 그만큼 우리와는 다르게 일반 대중에게 교양으로써 역사의 다양한 관점을 접하고 있고, 또 그러한 사회적 분위기가 발달해

▲ 거석 절단 방법을 보여주는 사진

제9일 - 마추피추 | 211

있기 때문일 것이다. 우리의 교육도 천편일률적인 사고에서 빨리 벗어나 보다 다양한 사고의 영역으로 확장될 수 있기를 마음속으로 바래본다.

　통로 오른쪽에는 미국에서 온 아주머니가 있었는데 자리에 앉자마자 쿠스코에 돌아올 때까지 연신 불평을 늘어놓는다. 이 아주머니는 체격이 꽤 컸다. 자리가 너무 비좁다는 것이다. 관광객을 위한 것이라면 서양 사람들의 체형에 맞게 좌석이 좀 편해야 한단다. 마주보고 앉아 있는 서양 남자들도 체격이 몹시 컸었는데 내가 봐도 매우 힘들어 보였다. 좌석을 편하게 하려면 좌석 수를 줄여야 하는데 그러면 일부나마 관광수입이 줄어들 것이므로 이는 조만간 해결될 문제는 아닌 듯싶었다.
　갑자기 음악 소리가 들리더니 멋지게 차려입은 남녀 모델들이 화사하고 세련된 옷을 입고 객실로 들어온다. 자세히 보니 이들은 모델이 아니라 기차에서 서빙을 하던 승무원들이다. 모두들 환한 웃음을 보이며 통로를 무대삼아 우아하게 걷는다. 알파카로 만든 의상들의 즉석 패션쇼를 하는 것인데 승객들의 반응이 꽤 괜찮은 것 같다. 마치 기내의 면세품 판매 시간과 비슷하다. 물론 이 기차 내에서의 가격이 시중 가격보다는 매우 저렴하다는 설명은 빼놓지 않는다. 몇몇 관광객이 옷감을 만져보는 등 관심을 표하기는 했지만 판매가 이루어지진 않았다. 승무원들은 그저 자기 일에 충실하며 연신 웃음진 얼굴이다. 관광객들도 고무된 듯 박수를 치며 다소 무료한 시간을 달랜다. 즐거운 시간이었다.
　밖은 이미 어두워졌는데 쿠스코로 내려가는 언덕에서 보는 야경은 매우 아름다웠다. 붉은 불빛이 끊임없이 반짝거렸다. 아침의 택시기사가 마중을 나와 우리를 픽업했으나 우리는 호텔로 가지 않고 바로 광장에 내려 식사를 하기로 했다.
　현지인들의 저녁을 먹기 위해 광장 주변을 돌아보기로 했다. 그런데 호텔에서 내려와 골목 끝에 다다라 광장으로 나오는 곳에서부터 현지인들이 자녀들로 보이는 아이들과 함께 메뉴판을 들고 다니며 호객을 하는 것이었다. 처음에는 귀찮았지만 가만히 생각해보니 이들은 이렇게 외국인들을 소개시켜 주며 식당으로부터 얼마만큼의 소개료를 받는 것처럼 보였다.
　계속 쫓아와 메뉴판을 들고 '세뇨르, 세뇨리타(아저씨, 아가씨)'를 외치기에 못 이기는 척하며 한 아주머니가 소개시켜 준 음식점을 향했다. 30m 정도 전방에 있던 집의 2층이었는데 베란다 쪽은 이미 먼저 온 손님들이 앉아 식사를 하고 있었다. 이곳은 광장에서 보이는 아치형 구조가 있는 건물들 중의 한 곳이었는데 발코니가 보이는 건물들의 2층은 거의 모두가 음식점이었다.

식당의 2층 발코니

다소 지저분한 듯한 골목 입구에서 곧바로 2층으로 올라오니 넓은 음식점 내부는 매우 잘 꾸며져 있었다. 사실 아랫층의 그 골목은 더 깊이 들어가면 무슨 안 좋은 일이 일어날 것처럼 불안스런 모습이었

코카차

다. 시내에서는 가능하면 현지인이 많이 있는 거리보다는 여행객이 많은 거리를 거니는 것이 안전에 도움이 될 것이라는 느낌이 들었다. 음식의 가격은 이곳 시세로 조금 비싸긴 했지만 어쨌든 저렴한 식사임에는 틀림이 없었다. 페루의 음식은 닭, 돼지고기, 갈비, 밥 등 선택할 수 있는 것이 다양하다. 주인에게 특별히 권하고 싶은 음식이 있는지 묻고 나서 두 종류의 음식을 시킨다. 차는 물론 코카차다. 커다란 유리컵에 코카 잎이 둥둥 떠 있는데 양도 참 많다. 맛은 그저 녹차와 별반 차이가 없는 것 같다. 코카 잎의 종류는 200개가 넘는다고 한다. 그런데 코카차가 정말로 고산병에 듣는 건지는 아직까지도 의문이다. 창문으로 내다보이는 광장은 또 다른 풍경을 보여주고 있었다. 커다란 음식점에 손님은 세 테이블이 있었는데 이렇게 큰 음식점이 운영되는 것이 조금 신기할 정도였다. 식사를 하는 동안 주인은 일하는 사람들과 모여 앉아 이야기를 나누고 있었는데 모두 가족들처럼 보였다.

제10일(수)
잉카 박물관

빵과 잼으로 간단한 호스텔 아침을 먹었다. 옆자리에는 어제 독일에서 온 커플이 지도를 펼쳐놓고 식사를 하고 있었다. 일주일을 머물러도 모자랄 이곳을 오늘 떠나야 하는 우리로서는 괜히 부러운 생각이 들었다. 운치 있는 나무창문을 열어 놓았는데 흙색의 기와 지붕들이 정감 있게 펼쳐 있는 바깥 경치가 너무나 아름다웠다. 이렇게 약간 높은 위치에 있는 호텔에 투숙하는 것은 매우 잘한 일이라고 생각되었다. 간단히 미소로 인사를 나눈 우리는 허겁지겁 방으로 돌아와 짐을 정리해야만 했다.

호텔의 식당

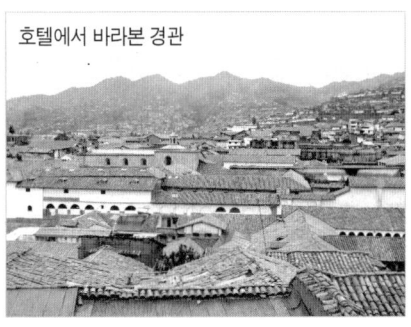
호텔에서 바라본 경관

곧바로 체크 아웃을 한 우리는 12시까지 공항에 가야 하기 때문에 오전 동안 짐을 맡겼다. 시내의 박물관을 천천히 돌아보기로 했다. 대성당 옆에 있으며 쿠스코의 고고학 박물관으로도 알려진 잉카 박물관에 들렀다. 이제 막 문을 여는 시간이어서 입장객이 하나도 없었다. 외국인들을 겨냥해서 그런지 입장료는 1인 20솔로 저렴하지 않았다.
박물관에 들어서면 식민 시대의 전형적인 저

잉카 박물관 안뜰

잉카왕의 인형

택의 모습이 인상적으로 펼쳐진다. 파란 잔디가 빗물을 머금어 짙게 드리워져 있다. 중앙에는 분수가 있어 당시 이 건물의 중요도를 상상할 수 있다. 전시실 입구로 들어서면 잉카왕의 모습을 한 인형이 관람객을 반긴다. 스페인화된 잉카의 왕과 왕비의 벽화가 눈길을 끈다. 왕은 오른손에 지팡이를 들고 있는데 이것은 여러 문명권에서 부족장이나 왕의 권위를 상징하는 것이다. 중동의 신화에서 모세가 지팡이를 들고 있는 모습이나 예수가 목동의 지팡이를 들고 있는 모습들이 이러한 관습과 어떤 관련이 있지는 않은지 흥미있는 일이다.

잉카의 왕과 왕비 그림

박물관은 잉카 이전과 식민지 시대 등 시기별로 잉카의 역사를 개괄적으로 볼 수 있는 시스템이었다. 각 방들은 화살표 방향으로 쭉 따라가며 관람할 수 있도록 되어 있다. 전기를 절약하기 위해서인지 사람이 각 방에 들어서면 그때 감지기가 작동하여 저절로 조명이 들어오고 있었다. 이곳은 그냥 스쳐 지나가며 유물들을 감상해서는 안 될 곳이었지만 시간이 충분치 못한 바쁜 여행객에게는 언제나 갖게 되는 아쉬움일 수밖에 없었다. 겉보기와는 다르게 박물관은 전시품들이 꽤 많이 있었으며 그 내용도 매우 충실하게 꾸며져 있어 이곳을 놓쳤다면 매우 후회했을 듯싶었다.

변형된 두개골을 전시하고 있었는데 이러한 풍습은 고대 이집트에서도 유행한 일이었음을 상기해 볼 때 이들의 선조들이 먼 옛날 서로 직접적인 접촉이 있지 않았나 하는 의문을 갖기에 충분했다. 또한 뇌수술을 시행했던 흔적이 있는 두개골은 경이로움까지 불

변형된 두개골 모습

제10일 - 잉카박물관 | 215

러일으켰다. 아마도 고대의 다른 문명에서와같이 마취 성분의 약초를 사용하여 수술 작업이 진행되었을 것이다.

뇌수술 흔적

잉카 박물관에는 선 - 잉카문명과 잉카문명으로부터 이들 안데스문명에 대한 정복 시대까지 페루의 역사를 총망라한 최고의 예술품들이 있다. 전시품들은 도자기, 직물, 보석, 미이라 그리고 나무로 조각되어 꼼꼼하게 채색된 잉카의 술잔(케로 Qerro)들의 흥미있는 수집품(세계에서 가장 크다는 평판이 있는)이다.

케로

박물관은 잉카문명을 잘 설명해 주고 영어 설명도 있다. 이 집은 한때는 프란시스코 알드레테 말도나도 장군의 궁전이었고 때문에 이것의 공통된 명칭은 '장군의 궁전' 이다. 궁전 자체는 집주인의 중요도를 보여주기 위해 현관이 최상으로 장식되어 있어 쿠스코에서 가장 좋은 식민지 시대 주택의 하나이다. 집은 17세기 초기 다른 잉카 궁전의 꼭대기에 세워졌다.

미이라

안뜰에는 여자들이 전통 직물을 짜는 스튜디오가 있다. 전체 관람을 위해 1시간 반에서 두 시간이 소요된다. 특히 장례풍습과 관련한 전시도 눈길을 끈다. 엄마와 함께한 어린아이의 미이라는 가장 이목을 끄는데 꼭 살아있는 사람들 같은 정감을 느끼게 한다.

어린아이 미이라

비가 부슬 부슬 내리기 시작하자 정원 마당에 직조기를 설치하고 잉카 고유의 직물을 짜려는 인디헤나들이 2층 처마가 튀어나와 있는 아래로 자리를 옮기고 있었는데 아직은 이른 시간이라 그런지 관람객은 몇

잉카 박물관의 알파카 털을 직조하는 원주민

명 보이지 않았다.

　잉카 박물관을 나와 계속해서 전형적인 잉카의 골목 길을 몇 십 미터 걸어 지나오면 아주 아담한 광장이 나온다. 이곳에 황금 유물을 전시하고 있는 선-콜롬비아 미술 박물관이 있다. 날이 갑자기 흐려져 빗방울이 날린다. 골목길에 인디헤나 원주민 여인들이 빗물을 피해 좁은 인도를 걷고 있다. 전통복장을 하고 알파카 천으로 된 보따리를 등에 메고 걸어가고 있다. 잉카의 골목과 원주민 여인들! 시대는 지금 16세기를 보여주고 있다.

　페루 안데스의 남성은 폰초 Poncho를 입는다. 거의 모든 퀘추아 남자들과 소년들은 일반적으로 붉은색의 섬세한 문양이 있는 폰초를 가지고 있다. 각 구역에서는 그들 폰초에 특별한 문양이 있다. 폰초는 털 모포로 되어 있는데 가운데 구멍이 있어 머리가 나오게 하여 뒤집어 걸치는데 무릎까지 감싸진다. 모포로도 대용되

골목길

는데 화려한 색상과 기하학적 문양이 특색이다. 또 조끼 같은 바예타 Bayeta를 입는다. 그들은 출로 Chullo라는 털실로 뜬 귀마개가 있는 모자를 착용한다. 어린이가 받는 최초의 출로는 전통적으로 아버지가 짜 준다. 고대로부터 남자들은 추스파스 chuspas라고 부르는 작은 가방을 메고 다녔는데 코카 잎을 가지고 다니는 데 사용했다. 나름대로 원주민들 삶의 일면을 볼 수 있어 흡족했다.

나사레나스 Nazarenas 광장은 정원 같은 아주 작은 광장으로 쿠스코 시의 가장 역사적인 중심지의 한 곳이다. 이곳에 카브레라 집 Casa Cabrera이 위치해 있다. 건물은 잉카 벽의 돌들을 차용하고 있는 건축양식을 하고 있어 제국 도시의 구조를 여전히 보전하고

선 - 콜롬비아 박물관

있다. 이 곳은 1450년경에는 잉카의 의식을 행하는 궁전이었다. 1580년 정복자 알론소 디아스 Alonso Diaz의 저택이었던 이 집은 카브레라 백작이 매입한 때인 1850년까지 산타 클라스라 콘벤트 Santa Clasra Convent로써 알려졌다. 오늘날 그의 문장이 있는 갑옷은 집의 정면에서 여전히 볼 수 있다. 2003년 6월에 선 - 콜롬비아 미술 박물관으로 복원되었다.

박물관으로 들어섰다. 1인 10솔. 이 특이한 역사적 기념물은 고대 페루 문화의 예술을 부흥시키기 위해 헌정된 유일한 박물관이다. BC 1250년에서 AD 1532년까지의 선 - 콜롬비아 시대의 450여 점의 걸작품들이 2층 건물의 11개 전시실에 소장되어 있다. 회랑들은 방문객들이 선 - 콜롬비아 예술에 감탄할 수 있게 최신의 가장 높은 수준으로 설계되었다. 그것들은 리마에 있는 라르코 Larco 박물관 보관소에 있던 45,000 품목들에서 페루의 유명한 화가와 예술 역사가에 의해 선정되었다.

전시실은 황금과 진귀한 금속 세공품, 뼈와 조개 속에 들어있는 보석들로 가득하다. 전시실은 나스카, 모체 Moche(BC 300~AD 800), 와리 Wari(AD 500~900), 찬카이 Chancay, 치무 Chimu(AD 900~1470) 그리고 잉카문화를 포함하는 다양한 문화들을 주제별로 구분해 놓았다. 찬란한 잉카의 황금 유물이 전시되어 있는가 하면 또한 나무 조각상의 특별한 전시실과 식민시대의 회화작품들이 있는 전시실이 있다. 1층 전시실의 황금으로 된 정교하고 화사한 갖가지 장신구들은 어두운 실내공간에서 노란 조명을 받고 있는 모습이 마치 오늘날의 고급 귀금속 판매점의 판매대를 보는 것처럼 훌륭한 것이었다. 금 세공사는 언제나 고관들을 위한 제례와 관계되었다. 이것은 죽은 자가 저승을 갈 때 황금 장신구로 치장을 하고 가야 한다는 강

한 믿음을 보여준다. 이것들 외에 박물관은 보석과 은
으로 만든 수많은 각종 장신구들을 전시하고 있다. 은
이 미국의 백금처럼 자연의 여성성을 나타내는 것으로
그 중요성 또한 매우 컸는데 페루에서 은의 전통은 안데
스 고원지역에서 발견되는 것처럼 BC 1500년 전으로
거슬러 올라가는 것으로 매우 오래되었다.

▼ 나스카의 채문토기

　아담한 정원 한쪽으로는 카페테리아가 자리를 잡고 있었는데 이른 시간이라 손
님은 없었다. 입구 쪽에 있는 작은 기념품 코너에는 많지는 않지만 다양한 물건들
이 전시되어 주인을 기다리고 있었다. 비닐로 싼 책들도 몇 권 있었는데 자세히 보
니 잉카 가르실라소가 정복시기에 쓴, 구하기 힘든 책 '잉카의 왕실 해설 The Royal
Commentaries of the Incas' 이 눈에 띄었다. 이 책은 당시 페루에서 자랐던 그가 보고
들은 모든 것을 기록한 것이다.

　여기서 한 가지 언급하고 싶은 이야기가 있다. 페루에는 '투팍 아마루 Tupac
Amaru 해방 운동' 이라는 사건이 있었다. 1780에 일어난 이 봉기는 스페인인들에게
매우 위협적이었다. 투팍 아마루(1742~1781)는 쿠스코 출신의 메스티조였는데
그의 조상 중에 최후의 잉카 투팍 아마루의 딸이 있어 그의 본명인 호세 가브리엘
Jose Gabriel에 덧붙여 불렀다고 한다. 투팍 아마루의 반란은 왕권에 대한 대중 반란

투팍 아마루의 처형

은 아니었으나 양민의 힘을 얻
은 그 양상이 과격해졌으므로
결국 군대에 진압되었고 투팍
아마루는 가족과 함께 처참하게
처형되었다.

　그가 가르실라소의 책을 보고 혁명사상이 고취되었다고 해서 이로 인해 그의 책
은 금서조치가 취해졌다. 상점의 얼마 안 되는 책 중에 이 책이 눈에 들어오자 마치
횡재를 한 것 같은 기분이 들었다. 그런데 특이하게도 이곳의 책값은 다른 물건들
에 비해 매우 비싸다는 생각이 들었다. 책의 종류가 다양하지 않고 별로 없기 때문
일까. 이곳 사람들 중에 문맹이 많아 책의 판매량이 많지 않은 이유도 있을 것 같았
다. 무엇을 사도 그 가격이 비싸건 싸건 간에 판매하는 사람들은 모두가 친절한 것

이 우리네 사람들과는 매우 다르게 느껴졌다. 천성이 모두 착하게만 보였다.

가르실라소(1539~1616)는 저명한 페루의 역사학자이고 잉카의 역사, 문화 그리고 사회에 대한 그의 기여가 첫 번째로 인정되는 작가이다. 비록 모든 학자들이 동의하지는 않지만 많은 사람들은 가르실라소의 언급을 가장 완전하고 정교한 것으로 생각한다. 가르실라소 데 라 베가라는 동명의 다른 스페인 작가가 있다는 사실 때문에 그는 간단히 '잉카 가르실라소' 라고 더 잘 알려져 있다.

가르실라소는 1539년 4월 12일 페루의 쿠스코에서 태어났다. 스페인의 귀족과 잉카 왕실에 뿌리를 둔 태생으로 그의 아버지는 스페인 정복자의 대장 세바스찬 가르실라소 데 라 베가였다. 또한 어머니는 강력한 잉카 투팍 유판퀴의 증손녀(질녀가 아님)인 잉카의 공주 이사벨 수아레즈 침푸 오클로 (또는 팔라 침푸 오클로Palla Chimpu Ocllo)였다. 가르실라소는 어머니와 10년을 함께 살았고 퀘추아어와 스페인어를 배웠다. 1560년 아버지가 죽었을 때 그는 재산을 상속받았으며 스페인을 여행하기로 결정했다. 아버지가 어머니를 버린 후에 그의 어머니는 후안 데 페드로체와 다시 결혼했고 두 딸을 낳았다. 쿠스코에서 토착 퀘추아어를 하는 가르실라소는 잉카의 생활, 역사 그리고 스페인의 정복에 관하여 글을 썼다. 그의 작품은 '잉카의 왕실 해설' (1961년 '잉카인들' 이라고 영어로 완역됨)로 출판되었다. 이 책에는 그가 1616년 4월 23일 스페인 코르도바에서 죽었다고 기록되어 있지만 존재하는 문서들이 정확하지 않아 이 날짜도 정확하지 않다.

▲ 잉카의 왕실 해설

그는 1561년에 스페인에 도착했고 그의 후견인이 된 큰아버지 알론소 데 바르가스를 만나 몬틸라로 여행했다. 그는 아버지의 공민권에 대한 공인을 구하기 위해 마드리드로 곧바로 여행했다. 그는 아버지가 죽은 후에 스페인에서 교육을 받았다. 당시 스페인인과 아메리카의 토착민들 사이의 결혼은 스페인에서 공인되지 않았다. 가르실라소는 여왕을 위한 그의 충성에 대한 보답을 받기 위해 스페인 법정에 그의 사건을 제출해야 했다. 스페인에서 그에 대한 불합리함에 격분하고 그의 잉카 뿌리에 자랑스러워하던 그는 '잉카'(이 문서에서 '잉카'는 일반 사람들이 아닌 오래된 통치 그룹을 언급한다)라는 이름을 취했다. 그는 1570년에 스페인 군대에 들어가 알푸자라 산맥에서 무어에 대항해 싸웠다. 그는 대위 계급을 받았다. 그는 1591년까지 몬틸라의 마을에서 살았으며 이후 코르도바에서 죽었다.

1570년 그는 첫째 아들을 얻었으나 아이는 아주 어린나이에 사망했다. 그리고 그는 적어도 1651년까지 생존한 그의 둘째아들 디에고 데 바르가스를 얻었는데 1590년에 그의 '왕실 해설' 복사를 도와주었다. 두 아이의 엄마는 가르실라소의 두 명의 하인들이었다.

그는 21살에 스페인의 비공식 교육에서 최고 등급을 받았을 정도로 머리가 우수했다. 그가 스페인에서 쓴 유명한 '잉카인들의 왕실 해설'은 1609년 리스본에서 출판되었는데 이것은 그가 어린아이였을 때 쿠스코에서 잉카 친척들에게서 들은 이야기에 기초하고 있다. 그는 어머니의 친척으로부터 잉카의 일상 생활에 관한 이야기를 들었다. 책은 두 부분으로 나뉘는데 첫 번째는 잉카인의 생활이고, 두 번째는 1617년에 출판된 스페인의 페루 정복에 관한 것이다.

수년 뒤에(1780) 식민 강압에 대항하여 투팍 아마루 2세에 의해 실행된 봉기가 힘을 얻었을 때 책의 '위험한' 내용 때문에 카를로스 3세의 칙령은 출판뿐 아니라 리마에서의 배급을 금지했다. 가르실라소의 입장은 잉카왕들은 자애로웠으며 파차쿠텍 이전 시대에도 잉카가 강력한 국가였다고 왜곡할 뿐 아니라 잉카 왕들을 지나치게 미화한 점은 책의 오점이기도 하다.

책에서 그는 잉카에 의해 강요된 조공과 노동 체계에 관한 정확한 정보들을 주고 있다. 불행하게도 잉카 종교와 그것의 점진적인 팽창에 대한 그의 묘사는 자신 고유의 과거에 대하여 기독교적인 관점에 의해 길러진 것이다. 하지만 그의 작품은 엄청난 문학적 가치가 있고 단순히 역사적 연대기로만 고려되어서는 안 될 정도이다. 그의 작품의 특이한 점은 그의 모계 가족이 지배계급의 잉카였고 그럼으로써 그는 모두가 잘 먹고 행복한 나라를 통치한 자비로운 지배자로 잉카를 묘사하고 있다는 것이다.

그러나 훗날의 연구는 이 이상적인 관점을 부인한다. 예를 들면, 잉카 시대에 인신공희에 대한 아무런 언급이 없다. 이것이 그의 잉카 조상들을 좋은 면에서 묘사하려는 고의적인 시도인지 아니면 인생 대부분을 스페인에서 살았음으로 해서 발생한 단순한 무지였는지는 알려져 있지 않다.

1950년 쿠스코의 주 경기장 에스타디오 가르실라소 데 라 베가 Estadio Garcilaso de la Vega는 그의 이름을 따서 지었다. 그리고 그의 초상과 페루의 집이 그려져 있는 화폐가 70년대 10솔짜리 지폐로 유통되었다.

책을 사고 나와 며칠 동안 살펴보지 못했던 기념품 가게들이 몰려 있는 곳으로 걸어갔다. 거리에서 간간이 몇몇 아가씨들이 '마사지! 마사지!' 하며 손님을 호객하고 있었다. 관광객이 많은 곳이라 그런지 현대의 저급한 상행위가 이곳까지 스며들어 와 있는 모습은 조금 쓸쓸하기도 했다. 그런데 또 다시 고산증 증세가 나타나기 시작했다. 어지러운 듯하면서 시야가 멍해지는 증상인데 그 자리에 주저앉고 싶은 불안한 느낌이 들었다. 첫날 느꼈던 증상보다는 조금 덜하기에 참고 견딜만 했으나 나는 결국 대성당 앞 계단에 한동안 앉아 있을 수밖에 없었다. 이곳에 앉아서 보이는 세계의 배꼽, 쿠스코의 모습은 여전히 너무도 아름다운 모습이었다. 멕시코에서도 느낀 것이지만 이 지역은 일교차가 매우 심하다는 것이다. 더울 때는 태양이 너무 강렬하고 추울 때는 몸이 으스스 떨릴 정도였다. 사실 호텔에서의 밤도 가벼운 옷을 껴입고 자야 할 정도로 쌀쌀했다.

우리는 기념품 가게에 들어가 어디서나 쉽게 볼 수 있는 알파카로 만든 모자가 달리 스웨터를 구입했다. 알파카는 남아메리카에서 가축화된 낙타의 한 종이다.

라마

알파카

외관상 작은 라마를 닮은 알파카는 해발 3,500~5,000m의 고도인 에콰도르, 남부 페루, 북부 볼리비아 그리고 북부 칠레의 안데스에서 일년 내내 방목된다. 알파카는 라마보다는 작고 라마와는 달리 짐나르는 짐승으로는 사용되지 않는데 그 털만을 유일한 가치로 여긴다. 알파카는 목에 털이 더 많다. 알파카 털은 양의 양모처럼 니트나 짠 제품을 만드는 데 사용한다. 이들 제품에는 담요, 스웨터, 모자, 장갑, 스카프, 다양한 섬유 제품, 남아메리카의 폰초, 양말, 코트 그리고 다른 나라에서의 침대 제품을 포함한다. 털은 페루에서 52가지의 자연색상으로 분류되는데 호주에서는 12개, 미국에서는 16개로 분류된다. 알파카는 귀가 곧바른데 라마는 바나나 모양이다. 이들 차이 말고도 라마는 키가 평균 30~60cm 크고 전체적으로 알파카보다 크다. 스웨터의 가격은 매우 저렴했지만 당연하게 약간의 흥정을 통해 가격을 깎을 수 있었다.

우리는 한적한 광장 중앙으로 나아가 벤치에 앉기로 했다. 이쁜 꽃들이 녹색의 잔디와 어울려 한없이 아름다운 벤치다. 이제 세계의 배꼽에서도 가장 중심에 앉아있다. 광장 주변의 모습을 둘러보는 기분도 꽤 운치 있었다. 광장 중앙에는 아담하고 이쁜 분수가 시원하게 물줄기를 내뿜고 있다. 정말 아늑하고 사랑스런 곳이다.

광장의 분수

언덕 뒤에 보이는 그리 높지 않은 파란 산에는 잔디를 다듬어 그 유명한 '비바 페루' 라는 커다란 글자가 새겨져 있었는데 나중에 가기로 계획을 세운 나스카 Nazca의 문양이 머리에 떠올랐다. 이 글자는 정당의 선전 문구이다. 글자를 모르는 사람이 보면 멋있어 보이기도 한데 그래도 산에다 저

산 중턱의 비바 페루 글씨

렇게까지 하는 것은 문화 차이로 이해를 해야 할 것이다.

호스텔로 돌아가 보관한 짐을 챙긴 후 프론트에서 택시를 불렀다. 공항으로 가는 길은 커다란 아쉬움으로 몰려온다. 떠나기 싫은 곳이다. 우리는 쿠스코의 냄새도 다 맡지 못한 채 떠나가고 있는 것이다. 시간이 정지한 이 곳, 세상의 부댓김 없이 역사만이 남아있는 곳, 이곳에 살고 있는 사람들은 얼마나 행복할까라는 우둔한 생각을 잠시 해본다.

차창 밖으로 내다보이는 아담한 시내는 우리나라의 어느 시골마을 같다. 저 언덕 위로 그저 흙 벽돌로 아무렇게나 지어진 듯한 가정집들이 보이는데 따스한 햇볕과 함께 아늑하게 보였다.

택시가 공항으로 가는 길로 들어섰는데 중앙이 분리되어 있는 4차선 도로가 곧바로 길게 이어져 있었으며 차들은 별로 없었고 길 양옆에는 거의 단층집들이 한적하게 주욱 계속되고 있었다. 양옆에 아무렇게나 펼쳐져 있는 평원 사이로 저 멀리 작으나마 관제탑이 보이는가 싶더니 어느덧 택시는 공항 주차장으로 들어섰다. 작은 시골마을의 버스 터미널보다도 작아 보이는 공항이다.

2층에 올라가 식당을 찾았다. 아직도 고산증 증세는 사라지지 않고 있었다. 이 증세가 있으면 식사도 불가능할 정도의 몸 상태가 된다. 식사를 주문하지 않고 1인 10솔 하는 스프만 주문했는데 오히려 훌륭한 점심 식사가 되었다. 이곳의 음식은 양이 많기 때문인데 스프는 우리나라의 국과 같아 한 끼의 식사로 충분했다. 푸노는 쿠스코에서 버스로 약 7시간 소요된다. 하루를 벌기 위해 우리는 애초부터 비경제적인 수단을 선택했다. 최고급 관광버스 요금이 1인 25달러 정도이다.

작은 공항에는 의외로 사람들이 많이 북적대고 있었다. 마침 학생들로 보이는 청소년들이 단체로 여행을 하고 있었다. 훌리아카 Juliaca로 가는 사람들이 이렇게 많은 건가 하고 의아해했지만 이곳의 비행기는 국내를 경유하는 비행기로 리마에서 쿠스코, 쿠스코에서 아레키파, 아레키파에서 키토 등으로 비행을 하기 때문에 시간이 다소 소요되는 것이었다. 여기서도 물론 공항세를 지불했다. 날씨 때문인지 또 다시 비행 연기를 알리는 방송이 나오고 있다. 이런 일은 항상 일어나는 일이지만 길어야 두 시간 이내면 좋겠다고 마음속으로 기원해 본다. 다행스럽게도 한 시간 정도 후에 비행기는 이륙할 수 있었다.

훌리아카 주변의 경관

훌리아카로 가는 도중의 상공에서 바라보는 풍경은 드넓은 파란 평원에 군데 군데 늪지대 같은 작은 호수들이 보이는 듯했으며 날씨가 흐려서 그런지 조금 삭막해 보이기도 했다. 이 구간은 버스와 철도가 다 가능한 구간이다. 여유있는 여행객들이 버스와 철도를 이용하면 조금 불편은 하겠지만 보다 많은 체험을 하게 될 것은 분명한 일이다. 우리는 40여 분을 비행한 후 훌리아카 공항에 착륙했다.

훌리아카의 공항은 잉카 망코 카팍이라는 이름의 아주 작은 국제공항이다. 이 나라는 망코 카팍이라는 이름을 아주 많이 사용한다. 웬만한 탈 것들에서 이 이름을 보는 것은 매우 쉬운 일이다. 이 작은 공항의 활주로는 라틴아메리카에서 가장 길다고 한다. 현재 란LAN 항공과 란페루(아레퀴파, 쿠스코, 리마)가 운항한다. 공

훌리아카 상공

제10일 - 잉카박물관 | 225

항 주변에는 비행기가 한 대도 보이지 않는다. 우리가 지금 막 타고 내린 항공기만이 횅하니 외롭게 서 있었다.

훌리아카 공항

날씨는 금방이라도 비가 올 듯 무척 흐려 있었다. 로비에는 원주민 악단이 환영의 음악을 연주하고 있다. 발길이 급한 우리는 이들의 연주를 들을 틈도 없이 푸노행 차량을 확인하기 위해 밖으로 나왔다.

공항에서 나오자 마자 현지인들이 호객을 한다. 저마다 자기 차에 타라고 푸노를 외치는데 우리도 그 중 아무에게나 요금을 물어보았다. 1명에 10솔이라는 말을 듣자마자 OK라고 대답하며 그가 가리키는 곳으로 갔다. 9인승 승합차가 있었는데 상태는 매우 낡았다. 마침 차체에 '투어' 라고 쓰인 흰색의 깨끗한 마이크로 버스가 출발하는 모습이 보였는데 안에는 서양인들이 타고 있는 것으로 보아 관광객 수송을 위한 버스 같았다. 궁금하기도 했지만 가격이 더 비쌀 것이라고 추정하며 이 현지인 차가 빨리 출발하기만을 기다렸다. 10여 분 더 기다리고 있었는데 이제 인원이 꽉 차 남은 자리가 없었다. 우리만 빼고 나머지는 전부 현지인이었다.

입구라고 할 만한 특별한 문도 없는 공항 주차장을 나오니 끝없는 평원 위에 나 있는 곧바른 아스팔트 길이 보였다. 이곳에서 푸노까지는 약 45km로 차로 40분 거리이다. 저 멀리 대학교 간판이 보인다. 훌리아카시 대학인 안다나 대학인데 학생들의 모습은 별로 보이지 않는다.

휑하니 황량한 벌판에 한 원주민 아주머니가 어린이의 손을 잡고 어디론가 걸어가고 있다. 흙먼지가 이는 마을로 접어드니 이곳이 바로 훌리아카였다. 자전거 앞에 리어카를 달아맨 듯한 탈것인 페디캡 Pedicab이 택시처럼 거리를 달리고 있었고 주변의 집들은 낡은 간판이 걸려 있었으며 원주민들과 현지인들이 듬성 듬성 거리

훌리아카 시내

작은 광장

를 오가고 있었지만 길이 좁아서 그런지 교통은 아주 혼잡했다. 아주 작은 광장이 나타났는데 중앙에는 아이를 안고 있는 원주민 여자의 작은 동상이 있다. 나름대로 복잡한 광장 지역을 벗어난 승합차는 계속하여 길을 재촉했다.

훌리아카는 페루의 푸노 지역에 있는 도시로 해발 3,825m 높이의 고원에 있다. 이 지역의 가장 큰 도시이며 산 로만 San Roman 도의 수도이다. 그것은 코야오 고원 Collao Plateau 에 있으며 티티카카 호수에 가깝다. 방목은 가죽 제품, 섬유와 더불어 최대의 산업이다. 또한 이곳에서 양모 무역은 가장 규모가 크다. 훌리아카 거리에서 사람들은 원하는 것을 뭐든지 저렴한 가격에 살 수 있다. 물론 소매치기는 항상 조심해야 한다. 이곳은 또한 페루에서 가장 매력적이지 못한 도시들 중의 하나일 것이다. 시내 대부분의 건물들이 곧 폐허가 될듯이 삭막하고 언제나 '건축 중'의 상태에 있는 모습이다. 황량한 평원의 찬바람은 낯선 이에게 도시의 모습을 스산하게 보이게 한다. 이런 매력없는 모습에도 불구하고 훌리아카는 티티카카 호수로 가는 가장 가까운 공항이 있으며 푸노, 아레퀴파 그리고 쿠스코를 연결하는 철도와 고속도로가 있다. 훌리아카로부터 시작되는 도로들은 또한 티티카카 호수의 북쪽을 따라 감싸는 구불구불한 시골길을 따라 볼리비아로 가는 노선을 만든다. 페루의 대부분의 도시들과는 달리 아르마스 광장은 비록 교회와 시청이 있긴 하지만 이 도시의 주 광장이 아니다. 대부분의 음식점, 호텔 그리고 은행들은 기차역이 있는 보로그네시 광장 주변에 있다.

차창 밖으로 보이는 경치는 온통 드넓은 평원이다. 이 평원은 다른 곳과는 다르

푸노로 가는 황량한 고원

게 황량함 그 자체였다. 비가 왔는지 아니면 원래 그런 것인지 군데 군데 넓은 물 웅덩이들이 계속 보였다.

　같은 경치가 지루하게 느껴질 즈음 얼마를 지나 왔을까 자동차는 위쪽으로 경사진 오르막을 달리고 있었다. 이 언덕을 넘으면 푸노라는 느낌이 들 정도로 오가는 사람들이 종종 눈에 띄기 시작했다. 이윽고 거의 제일 높은 곳이라고 생각되는 곳을 지나치려니 좌측으로 돌로 된 몇몇 구조물들이 보이는데 사람들이 군데 군데 모여 있었다. 나중에 안 것이지만 이곳은 현지인들이 향을 피우며 신께 무언가를 기원하는 장소라고 했다. 이곳을 지나치자 마치 고개를 넘은 것처럼 차는 아래쪽 경사로를 향하게 되었는데 저쪽으로는 둥그런 만이 보였으며 만 아래로부터 언덕 중턱까지 단층의 작은 집들이 성냥갑처럼 붙어있는 것이 우리나라의 달동네 같아 보였는데 그 경치는 특별한 분위기를 자아내고 있었다.

　푸노('잠자는 장소' 라는 뜻)는 페루의 남동쪽에 있는 도시로 티티카카 호수 해변에 위치하고 있다. 도시는 1668년 스페인 총독에 의해 설립되었다. 오늘날 푸노는 중요한 농업 및 목축(남미의 낙타인 라마와 알파카) 지역이다. 푸노의 많은 집들이 주변 도시들처럼 절반만 완성되어 있다. 이것은 거주민들이 세금을 내지 않기 때문이다. 대부분의 도시 경제가 볼리비아로부터 밀수되는 값싼 상품들에 의한 암

푸노 시내의 철길

시장에 의존한다. 마을의 시장은 매우 발달해 있다. 푸노는 특별 경제 구역으로 선포되었다. 또한 푸노는 페루의 민속 중심지로 댄스 등 풍부한 예술적 문화적 표현물들로 가득하다. 일년 내내 매월 음악과 댄스의 축제들이 거리를 메운다. 이들 축제 중 가장 유명한 것은 2월에 열리는 '촛불의 성모 Virgen de la Candelaria' 축제이다. 유명한 악귀 댄서들이 나오고 그 의상들은 매우 생생하고 장관을 이룬다. 비용은 제한되지 않는다. 11월의 첫째 주에는 푸노시의 설립을 기리는 축제가 열리고 연중 매 일요일 아침에는 아르마스 광장에서 군대행진과 음악 등의 행사가 열린다. 11월 4일과 5일, 푸노의 날에는 풍성한 행진이 있고 가면을 쓴 댄서들은 망코 카팍과 마마 오클로가 티티카카 호수에서 나왔을 때인 잉카제국의 태동을 찬양한다.

차는 매우 경사가 심한 골목길로 접어들었는데 잠깐 동안 계속 내려가니 벌써 아래쪽에 도달해 있었다. 길 한가운데로 페루레일이 지나는 철길이 가로지르고 있다. 아무렇게나 철길을 건넌 차는 재래시장이 있는 곳에 정차하더니 승객 일부를 하차시켜 주었다. 하차지역을 모르는 우리는 그저 남미의 어느 도시든 중심지역에 플라자 Plaza가 있음을 알고 플라자에 내려달라고 하자 기사는 여행객인 우리를 알아보고 근처의 호텔을 소개시켜 주겠다고 한다. 물가가 싼 페루이고 또 푸노는 국경의 외진 곳이기

푸노 호텔

때문에 숙박비에 부담도 별로 없고 해서 기사의 배려에 동의했다. 푸노에 가면 그곳에 익숙해질 때까지 첫날은 별 3개 정도의 호텔에 묵는 것이 도둑을 예방할 수 있다고 가이드 책은 말하고 있다. 빌레나 호스텔이었는데 깨끗했지만 이곳에서는 그래도 일반인들이 묵기에는 가격이 저렴한 것은 아니었다. 1박 60솔에 아침은 별도 1인 5솔이었다.

검소한 로비

주인은 콧수염을 멋있게 기른 40대 아저씨였는데 매우 바쁘게 움직이는 친절한

광장위 대성당

십자가

사람이었다. 나중에 알았지만 비용을 아끼려는지 일하는 사람은 없고 주방의 나이 든 원주민 아주머니와 청소하는 여자 그리고 근무를 교대할 아들이 있었다. 투숙객은 몇 팀 없는 듯했다. 그런데 짐을 풀고 3층으로 올라오는데 머리가 어지럽다. 또 고산병이 살짝 오는 것 같았다. 지금은 바깥 날씨도 추위를 느낄 정도다. 방 안에 들어오자 기운이 썰렁하다. 온몸으로 한기가 몰려 들어온다. 그런데 같이 올라온 아저씨는 화장실에 들어가 변기받침을 설치하고 있다. 참 이상한 시스템이다. 물품관리를 하는 것 같은데 이 정도로 심각한 상태라니…. 오랜만에 세탁물을 맡겼는데 1Kg에 10솔에 불과했다. 순박해 보이는 주인아저씨에게 내일의 우로스 Uros 섬과 시유스타니 Sillustani 투어 예약을 부탁했다. 가격은 특별히 비싸 보이지 않아 곧바로 확정을 지었다. 우로스 섬 투어가 1인 25솔, 시유스타니 투어가 1인 25솔이었다. 세탁물을 맡겼는데 무게를 보더니 7솔이란다. 저녁 식사를 위해 밖으로 나왔다.

호텔은 바로 아르마스 광장 옆에 있었다. 광장은 규모가 아주 작았다. 중심에는 언제나처럼 역시 웅장한 성당이 있다. 성당 왼쪽 벽에는 예수상이 있었는데 가까이 가보니 검은색의 나무 십자가에 옷을 입히고 망치 등 잡다한 물건들로 장식을 해 놓았으며 중앙에는 예수의 초상을 걸어놓아 멀리서 보면 마치 예수가 서있는 듯한 모습이었다.

광장 아래로는 잔디를 예쁘게 가꾸어 놓았는데 다채로운 꽃들과 함께 성당의 모습이 더욱 아름답게 보였다. 날씨는 여전히 흐려 있었는데 서서히 부슬비가 내리기 시작했고 꽤 쌀쌀했다. 으스스 떨릴 정도여서 웃옷을 껴입고 번화가로 걸어갔다. 남미의 날씨는 종잡을 수 없다. 겨울은 분명 아닌데 헛갈린다. 광장 모퉁이에 관광안내소가 있었는데 유니폼을 입은 여직원들은 매우 친절했다. 국경도시 데사구아데로Desaguadero로 가는 버스 시간을 확인한 후 사람들이 북적이는 리마 거리로 걸어 들어갔다. 그리 길지 않은 거리였지만 좌우로 온갖 종류의 음식점과 기념품 가게들이 이어져 있었으며 식당 앞에서 음식 안내가 있는 팜플렛을 들고 호객을 하는 사람들이 많이 있었다. 거리는 푸노를 방문한 모든 여행객들과 현지인들이 어우러져 매우 복잡했다.

상가가 있는 곳을 향해 가기로 했다. 날씨가 줄곧 흐린 듯 맑은 듯하여 윤미는 선글라스 때문에 고생을 하지 않아도 되었다. 우리는 안경점을 찾아 상가건물로 들어가 다닥다닥 붙어있는 가게들을 기웃거리며 돌아다녔다. 가게들은 매우 영세하게 보였다. 어렵게 발견한 작은 안경점에 들어서니 아주머니가 방에서 나온다. 선글라스 종류가 몇 개밖에 없다. 썩 내키지는 않지만 그래도 어느 정도 마음에 드는 선글라스를 들어 가격을 물어보니 매우 저렴하다. 아니 우리에게 그저 싸게 느껴지는 것일 테지만…. 바로 흥정을 하고 구입하였다. 아주머니도 갑자기 동양인이 들어와 곧바로 물건을 사는 것이 기뻤을 테지만 왠지 물건을 팔아준 우리가 오히려 기분이 좋아졌다. 쿠스코를 떠나면서 그동안 선글라스를 사려고 해도 마땅히 파는 곳을 찾을 수 없었다. 앞으로 있을 여정에 필수적인 선글라스를 다시 구입하자 한시름 놓은 우리는 기분이 아주 좋아졌다.

광장 앞의 정원

이제 주린 배를 채워야 할 시간이다. 짧은 리마 거리를 왔다갔다 이리저리 두리번거리기를 여러 차례 했지만 마땅한 음식을 찾지 못했는데 사실 우리는 빨리 호텔로 돌아가

쉬고 싶은 마음이 더 많았다. 거리에서 호객하는 사람들의 팸플릿은 가격이 그리 저렴하지 않아 별로 내키질 않았을 뿐더러 설령 식당에 들어가도 손님들이 많았기 때문에 시간도 꽤 걸릴 것 같았다. 어쨌든 무엇을 먹을지 쉽게 결정이 되지 않았는데 또 중국 음식점이 눈에 띄었다. 오랜만에 입맛에 맞는 볶음밥을 먹기로 했다. 언제나 그렇듯 이곳의 음식은 엄청나게 양이 많아서 이번에도 1인분을 시켰는데 둘이서 반 이상을 먹지 못했다. 주인은 중국인이었는데 현지인들은 워낙 먹는 양도 많을 뿐 아니라 게다가 더 달라고 하기 때문에 음식량이 많다고 한다. 사실 말이 볶음밥이지 맨밥이나 다름없었으며 우리나라에서 나오는 단무지나 춘장 같은 별도의 반찬도 없었다. 맨밥을 먹는 느낌이었는데 '시장이 반찬'이라고 많이 먹었다고 생각했는데도 절반은 남았다.

오늘도 긴 하루가 지났다.

제11일(목) 우로스

　7시 30분에 느긋하게 기상했다. 천천히 식당으로 내려가 아침 식사를 했다. 식당은 나름대로 꽤 크고 운치가 있었다. 벽면에 걸린 커다란 그림이 매우 강렬한 인상을 풍긴다. 빵과 잼 그리고 코카차 또는 우유가 전부다. 검소하지만 맛있는 아침식사다.
　9시에 투어가 시작되므로 호텔 프론트에 잠시 앉아 있노라니 벌써 여행객들을 태운 소형 버스가 입구에 도착했다. 오늘 우로스 섬 여행을 함께 할 일행들이었다. 이들 중에는 사진 찍기를 매우 좋아하는 러시아 커플도 있었는데 아주 재미있는 사람들이었다. 남자는 빡빡 밀어버린 머리가 유난히 눈에 띄었으며 커다란 체격을 가지고 있었다. 여자는 아마도 고산병과 지독한 감기에 시달리고 있었는지 계속 재채기를 하며 힘들어 한다. 차는 5분도 채 안 되어 부두에 도착했다. 푸노의 항구는 어딘가 어수선한 모습이었다.

푸노의 유람선들

　작은 배들만 보이는데 모든 유람선들이 대부분 티티카카 호수의 우로스와 타킬레 Taquille 섬으로 관광객을 실어 나르는 것 같았다.

▼ 푸노의 안내지도

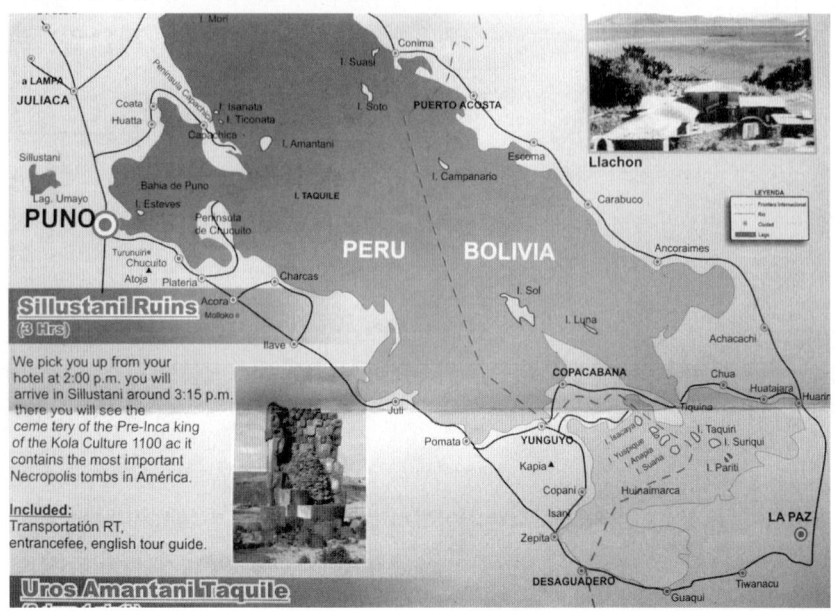

유람선 안에서의 연주

　우리가 탄 작은 유람선에는 세계 각지의 여행객 20여 명이 승선했다. 좌석에 앉아 배가 출항하기를 기다리는데 기타와 비슷하게 생겼으나 크기가 작은 페루 전통 악기인 차랑고를 메고 안타라^{antara}라고 불리는 팬플루트를 든 현지인이 운전석 쪽으로 나가더니 음악을 연주하기 시작했다. 특유의 안데스 음악이 울려 퍼지자 그야말로 분위기는 흥분되기 시작했다. 두어 곡의 즉흥연주가 끝나자 아름다운 선율에 감동한 우리가 동전을 꺼내 흔쾌히 건네주자 다른 사람들도 동전을 건넨다.

　배는 곧바로 출항을 시작했다. 날씨는 여전히 어둡게 흐려 있다. 사진에서 보아 온 새파란 하늘을 오늘은 기대할 수 없는 것이 못내 아쉬울 따름이다.

　푸노 항이 점점 멀어지며 배는 곧 호수에 떠 있는 갈대 무리들을 지나며 저 멀리 보이는 우로스의 떠 있는 섬을 향해 나아가고 있었다. 주변에는 오고가는 현지인들의 작은 보트들이 제각기 자기 갈 길을 가고 있었으며 또 다른 유람선들이 호수를 헤치고 나아가고 있었다. 부두 저편의 산꼭대기 경사면에는 쿠스코에서 본 것과 같은 커다란 문자들이 새겨져 있는데 이것 역시 무슨 정치적인 슬로건이 아닐까 생각되었다.

유람선

40여 분이 지나나 우로스 섬이 가까이 다가왔다. 갈대로 만든 집들과 배들이 장난감 나라에서나 볼 수 있듯이 신비롭게 보였다. 원색의 전통 옷을 입은 원주민들이 눈에 들어왔고 퓨마의 머리를 하고 있는 갈대배들이 정박되어 있다. 어떻게 저런 빛깔의 옷이 있을 수 있는지 색상들이 너무나 강렬하다.

갈대섬에 살고 있는 이들은 이제는 너무도 잘 알려져 오지라고 할 수 없을 정도였고 정말로 더 이상 신비로운 기운은 없어 보였으며 그저 잘 정리되고 독특한 관광테마 같은 씁쓸한 마음이 들었다. 하지만 매일같이 세계의 관광객들을 만나는 그들이지만 이제는 어느 정도 적응이 되었을만도 할 터인데 굉장히 수줍음을 많이 타는 모습이 역력했다.

우로스 섬

배는 박수를 치며 환영하는 원주민들 섬의 부두에 정박했고 사람들은 가이드의 안내에 따라 토토라 Totora를 맛보며 섬의 유래에 대해 설명을 듣는 시간을 가졌다. 토토라는 남아메리카(특히 티티카

배의 접안을 돕고 있는 원주민들

원주민 가족

카 호수에서)와 태평양의 이스터섬에서 발견되는데 커다란 갈대류의 유명한 식물이다. 어떤 사람들은 토토라가 우로스섬 사람들의 주식이라고 말한다. 이스터섬의 라파누이 사람들은 토토라를 수영 보조용품으로 사용한다. 잉카인들은 바다를 항해하는 배의 지붕을 만드는 데 살아있는 토토라 식물을 사용한다. 주변에는 몇 안 되는 거주 가정에서 직접 손으로 만든 여러 가지 간단한 수공예품들을 밖으로 내다 놓은 좌판이 벌어져 있었다. 넓고 푸르른 호수와 신기한 모습의 섬 풍경이 어우러진 풍경은 세상과는 동떨어진 것 만큼은 확실하였다.

설명을 위한 지도

토토라 시식

토토라에 대한 가이드의 설명이 끝나고 우리는 또 다른 갈대 보트를 타고 다른 마을이 있는 섬으로 갔다. 10여 명이 갈대배를 탔고 40대로 보이는 건장한 원주민이 노를 저었다. 갈대배는 꽤 견고하게 만들어진 듯했다. 바닥이 물기에 조금 젖은 듯했지만 짧은 거리를 오고가는 데는 무리가 없는 듯했다. 앉은 자리는 예상 외로 편안했다. 관광객 모두의 얼굴은 한결같이 즐거운 표정들이다.

갈대배 이동

　우로스는 푸노의 티티카카 호수에 위치한 42개의 자체적으로 만든 떠있는 인공섬에 살고 있는 선 - 잉카인의 한 그룹의 이름이다. 우로스는 마른 갈대 다발의 배를 만들 때 사용하는 토토라 식물을 사용하여 만들었다. 비록 몇 백 명이 여전히 섬에 살고 있지만 오늘날 우로스 후손들은 약 3,000명이 생존해 있다. 이들은 안데스의 두 종족인 퀘추아나 아이마라^{Aymara}족과는 전혀 다른 종족이다. 이들은 태양신 비라코차의 자손이 되고자 하는 오랜 전통을 지닌 인디헤나들과 전설적인 티아휘나코 문명의 후손들이라고 알려진 아이마라 인디헤나들이 섞여 있다. 겨우 30m 폭의 작은 섬들은 단지 2~3채의 집이 있는 반면에 큰 섬들은 10가족의 집이 있다. 현재 가족당 2~3명의 아이들이 있다. 우로스는 또한 그들의 주검을 본토의 특별한 묘지에 묻는다. 섬에 거주하는 목적은 본래 방어적인 수단이었고 만일 어떤 위험

갈대배 두 개를 하나로 묶었다

이 있을 때면 그들은 이동했을 것이다. 큰 섬들에는 거의 모두가 갈대로 만들어진 관측 망루가 있다.

우로스는 본토의 아이마라족과 무역을 하고 혼인하며 아이마라어를 쓰기 위해 결국 우로스 언어를 버린다. 아이마라어는 잉카시대 이전의 언어이다. 약 500년 전 그들은 자신들 본래의 언어를 잃어버렸다. 잉카인들에 의해 정복된 이 선-잉카 문명 사람들은 세금을 내고 수시로 노예들을 제공해야 했다.

호수에서 자라는 토토라 갈대들의 밀집된 뿌리들이 섬을 지탱한다. 섬들은 호수 바닥에 막대기를 박아 여기에 밧줄을 묶어 정박시킨다. 호수 바닥의 갈대는 빨리 썩어버리기 때문에 위쪽에 새로운 갈대들을 계속하여 보충해 준다. 이 작업은 갈대가 보다 빨리 썩는 우기 때 특히 중요하다. 섬은 약 30년간 유지된다. 우로스에 있는 대부분의 음식물과 약품 또한 이들 갈대 주변에 있다. 갈대를 벗길 때 드러나는 아래쪽 흰 부분은 요오드로써 주로 먹는다. 이 흰 부분은 추요chullo(아이마라어)라고 불리는데 이는 갑상선종을 예방한다. 페루의 안데스 사람들이 거친 기후와 배고픔을 달래기 위해 코카잎에 의존하는 것처럼 우로스 사람들은 같은 방법으로 토토라 갈대에 의존한다. 통증이 있을 때는 갈대를 통증 부위에 감싸 통증을 흡수한다. 그들은 또한 갈대꽃으로 차를 만든다. 지역 사람들은 메기 같은 물고기를 잡는데 최근에 호수에는 외부 세계에서 들여온 두 종류의 물고기가 소개되었다. 그것들은 1940년 캐나다에서 온 연어와 아르헨티나에서 온 킹피쉬다. 사람들은 또한 갈매기, 오리 그리고 홍학 같은 새들을 사냥하고 섬 위에 그들의 소를 방목한다. 그들은 또한 매년 10여 개의 섬에 상륙하는 수많은 관광객들에게 수공예품을 파는 노점을 운영한다. 그들은 푸노 본토에서 그들이 필요로 하는 상품들이나 다른 음식물들을 얻기 위해 토토라 갈대를 물물교환한다. 음식은 돌을 쌓아 올려놓은 불로 요리한다. 용변을 위한 작은 '화장실' 섬이 본 섬 근처에 있다. 바닥의 뿌리는 쓰레기를 흡수한다.

기념품 판매

이러한 우로스 섬에도 최신의 기술이 소개되어 있다. 모터 달린 보트들, TV 같은 설비들을 가동하기 위하여 태양전지판이 있는 집들이 있고 본 섬에는 우로스에서 하루에 몇 시간 동안 음악을 들려주는 FM 라디오 방송국이 있다. 전통 학교와 기독교 교회에서 운영하는 학교가 있는 몇몇 섬에서는 초등교육이 이루어지고 있다. 학년이 높거나 대학생들은 종종 푸노 근처 본토의 학교로 들어간다.

또 다른 섬에 이르러 주변을 둘러보았다. 작은 매점이 있었는데 그 앞에 몇몇 아낙네들이 옥수수를 팔고 있다. 하나 사먹었는데 알맹이도 큼직한 게 딱딱하지도 않고 정말로 맛이 있다. 접안 지점에는 원주민 아저씨가 퓨마 머리를 하고 있는 갈대배 안에서 열심히 작업을 하고 있다. 아니 작업이

▲ 가이드 아주머니와 원주민

라기보다는 다음 일을 준비하느라 시간을 보내는 듯싶었다. 지금으로서는 관광객들을 실어나르는 것이 가장 큰 일일 것이다. 몹시 심심해 보이는 딸아이도 이쪽 편에 있는 관광객들의 움직임을 구경하고 있다.

퓨마 머리의 갈대배

갈대배에서 놀고 있는 원주민 아이들이 천진난만해 보인다. 한 폭의 그림 속을 여행했던 짧은 시간을 뒤로하고 유람선을 타고 푸노 항구로 돌아왔다. 우로스 섬의 모습은 이젠 너무 현대화되어 있다는 느낌을 떨칠 수 없다. 마치 우리나라의 민속촌처럼 완전히 인위적으로 바뀐 지 오

래이다. 옛날에 보았던 책들에서 느꼈던 오지의 신비감은 사실 그리 많지 않았다는 것이 아쉬운 대목이다. 그래도 한 가지 위안을 삼을 수 있는 것은 이곳의 풍경이 여느 곳에서는 보기 힘든 독특한 모습이라는 것이다. 이렇다 보니 이곳도 이제는 타킬레 섬에 가서 하루 정도 민박을 하는 것이 마지막 남은 유일한 오지 여행이 되지 않을까 하는 생각이 들기도 한다.

원주민 아이들

가이드 북에 언급되어 있는 유명하다는 피자집에 들어가 작은 피자 하나로 간단히 점심을 해결했다. 15솔. 몇몇 손님들이 들어왔는데 현지인들은 없고 모두 서양 여행객들이었다. 우리는 호텔로 돌아와 두 시에 예정된 시유스타니 투어 때까지 잠시 눈을 붙였다. 틈만 나면 최대한 휴식을 취해야 하는 것은 이번 여행의 노하우이다. 그런데 갑자기 문을 두드리는 소리가 들려 일어나보니 주인아저씨가 빨리 나오라는 것이다. 단잠을 즐길 틈이 없다. 투어 버스가 벌써 와서 기다리고 있다는 것이었다. 밖은 비가 오고 있었는데 사실 버스는 우리를 많이 기다린 것 같지는 않았다. 아저씨만 마음이 급해 후다닥 방으로 뛰어올라온 것이었다.

푸노항

240 | 마야·잉카 여행

언덕에서 본 푸노

오전의 일행들 중 일부는 오후에도 동행인가 보다. 마지막으로 우리가 승합 투어 차량을 타자 차는 광장을 지나 오른쪽 길로 들어서더니 저만치에서 기다리고 있던 오전의 가이드 아주머니를 다시 차에 태운다. 다시 가파른 언덕길을 오르며 푸노를 빠져나온 차는 큰 도로에 들어서자 마자 언덕 제일 높은 지점에 잠시 정차했다. 항구의 전경을 보기 위해서인데 정말로 아름다운 포구의 모습이다.

이제부터 잠시 동안이지만 드넓은 알티플라노를 달린다. 비가 많이 오는 지역인 이곳의 경치는 여전히 척박하게 보인다. 오늘은 비까지 뿌려대고 있어 더욱 적적하기만 하다. 하지만 이러한 생소한 경치는 방문객의 호기심을 자극하기에 언제나 충분하다. 물안개가 살짝 드리운 평원 사이로 푸른 풀은 더욱 진하게 초록색을 보이고 있다. 살다가 필요가 없어졌는지 아무렇게나 방치해 놓은 부서진 집들이 눈에 들어온다.

길가에 간간이 보이는 집들

제11일 - 우로스 | 241

시유스타니는 푸노에서 훌리아카 쪽으로 포장도로를 약 34km 정도 달린 지점인 아름다운 우마요 호수 Umayo lagoon의 호수변에 있다. 이 거대한 호수의 중앙에는 주변에 살고 있는 주람들이 신비하게 여기는 섬이 있다. 호수의 경치는 너무나도 아름답다. 멀리 조그마한 마을이 보이는 듯싶더니 입구인 듯한 곳에 돌로 된 작은 아치가 있다. 시유스타니 마을이다. 마을을 통과하여 도로에서 빠져나와 15분 정도 더 가면 유적지이다.

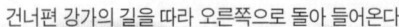
건너편 강가의 길을 따라 오른쪽으로 돌아 들어온다

시유스타니는 해발 3,850m에 위치해 있는데 푸노 지역에 출파 chullpa라고 불리는 신비한 매장탑들이 있는 수많은 유적지 중의 하나에 불과하다. 백 개 이상의 출파가 있었다고 하는데 아쉽게도 온전하게 남아있는 것은 거의 없다. 유적의 거대함과 정교한 석조 건축 기술은 처음 보는 이들의 탄성을 자아냄은 물론이다. 이곳에서 잉카 이전에 티티카카 지역을 지배했던 아이마라어를 말하는 전사 부족인 코야 Colla족들에 의해 지어진 수수께끼의 출파를 볼 수 있다.

그들 사회체계에서의 계급이 주는 의미는 워낙 대단한 것으로 생각된다. 그들은 선별된 사람들을 원통형의 무덤에 매장했다.

출파

고고학자와 역사학자들은 이들의 석공기술이 잉카인들이 세웠던 어떤 건축공법보다도 복잡하고 뛰어난 것임을 발견했다. 쿠스코의 견고한 잉카의 성벽들도 코야족 장인들의 작품이라는 설도 있다. 위쪽이 둥근 모양인 것은 지진에 잘 견디게 한 것으로 보인다. 이토록 황량한 경치에 들어서 있는 이 구조물은 보는 이들로 하여금 매우 특별한 인상을 준다. 모든 것들의 의문은 어디서 그러한 거대한 돌들을 운반해 왔는지 바로 채석장에 관한 것이다. 이것은 페루를 포함한 전 안데스문명에 산재해 있는 일반적인 수수께끼이다. 도굴꾼들이 다이너마이트까지 사용하며 부장품들을 훔쳐갔지만 탑들은 여전히 방문할 가치가 있을 정도로 잘 보존되어 있다.

어떤 것들은 높이가 10m 이상이다. 탑 두 개는 아직 미완성이다. 하나는 석벽들을 올리기 위해 여전히 경사져 있고 다른 하나는 꼭대기에 돔형으로 올리기 위해 준비 중인 잘려진 돌들이 있다. 도마뱀과 뱀의 출파는 매우 중요한데 도마뱀은 자신의 꼬리를 재생하는 능력이 있기 때문에 생명의 상징이다. 탑들은 일반적으로 여성의 자궁의 형태로 건축되었다. 코야족들은 그것을 생명을 창조하는 대모신으로 믿었다. 내세를 믿은 잉카인들은 죽은 자들을 태아 형태의 미이라로 만들어 그들이 세상에 나왔을 때와 같이 똑같은 모습으로 탑 속으로 들여보냈다. 무덤들의 문들은 태양이 태어나는 방향인 동쪽을 향해 있다.

무너진 출파

시유스타니는 사실 일반인들에게는 잘 알려진 유적지는 아니다. 역사에 별로 관심이 없는 사람들은 푸노에 들렀

을 때 우연히 가게 되는 경우가 많은 듯했다. 바람이 쓸고 간 고원 위 가장 아늑한 자리에 있는 출파는 정말로 특별하다. 그러나 이와 함께 드넓은 호수의 경치가 또 다른 매력이기도 하다. 푸른 평원과 어우러진 파란 호수는 한 폭의 그림이라고 해도 과언이 아니다. 날씨는 여전히 쌀쌀하다.

서클 유적지

오전에 우로스를 안내했던 현지인 아주머니는 경험이 꽤 많은 유능한 여자였다. 팁도 없는데 자기 일에 열심인 모습이 너무 감동적이었다. 저 멀리 언덕

위로 출파가 보이는데 주변의 사람들이 매우 작아 보인다. 가이드의 열정적인 설명이 계속되는 바람에 우리가 올라가는 시간은 더디기만 했다.

마침내 출파 바로 아래 지역으로 왔다. 이곳에는 코야족들이 시신을 출파에 넣기 전에 매장 의식을 치르던 장소였을 돌편석들로 이루어진 원형의 써클 유적이 있다. 규모는 비교할 일이 없지만 순간적으로 영국의 스톤헨지 개념이 뇌리를 스친다. 세계 곳곳의 고대인들은 서클 유적을 친근하게 만들어 왔다. 바람이 세차게 불어 추위를 느끼는 날씨임에도 가이드는 서클의 중앙에 서서 바인더를 들어 보이며 성의를 다한다. 사실 가이드의 설명은 매우 구체적이어서 일반 관광객이 듣기에는 조금 전문적인 부분이 없지 않았다. 대부분의 투어 참가자들이 그저 경치를 감상하며 사진 찍기에 정신이 없다. 이곳에 머물며 단지 공기를 호흡하고 있다는 자체가 커다란 즐거움이었다.

가장 높은 곳에 서면 무너져 내리는 출파를 배경으로 장엄한 호수의 모습이 시선을 압도한다. 바위에 걸터앉아 한동안 넋을 놓고 호수를 바라본다. 고요하고 잔잔한 짙푸른 호수가 흐린 날씨임에도 장관을 뽐내고 있다. 아름다운 경치임에도 불구하고 한편으로는 허물어진 분묘들로 인한 적막감이 있는 것도 어쩔 수 없다.

우마요 호수

사진을 찍어주는 원주민 아주머니

내려오는 길에 커다란 바위 곁에 원주민 아주머니가 앉아 뜨개질을 하고 있고 그 옆에는 예쁘게 생긴 새끼 라마도 한 마리 얌전히 앉아있는데 그 모양이 한 폭의 그림이었다. 갑자기 한 아이가 달려와 '펜, 펜' 하고 소리친다. 아마도 아들 같았는데 나는 얼른 가방을 뒤져 잘 나오는 볼펜 하나를 쥐어주었다. 이 모습을 본 아주머니는 살짝 미소를 띠어 보인다. 사실 이곳에서 산다면 도시로 나갈 일은 별로 없을 것이며 몇 채 안 되는 집들이 모여있는 넓은 평원에 가까운 가게도 없고 문명과는 격리된 삶을 살고 있을 것이다. 아이에게 볼펜은 커다란 즐거움일 것이다. 우리는 라마를 쓰다듬으며 사진을 찍었는데 아주머니는 본래 여기서 포즈를 취해 팁을 받는 일을 하고 있었다.

시유스타니 마을은 유적지에서 약 3km 정도 되는 거리에 있으며 집들이 몇 채 되지 않는 아주 작은 마을이다. 마을의 입구에 있는 작은 아치를 지나면 다시 광활한 고원이 펼쳐진다. 푸노로 돌아오는 길에 우리는 입구 바로 앞에 있는 퀘추아족이 살고 있는 개인 집에 들렀다. 돌벽에 짚을 덮은 작은 집 앞에는 라마와 알파카 몇 마리가 한가롭게 풀을 뜯고 있다. 이 시골집은 작은 대문을 아치형

시유스타니 마을 입구

으로 아담하게 꾸며 놓았다.

우리들 일행이 들어서자 흙벽 옆에서 우리를 맞이하는 주인아주머니는 뭐가 그리 수줍은지 부끄러운 모습이 역력하다. 수많은 사람들이 방문을 했을 텐데도 천성은 어쩔 수 없는 모양이다. 저렇게 부끄러워해서 어떻게 작으나마 팁을 받을 수 있을지 우습기도 하다. 입고 있는 복장이 매우 친근하게 느껴진다.

원주민의 집

안으로 들어가자 아들로 보이는 천진난만한 아이가 고양이를 안고 문앞에서 신기한 듯 우리들을 쳐다본다. 누추하게 옷을 입고 있는데 검은 눈망울만큼은 또렷한 것이 무척이나 귀엽다. 흙벽으로 지은 조그마한 쿠이집이 재미있다. 여러 마리의 쿠이가 어슬렁거리고 있다. 쿠이는 기니아 피그라고 불리는데 쥐처럼 보이지만 토끼와 가까워 보인다. 초식동물인 쿠이는 집안에서 같이 길러지며 원주민들에게는 특별한 날 통째로 구워 먹는 중요한 가축이다. 돌담 위에는 이곳에서 재배하는 여러가지 곡물들을 전시해 놓고 시식을 할 수 있게 해 놓았다. 감자와 다른 몇 가지 곡물의 맛을 보았는데 매우 맛있다.

쿠이 집

마당으로 우리를 안내한 주인아저씨와 아주머니는 쿠이를 기르는 모습, 직물을 짜는 모습 등 아주 익숙하게 다양한 삶의 모습들을 보여주었다. 쟁기 같은 모양의 삽을 사용하여 땅을 일구는 모습도 직접 보여주었다. 이 농기구의 이름은 따꾸야^{Taclla}이다.

나중에 몇 가지 기념품을 판매할 모양으로 그들의 침실에는 직접 손으로 짠 알파카 제품들과 액세서리들을 전시해 놓았다. 제품들은 만든 노력에 비해 가격이 무척 싸다고 생각되었다. 돌 위에서 옥수수 갈기 등 그들 부부가 보여준 여러 가지 일상생활의 모습들을 보며 그들 수고에 대해 우리는 무언가를 팔아주고 싶은 생각이 들어 알파카로 만든 작은 깔개를 하나 샀다. 관광객들이 물건을 많이 구입하면 가이드에게도 얼마의 수고비가 전달될 것이다. 물론 약간의 흥정을 요구했는데 주인아저씨는 너그러이 받아주었다. 그래도 이들의 수입은 다른 사람들보다는 좋을 것 같은 생각이 들었다. 어쨌든 지금까지 보아온 원주민들 중 가장 순박한 모습을 한 사람들이었다.

▲ 땅을 일구는 모습을 시연 중인 원주민

▲ 판매할 상품을 전시해 놓은 침실의 벽

집 밖의 풍경

집 앞에는 여전히 몇 마리의 라마와 알파카가 한가로이 앉아 입을 우물거리고 있었다. 저 앞 푸노를 향한 끝없는 평원은 날씨가 흐려서 그런지 을씨년스럽긴했지만 더없이 평화로운 풍경이다.

푸노로 돌아와 광장에 내린 우리는 저녁을 먹으러 거리로 들어갔다. 그다지 넓지 않은 푸노 시내는 전 세계에서 몰려온 관광객들로 북새통이었다. 갑자기 비가 내리기 시작했다. 거리 양쪽은 거의 음식점들과 기념품 가게들로 꽉 차있었는데 여행의 즐거움을 한층 북돋아 주는 분위기가 충분했다.

   일교차가 심해 추위를 느낄 정도다. 윤미는 가게에 들러 두툼한 알파카 스웨터를 한 벌 구입했다. 안내책에 연어요리가 유명하다고 소문난 프랑스 요리집에 가서 트루차 trucha(연어의 일종)라는 해물요리를 시켰는데 역시나 훌륭한 맛이었다. 같은 생선인데도 찌개나 구이 정도로만 먹는 우리네 요리법과는 또 다른 방법이 있는 것에 감탄할 정도였다. 한 무리의 서양 여행객들이 들어와 북적대며 생일 파티를 한다. 맛있다고 하는 쿠이 튀김도 시켜 놓고 기겁을 하는가 하면 연신 시끄럽게 떠들고 있다. 사실 우리도 마음은 있었지만 커다란 쥐처럼 생긴 그 모습에 감히 주문을 하지는 못하였다. 실내는 난로를 때야 할 정도로 싸늘했다. 44솔에 덤으로 잔돈 5솔을 더했다. 비는 더 많이 내리고 있었다.

제12일(금)
볼리비아

시간에 쫓기는 여행자는 6시 모닝콜에 힘들게 기상하여 식당으로 내려갔다. 날도 흐려 있는 것 같고 어두컴컴한 작지 않은 식당에는 아직 식사를 하러 내려온 사람이 없다. 이른 시간인데도 벌써부터 원주민 아주머니가 주방에서 부지런히 움직이고 있다. 식탁 위에는 빵, 딸기잼 그리고 코카차가 놓여 있다. 너무 검소하다 못해 썰렁한 느낌이다. 푸노에서의 기억은 좋은 것만 남아있다. 급하게 도착하여 급하게 떠나야 하는 것이 못내 아쉽다.

식당

아주머니에게 기념사진을 부탁하니 흔쾌히 포즈를 잡아 주신다. 여전히 수줍어하고 사진 찍는 걸 어색해하는 기색이 역력하다. 재빨리 방에 올라와 짐을 챙겼다. 짐은 항상 전날 꾸려놓는 것이 습관이 되어야 한다. 아침에는 일부 세면도구 등을 바깥 포켓에 집어 넣기만 하면 바로 움직일 수 있도록 하는 것이 혹시 뭔가 빠트릴 수 있는 실수를 방지할 수 있다.

프론트에서 아저씨는 계산기로 열심히 숙박료를 계산하더니 커다란 영수증을 써서 준다. 시계는 7시 20분을 지나고 있다. 우리는 아저씨에게 택시를 불러달라고 부탁했다. 버스터미널을 가는데 짐을 가진 두 사람이 움직여야 하고, 거리도 가깝고 해서 힘들게 걷지 않고 가격대비 매우 편리하다. 터미널까지 7솔에 택시를 불러주었다.

터미널은 해변에서 매우 가까운 곳에 있다. 푸노에 처음 왔을 때 관광안내소에서 알아본 바로는 데사구아데로를 경유하는 볼리비아행 버스가 8시에 있다고 했었다. 그러나 터미널에 도착한 우리가 매표소에 가서 알아보니 버스는 이미 출발했다고 한다. 우리가 도착한 시간은 7시 35분이었다. 관광안내소에서의 정보가 틀린 것이다. 이런 경우는 불가항력이다. 우리가 실수한 것은 없다. 그렇다고 어디다 하소연할 곳 또한 없다. 이제 어떻게 해야 하나…. 다음 차가 있는 것인지 아니면 출발을 하루 연기해야 되는 것인지, 별 생각이 다 든다. 무엇에 한 대 얻어맞은 듯 잠시 머리가 멍하다. 일이 어떻게 진행될지 알 수 없으므로 이 경우에 있어서도 우리는 버스정류장에 미리 와서 표를 예약하는 것이 옳았던 것이다. 발로 뛰어 직접 확인하는 것이 최상의 방법이었음을 다시 한번 느껴본다. 갑자기 여행 일정이 차질이 생기는 것이 아닌지 조바심이 일었다.

▼ 버스표, 가격만 기재되어 있지 않다

구내에는 작은 매표소들이 줄지어 있었는데 그 중 가까운 쪽의 한 곳에 다가갔다. 그곳의 남자로부터 라파스행 버스는 끝쪽에서 알아보라는 안내를 받고 마지막 매표소에 가 보니 아저씨는 다음 버스가 9시에 있으니 빨리 표를 끊으라고 한다. 지체없이 급하게 표를 매입했다. 1인 60솔. 버스요금을 깎을 수는 없는 노릇이고 가격도 확인할 수 없고 대충 우리돈으로 환산해보면 20,000원 정도였는데 물가가 싼 이곳의 사정을 감안하면 푸노에서 7시간 거리 치고는 아주 비싼 편이었지만 이번에도 마음을 비울 수밖에 없었다. 나중에 생각해 보니 한번쯤 가격 흥정을 해도 가능성은 있었을 것 같은 생각이 들었다. 버스를 놓쳤으면 다음날 가는 버스를 타면 된다는 식의 여유를 보이면서 접근을 했었으면 더 좋은 결과가 있었을 것 같은 생각이 강하게 머리를 맴돌았다. 이 나라는 모든 것이 정형화되어 있지는 않기 때문이다. 이것은 돈이 아까워서가 아니라 재래 시장에서는 당연히 물건값을 깎듯이 일반적인 행동방식이기 때문이다.

페루는 같은 곳이라도 버스 회사에 따라 서비스와 요금 차이가 무척 심하다. 오르메뇨Ormeno나 크루즈 델 수르 버스는 고급 버스이면서 간단한 식사도 제공된다. 우리가 발권한 라파스행 버스는 오르메뇨사의 것으로 쿠스코에서 밤 10시에 출발하여 14시간 후에 라파스에 도착하는 국제 버스인데 유일한 직행버스이다.

그런데 문제는 이제부터였다. 9시 반이 넘었는데도 버스가 오질 않는다. 버스가 도착해야 탈 수 있으므로 오지도 않은 버스 때문에 매표소 직원과 실랑이를 할 필요는 없어 마음만 상하고 있었다. 여행자에게는 아까운 시간이 아닐 수 없었다. 답답한 마음에 어두컴컴한 터미널 역사를 서성거린다. 기념품 가게와 잡화점 몇 개가 있는 아주 작은 역사이다.

사실 푸노는 볼리비아로 들어가려는 여행객들이 비자를 얻기 위한 도시이기도 하다. 현지에서는 비자 비용만 내면 황열병 등 주사 접종 유무를 확인하고 비자를 발급하고 있다. 푸노에서 볼리비아 영사관에 갈 때는 남미에서는 공공기관의 업무가 일찍 끝나는 경우가 많으니 오전 중에 가야 한다. 그러나 남미인들의 특성상 일하는 스타일이 조금 느슨한 부분이 있어 혹시 근무 시간을 잘 맞추지 못하든가 또는 영사관 방문시 근무자가 외출중이든가, 돌발 상황시에 자칫 하루가 소요될 수도 있는 일이었다. 남미 사람들 특유의 '마냐나Manana(내일)' 성격이 발동할 수 있다는 것은 언제나 배제할 수 없는 노릇이다. 반나절의 시간도 아쉬운 우리는 이런 시간을 절약하기 위해 한국에서 미리 비자를 발급받아 왔기 때문에 걱정을 덜 수 있었다. 그러나 동전의 앞뒷 면처럼 모든 일에는 좋은 점이 있으면 나쁜 점이 있게 마련이다. 한국에서의 비자 발급 비용이 만만치 않을 뿐더러 발행일로부터 한 달까지의 입국 기간도 잘 맞추어야 하는 불편도 있었다.

▲ 발행일부터 30일까지 비자

참고로 한국에서 비자를 발급받기 위해서는 의정부에 있는 볼리비아 영사관을 직접 방문해야 한다. 물론 국립의료원에서 발급한 주사 증명서도 필요하다(황열병 증명서는 없어도 된다). 문제는 호적등본 등 기타 서류의 스페인어 번역본이 필요함에 따라 만만찮은 번역 대행비가 들어간다. 얼마 안 되는 금액이지만 볼리비아 측에서 비자발급을 무슨 수익사업으로 생각하고 있는 것은 아닌지 의아스럽기까지 하다. 어쨌든 서류만 구비되면 일주일 정도면 문제없이 비자가 나온다. 그런데 입국시간이란 것이 매우 중요하다. 한국에서 비자 발급 날짜를 확정하면 한 달 비자를 주는데 지정된 한 달 사이에 무조건 볼리비아에 들어가야 한다는 것이다. 비행 일정의 변경 등 부득이하게 여정의 변경이 있을 때면 비싼 비자 발급비용은 날아가 버린다.

오르메뇨 버스 매표소

장기 여행자들은 현지에서 비자 변경이 가능하겠지만 타이트하게 일정을 짜야 하는 단기 여행자로서는 약간의 부담이 생기게 된다. 물론 일정을 맞추기가 곤란할 것 같으면 굳이 많은 비용과 시간을 들여가면서 한국에서 비자를 받을 필요는 없을 것이다. 여행자들이 가장 많이 비자를 발급받는 푸노에서 발급받으면 되지만 어쨌든 하루 정도의 시간을 절약하려는 소기의 목적을 달성하지는 못하는 것이다.

지금으로서는 미리 비자를 받았기 때문에 현지에서 이 문제로 신경을 곤두세우지 않아도 되었다. 그러나 이것이 비용에 비해 잘한 것인지 또는 잘못한 것인지는 의문이 가는 부분이기도 하다. 하지만 우리의 일정상 현지에서 비자를 발급받았다면 하루를 날려버리는 셈이 되니 어쩔 수 없는 선택이었다. 여행을 마친 지금의 입장에서는 매우 잘한 일이 아닐 수 없다.

맥없이 의자에 앉아 있는데 매표소의 젊은 친구가 사람들을 부른다. 우리를 포함한 대여섯 명이 매표소를 통과해 밖으로 나갔다. 2층 침대 버스가 도착해 있었는데 안으로 들어간 순간 메케한 냄새가 코를 찔렀다. 땀냄새 등이 섞여 숨을 쉬기가 힘들 정도였다. 이 버스는 리마 또는 쿠스코에서 출발하여 오는 버스였다. 도중에 승객들이 몇 번 내리고 타고를 반복했던 것 같았다. 어떻게 이런 공기 탁한 버스를 타고 7시간을 달려갈까 생각을 하니 내심 걱정이 되기도 했다. 아래층에 자리가 있었는데 도저히 내키질 않는다. 2층으로 올라갔다. 앞쪽에 짐을 내려놓고 자리에 앉자 그새 적응이 되었는지 이제는 냄새에 익숙해진다 안내양이 잠깐 올라와 상황을 확인하더니 표도 검사하지 않는다. 버스는 벌써 출발하고 있었다.

차창 밖이 잘 보이지도 않고 경치도 단조로워 버스에 있는 시간이 지루하게 느겨졌다. 통로 옆에 같이 승차해 옆에 앉아 있는 네덜란드 커플도 답답해 하는 눈치였다.

정오가 가까워지자 안내양이 점심 도시락을 나눠준다. 그런데 문제가 생겼다. 우리에게 도시락을 하나만 주는 것이다. 옆의 네덜란드 커플은 각각 도시락을 받았는데 기분이 언짢다. 안내양에 물어보니 우리는 2인당 도시락이 하나라는 말도 안 되는 이야기를 한다. 사실 답답한 차 안에만 있었던 터라 점심을 먹을 기분은 아니었지만 무슨 사정이 있는지 몰라도 이들의 업무 처리가 참으로 어이가 없다. 그저 되는 대로 살아가는 사람들 같았다. 하지만 그네들로부터 풍기는 일반적인 느낌은 언제나 특별한 악의가 없고 그저 그런 습성이 배어 있다는 것이다. 가방에는 언제나 비상용 비스켓과 초콜릿 그리고 작은 빵이 있는 터라 별 신경을 쓰지 않고 이 재미있는 경험을 추억으로 간직하기로 했다. 도시락을 받고 나니 배가 출출한 것 같다. 빵과 오렌지가 들어있는 도시락을 나누어 먹었는데 먹다 보니 풍만감은 없다. 가방 속의 비스켓을 뒤졌더니 봉지가 터질 듯 빵빵하다. 지대가 높다는 것이 다시금 실감난다.

한참을 달렸을까, 거의 3시간 정도 지난 것 같다. 버스가 갑자기 속도를 줄이는가 싶더니 안내양이 올라와 모두 내리라고 한다. 여기는 국경마을 데사구아데로다. 이 마을은 오로지 국경 통과를 위해서만 존재하는 작은 마을이다. 손님들에게

노점

특별한 설명도 없다. 그저 궁금한 사람만이 안내양에게 질문을 하는 정도다. 버스에서 내리면 길가에는 노점들이 길게 늘어서 있다. 끝이 보이질 않을 정도다. 드럼통 비슷한 것에서 바가지로 퍼서 판매하는 것으로 보아 액체로 된 음식이다. 마치 우리네 젓갈 시장 비슷하다. 노점 뒤로 그늘 아래에는 전형적인 머리 모습을 한 지친 모습의 인디헤나 여인이 장사를 지켜보고 있다. 옆에는 물통을 놓고 있는데 앞에서 장사하는 사람들의 일행같아 보인다. 버스에서 내린 사람들은 모두들 익숙한 듯 국경 쪽으로 걸어간다.

한낮의 뜨거운 태양 아래 국경의 비포장 흙 길에는 여기저기 구덩이가 있고 그곳에는 여지없이 물이 고여 있다. 때로는 질퍽한 흙길에 수많은 현지인들이 북새통을 이루고 있다. 거리의 장사하는 현지인들, 리어카를 끌고 있는 사람들, 그냥 걸어가는 사람들, 그리고 언제나 차례가 올 지 마냥 순서를 기다리고 있는 자동차들이 길게 줄을 서있다. 여기에 우리가 타고 온 커다란 2층 침대버스도 그 끝머리에 줄을 선다. 자전거 택시들도 줄을 서는데 이 탈것들도 별도의 수속이 필요한 모양이다. 저 멀리 보이는 국경 쪽은 더 많은 사람들이 북적대고 있었다. 나중에 안 일이지만 오늘은 국경의 장날이기도 했다.

차례를 기다리는 오르메뇨 버스

언뜻 보기에 꽤 시간이 걸릴 듯하다. 사람들 사이를 헤치고 나가 국경 이민국 사무실을 찾아간다. 그런데 국경에는 경비를 서는 듯한 경찰들도 보이질 않는다. 사람들 사이로 가끔 경찰로 보이는 제복을 입은 사람들이 드문드문 서 있기는 하지만 특별한 일은 하고 있지 않는 것 같다. 국적이 전부 다를 텐데 이들을 어떻게 관리하는지 이해

국경을 넘기 위한 줄

길옆의 노점들

가 되질 않는다. 대부분의 현지인들이 자기들 장사를 마치면 그저 자발적으로 자국으로 돌아가는 것이 당연해서일까. 예전에 같은 나라 사람들이어서 그런지 똑같이 생긴 이들에게는 특별히 서로에 대한 국가 개념이 별로 없어 보인다. 훌리아카에서 보았던 자전거 택시들이 많이 눈에 띈다. 저 멀리 방문해 준 것에 대해 감사한다는 커다란 파란 간판이 걸려 있고 그 아래로 끝없이 노점이 이어진다.

노점들은 나름대로 질서를 유지하고 있다. 오른쪽으로는 아주 작은 가판대를 내다놓고 물건을 팔고 있으며 왼쪽에는 아무렇게나 가지고 온 물건들을 바닥에 내려놓고 흥정을 하고 있다.

먼저 출국수속을 해야 하기 때문에 상인들이 무엇을 팔고 있는지 구경할 여유가 없다. 스티로폼 박스에서 무언가를 팔고 있는 것을 보면 상하기 쉬운 물건일 텐데 혹시 생선은 아닐까 궁금하기만 하다. 이곳에서는 원주민들이 전통적인 복장들을 하고 있어 방문객들의 눈을 즐겁게 한다. 태양에 검게 그을린 그들의 얼굴을 보면 힘겨운 삶에 대한 괜한 연민을 느끼게 되는 것 같다.

물건을 팔고 사는 원주민들

도저히 눈을 뜨고 있을 수 없는 강렬한 태양이 비추고 있다. 사실 국경은 티티카카 호수 주변 바로 옆에 있다. 국경을 건너면 더 확실히 보이지만 굽어 들어간 만을 그리 높지 않은 흙으로 된 둑방이 길게 늘어서 둘러쳐 있다. 호수 주변은 아무 곳에라도 범위만 설정하면 해변 휴양지가 되지 않을까 하는 생각도 해 본다.

선글라스로 무장을 하고 사방을 두리번거리며 걷는데 아무 데도 건물다운 건물이 보이지 않는다. 버스를 같이 타고 온 서양인들의 모습도 사라진 지 오래다. 우리만 헤매고 있는 것은 아닌지 갑자기 답답해진다. 그래도 건물다운 곳에 관공서가 있을 것이라는 생각에 고개를 들어 멀리 바라보니 저 멀리 왼쪽에 국경 사무실로 짐작되는 곳이 눈에 들어온다. 이곳에서 가장 큰 2층의 허름한 붉은 벽돌집이다.

페루에서 바라본 국경

그리로 막 가려고 하던 참에 마침 페루의 경찰들이 우리를 부른다. 동양인 여행객 둘이 뭔가 찾으며 두리번거리고 있는 모습을 보았을 터이다. 불렀으니 달리 방법이 없다. 그들에게 다가가자 그들은 두말없이 여권 제시를 요구한다. 국경 사무실을 찾는 중이라고 말을 해도 막무가내다. 무작정 경찰서로 가자고 한다. 사실 경찰서라기보다는 파출소라고 하는 게 맞을 듯싶다. 이곳은 우리네 60~70년대에 볼 수 있는 블록 벽돌로 지어진 단층집으로 여러 벽으로 방을 분리해 놓은 사무실이다. 어두컴컴한 사무실에 책상 몇 개만 덜렁 놓여 있다.

그곳에 또 다른 경찰이 의자에 앉아있다 기다렸다는 듯 일어서더니 소지품을 다 꺼내 놓으란다. 이건 무슨 상황인지 도저히 이해가 되질 않는다. 주머니를 다 털어 보이자 이젠 허리에 있는 전대까지 가리키며 내용물을 꺼내라고 한다. 참 기가 막히다. 여러 여행자들에게 이미 그렇게 해온 것처럼 매우 익숙하다. 기분도 나쁠 뿐더러 억세게 재수가 없다. 거리에서 마주치지 말았어야 했는데… 뭉쳐진 미국 달러를 보더니 얼마냐고 묻는다. 사실 처음부터 우리에게 별다른 혐의점을 갖고 있지는 않는 듯했는데 그저 형식적으로 검문 건수를 올리려는 듯싶었다. 이곳에서 우리가 유일한 동양인이었기 때문일까…. 가도 좋다고 하며 친절하게(?) 이민국

볼리비아 쪽에서 본 국경의 바리케이트

사무실을 손가락으로 가리켜준다. 무작위로 사람을 데려다가 소지품을 수색하듯 검사하는 것은 매우 불쾌한 일이 아닐 수 없다. 필요 이상의 과도한 처사라고 생각되었지만 어찌하겠는가. 여행이라는 게 본의 아니게 달갑지 않은 일이 언제나 발생할 수 있는 것을…. 우리는 도망치듯 재빨리 나와 이민국으로 가서 출국 수속을 밟고 곧바로 국경을 넘어 볼리비아 쪽으로 넘어갔다. 마음의 여유가 없어 국경을 넘기 전에 볼리비아 돈을 환전하려던 계획을 포기했다. 잠시의 짜증스런 경험으로 인해 어서 국경을 넘어갔으면 하는 생각에서였다.

국경에는 2중으로 만든 커다란 철봉이 바리케이트처럼 길을 가르고 어설프게 설치되어 있었는데 끝쪽에서 사람들이 아무렇게나 넘어다닐 수 있는 그저 형식적인 것이었다. 철봉 옆쪽으로 걸어갔다. 이제는 볼리비아다. 허름한 출입국 사무소에서 입국 수속을 위한 신고서를 쓰는데 한 볼리비아 아이가 우리에게 신청서를 갖다 주며 볼펜까지도 꺼내 보이며 서비스를 한다. 아무래도 팁을 바라는

국경의 다리 위

치킨 버스

제12일 - 볼리비아 | 257

것 같아 애써 그의 성의를 무시해 버렸다. 측은하게 생각하면 한도 끝도 없기 때문이다. 이제 무작정 버스가 국경을 통과해 오기만을 기다려야 한다. 저 멀리 줄을 서 있던 버스는 아직 시야에 들어오질 않고 있다. 수많은 사람들이 제각각 바쁘게 움직이고 있다. 영락없이 고물이 다 된 '치킨 버스' 지붕 위에는 엄청난 짐들이 실려 있다.

장날의 모습은 어디나 비슷한 것 같다. 사람들은 주름치마에 중산모 등을 쓰고 있다. 전통 의상인 촐라 Chola 치마를 입고 세 갈래로 머리를 늘어뜨린 인디헤나 여자들은 먼지가 흩날리는 길가를 분주히 움직이고 있다. 이들의 모습은 정복시대 이후 별로 변한 것이 없다. 오늘날 퀘추아 여자들이 입는 전통 의상은 선 - 스페인 시기와 스페인 정복시기의 농부들의 의상이 혼합된 형식이다. 여자들은 3~4개의 다양한 색상의 폴레라스 Polleras 치마를 겹겹이 입는다. 촐리타 Cholita 모자는 안데스 사회에서 매우 다양하다. 여전히 전통 복장을 유지하고 있는 인디헤나의 경우 옷의 색깔이나 모자의 형태를 보면 각 마을 사람들을 구분할 수 있다. 모자는 1875년 철도를 건설하기 위해 페루에 들어온 영국인 기술자들의 영향을 받아 유행하게 되었다. 남녀 모두 재생 타이어로 만든 샌들인 아조타스 Ajotas를 신고 있다. 이 샌들도 거의 다 해진 모습인데 한 원주민 여인이 군데 군데 패여진 진흙탕 길을 리어

볼리비아 쪽에서 본 국경

옆의 한가한 둑길

카를 밀며 지나다닌다. 힘에 겨운 모습인데도 얼굴을 해맑다. 남자들은 어디 있는 것인지. 사실 이곳에는 무너진 가정에서 여자들이 아이를 부양하기 위해 일터로 나가는 경우가 많다.

처음에는 휘둥그레진 눈을 하고 신기한 분위기에 한층 고조되어 있었는데 입국 수속이 끝나고 막상 버스를 기다리는 시간이 되자 이젠 어서 이곳을 떠나고 싶다. 뜨거운 태양과 시끄럽고 번잡한 분위기가 정신을 어지럽게 만든다. 마침 오른편에 둑길이 있어 황량한 호수의 경치를 살핀다. 그러나 이곳은 둑방길 앞쪽의 도랑이 매우 지저분하게 정리도 되어 있지 않아 서 있기가 매우 거북스럽다.

티티카카 호수변의 한가한 둑길에서 1시간 정도를 기다리자 버스가 도착했다. 퀘퀘한 냄새가 심하게 나는 우리 버스가 얼마나 반가운지. 다시 버스에 올라타자 마치 고향에라도 온 것처럼 기분이 좋다. 참고로 시간이 넉넉한 여행객들은 융구요라는 마을을 경유하여 국경을 넘는 방법이 있다. 이곳은 바지선에 버스를 별도로 실어나르고 건너는데 볼리비아의 코파카바나 마을을 경유하여 라파스로 간다. 그러나 이 경로는 우리의 여정과는 반대로 태양의 섬을 먼저 방문하는 경우에나 유용하다.

볼리비아는 페루와 한 시간의 시차가 있다. 페루보다 한 시간이 빠르다. 그러나 이 시차 때문에 볼리비아 체류 중에 겪은 별다른 불편은 없었다. 앞으로 115km를 더 가면 라파스다.

볼리비아는 열대성 고산기후이며 국토의 50% 이상이 삼림 지역이다. 인구는 800만 명이다. 1535년부터 스페인의 식민지였는데 1825년 페루와 함께 해방되었다. 그 후 잦은 내전과 전쟁을 치르면서 영토는 독립 당시보다 5분의 3으로 줄어들었다. 주요 산업으로는 국영화된 석유 생산이 있으며 남미에서 천연가스 매장량이 두 번째로 많은 나라이다. 종교 역시 가톨릭이 대부분이지만 사람들은 미신들을 더 잘 믿는다. 빈부의 격차가 심하고 상류 계층은 자부심이 강하다.

또다시 계속되는 고원이다. 아득히 저 멀리 설산이 보이고 정면으로는 오른쪽으로 가늘게 보이는 외길이 척박한 황야에도 사람의 손길이 닿고 있음을 확인시켜주고 있을 뿐이다.

볼리비아 고원

4,300m 높이의 볼리비아 고원을 얼마나 달렸을까. 끝없는 평원 앞쪽에 흰눈이 선명하게 쌓여있는 큰 산이 보인다. 우뚝 솟은 세 개의 봉우리를 가진 바로 일리마니Illimani산이다. 아이마라어로 '황금 독수리'라는 뜻의 일리마니는 알티플라노Altiplano의 동쪽 끝에 있는 라파스의 남쪽에 위치하고 있다. 이것은 볼리비아에서 두 번째로 높은 봉우리이며 남미에서 18번째로 높다. 약 4,570m 위치에 눈이 있고 북쪽 면에서는 빙하가 발견된다. 일리마니는 라파스 시에서 아주 잘 보이는데 주요 랜드마크이다. 워낙 지대가 높다 보니 해발 6,000m 이상이라고는 생각되지 않는다. 간간이 도로 양옆으로 황토색의 흙벽돌로 지어진 허름한 집들이 보이더니 이내 사람들의 모습이 자주 눈에 띄기 시작한다. 버스는 알토Alto 시에 들어서고 있었다.

알토 시 초입

알토 시는 스페인어로 '높음' 이라는 뜻의 도시로 라파스가 계곡에 건설된 데 반해 알토 시는 라파스의 근교 북동쪽 고원지대에 위치하고 있다. 2001년 기준으로 인구는 650,000명이며 라파스 주민의 1/3이 거주하고 있다. 이곳에는 라파스의 엘 알토 국제공항이 있다. 알토는 세계에서 가장 높은 도시의 하나로 해발 4,150m에 달한다. 여름에도 기온이 최대 17℃인 차가운 기후이다. 여름 오후에는 대부분 비가 온다. 겨울은 15℃ 정도이다. 겨울에는 한낮이 약간 춥지만 하늘은 최상으로 맑고 햇볕이 좋다.

알토는 1952년 볼리비아의 시골지역으로부터 라파스 지역까지의 시골 재개발로 시작된 변화의 영향으로 볼리비아에서 가장 빨리 발전하는 도시이다. 주민의 79%가 아이마라족, 6%가 퀘추아족 그리고 19%가 직계 유럽인이다. 이주민들이 일터를 찾아 계속 유입되고는 있지만 도시는 전 세계 아이마라족의 수도이다. 알토가 비록 최근에 상공업이 성장하고 있어 지역 당국에서 '볼리비아의 경제 수도'라고 제기하기는 하지만 알토는 라파스의 기숙사라는 별명으로 알려져 있다. 라파스 위쪽의 건조하고 험한 평원은 1903년까지 아무도 살지 않았다. 이때 티티카카 호수로부터 철도가 새로 놓였고 철도 노동자들의 거주지에 따라서 라파스 터미널, 역 구내 그리고 차고지가 세워지며 계곡의 테두리까지 다다랐다.

1925년 신설된 공군기지로 비행장이 세워졌으며 이로 인해 부차적으로 거주지가 생겨났다. 1939년에는 처음으로 초등학교가 개교했다. 알토 시는 거주지가 라파스의 물 공급과 연계되었을 때(이전에는 물탱크를 실은 트럭으로부터 모든 물을 공급받았다)와 계곡 안에 있는 주택 건설 예정지가 점점 적어지고 값이 비싸지게 되었을 때인 1950년대에 엄청난 성장을 시작했다.

1985년 알토와 그 주변 지역은 라파스 시와 정치적으로 분리되었으며 1987년 알토는 시로서 공식적으로 출현했다. 2003년에서 2005년까지 볼리비아 정치에 있어 가장 강력한 알토의 몇몇 사회 지도자들의 데모가 있었는데 이로 인해 기름과 가스 공급뿐만 아니라 라파스로부터 국제공항으로까지의 접근이 종종 막혔다. 알토는 70여 주민이 사망했던 볼리비아 가스 투쟁의 가장 큰 중심지 중의 하나였다.

알토 시는 확실히 누가 봐도 매우 빈곤한 마을로 보인다. 도로 오른쪽으로는 볼리비아 공군 부대가 있는데 정문에 실제의 옛 공군기를 미술전시품처럼 세워 놓았다. 자세히 보면 높은 담벽들 사이의 초소에서 근무하는 경비병들은 해이한 자세로 길가를 내려다보고 있다. 주변의 모습은 최빈국답게 모든 것이 우리나라 60년대의 시골 모습 같다. 그러나 이곳은 나에게는 왠지 고향처럼 아늑하고 편안하다. 그렇게 오고 싶었던 나라가 아니었던가!

평원을 얼마나 달려왔는지 저 멀리 마을이 보이고 있었다. 주변 경관을 자세히 보기 위해 이층버스의 앞쪽 창가로 나가 앉았다. 마침 옆에 앉아있는 현지인이 인사를 한다. 나도 인사를 하며 그에게 혹시 라파스를 잘 아는지 물어보았다. 그는 페루인으로 볼리비아를 오가며 중고 자동차 등을 수출입하는 40대의 사람이었다. 그는 볼리비아의 물가가 싸서 방문을 아주 즐긴다고 했다. 그는 신변안전에 특히 신경쓰라는 충고를 아끼지 않았다. 실제로 볼리비아인들은 성급하지 않고 순박하지만 혹시라도 안 좋은 일을 당하기 쉽다. 범죄집단이 지역을 통제하고 있고 그들이 지역의 경찰들과도 유착되어 있기 때문이다. 대낮이라도 혼자 돌아다니는 것은 장려되지 않는다. 물론 밤에 돌아다니는 것은 자살행위이다. 그렇다 해도 똑바른 생각으로 재빨리 효과적으로 움직이면서 사고가 없는 방문을 하는 것은 여행자의 몫이다.

그의 안내로 나는 그가 자주 묵었다는 호텔 근처로 가기로 마음속으로 결정을 내렸다. 언제나 첫날은 고생을 최소한으로 하는 것이 여행의 피로를 경감하는 것이어서 미리 계획에 있었던 사가르나가 Sagarnaga 거리의 호스텔로 가는 것을 과감히 포기하였다. 이 나라가 세계에서 물가가 가장 싼 나라라는 것이 결정에 크게 작용을 하기도 했다.

알토와 라파스 시내를 잇는 왕복 각각 2차로의 유일한 고속도로는 불과 15km밖에 되질 않는다. 몇 개의 도로가 볼리비아의 주된 상업 중심지인 라세아 La Ceja 지역에 모인다. 이곳은 우리의 서울역처럼 여행자들이 가장 많이 모이는 중추적인 곳이다. 알토는 알토국제공항으로 인해 두 부분으로 나뉜다. 라세아에서는 공항까지 5분 정도 걸어서 갈 수 있는 정도다. 사용하지 않는 철길이 있는데 남쪽은 라파스에 속하며 북쪽의 보다 큰 지역은 알토에 속한다.

이곳은 밤낮으로 사람들로 가득 차는데 매일 커다란 시장이 열리기 때문이다. 이곳을 걸어다닐 때는 세심한 주의가 필요하다. 어쨌거나 이러한 모습들은 알토가 볼리비아에서 가장 빨리 성장하는 도시라는 곳을 반증하는 것이기도 하다. 목요일과 일요일에 열리는 장은 세계에서 가장 길게 늘어선 장으로 기네스북에도 등재되어 있다. 물론 상품들은 사용한 플라스틱 병에서부터 녹슨 쇠 조각, 아주 오래된 신문, 암시장을 통한 자동차까지 무엇이든 다 있다. 알토는 안데스 고원을 여행하기 위해서는 피해갈 수 없는 곳이다.

알토 시를 지나 라파스 시내로 들어오기 위해 내리막 도로 '아우또 삐스따 Av. Auto pista' 를 구불구불 내려오면 언덕으로 빈민가들이 눈에 들어온다. 대단한 달동네다. 차창 밖으로 보이는 시내는 분지 밑에 내려앉아 있다.

라파스 시

뜨거운 태양 아래 벌써 저곳이 버스터미널이라는 느낌이 들었다. 수많은 차량들이 얽히고 설켜 혼잡한 모습이다. 지역민들은 이곳 버스터미널보다는 알토의 버스터미널을 선호한다. 사용료가 없고 증명서도 요구하지 않으며 여행시간을 30분 정도 단축하기 때문이다. 그러나 버스요금은 알토가 조금 비싼데 경쟁하는 버스회사가 상대적으로 적기 때문이다. 버스에서 내리자 마자 그 유쾌한 페루인은 자기가 가는 곳으로 가면 우리가 갈 호텔이 있다며 택시를 같이 타자고 했다.

도로 양쪽에 고층 빌딩들이 솟아 있는 '엘 프라도 El Prado' 거리는 라파스의 중심이다. 시내로 들어오자 정말로 복잡하다. 오른편에 있는 산프란시스코 광장을 지난다. 라파스에서 가장 활기가 있는 곳으로 사람과 차가 가장 많이 지나다니는 곳이다. 1549년 스페인이 식민 통치를 시작했을 때 세워진 둥근 종탑이 있는 바로크 양식의 성당이 있다. 1784년에 재건축된 성당은 기독교도와 토착민들의 인물들과 석조 파사드에 새겨진 동물들의 조화가 인상적이다. 그리고 산프란시스코 성당

▼ 중심가의 빌딩들

앞 오른쪽에는 거대한 바위 조각과 인물 두상이 있다. 인물은 다름 아닌 볼리바르의 두상이다.

스페인 국왕은 가스카 Pedro de la Gasca 에게 이전에 잉카의 땅이었던 곳을 통치하라고 위임했다. 가스카는 알론소 Alonso de Mendoza 에게 페루에서의 내전 종식을 기념하는 새 도시를 건설하라고 명령했다. 이렇게 1548년 10월 20일 '평화의 성모 마리아의 도시' 라는 이름 아래 라파스가 건설되었다. 이는 평화의 복원을 기념한다. 처음에 오늘날의 라하 Laja 에 세워졌으나 스페인인들이 알티플라노의 추운 바람을 견디지 못해 곧바로 현재의 위치인 추쿠이아고 마르카 Chuquiago Marka 계곡으로 옮겨졌다. 이곳은 추쿠이아고라고 불리는 토착 아메리카인들의 거주지역이었다. 그릇처럼 내려앉은 분지는 폭 5km 이내이다. 도시 중심부의 고도는 해발 3,650m이다.

산프란시스코 교회

바위 조각상

남아메리카의 독립전쟁 과정에서 아야쿠초에서 스페인 군대에 대한 공화당의 결정적 승리 후인 1825년에 도시의 완전한 이름은 '라파스 데 아야쿠초 La Paz de Ayacucho' (아야쿠초의 평화)로 바뀌었다. 1809년에서 1824년까지 도시는 스페인 지배로부터 독립운동의 본거지였다. 사실상 라파스는 행정상의 정부를 만들었다. 실제로 1898년 이래로 법적일 뿐 아니라 명목상 역사적인 수도인 수크레에는 대법원만이 있고 다른 모든 국가기관들은 라파스에 있다. 이 변화는 볼리비아 경제를 포토시의 은광산으로부터 오루로 근처의 주석 개발로 분리시켜 이동하게 했고, 결과적으로 나라의 다양한 지식인들 사이에 경제적·정치적 힘의 분산을 가져왔다.

도시는 볼리비아 은광과 대양 사이의 무역로 상에 있는 전략적 위치에 있기 때문에 매우 번성했다. 볼리비아가 은, 구리, 그리고 납 등이 풍부하지만 라파스는 전력이 제한적이기 때문에 산업화되지 못했다. 기본적인 산업은 음식, 섬유, 화학이다. 도시는 볼리비아 광물 자원의 수출 중심지이다.

라파스는 세계에서 가장 높은 곳에 있는 도시이며 공기가 매우 엷다. 라파스의 거주민인 파세노 pacenos들은 고도에 익숙하여 매우 빨리 걷지만 방문객들은 천천히 걸어야 할 것이다. 남미에서 인디헤나들이 가장 많은 나라로 기본적으로 퀘추아어를 접할 수 있다. 4월에서 10월이 여행하기는 최적이나 언제 가더라도 바람에 대비하고 추운 밤에 대비하면 좋다. 건물들은 밤이 되어도 언제나 난방을 하지 않는다.

코파카바나 호텔

시내 중심의 호텔 근처에서 택시를 내리자 그는 어차피 자기가 택시비를 썼어야 했다면서 10솔의 택시비는 신경 쓰지 말고 즐거운 여행이 되기를 진심으로 바란다며 자기 갈 길로 사라졌다. 아주 유쾌한 사람과 만난 우리도 매우 즐거운 기분이었고 라파스의 첫 인상이 무척이나 좋았다.

▼ 각각 20과 10볼리비아노 지폐

호텔에 짐을 풀었는데 방도 컸으며 시설도 만족스러웠다. 비록 가격이 상대적으로 저렴하기는 하지만 사실 이런 별 3개에 준하는 호텔의 숙박이 우리에게는 호사스러운 것이었다. 그러나 물가가 싼 이곳에서는 한번쯤은 누려도 될 만한 것이라고 즐겁게 생각했다. 좋은 숙박은 피곤한 몸과 마음을 편하게 만드는 것이 사실이다. 프론트에서 다음날 행선지인 티아휘나코(티와나쿠 Tiwanacu라고도 불림) 유적지행 택시를 예약했다. 300볼리비아노 Boliviano.

사실 시간이 여유롭다면 이곳의 콜렉티보 택시를 이용하면 아주 싼 요금으로 다녀올 수 있었을 것이다. 모든 것은 시간과의 문제였다.

짐을 풀자마자 거리로 나와 리마행 비행기를 예약하기 위해 여행사를 찾아 나섰다. 물론 눈에 띄는 환전소에서 100달러를 환전하였다. 지구상에서 가장 물가가 싼 나라 중의 하나다. 잔돈을 많이 준비했다. 여행 안내책자에는 위조지폐에 대한 조언이 언급되어 있다. 사실 나중에 자주 겪은 일이긴 하지만 현지인들은 우리가 낸 돈을 받을 때 햇빛에 비추어보는 행동을 자주했다. 위조지폐인지를 확인하려는 것이었지만 기분이 나쁘지는 않았다.

의외로 많은 인파들이 거리를 활보하고 있었다. 길가 양편에는 여행사들이 많이 있었는데 두 군데 정도 방문을 하고 언제 라파스를 떠나야 할지 다시 고민을 하기로 했다. 계획대로라면 월요일에 출발하는 가장 빠른 비행 편을 고려할 것이다. 비행기표는 203달러로 예상 외로 비쌌다. 그러나 운이 없게도 원하는 날에 티켓이 없다. 게다가 비지니스석도 몇 장 남아있지 않은데 요금은 400달러 이상이다.

사실 이 부분에서 우리는 조금 실수를 했는데 다른 여행사를 가도 이 비행 편은 같은 것을 조회하기 때문에 내용은 동일한 것이었는데도 착각을 한 나머지 다음날 다른 여행사를 찾아보기로 한 것이다. 일이 잘못되면 나중에 그 티켓마저도 발권하지 못하는 상황이 초래되었을 것이며, 다음 여정이 틀어질 것은 두말할 나위도 없을 터였다. 어쨌든 조금 더 연구를 하고 티켓팅을 해야겠다는 어리석은 생각을 하고 내일 다시 오기로 했다.

택시를 타고 라파스의 서민들이 사는 모습을 보기 위해 가파른 경사진 곳에 들어서 있는 메르카도 네그로라는 재래시장으로 갔다. 이 시장은 현지인의 재래시장이라 그런지 외지인은 우리밖에 보이질 않았다. 시장의 상인들과 행인들도 연신 비좁은 통로를 힘들게 걸어다니는 우리를 쳐다본다. 동양인 커플이 아주 신기한 모양이다. 치안이 염려되어 내심 마음을 조아리며 시장을 구경했는데 특별한 감흥은 느끼질 못했다. 재래시장 아래쪽의 약간 넓은 도로변에는 많은 기념품 가게들이 줄지어 있다. 이 지역은 라파스에서도 외국 여행객들이 많이 몰리는 거리였다. 사실 우리가 머물기로 계획했던 호스텔도 바로 이곳에 있다. 기념품 상점에서 알파카 털로 짠 옷과 가방 등 각종 물건을 둘러보는 것만도 유쾌한 경험이었다. 일정이 계속되면서 배낭의 여분이 좁아져 커다란 가방을 하나 샀다. 임시로 사용하려고 저렴하게 구입을 했는데 나중에 계속하여 요긴하게 사용할 수 있었다.

늦은 시간에 택시를 타고 호텔로 돌아와 몸도 피곤하여 프론트에서 레스토랑을 추천해 달라고 하자 길 건너편의 음식점을 소개해 주었는데 꽤 유명한 곳이라고 한다. 100볼리비아노짜리 요리를 먹었다. 호텔의 직원들은 매우 친절했는데 모두가 영어를 하는 것은 아니었다. 순덕하게 생긴 벨보이는 과할 정도로 친절을 베푸는데 그렇다고 부담이 되지는 않는다. 택시를 잡아줄 때 1달러를 쥐어줬는데 그 이후로 더 열심이다. 로비에서 만나면 누구보다도 매우 반가워한다. 이곳은 지금까지와는 달리 호텔이기 때문에 아침마다 1달러의 팁을 베개맡에 놓고 나왔다.

지구에서 가장 가난한 나라, 볼리비아! 이곳에서 1볼리비아노의 가치는 우리가 생각하는 300원 하고는 아주 다르다. 상대적으로 물가가 아주 싼 이유도 있다. 호텔에서 왼편으로 20여 m 즈음에 원주민 모녀가 애처롭게 앉아 적선을 구하고 있다. 딸아이로 보이는 천진난만하고 귀여운 소녀는 너무도 청순해 보인다. 가난하다는 이유로 거리에 나와 하루종일 구걸을 하고 있다. 이곳의 원주민 여자들은 남편으로부터 버려진 경우가 많다. 아니, 그들 스스로 생활력이 없는 남편으로부터 떨어져나와 자식과 함께 억척스럽게 살아가는 것이다. 여전히 학대가 많이 일어나는 그들의 삶이 애처롭게 보인다. 지나가던 젊은 서양 여자가 동전을 주고 간다. 나도 갖고 있던 1볼리비아노 짜리 동전 2개를 주었다.

이렇게 순박한 사람들에게 가난은 무엇을 의미하는 것일까. 더러워진 옷을 입고 있는 아주머니 두 명이 그 앞의 작은 쓰레기통을 뒤지고 있다. 아마도 호텔 근처의 쓰레기통이다 보니 혹시나 나름대로 쓸 만한 무언가가 있지 않을까 하는 기대 때문일 것이다.

제13일(토)
티아훠나코

    식당으로 내려가 아침을 먹었다. 모닝빵 두 개에 딸기잼, 바나나 한 개 그리고 코카차가 전부다. 7시에 내려왔는데 넓은 식당에 식사하는 사람이 아무도 없다. 투숙객들이 벌써 식사를 다 끝냈는지 알 수는 없었다. 관리인이 장부를 가지고 서 있는데 식사를 했다는 방 번호 싸인을 받는다. 방으로 올라가 작은 가방을 하나 가지고 로비로 내려갔다. 날씨는 흐렸고 쌀쌀한 기운이 감돈다. 그러나 날씨는 수시로 변하기 때문에 별 관심을 끌지는 못한다. 마추피추에서 그 효과가 입증된 방수 자켓을 입고 있어 마음은 든든하다.

    볼리비아를 방문하기 가장 좋은 시기는 10월에서 3월이다. 5월에서 9월까지의 겨울 밤은 혹독하게 추우며 언제나 일교차가 큰 편이다. 로비에 내려가자 곧이어 50세 초반의 택시기사가 들어왔다. 자동차는 매우 오래된 일본제 자동차였는데 나름대로 잘 닦고 치장하여 소중히 다루는 것이 역력해 보였다. 관광객들이 많이 오는 도시이므로 호텔과 연계해서 영업을 많이 하는 것 같았다. 차량 관리 상태가 그러한 마음을 잘 보여주고 있었다.

    무리요 광장에서 10분 정도 올라가면 번잡한 알토시다. 알토 시를 지나면 이내 평원이 나타난다. 어제 왔던 길을 다시 거슬러 되돌아가는 길이다. 앞으로 자동차

알티플라노

는 한 시간 정도를 이 유명한 알티플라노를 달릴 것이다. 끝없는 지평선, 그뿐이다. 하늘과 맞닿은 땅뿐이다. 오른쪽에는 다가서면 엄청난 위압감을 줄 만한 설봉들이 늘어서 있다. 삭막한 듯하면서 장엄한 경관이다. 간간이 차창 밖 주변을 설명하는 기사는 짧은 영어로 가능하면 많은 것을 알려주려 하는데 그저 혼자말을 하는 것이나 다름없다.

안데스의 광범위하게 펼쳐 있는 고원이라는 뜻의 스페인어인 알티플라노는 티베트을 제외하고 지구상의 고원지대로서는 가장 강력한 지역이다. 중앙 안데스에 내륙이 펼쳐있는 지역으로 칠레, 아르헨티나, 볼리비아, 페루 그리고 에콰도르를 점하고 있다. 평균 높이는 약 3,300m로 티베트보다는 약간 낮다. 그러나 티베트 고원과는 달리 알티플라노는 서쪽으로 아직도 살아있는 화산의 거대한 봉우리가 지배적이다.

일리마니

알티플라노의 남서쪽에는 지구상에서 가장 메마른 지역인 아타카마 사막이 있다. 이와 대조적으로 동쪽으로는 습기의 아마존 우림이 있다. 뒤쪽으로는 레알 산맥 Cordillera Real 의 눈이 덮여 있는 봉우리들이 올라서 있다. 이 산맥은 라파스 동쪽에 있는데 화강암으로 이루어진 산들로 첩첩이 메워져 폭 20km, 길이 125km에 달하고 있다. 일리마니를 포함하여 6,000m 이상의 고봉들이 6개나 있다. 홍적세 말기에 알티플라노 전체는 오늘날 그 일부가 티티카카 호수로, 페루와 볼리비아 국경과 오루로, 볼리비아의 남쪽까지 뻗어있는 푸포Poopo 염호 에 걸쳐있는 광대한 호수였다. 살라 데 코이파사 Sala de Coipasa 뿐만 아니라 우유니 염호는 알티플라노의 홍적세 시대의 호수가 마른 후에 형성된 마른 소금의 거대한 평원이다. 연간 평균 기온은 서쪽 산맥 근처가 3℃에서 티티카카 호수 근처의 12℃까지 범위이다.

또 기후는 추우며 연간 전체 강우량은 남서쪽으로 200mm에서 티티카카 호수 근처 또는 그 이후까지 800mm로 땅은 메마르다. 그러나 기온의 일교차는 최대 12~24℃와 최소 -20~10℃ 사이로 매우 크다. 가장 추운 기온은 오스트레일리아의 겨울과 상응하는 6월과 7월 사이에 알티플라노의 남서부에서 생긴다. 알티플라노는 추위가 심해 사람이 살 수 없는 지대를 일컫는 말인 뿌나Puna라고 부르기도 한다. 강우의 계절 주기는 12월과 3월 사이에 집중되는 우기에 두드러진다. 강설의 축제는 4월과 9월 사이에 특별히 북쪽에서 행해지지만 그것들은 연간 1~5회 정도로 그렇게 일상적이지는 않다.

평원의 고속도로

간간히 지나가는 자동차가 있을 뿐이다. 허리가 불룩한 인형 같은 원주민이 라마를 몰고 한가롭게 길을 가로지른다. 이곳에 사는 사람들이야말로 대도시의 사람들처럼 조급함이 없다. 그저 평화로움 그 자체이다. 택시기사는 계속하여 안데스의 음악을 틀어대며 CD를 구매하라고 한다. 우리는 아랑곳없이 음악만 즐긴다. 지평선을 향해 나 있는 끝없는 도로를 향해 차는 계속하여 빨려들어 가고 있었다.

한 시간을 달렸을까. 간판이 눈에 들어왔다. 티아휘나코! 아주 오래전 나는 이곳을 오고 싶은 꿈에 젖어 있었다. 당시 20세가 조금 넘었을 때였다. 이제야 여기에 온 것이다. 티아휘나코는 라파스에서 72km 떨어진 곳에 위치하고 있다. 자동차로 한 시간 정도 걸리는 곳이다. 볼리비아 안데스의 티티카카 호수 해변으로부터는 24km 정도에 위치해 있다. 광활한 평원의 티아휘나코 유적지로 들어가는 분기점에는 특이한 모양의 거대한 기념비가 세워져 있었는데 유적지를 상징하고 있었다. 3개의 커다란 기념비에는 무거운 돌이 각각 기둥에 매달려 있는 형상인데 매우 인상적이다. 세계 여러 곳을 돌아다니다 보면 무엇이든 간에 규모가 큰 것이 좋다. 압도되는 느낌이 좋다.

티아훠나코는 사실 일반인들에게 잘 알려진 유적지는 아니다. 또한 그 유적이 아주 거대하거나 신비스럽지도 않다. 그러나 관광산업의 발전은 이 외진 곳의 유적지도 관광수입의 한 몫을 담당하기 위해 그 모습을 변신시키고 있다. 잘 포장된 도로가 이곳의 접근을 용이하게 하는 동시에 아름다운 고원의 풍경을 만끽할 수 있는 시간을 제공하기 때문이다. 앞으로 이곳은 소문을 틈타 더 많은 관광객이 방문을 할 것으로 보인다. 그것은 BC 1600년에서 AD 1200년 사이에 안데스 고원에서 발달한 최초의 문명에 의해 세워졌다. 이곳의 유적은 눈부신 건축학적 발전을 보여준다. 또한 이집트의 피라미드, 영국의 스톤헨지처럼 인류 역사에 중요한 열쇠를 쥐고 있는 몇 안 되는 매우 중요한 유적 중의 하나이기 때문에 자세히 언급해야 함을 느낀다. 나중에 티아훠나코 사람들이 된 문명은 BC 600년경에 발달된 것으로 믿어지며 도시는 AD 500~900년 사이 안데스 지역을 지배했던 강력한 선-잉카문명의 수도였다. 그들의 거대한 도시와 의식용 지역의 건설은 AD 500년경에 시작되었고 수세기 동안 번성했다. AD 1200년까지 살았던 티아훠나코 사람들은 사라졌지만 그들의 문화는 잉카인들에게 강력한 종교적 영향으로 살아남았다.

고고학자들은 티아훠나코를 다섯 시기로 나눈다.
1. BC 5세기 중반, 티아훠나코 문명의 등장. 이 시기의 발견물들은 다채색의 도자기들과 채색 점토로 만든 사람과 동물의 우상들을 포함한다.
2. BC 5세기에서 BC 1세기, 수평 손잡이가 있는 도자기 배를 포함한 공예품
3. AD 1~300년, 기하학적 문양과 양식화된 동물들로 장식한 3색 도자기.
4. AD 300~700년, 고전기. 이 시기에 오늘날 우리가 볼 수 있는 거대한 석조 구조물들을 만들었고 무역거래를 나타내는 청동과 황금을 사용했다.
5. AD 700~1200년, 팽창시기. 정교한 도자기가 없고 건설 기획이 없는 쇠퇴기.

나중에 고대 잉카족이 이곳에 도착했을 때 도시는 이미 폐허가 되어 있었다. 잉카인들은 이 도시가 초기 문명에 의해 세워진 것이 아니라 티티카카 호수에서 나온 그들의 비라코차신이 직접 세운 것으로 믿었다. 잉카인들에게 티아훠나코는

양손에 봉을 들고 있는 비라코차신

최초의 인류가 창조된 장소였고 문명을 지배한 비라코차의 수도였다. 잉카인들은 도시가 대홍수 이후 미지의 거인들에 의해 세워졌다고 믿는다. 비라코차의 '코차'는 '물'을 의미하며 첫 번째 출현이 티티카카 호수였다는 것은 이들이 물을 숭배했다는 것을 의미한다. 잉카인들이 붙인 '티아훠나코'라는 이름은 아이마라어로 '중심의 돌'이라는 뜻의 따이삐칼라 Taypicala로 통용되었다.

티아훠나코에는 문자가 없었기 때문에 그들 종교의 이름은 알려지지 않았다. 그들의 신화는 잉카인들과 스페인인들에게 전해졌다. 그들은 많은 신들을 숭배했는데 가장 중요한 신은 비라코차였다.

그는 티아훠나코의 거대한 바위 위에서 두 명의 부하와 함께 인간들을 창조했고 그들에게 생명을 불어넣었다. 그리고 나서 그는 바위 위에서 사람들의 무리를 끌어내렸고 부하들로 하여금 그 지역의 부족으로 이름을 짓도록 했다. 사람들은 티아훠나코를 비라코차가 거대한 돌들을 움직이던 거인들을 창조한 곳으로 믿었다. 그러나 거인들과의 불행이 계속되자 홍수를 일으켜 그들을 멸망시켰다. 비라코차는 그의 사람들과 땅을 지켜보기 위해 태양의 문을 만들었다.

전 세계의 수많은 고대의 거석 유적지처럼 티아훠나코의 건설자들은 그들의 기념비적 신전을 짓기 위해 먼 거리를 움직였다. 유적지 주변에 놓여있는 현무암과 사암의 평석은 무게가 25톤 이상이다. 그리고 현무암을 가져왔을 가장 가까운 채석장은 40km 떨어진 코파카바나 반도이다. 사암 블록은 5km 이상 떨어진 채석장에서 가져왔다.

티아휘나코 시대를 추정하는 이론은 그들의 정교한 석조 기술 때문에 여전히 미스터리로 남아있다. 오늘날 티아휘나코가 신성한 의식의 주된 중심지였고 그 지역 이상으로 뻗어나간 문화의 핵심 지역이었다는 데에는 의심의 여지가 없다. 대부분의 건축이 미완성으로 남겨졌다. 어떤 이들은 도시가 볼리비아와 페루의 티티카카 호수 내만에 거주하던 토착 남아메리카인인 아이마라인에 의해 세워진 것이라고 믿었다. 누군가는 이것이 세계에서 가장 오래된 도시라고 믿는다. 또 다른 일부 사람들은 이것이 나스카 라인을 만든 외계 종족에 의해 세워졌다고 믿는다.

사실 여러 불가사의한 유적들에 대해 외계 종족 운운하는 것은 그만큼 이들 유적들에 대한 이렇다할 적절한 설명이 아직까지 없음을 반증하는 것이다. 또 정복 시기에 스페인 정복자들이 지역의 아이마라 인디언들에게 유적의 유래를 묻자 그들은 이 유적이 수염이 난 백인의 다른 종족들에 의해 만들어졌다고 말했다고 한다. 또 1551년 티아휘나코를 방문한 시에자 데 레온은 잉카가 지배하기 전에 무엇이 있었는지를 인디언들에게 물었는데 그들은 잉카가 지배하기 아주 오래전에 수염이 있는 백인 종족이 티티카카 호수에 있는 커다란 섬에 살고 있었는데 인디언들에 의해 모두 학살당했다고 이야기했다.

참고로 이스터섬을 탐사한 헤이어달Thor Heyerdahl은 티아휘나코 지역으로부터 온 코카서스인종들이 폴리네시아인들의 선조라고 믿었다. 그는 이스터섬을 방문하고 남아있는 석조 건축물들을 비교 검토한 후에 이곳에 태양을 숭배했던 티아휘나코인들이 처음에 정착하였으나 나중에는 이곳을 버렸으며, 이어서 남아메리카의 다른 종족이 다시 정착했다고 한다. 이것이 티아휘나코 문명의 범위를 설명하는 한 예가 될 수 있지 않을까. 역사적 추론은 끝없이 이어진다.

AD 500년경에 시작된 건축은 부수적인 건축의 증거가 있다. 1000년경, 티아휘나코 문명은 동볼리비아, 북칠레 그리고 페루로 확산되었으며 거의 200년 동안 번성했다. 100톤 이상의 거대한 벽돌로 세워진 티아휘나코의 구조물들은 놀라운 석공 기술을 보여주는 한 예이다. 몰타르 없이 함께 맞춰진 돌들은 잉카뿐 아니라 어떤 다른 토착 남아메리카 문명과도 비교할 수 없을 정도로 정교하게 잘려지고, 서로 직각을 이루도록 손질되기도 하고 깎여졌다. 건축은 큰 플랫포옴 또는 전통적인 새김의 조각이나 부조가 장식된 석주 형태이다. 티아훠나코의 건설자들은 또한 도자기를 만드는 데 뛰어났다. 티아훠나코의 채색된 도자기는 콜롬비아 이전 시대 예술의 위대한 업적 중 하나이다. 티아훠나코는 농사, 목축 그리고 어업으로 자급자족하는 강력한 제국의 중심이었고 왕권 도시였다. 일반적으로 공공의 건물이 있다는 것은 귀족 계급이 있었다는 증거이다. 자원은 복잡한 국가 경영 기구와 그 지배하에 있는 인구들을 유지하기에 충분하고도 남을 정도였다.

이러한 티아훠나코 제국은 AD 1000~1100년 사이에 붕괴되었다. 신전들의 벽과 석주의 조각상과 문들은 멀리 밝은 태양빛으로부터 빛나던 그들의 황금과 채색된 표면들을 잃어버렸다. 고대 티아훠나코의 심장부는 수도와 위성 도시에 115,000명 그리고 농사, 목축 및 어업에 종사한 나머지 250,000명 등 대략 365,000명이 살았던 것으로 추정된다. 그러나 도시 거주민 또는 도시의 공예품 등 알려진 것은 별로 없다. 우리는 또한 농경지로부터 잉여 음식물, 안데스 산맥의 춥고 건조한 지역 위의 막대한 라마 목축 그리고 호수에서 잡힌 풍부한 물고기들의 보관에 필요한 저장 체계에 대해 아는 것이 거의 없다.

이 제국 수도의 핵심지역은 신전과 왕족들 지역을 분리하는 해자에 의해 둘러싸여 있었다. 티아훠나코는 티티카카 호수면이 낮아지면서 해변이 도시로부터 멀어진 이후에 몰락한 것으로 보인다. 티아훠나코 수도의 근원은 의식의 핵심을 이루는 초기 마을에서 발견될 수 있다. 도시는 BC 400년에 15km 북쪽으로 티티카카 호수 안쪽으로 흘러드는 티아훠나코 강에 설립되었다. 그리고 농사를 짓던 작은 마을은 계단형의 플랫포옴이 있는 피라미드들, 궁전 그리고 전체 3.7㎢의 도시 지역들이 있는 왕권 도시로 진화하였다. 그것은 2,000년 전의 잉카문명의 선조들에 의해 세워진 것으로 일반적으로 생각된다.

이곳의 몇몇 거대한 구조물들은 이집트의 대피라미드와 스핑크스, 레바논의 발벡^{Baalbek}처럼 BC 10,500년보다 오래된 대홍수 이전의 것이라는 주장도 있다. 폴란드 태생 볼리비아 고고학자 아루트르 포스난스키$^{Arthur\ Posnansky}$(1873~1946)는 천문학적 정보를 사용하여 도시가 어떠한 문명도 존재하기 이전인 17,000년 전보다도 더 오래전에 건설되었다고 결론지었다. 따라서 그는 티아훠나코를 '문명의 요람'이라고 생각했다. 도시를 복원하는 동안 돌들 사이에서 1톤의 무게를 지탱할 수 있는 거대한 청동 꺾쇠가 발견되었다. 청동은 티아휘나코가 멸망한 이후 수세기 뒤에 나타난 것으로 잉카인들에게는 알려져 있지 않았다. 패인 홈은 가장자리에서 베어졌고 이 꺾쇠를 단단하게 하고 형태를 만드는 액체가 그 안에 부어졌다.

유적지 근처에는 티아휘나코라는 작은 마을이 있다. 이곳에는 산페드로 교회가 있는데 사람들은 티아휘나코 유적에서 쉽게 구할 수 있는 많은 석재들을 가져다가 이 교회의 벽을 쌓았다. 이 지역을 지나는 근처의 철로 또한 티아휘나코의 돌들을 사용했다. 스페인 정복 시기의 건설 계획 때 이 돌들을 잘라 세운 건물 기초는 수세기 동안 매년 발생한 폭우에 의해 풍화된 아도베 벽돌(햇볕에 말려서 만듦)로 만든 벽을 지탱했다. 스페인인들의 도착 이래로 티아휘나코의 보물들은 전 세계로 흩어졌다. 물론 황금들은 약탈되었고 어떤 공예품들은 이들을 이교도의 우상으로 생각한 가톨릭 광신도들에 의해 파괴되었다. 또 그밖에 다른 조각상들은 교회가 가져가거나 팔아치웠다.

입장권

뒷면의 유적 배치도

주차장 바로 앞에 붉은 벽돌의 낮은 박물관이 있다. 박물관의 내부는 최근에 신축한 건물처럼 아직도 공사가 진행 중이었다. 아니, 보수 중이었다. 좁은 로비는 조명이 밝지 않아 썰렁하다. 입장료는 볼리비아인은 10볼리비아노인데 외국인은 8배를 받는다. 160볼리비아노 입장료를 냈지만 그런 것은 중요한 것이 아니다. 과거를 여행하는 지금 이 순간 돈은 아무런 의미가 없다. 사실 이 요금은 박물관뿐 아니라 바깥의 유적지를 모두 볼 수 있는 입장료이다.

오른쪽의 작은 입구로 들어서면 돌벽으로 마감한 커다란 홀이 나타난다. 내부에는 아무것도 없고 조금 더 깊이 파여진 아래쪽에 거대한 베넷 Bernetto 석상만이 어두컴컴한 내부에 세워져 있다. 모자를 쓰고 있는데

갈대배

모양이 신기하게도 남태평양 한가운데 외롭게 떠있는 이스터 섬의 모아이 석상과 흡사하다. 이 박물관에서 가장 중요한 유물이다. 볼리비아인들은 파차마마(태양신 인티의 부인) 석상이라고 부르는 것을 선호한다. 이 석상은 유적지에서 1932년 이래로 라파스의 광장으로 옮겨져 있었으나 2002년 70년 만에 다시 티아휘나코로 옮겨온 것이다. 몇 개의 전등만 있는 어두운 실내에서 석상을 자세히 감상할 수는 없었으나 그 위용에는 압도되지 않을 수 없었다. 바깥의 마당에는 갈대로 만든 커다란 배가 전시되어 있다. 언제나 그렇듯 뱃머리는 퓨마의 머리 모습이다.

1934년 티아휘나코에서 고고학적 연구를 처음으로 시도한 미국의 고고학자 웬델 베넷은 반지하 신전을 발굴하고 두 개의 거대한 석상을 발견했다. 석상 하나는 수염이 있는 조각상이었다. 수염 달린 조각상 옆에는 베넷의 보고서에 '커다란 석주 기둥'이라고 기록한 보다 큰 조각상이 있었다. 이 석비에는 베넷의 이름이 붙여졌고 정교한 옷에 왕관을 쓴 사람의 모습을 하고 있으며 무게는 17톤이다. 이것은 키가 7.3m나 되는 가장 큰 것이고 붉은 사암으로부터 조각되었고 다양한 종류의 조각된 형상들이 덮여있다.

조각상은 각 손에 알 수 없는 물건들을 들고 있다. 이것들은 자세히 보면 작은 사람들을 하나는 똑바로 다른 하나는 거꾸로 세공한 것이다. 가장 흥미로운 것은 몸체 아래의 물고기 형태 (가까이 가서 확인하면 실제로 물고기의 머리들임)의 것이 덮여있는 부분이다. 이것은 인류에게 특별한 지식을 전수해준 사람, 물고기의 양서류 존재인 메소포타미아의 신성 오안네스 Oannes (초기 바빌로니아인들에게 문명을 가르쳐 주러 바다에서 나왔다고 하는 물고기 생물)를 떠오르게 한다.

사실 이 신성은 어떤 문명이건 간에 다른 장소에서 다른 역할을 수행했던 동일한 인물이었다. 이 석상은 표면에 많은 문양들이 있는데 많은 것들이 단지 꼬리가 말려 올라간 것 말고는 태양의 문에서 발견된 날개 달린 인물들을 닮았다. 또한 '눈물을 흘리는 신' 이 조각상의 머리 면에 묘사되어 있다. 눈물을 흘리는 신은 티아휘나코에서 주된 주제이다. 사람들은 그들의 신성을 그렇게 슬프게 만든 것이 무엇인지 의아해한다. 그러나 눈물은 비와 관련이 있지 않을까.

또 다른 문양들은 비록 매우 예술적이긴 하지만 표현하기가 어렵다. 티아휘나코에는 수많은 다른 조각상들이 발견되었는데 대부분의 것들이 티아휘나코 형식의 이해할 수 없는 전형적인 뻣뻣한 문양들을 가지고 있다. 티아휘나코에는 멸종된 생물들의 묘사가 풍부하다. 이들 멸종한 동물들의 형상은 도자기와 직물에서 알아볼 수 있는데 그것들은 이 지역에 있는 석조 기념비로부터 누군가 복사한 것으로 추정된다.

석상을 박물관으로 옮긴 이유는 너무나 중요한 유물이어서 자연에 의한 훼손을 방지하고 또 이 유적지의 관광상품화를 높일 수 있는 이유 때문인 것 같았다. 아직 내부 공사 중이었고 사진 촬영 또한 금지되어 아쉬웠지만 유적을 직접 접해보는 감회는 상상을 초월한 것이었다. 아직은 석상 외에 특별한 전시품이 없었지만 향후 훌륭한 박물관이 될 것 같은 생각이 들었다.

박물관을 나와 왼쪽으로 돌아가면 회색의 낮은 건물이 있는데 이것은 90년대 중반에 세워진 티아휘나코 문화박물관이다.

이곳에는 티아휘나코 지역의 다양한 유물들 4,000여 점이 전시되거나 창고에 보관되어 있다. 도기들과 두개골들이 연대순으로 전시되어 있는 매우 특별한 박물관인데 별도의 입장료를 받는다. 꽤 흥미있는 박물관이긴 하지만 야외의 유적지를 보기 위해서는 그 관람 순서를 뒤로 미루었어야 하는 아쉬움도 들었다. 잠깐의 시간이라도 거대한 유적지에서 고대에 대한 상상의 나래를 펴는 것이 보다 흥미로울 것이다.

몇 군데 되지 않는 작은 기념품 가

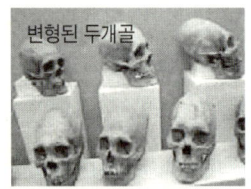
변형된 두개골

▲ 문화 박물관

게들이 늘어서 있는 중앙의 길을 건너 저편에 철조망으로 둘러친 티아훠나코 유적지 입구가 휑하니 있었다. 작은 초소가 있는데 관리인은 입장권을 보는 둥 마는 둥이다. 입구를 통과하면 왼쪽으로 유네스코에서 지정한 인류문화유산 기념비가 서 있는데 이 유적의 특이성 때문인지 나의 특별한 관심을 끌었다. 지정비를 자세히 살펴보며 이곳이 다시 한번 인류의 귀중한 유산임을 되새겨 본다. 과연 이 유적이 전통 역사가들이 말하는 것처럼 기원후의 것인지 아니면 특정 가설을 제기한 학자들의 주창대로 기원전 17,000년 전의 것인지 살펴볼 것이다.

유네스코 지정비

저 멀리 흙 언덕으로 보이는 피라미드 위에 올라가 있는 몇 사람의 무리들이 하염없이 작아 보였다. 우리는 최대의 흥미를 가지고 아카파나 Akapana(인공 언덕) 피라미드를 향했다.

그런데 이 유적에 왔다는 흥분 때문인지 갑자기 머리가 심하게 어지러워지며 시야가 밝아지는 특유의 고산병 증세가 다시 나타나기 시작했다. 이 지역 역시 매우 높은 고산지대로 해발 3,800m에 위치하고 있다. 유적은 정면에 있는데 울타리가 쳐져 있어 오른쪽에 있는 흙 언덕으로 올라가 돌아가게 되어 있었다. 이곳에서 다시 정문으로 되돌아 나올 때까지 고산병 증상은 계속되었다.

아카파나 피라미드에서 바라본 칼라사사야

끈적끈적 미끄러지는 진흙길을 따라 위로 올라간다. 사방이 훤하게 내려다보이는 언덕 위, 이곳은 아카파나 피라미드이다. 가장 큰 구조물인 이 인공 봉분은 1532년에서 1550년 페루와 볼리비아를 두루 여행한 시에자 데 레온이 발견했다. 높이 17m

인 석조 피라미드는 기존 언덕의 지형 모습 위에 세워졌다. 108m×135m의 면적으로 꼭대기 평평한 정상의 중심에는 약 50m² 면적의 대략적인 사각형 모양의 가라앉은 지역이 있다. 초기 스페인 약탈자들의 도굴에 의해 만들어졌다고 하는데 반면에 어떤 고고학자들은 이것이 물을 저장하는 데 사용되었다고 믿는다. 수많은 피라미드의 돌들은 지역의 집들과 교회들을 짓는 데 사용하기 위해 약탈되어 지금은 더 이상 피라미드의 형상을 보이고 있지 않다.

언덕에서 보이는 유적지는 광활한 평원 위에 외롭게 펼쳐져 있다. 봉분 둘레에는 몇 개의 신전들과 작은 봉분 그리고 마당들이 있다. 인류 문명의 요람인 이곳의 분위기를 가슴 깊이 느끼기 위해 주변을 둘러보았다. 어떤 지역은 계속 발굴이 진행 중이다. 정상에서는 티티카카 호수와 일리마니 산이 보인다. 이곳은 만 년의 세월이 지나도록 그 자리를 지켜온 인류의 타임캡슐이다. 저 멀리 티아휘나코 마을이 보인다. 마을 중심 부근에는 어김없이 성당이 보이고 있다.

피라미드의 지속된 발굴에서 터널들과 통로들이 드러났다. 피라미드는 방어용 요새로 기능을 했을 일곱 겹의 제방 위에 세워졌다. 처음에 발견되었을 때 흙으로 넓게 덮여 있었던 피라미드는 몇 십 년에 걸친 발굴 후에 벽들이 드러났다. 이것은 본래 동쪽을 향하여 세워져 춘분 방향으로 정확하게 배열되어 있다. 바닥은 마감 벽돌로 결합되었다. 잘려진 돌로 지탱되는 벽 안에는 수직의 돌 기둥이 있는 여섯 개의 T 모양의 단들이 있는데 이는 다른 대부분의 티아휘나코 건축물에서 사용되는 건축 기술이다. 그것은 본래 부드러운 안산암을 포함하고 있지만 그것의 90%는 풍화에 의해 사라졌다.

아카파나의 정상의 가라앉은 마당에는 설명되지 않은 채 남아있는 지하 관개 체계가 있다. 그 내부는 꼭대기에 있는 탱크로부터 물이 일련의 레벨을 통해 흘러 결

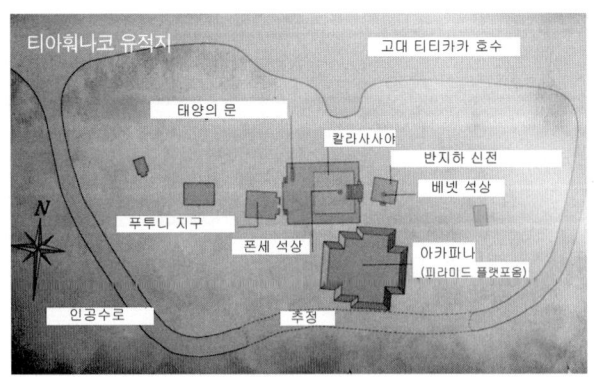

국 피라미드를 감싸는 석조 수로에서 끝나는 복잡한 모양이다. 이 마당과 인접한 뜰 밑에서 상류층의 거주지가 드러났다. 티아휘나코에서 신성시된 동물인 퓨마를 묘사한 도자기 그릇들과 함께 신관들로 믿어지는 수많은 앉아있는 인물들의 유물이 남아있다. 구리, 은 그리고 흑요석으로 만든 고상한 물건들 뿐 아니라 라마를 바치는 제사용 도자기들 또한 상류층 주거 지역에서 발견되었다.

반지하 신전에서 바라본 칼라사사야

곧바로 아카파나의 북쪽(칼라사사야 정문 동쪽)에 있는 반지하 신전으로 내려갔다. 비가 왔는지 땅은 진흙처럼 질퍽하다. 흙은 붉은 빛깔을 띠고 있다. 어떤 사람들은 칼라사사야가 지구를 상징하는 반면에 이 반지하 신전은 지하세계를 나타낸다고 생각한다. 붉은 사암으로 만들어진 반지하 신전은 26m × 28m 면적의 직사각형의 마당으로 깊이가 2m이다. 내려앉은 안마당은 남쪽에 있는 거대한 계단을 통하여 들어갈 수 있는데 안으로 들어서자 집안에 들어온 듯한 아늑한 느낌이다. 신전의 바닥은 벽쪽으로 완벽한 배수 체계가 되어 있다. 이곳에서 똑바로 정면으로 보이는 곳에는 두 개의 거대한 석주 사이에 칼라사사야 입구 계단이 있다. 한 개의 사암을 베어내 다섯 개의 계단을 이루도록 잘 가공된 거대한 돌이다. 반듯한 칼라사사야의 문 안쪽으로 저 멀리 폰세 Ponce 석상이 보인다.

▲ 잘 설계된 배수로

대칭과 조화가 잘 어우러진다. 내려앉은 안마당은 벽돌을 채운 벽에 둘러싸여 있다. 벽에는 45개의 떠받치는 기둥이 일정한 간격마다 세워져 있다. 이 유적을 보여주는 수많은 사진 중에 이 구도가 가장 운치가 있다. 옛날 이곳의 거주민들 중 고위 사제들은 이곳에서부터 폰세의 석상 쪽으로 최대의 경건한 마음으로 걸어 올라갔을 것이다. 그 끝쪽에는 유명한 태양의 문도 있어 그곳이 이 행위의 가장 정점이 되었을 것이다.

벽은 작은(실제로는 그리 작지 않음) 벽돌로 건축되어 있었으며 벽돌들 사이에 175개의 조각된 사람 얼굴들이 끼워 넣어져 장식되어 있다. 이 얼굴들의 몇몇은 동양인을 묘사한 것들도 있다. 얼굴들은 참수된 머

벽 사이의 석주들

리와 전리품으로 머리를 가져가는 오래된 관습에 기인한 이유로 돌벽 사이에 끼워져 있는 것이라는 주장이 있기도 하며, 지하세계의 주민들의 얼굴을 조각한 것이라는 설도 있다.

안마당의 중심에 신관과 귀족의 얼굴을 하고 있는 세 개의 석주가 있는데 그 모습이 매우 기이하다. 그 중 수염이 있는 가장 큰 석상은 커다란 둥근 눈, 곧고 좁은 코 그리고 동그란 입이 묘사되어 있다. 빛의 방사가 이마에 조각되어 있으며 이상한 동물들이 이마 주위에 조각되어 있다. 이것은 옷 가장자리에 퓨마가 장식된 발목 길이의 튜닉을 입고 양팔을 교차하고 있으며 크기는 2.1m이다. 중앙아메리카에서 퀘자코아틀이라고 알려진 문화영웅, 깃털 달린 뱀을 연상시키는 뱀들이 각 옆면에서 기어오르고 있다. 이 석상은 '콘티키Contiki 비라코차'이다. 그런데 그가 취하고 있는 자세가 영락없이 제주도의 돌하루방을 닮았다. 돌하루방은 이스터 섬의 모아이와도 흡사한 모습이다. 이는 아시아 대륙 중앙의 몽골에서 볼 수 있는 석인상과 또한 매우 닮아

석상

있다. 언젠가 이러한 우연의 일치에 대한 특별한 연구가 진행되면 인류 고대사에 새로운 시각이 열리지 않을까 생각해 본다.

함께 있는 보다 작은 두 개의 석상은 비라코차의 아이들이다. 유적지에서 사용된 안산암은 100km 거리로부터 운반되었다. '태양의 문' 과는 별도로 이 우상들의 겉면에도 상형문자 같은 조각들이 거의 모두 덮여있기 때문에 티아휘나코에서 가장 그림 같은 조각상들이다. 아직까지 아무도 이들 조각이 글자의 형태인지 단순히 장식적인 것인지를 모른다. 과연 이들 조각이 상징적 문자의 한 형태임을 증명할 수 있을까.

반지하 신전의 서쪽에 제례용 플랫포옴인 칼라사사야(수직 돌의 장소) 신전이 있다. 태양의 움직임에 기초한 태양 신전으로 그것은 석벽으로 둘러싼 건물이다. 벽은 거대한 붉은 사암과 안산암 블록으로 만들어졌다. 블록들은 플랫포옴 기반 3m 높이에 정교하게 맞추어져 있다. 입구를 지나면 안쪽의 안뜰과 신관들의 구역이었던 폐허로 이르게 된다.

벽면의 얼굴

확대 얼굴

칼라사사야는 연대 추정에 있어 가장 중요한 증거물이다. 이것은 일정한 간격으로 위쪽으로 돌출되어 사람의 모습으로 조각되어 있는 3.6m 높이의 기둥들과 함께 방책처럼 지어졌다. 광장의 크기는 135m×130m 이다. 북서쪽 끝에 태양의 문이 서있고 남서쪽 구석에는 아이돌 idol이라 불리는 약 7m 키의 소위 '우상' 들이 있다. 티아휘나코의 전형적인 얼굴과 모습으로 평범하지 않은 이상하게 보이는

폰세 석상

폰세 석상

신인동형의 인물이다. 그리고 버려진 것으로 보이는 많은 돌 블록들이 흩어져 있다. 발견자인 볼리비아의 인류학자 카를로스 폰세 Carlos Ponce의 이름을 딴 폰세의 석상은 중심축 위에 놓여 입구를 바라보고 있다.

칼라사사야 안에 있는 부수의 플랫포옴들은 엘 프레일레 El Fraile(신관 Monk, 기도하는 자) 로 알려진 유명한 석주뿐 아니라 다른 석주들을 포함하고 있다. 하나같이 몸통에는 여러가지 조각들이 새겨져 있는데 엘 프레일레는 조각이 거의 없다. 다시 한번 언급하면 이 엘 프레일레는 제주도 돌하루방과 그 모양새가 똑같다.

엘 프레일레

칼라사사야 서쪽 끝 근처에 동물 디자인들이 조각된 비슷하지만 보다 작은 달의 문이 있다. 또한 그곳에는 푸투니 Putuni로 알려진 커다란 사각형의 구역이 있는데 여전히 발굴 중이다. 이 지역의 동쪽 끝은 칸타타이타 Kantatayita 잡석들의 무더기이다. 고고학자들은 아직까지 기하학적 문양들을 조각한 이 돌들이 어떤 구조물이었는지 맞추지는 못하고 있다.

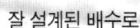
잘 설계된 배수로

포스난스키는 돌 속의 석회 퇴적의 얇은 테를 연구하여 어느 정도의 기간 동안 그것들이 물 속에 있었다는 것을 지적했다. 또한

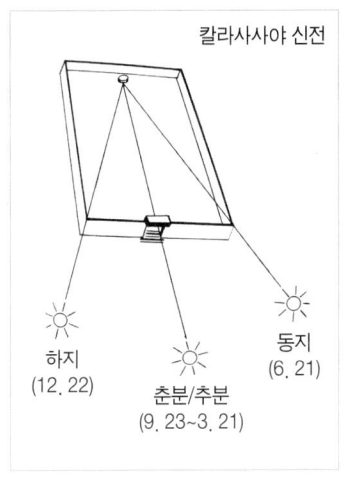

유적의 어떤 부분들은 퇴적물 아래에 깊이 묻혔는데 이것은 엄청난 물의 파도가 전 지역을 씻어내 버렸다는 것을 가리켰다. 포스난스키는 성경의 대홍수가 이런 퇴적의 이유일 것이라고 제기했다.

6월 21일, 남반구의 동지 때 아이마라 새해 Machaj Mara의 위대한 축제가 티아휘나코에서 열린다. 전 세계로부터 신시대 종교의 수많은 신봉자들을 포함하여 5,000여 명이 참석한다. 행사의 절정은 태양이 떠오를 때 태양 광선이 단지의 동쪽 면에 있는 신전의 입구를 통하여 비출 때인 '일출 sunrise'이다. 지역민들은 다채로운 의식용 복장을 하고 방문객들의 참여도 환영된다. 싱가니 singani를 마시고 코카를 씹으며 라마를 바치고 새벽까지 춤을 춘다. 지역의 예술가들은 축제에 맞춰 전시회를 갖는다.

칼라사사야 신전의 북서쪽 끝에 오랜 세월 동안 고독하게 버려져 쓰러졌던 태양의 문으로 향했다. 잡초가 우거진 흙땅 위에 외롭게 서있는 석상은 영겁의 시간을 그 자리에 서서 인류 문명의 태동을 지켜보고 있었던 것이다. 시간은 멈춰섰고 그 앞에 내가 서있다. 사진을 보아 알고 있었던 모습이지만 중앙에 생긴 균열은 내 몸의 상처처럼 고통 같은 것을 느끼게 되는 것은 무슨 이유일까. 아마도 이것이 인류 태초 문명의 유일한 잔재라는 희소성 때문일까. 그 존재만으로도 신비스런 석비는 영겁의 과거를 목격한 채 아무런 말도 없이 침묵하고 있다.

태양의 문

태양의 문은 3m 높이에 폭은 3.75m, 무게가 10톤이다. 안데스 화강암의 거대한 블록으로부터 잘려 조각되었고 중심에서 오른쪽 아래로 부서져 있다.

1908년 문이 처음 발견되었을

때 앞으로 엎어져 있었고 커다란 균열
이 있었다. 비록 본래의 자리에 있었던
것은 아니라고 믿어졌지만 그것은 발
견된 그 자리에 일으켜 세워졌다. 태양
의 문의 상징적 도상들의 몇 가지 요소
들은 페루와 볼리비아의 여러 부분으
로 퍼져 나갔다. 많은 사람들은 문을

뒷 모습

장식하는 조각들이 어떤 천문학적 의미를 가지고 있으며 그것이 달력으로 사용되
었다고 믿는다.

실제로 춘분이나 추분 때 태양이 떠오르면 최초의 빛이 상인방 바로 아래를 통
과한다. 문의 위쪽 부분은 사람 모습, 콘도르, 코끼리(?) 그리고 몇가지 기호들을
포함하는 아름답고 복잡한 문양들로 깊게 조각되어 있다. 태양의 방향인 동쪽을
면한 문의 중심에 태양신 비라코차가 있다. 그는 양 손에 천둥과 번개를 나타내는
지팡이를 들고 있다. 그의 볼에는 눈물이 있기 때문에 종종 '눈물을 흘리는 신'이
라고 언급되었다.

중앙에 옆 모습을 보이는 인물들은 그 자체가 미완성이다. 이것들은 모두 이미
지의 반복되는 형상으로 복잡하게 조각되어 있다. 장인들이 문의 작업을 왜 미완
성했는지 조사자들을 어리둥절하게 한다. 상인방은 중앙의 인물을 둘러싸고 있는
48개의 사각형이 조각되어 있다. 각각의 사각형은 날개 달린 우상의 형태를 한 인
물을 나타낸다. 사람의 얼굴을 가진 32개의 우상과 콘도르의 머리를 가진 16개의
우상이 있다. 모두 중앙의 인물을 바라보고 있다. 인물은 사람의 모습인데 그의 얼
굴에서 24개의 광선이 방사되고 있다.

아이마라 인디언의 전설은 창조신 비라코차가 어둠의 시대에서 빛을 가져다 주
기 위해 티티카카 호수에서 나왔다고 이야기한다. 비라코차는 손에 번개를 가지
고 태양의 왕관을 쓰고 눈에서는 빗물로써 눈물을 흘리는 것으로 묘사되는 폭풍과
태양의 신이었다. 그는 그가 창조한 생물들의 곤경을 보기 위해 거지로 위장하여
땅을 방랑했고 그들을 지켜주어야 한다는 것을 알았다. 비라코차는 땅, 별, 하늘
그리고 인간을 만들었지만 그의 첫 번째 창조는 그를 슬프게 했고 그래서 그는 대

홍수로 그것들을 파멸시켰으며 수많은 기적들을 행한 것뿐 아니라 새로운 피조물들에게 문명의 기초를 가르치며 보다 나은 새로운 것을 만들었다.

비라코차는 마침내 태평양 바다를 건너 사라졌고(물위를 걸어서) 다시는 돌아오지 않았다. 바라코차는 고난의 시대에 다시 출현할 것이라고 생각되었다. 수염이 있는 사람이라고 이름 붙여진 한 그룹의 사람들에 관한 자료들이 또한 발견되는데 그들은 별명이 '비라코차의 천사의 용사들'로 비라코차의 신화적 군사들이었다.

수천 년의 풍화를 견뎌온 인류의 기념비가 이 상태로 얼마나 더 버틸 수 있을지, 언제 풍화되어 사라질지, 천장을 만들어 보호하면 어떨까 하는 아쉬움도 더했다.

칼라사사야의 바깥 쪽 높은 벽

티아휘나코의 상징이라고 할 수 있는 태양의 문은 칼세이건이 언급한 우주의 작은 파란 행성의 지성을 대표한다고 해도 과언이 아닐 것이다. 커다란 감동을 안고 칼라사사야 바깥으로 나왔다.

외벽의 안쪽 석조 블록들

칼라사사야의 외벽은 높이가 매우 높다. 중간 중간 끼워져 있는 거석이 반듯하게 들어맞아 세워져 있다. 석주의 돌출부는 이끼가 낀 듯 빛바랜 초록빛을 띠고 있다. 유적지 입구 쪽으로 멀리 산이 보인다. 그러니까 이곳은 아주 넓은 분지에 들어앉아 있는 모습이다. 잠시 호수의 물이 들어차 있었을 시기를 상상해 본다. 만감이 교차하는 가운데 떨어지지 않는 발걸음을 되돌리고 있다. 저쪽에서 한 그룹의 관광객들이 버스에서 내려 입장하고 있었다. 조용하던 유적지가 갑자기 시끄러워진다.

입구의 가게

입구로 되돌아 나와 옆에 있는 작은 기념품 가게에 들렀다. 우리나라 신문 가판대 같은 작은 가게에는 자그마하고 조잡해 보이는 기념품들이 있었는데 비좁은 곳에 앉아있는 아주머니로부터 몇 푼 되지 않는 아주 작은 아이돌 석상을 하나 사니 그래도 무척이나 기뻐하는 모습이다.

철길을 건너 박물관 건물 건너편으로 유적지의 남쪽에 약 500m 정도 다다르자 허술하게 울타리를 쳐 놓은 흙 언덕이 있었다. 440톤 이상의 거석들이 있는 퓨마 푼쿠 Puma Punku(퓨마의 문)다. 오늘날 문으로써의 흔적은 아무데도 없다. 티아휘나코 유적지의 기본 지역으로부터 약 1.6km 거리에 있다.

▲ 조잡하게 만든 폰세 석상

학생시절에 책에서 잠깐 보았던 작은 흑백사진 하나, 당시의 신비감이 지금 현실이 되고 있는 것이다. 아까의 고산병은 어디론가 사라진 듯하다. 지금의 흥분은 말로 표현할 수가 없다.

경비원이 초소에서 나와 유적의 유일한 방문객인 우리를 살펴본다. 울타리 건너 저편 조금 높은 지대에 작은 철 간판이 세워져 있었는데 퓨마 푼쿠라는 영문 철자가 쓰여져 있었는데 페인트도 이곳 저곳 벗겨져 고독한 유적지를 더욱 쓸쓸하게 보이게 한다. 이렇게 중요한 고고학 유적지가 무관심하게 방치되어 있는 느낌에 안타까운 마음이 들었다. 모든 것은 돈이 없기 때문일 것이다. 나는 얼른 달려가 뭐라고 설명을 해놓았는지 간판의 글씨를 읽고 싶었다.

간판 쪽으로 살짝 경사진 언덕을 올라가는데 경비원은 계속하여 우리를 쳐다본다. 그저 무료한 시간을 보내듯 발아래 돌맹이를 툭툭 차며 제자리에서 맴돈다. 이곳은 제한된 구역이 아니어서 자유롭게 걸어다닐 수 있는데 특별히 감시할 것은 없다. 어지간히 심심한 모양이다. 뒤돌아 손 한번 흔들어 주니 벽에 기대어 다른 쪽을 관망한다.

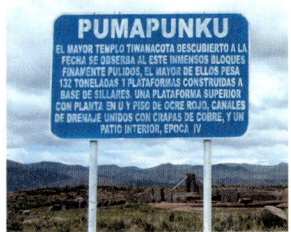
퓨마 푼쿠 간판

어떻게 보면 유적의 중요성을 생각할 때 너무도 관리가 허술해 보였다. 찾는 이도 별로 없어 보이지만 벽돌로 만든 작고 초라한 초소에 경비원 한 명뿐이라니. 그토록 오고 싶고, 보고 싶었던 퓨마 푼쿠 유적이 누구의 관심도 끌지 못한 채 이렇게 방치되어 있었다. 하지만 이 엄청난 유적이 세상에 알려지면서 관광객들이 모여들고 있고, 볼리비아 내에서도 유력한 관광지로 그 변화를 강력히 모색하고 있음은 사실이다.

시에자 데 레온은 그의 '연대기'에 1554년 퓨마

측정하는 사진

퓨마 푼쿠 전경

푼쿠를 '거대한 조각상과 광대한 기단'을 가진 유일한 유적지로 묘사한다. 책에는 피라미드의 크기와 두 석조상의 모습을 자세히 묘사하고 있으며 굉장히 오래전에 세워진 것으로 쓰고 있다. 그의 동향인인 라파스의 안토니오 주교도 1651년에 이 유적은 대홍수 이전의 구조물로 보인다고 말했다.

언덕을 오르자 거대한 석조 구조물들이 바닥에 누워 있었는데 하나의 돌로 된 거대한 거석을 원하는 대로 제단하여 무언가를 만든 모양이 오랜 세월을 두고 그대로의 모습을 보이고 있었다. 좀 더 자세히 보기 위해 거석 주위를 둘러보는데 도대체 이것들이 사람의 손으로 가공되었다는 것을 믿을 수 없었다. 마치 형틀에 넣어 자른 것처럼 반듯반듯하다.

고고학 문서에 '문자판 Writing Desk'이라고 불리는 거석이 있다. 크기는 대략 155m × 162m × 52cm이다. 정교한 사각형, 직각 그리고 예리하게 분리된 몰딩들은 서로 상대와 조합하는 기술적 메트릭스를 보이고 있다.

마치 형틀에서 찍어낸 듯하다

자유롭게 잘라냈다

이곳은 사방을 둘러보면 저 멀리 그리 높지 않은 산들에 둘러싸인 드넓은 평원의 중심에 있다. 이곳이 특별한 이유는 다름 아닌 거석의 크기 때문이다. 엄청난 크기의 돌을 마음대로 가공하여 사용했다는 증거를 볼 수 있는 곳이다. 섬세하게 잘려 있는 무게 100톤이 넘는 수많은 돌들의 존재만으로도 경이롭기 그지없는데 어떻게 이것들을 채석장에서 가져왔는지 신비할 따름이었다. 거석의 크기에 압도되어 위로 올라가 규모를 확인해 보았다. 돌을 만지며 엄청난 시간을 뛰어넘어 과거를 느껴보았다. 상상도 할 수 없는 고대인들의 업적에 내가 할 수 있는 것은 그저 경이로운 도취감에 젖는 것뿐이었다.

퓨마 푼쿠는 또 다른 '신전 지역'이다. 아카파나의 남쪽인 이곳의 위치는 멀리

거대한 돌   자유롭게 가공한 흔적이 있는 거석

동쪽으로 신성한 산이 있는 훌륭한 전망을 가지고 있기에 매우 중요하다. 물론 이 것은 아무런 문자 기록이 없어 확실한 용도는 알 수 없다. 퓨마 푼쿠는 진정으로 상상력을 자극한다. 그것은 티티카카 호수의 티아휘나코 해변에 파도가 찰싹찰싹 때리던 아주 오랜 옛날 거대한 부두였고, 지금은 붕괴된 네 개의 거대한 부분이 있었던 건축물로 보인다. 부두가 만들어졌을 때 건축물의 한 개 블록은 무게가 440톤이었고 놓여있는 몇몇의 다른 블록들은 100에서 150톤 사이에 달한다. 이들 거대한 블록들의 채석장은 1.6km 이상 떨어진 티티카카의 서쪽 해변에 있었다. 기원후 500년, 단순한 갈대 배를 가진 안데스 사람들이 분명히 그것들을 옮길 수는 없었을 것이다. 오늘날조차 진보된 기술과 수학으로도 그러한 구조물을 만들 수 없다. 어떻게 이들 괴물 같은 돌들을 움직였으며 그 목적은 무엇이었을까?

오래된 피라미드와 땅 위에 있는 수많은 거대한 석조 블록들이 남아있는 언덕은 분명히 파괴적인 지진에 의해 강타되었다. 그러나 이 파편들을 자세하게 조사해 보면 이 석조 블록들이 아주 진보된 기술로써 가공되었음을 보인다. 돌을 자른 기술은 고대 이집트인들이 피라미드를 건축할 때 사용된 기술보다도 정교하다. 보다 놀라운 것은 이들 블록의 기술적인 설계는 모든 블록들이 내부에서 접합되는 건축 블록처럼 함께 맞춰진다는 것이다. 아카파나 피라미드의 벽은 비슷한 모듈 설계를 보인다. 블록들은 다른 것의 위에 올려지는데 위쪽 돌의 아래 부분은 어떤 각도로 잘려진다. 서있는 돌의 꼭대기도 같은 각도로 잘려진다. 이 블록 쌓기 기술은 공식 고고학자들이 제안하는 남아메리카 고대인들의 일반적 석조 건축 기술과는 명백히 다른 형식을 보인다. 청회색의 거대한 돌들은 기계로 가공된 것 같다. 또한 많은 돌에는 금속에 의한 붉은색의 녹이나 산화의 흔적이 있다. 돌과 돌 사이의

접촉을 위해 I 자형의 홈을 연결부에 만들고 거기에 구리를 박아 넣거나 또는 녹여 넣거나 해서 꺾쇠구실을 하게 했으며 이러한 기술은 아카파나 피라미드를 축조할 때 사용했다. 그러나 10톤 이상이나 되는 돌들을 이런 금속조각으로 연결하여 지탱한다는 것은 상식적으로 이해가 되질 않는다. 규모가 작은 지진 같은 약간의 진동으로도 연결조각은 쉽게 튕겨나갈 수 있기 때문이다. 그러므로 이 연결자국은 다른 특별한 목적이 있을 수 있다.

▲ 돌들을 맞춘 흔적

▲ 십자 모양의 음각

또 다른 돌에는 차카나 Chakana라 불리는 이중의 십자 모양이 음각되어 있는데 이것을 가장 오래된 원형의 십자가 문양의 하나로 보는 견해가 있다. 여러가지 상상이 떠올라 신비스럽기만 하다. 옆으로 뉘여 있는 흰색 돌의 오른쪽 면은 예리한 칼로 절단된 듯한 모습인데 오늘날의 그라인더로 가공한 듯 정밀할 뿐 아니라 돌의 중앙에는 샤프트로 뚫은 듯한 정교한 구멍이 있다. 이렇듯 정교한 구멍이 뚫려 있는 돌들을 주위에서 발견하는 일은 어렵지 않다.

이들 거대한 석조 블록들은 그것들이 수천 년 전에 쓰러진 이래로 그 자리에서

절단 기술

정교한 세공 기술

움직이지 않았다. 그러나 고고학자들은 이 돌들이 작업은 되었지만 그들이 의도했던 건설이 알 수 없는 이유로 방해를 받아 작업이 중단되었다고 추측한다. 그러나 건물들은 완성되었고 안데스 산맥의 화산 폭발이나 전 세계적인 대홍수 같은 어떤 자연적인 대재앙에 의해 무너졌다고 가정한다면 그것 또한 타당하다. 이 지역에서 진행 중인 고고학적 발굴 작업을 관찰하는 것은 흥미롭다. 4,050m의 고도의 어떤 잔재물들은 지표면 아래 1.8m에서 발견된다. 지역을 감싸는 산맥은 그런 깊이까지 유적지를 덮어버리는 물이나 바람에 의한 침식을 허용할 만큼 충분히 높지 않다. 이것은 오늘날까지 미스터리이다.

 푸마 푼쿠의 신전을 넓게 한바퀴 돌았다. 붉은 진흙 위에 세워진 거석들은 새로운 분위기를 보이고 있다. 중앙 지점에 있는 계단은 칼라사사야 중앙 계단처럼 거대한 하나의 돌을 깎아 설치해 놓았다. 깎은 것은 그렇다 쳐도 어떻게 옮겼을까.

푸마 푼쿠 신전

거대한 계단

 푸마 푼쿠는 정말로 떠나오기 싫은 유적지였다. 언제라도 다시 방문하여 오랫동안 그 분위기를 다시 느끼고 싶은 곳이었다. 인류가 이룰 수 있는 모든 것을 이룬 그 잔재를 보고 있는 것이다. 푸마 푼쿠의 공기를 한껏 마시고 돌아오는 길은 행복감 그 자체였다.
 라파스에 돌아와 시내의 남쪽에 있는 이사벨 라 카톨리카 광장 근처에 있는 중국 음식점에서 점심을 먹었다. 볶음밥을 시켰는데 양이 엄청나다. 70볼리비아노. 커다란 홀에는 서양인 커플이 함께 식사를 하고 있었다. 이 큰 홀에 점심시간인데도 손님이 두 팀밖에 없으니 어지간히 장사가 잘 안 되는 것 같았다. 주인은 중국인이다. 아니 중국계 볼리비아인일 것이다.

▼ 건물 벽에 그려져 있는 체게바라

오늘은 일정이 없어 광장으로부터 아르세 거리를 따라 무작정 천천히 호텔 쪽으로 걸어 올라갔다. 한 건물의 벽에는 체게바라Che Guevara(1928~1967)의 벽화가 그려져 있었다. 체Che('어이! 친구' 라는 뜻으로 이름에 붙인 말이다)로 알려진 그가 볼리비아에서 최후를 맞이했다는 기억이 갑자기 떠올랐다. 화폐나 기업, 국가라는 개념을 부정하고 이상을 꿈꾸던 그는 싫든 좋든 영원한 혁명가의 상징으로 알려진다. 혁명의 중심지로 볼리비아를 선택하여 쿠바의 승리와 같은 새로운 혁명역사를 이루려 하였으나 결국 게릴라전에서 사망한 그의 존재를 이곳에서 새삼 느껴볼 수가 있었다.

시내는 산비탈에 경사지어 있었다. 가다가 어제의 여행사에 들러 리마행 비행기 표를 예약해야 한다. 그런데 아뿔사, 예기치 못한 일이 터졌다. 오늘은 토요일이라 휴일이었던 것이다. 그래도 어딘가 문을 연 곳이 한두 곳이 있겠지 하며 시내를 걸었지만 희망은 물거품이 되었다. 워낙 시간에 쫓기는 여행이다 보니 잘못하면 리마행 비행기를 못 구할지도 모를 일이었다. 그래도 라파스는 외국 여행객들이 많이 찾는 곳이므로 분명히 문을 연 곳이 있을 것이고 여의치 않을 경우 호텔에서 정보를 얻을 수 있을 것이라 생각했다.

마침 번화한 거리 끝쪽에서 여행사 간판을 발견하고 안으로 들어갔다. 그런데 웬 여행사가 영어가 통하질 않는다. 그렇다고 티켓 상담을 하는 데 하자는 없었다. 서로가 목적하는 바를 정확히 알고 있기 때문이다. 관리자는 원하는 날짜에 비행기는 이코노미가 없고 비즈니스석에 두 자리가 가능하단다. 400불 이상의 가격이었지만 다른 방법이 없었다. 이런 뜻밖의 경우를 최소화하려고 노력을 해도 안 될 때는 할 수 없는 일이다. 그런데 나중에 비행기를 타고 난 뒤에 알게 되었지만 이 비행기에는 비즈니스석이 없었다. 이코노미석을 비즈니스석이라고 속이고 요금을 받은 것이다. 소위 바가지를 쓴 것 같았지만 다른 방법이 없었다. 이 비행기도 만원이었기 때문에 잘못 했다가는 모든 여행 일정이 차질을 빚을 수 있었기 때문이었다. 언제라도 있을 수 있는 여행의 한 대목이다. 비즈니스석은 언제나 부담이 가는 항목이다. 씁쓸한 마음이었지만 빨리 잊어버리고 시내로 나와 다시 호텔 쪽으로 걸어 내려왔다. 원하는 날짜에 티켓을 구하지 않았는가!

볼리바르 동상

길 가운데에는 작은 잔디 공원이 있고 사람들이 한가로이 벤치에 앉아 있다. '몽헤깜뻬로' 극장 앞에는 베네주엘라의 독립운동가이자 군인인 남미독립의 영웅 볼리바르(1783~1830) 장군의 동상이 있다.

남미가 우리와는 지구 반대편에 있는 곳에 있다 보니 그들의 역사에 대해 생소

볼리바르

한 부분이 많이 있는 것이 사실이다. 그러므로 여기서 볼리바르라는 인물에 대해 잠시 살펴보고 가는 것도 볼리비아라는 나라를 이해하는 데 매우 도움이 될 것으로 보인다. 볼리바르는 아르헨티나의 산마르틴 Jose de San Martin 장군(1778~1850)과 함께 남미 독립에 있어서 가장 중요한 지도자였다.

그는 베네수엘라의 카라카스에서 귀족으로 태어났지만 안정된 삶에 만족치 않고 스페인의 학정에 핍박받는 원주민들에게 독립의 희망을 안겨준 장군이다. 이러한 일을 수행하는 동안 그의 삶은 파란만장한 한편의 대서사시였다. 이 시대는 프랑스의 나폴레옹이 그의 형, 보나파르트를 스페인의 왕으로 앉히고 영국과 끊임없는 전쟁을 하던 매우 혼란한 시대였다. 식민지에서도 크리오요들과 스페인에서 태어난 스페인인들인 페닌술라레들과의 경쟁적 관계가 심화되고 있었다. 이에 따른 크리오요들의 반감은 중남미 독립운동의 주도세력이었다.

그는 어려서부터 유럽에서 대두되고 있었던 실용사상을 몸에 익히고 있었다. 마

음속에 언제나 가지고 있던 꿈을 펼쳐 보이지 못하고 있던 그에게 찾아온 우연한 기회는 그를 스페인과의 독립전쟁을 이끌게 만들었다. 1812년에 카르테헤나 Cartagena에서 군중들에게 행한 그의 첫 번째 연설은 자신들을 노예의 상태로 만드는 것은 스페인이라기보다 우리들 자신이라고 강조한다. 그러므로 강한 정부만이 모든 것을 바꿀 수 있다는 그의 연설은 너무나도 유명해졌다. 계속된 전쟁을 통하여 개선장군이 되기도 하고 패배하여 도망을 가야 하는 처지를 반복하던 그는 이러한 경험을 토대로 훌륭한 전략가로서 경험을 쌓는다.

이후 광대한 대륙을 오가는 스페인과의 수많은 전쟁에서 그는 결국 승리하였다. 그는 1821년 38세의 젊은 나이에 베네수엘라, 콜롬비아 그리고 에콰도르로 구성된 대콜롬비아 Gran Colombia로 명명된 나라의 초대 대통령으로 추대되었다. 조지 워싱턴과 토마스 제퍼슨 등 미국의 독립을 이끈 훌륭한 지도자들보다 어쩌면 더 위대한 영웅이었다고 평가를 해도 지나침이 없다. 페루 문제를 놓고 산 마르틴 장군과 신경전을 벌이는 두 영웅의 모습은 한편의 영화를 보는 것 같다. 그러나 남미 합중국을 꿈꾸었을 만큼 이상가였던 그는 콜롬비아에서 가족력인 폐렴으로 매우 짧은 생을 마감했다.

1825년 탄생한 볼리비아 공화국은 국가명을 이 라틴아메리카의 해방자 이름에서 따왔다. 볼리바르의 절친한 친구이며 조력자인 수크레 Antonio Jose de Sucre가 신생 볼리비아의 초대 대통령으로 선출되었다.

▼ 신혼부부의 꽃마차

볼리바르 동상 앞에서 사진도 찍고 음반점에 들어가 민속악기로 연주되는 볼리비아 음악 CD를 구입했다. 거리를 걷고 있노라니 웬 예쁜 마차가 지나간다. 막 결혼을 마친 신랑 신부가 꽃마차를 타고 시내를 천천히 달려가고 있다. 즐겁고 행복해 보인다. 차들로 들어찬 좁은 도로를 마차가 경쾌하게 달려가는 모습이 보기 좋아 카메라를 들자 신랑이 뒤를 돌아보며 환한 미소를 보인다.

돌아오는 길에 길가의 PC방에 들러 잠시 인터넷을 검색했다. 우리처럼 밀폐된 공간에 밀집된 형태가 아니라 10여 대의 컴퓨터가 서로 여유 있는 거리를 두고 있었고 저 만치에 여주인은 따로 컴퓨터 앞에 앉아 있었다. 여주인이 백인이었던 것이 특이했다. 컴퓨터를 다루는 것이 이곳에서는 보다 지적인 일인 듯한 느낌이 들었다. 토요일인데도 아직은 거리가 조금 한산해 보였다. 그러나 태양은 여전히 강렬했다.

호텔로 돌아오자 마자 프론트에서 달의 계곡을 가기 위해 왕복 100볼리비아노에 택시를 불렀으며, 유명한 페냐 Pena를 볼 수 있는 우아리 Huari 레스토랑을 저녁 8시에 350볼리비아노에 예약했다. 페냐는 안데스의 민속음악인 폴크로레를 들려준다. 원래 폴크로레는 케나(갈대나 동물의 뼈로 만든 소형 피리)와 삼포냐(대나 갈대를 각각 크기가 다르게 잘라 두 줄로 묶어서 만든 악기. 예로부터 볼리비아 토착민인 인디헤나들은 삼포냐를 연주하며 축제를 즐겼다. 위에서 불어 소리를 내는데 상당한 기술이 필요하다), 차랑고 등의 악기편성을 이루는 전통적인 형태에서 현재에 와서는 기타, 만돌린 그리고 드럼 등이 추가된 더욱 규모가 커진 형태로 과거와 현재가 혼재된다. 인디헤나들에게 음악은 생활의 일부였다.

달의 계곡은 라파스 남쪽 거주지역으로 가는 길에 있다. 달의 계곡이란 이름은 진흙투성이의 땅이 침식에 의해 특이한 모양으로 형성되고 주변에 동식물도 없어 달의 표면처럼 보인다고 해서 지어졌다. 달의 계곡으로 가는 길은 무척이나 이색적이었다. 시내를 빠져나가는가 싶더니 언덕 아래로 또 다른 계곡의 도시가 눈앞에 펼쳐진다. 알토 시와 남쪽 지역 사이의 커다란 차이를 보게 된다. 이 아래쪽 도시는 고층 빌딩이 없고 윗쪽보다는 규모가 작았지만 주변의 특이한 산들과 어울려 무척이나 아름다웠다. 그런데 이곳은 언덕의 달동네와는 달리 부촌인 듯

달의 계곡으로 가는 길의 라파스 아래 전경

한 인상이다. 외제 승용차들, 축구경기장, 테니스장, 놀이터, 공원 등 모든 풍광들이 라파스의 심한 빈부격차를 보여주고 있다.

바위산을 오르는 길에 터널을 건넌다

라파스로부터 리오 초쿠에야푸 Rio Choqueyapu에 의해 형성된 계곡을 따라 아래로 내려가면 '황폐한 땅' 형태의 지역이 많이 있다. 많은 곳들이 주거지 개발로 잠식되고 있다. 사람들은 한 지역을 제쳐두고 달의 계곡이라는 공원을 만들었다. 이 도시를 또다시 빠져 나오자 이윽고 달의 계곡임을 알아볼 수 있을 듯한 경치가 눈앞에 나타났다. 실제로 달에 왔다는 생각이 들게 하는 놀라운 곳이다. 달의 경치처럼 황량함을 떠오르게 한다. 한눈에 봐도 신기할 따름이었다. 입장료 1인 15볼리비아노.

달의 계곡

작은 건물 아래층으로 뚫린 입구를 나오자 마자 별천지가 펼쳐진다. 빗물에 침식된 화산 다발. 이곳은 지구가 아니다. 정말로 달의 계곡이다. 들어서자마자 보이는 정면의 돌출된 기암이 우리를 압도한다. 우리는 아래로 깊게 파여진 발 밑 절벽들의 꼭대기 부분을 밟으며 몇 미터 앞으로 나아갔다.

나중에 안 일이지만 그것은 매우 위험한 행동이었다. 그 파여진 아랫 부분은 수십 미터 깊이의 낭떠러지였는데 언제라도 잠깐 실수를 한다면 그대로 사망에 이를 수 있을 정도였다. 계곡의 관람로를 따라 걷고 있노라니 특이한 모양새에 탄성만을 질러댄다. 계곡을 천천히 일주하는 데는 한 시간 정도 걸렸다. 지

▲ 바닥의 깊은 구멍

▼ 달의 계곡

형이 계속하여 변했기 때문에 지루하질 않았다.

 달의 계곡을 나와 곧바로 우아리 레스토랑이 있는 사가르나가 거리로 향했다. 이 거리는 어제 저녁에 갔었던 거리와 거의 붙어 있는 바로 그곳이었다. '여행자의 거리'로 알려진 이곳은 라파스를 방문하는 여행객들이 몰려드는 곳이다. 가는 동안에 우리는 기사와 흥정하여 예상했던 가격에 내일의 티티카카 호수 여행을 계약했다. 달의 계곡에 오는 동안 친절하게 사진도 찍어주고 나올 때까지 차량을 닦으며 묵묵히 기다리던 모습이 순박해 보였기 때문이었다. 그는 매우 기뻐하였다.

시내 쪽으로 높은 산맥이 병풍처럼 막아 서 있다

수직 절벽

식당 정면

　레스토랑에 도착하여 보니 이곳은 시내 도심과는 완전히 다른 곳이었다. 우아리 레스토랑은 경사가 심한 뒷골목에 거의 숨어 있기 때문에 찾기가 약간 어려워 보였다. 이 거리는 아래쪽에 산프란시스코 교회가 있는 로스에로 광장의 위쪽 언덕길로 민예품과 일용품을 파는 노점들이 있는 곳이다. 좁은 골목길에는 생업에 바쁜 사람들, 그야말로 볼리비아 본연의 모습이 보이고 있었다. 거리에는 많은 토산품과 기념품 가게들이 즐비해 있었다. 서양의 여행객들도 무척이나 많이 있었다. 사실 저렴한 여행을 하는 배낭족들은 라파스의 이 지역에 숙박을 많이 한다.

　쇼가 시작하는 8시까지는 시간이 꽤 남아있어 주변의 거리를 서성이며 기념품 가게 한 곳에 들러 숙소에서 입을 가벼운 바지를 하나 사기도 했다. 물론 가격을 깎는 것은 필수!

　다시 레스토랑으로 돌아왔다. 입구에는 여행사가 있었다. 시간이 늦어 전부 문이 닫혀 있었고 실내등도 꺼져있었다. 어두컴컴한 1층 내부에는 몇몇 기념품 가게들만이 아직 손님을 기다리고 있었다. 2층의 레스토랑에 오는 손님의 방문을 기다리는 듯싶었다. 구석에 있는 작은 가게에 들어가 비라코차신이 조각된 조그마한 동판을 하나 사려고 흥정을 하니 엄마와 아이는 연신 우리 모습을 신기한 듯 바라본다. 가격을 흥정하니 너무 많이 깎았는지 어디서 물어보고 온단다. 아무래도 내가 제시한 가격을 허락을 받아야 하는 모양이었다. 잠시 후 되돌아온 아주머니는 가져 가란다. 물건을 가방에 넣으면서도 마음은 그리 편하지 않다. 우리 돈으로 겨우 몇 천 원에 내가 너무 인색한 것이 아닌가 하는 생각이 들었다. 사실 이 가게는 그 위치로 보아 별로 판매가 잘 될 것 같지 않았기 때문이다. 그러나 여행지에서 가장 중요한

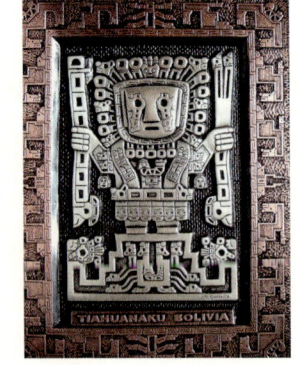
▲ 동판

것은 가능한 한 평상심을 유지하는 것이다. 우리 생활의 고정관념을 떨쳐 버려야 한다. 그들의 삶을 우리과 비교할 수는 없는 것이니까.

식당 내부

우아리 레스토랑은 주로 외국 여행객들을 위한 쇼를 겸한 음식점이다. 음식점은 다른 곳과는 달리 여흥을 제공하고 스텝들은 매우 친절하고 호의적이다. 그러므로 그 가격도 31~40달러로 비싸다고 할 수 있다. 어쨌든 쇼와 음식을 즐기는 비용치고는 여행객들에게 그다지 비싸지 않은 것은 사실이다. 아래층 가게들 사이를 지나면 끝쪽에 2층으로 오르는 계단이 있다. 문을 열고 들어가면 천장까지 온통 특이한 채색의 인테리어가 무척 화려하지만 조금은 음산한 느낌이 든다. 안쪽 무대 옆에는 디아블라다 Diablada(악마의 춤)를 출 때 머리에 쓰는 무시무시하게 생긴 가면도 보인다.

볼리비아의 축제 때면 어김없이 나타나는 디아블라다는 선악의 대립구도를 극명하게 보이는 대상으로 축제의 또 다른 주역이다. 처음에 자리에 앉으면 싱가니 singani와 주스의 혼합인 우아리 한잔(너무 강하지 않고 아주 좋다)을 제공받는다. 오래 전 우리나라에서 삼계탕을 시키면 인삼주가 나온 것과 비슷하다. 메뉴판에 음식 종류도 다양하고 주방 쪽으로는 작은 뷔페를 꾸며놓고 있는데 준비된 음식도 정성스럽게 보였다. 우리는 라마 스테이크와 스프를 주문했다. 요리를 기다리는 동안 서양 단체 관광객들이 우루루 들어오더니 안쪽 테이블을 전부 차지하고 앉는다. 그런데도 홀은 다른 몇 개 테이블의 손님들을 포함하여 절반 정도만 들어찼다. 한참 후에 요리가 나왔는데 고기 크기가 대단하다. 맛 또한 만족스러웠다.

공연은 각각의 부문별로 전통 무용으로 구성된다. 이 무용들은 오루로 지역에 살았던 풍요롭고 순진한 원주민들의 문화적인 유산이다. 그들은 원색의 아름다운

천과 깃털 장식, 돌 조각품 그리고 발달된 농업기술을 가지고 있었다. 잘생긴 젊은 남녀 무용수들 4인조가 전통의상을 입고 번갈아가며 흥겨운 안데스의 음악에 따라 경쾌하고 빠르게 춤을 춘다. 손님들의 박수가 계속된다.

　2시간 동안 끝없이 진행되는 무용과 연주 그리고 노래는 훌륭한 것이었다. 그런데 이들의 쇼가 완전히 전통적인 것이라기보다는 현재에 가까워 보이는 점이 조금 아쉬웠다. 아름답고 현란한 것을 보이려고 했던 것일까. 사실 밴드와 여가수의 음악은 소위 퓨전스타일이라 실망스러운 것이었다. 물론 음악성과 실력은 매우 뛰어났지만 전통의 모습을 보려는 관람자들에게는 그저 현대의 쇼처럼 감동적이지는 않다. 차라리 잉카시대 복장을 한 쇼가 일부 포함되어 있었으면 어떠했을까 하는 생각을 해보았다. 쇼의 중간에 댄서들이 테이블로 내려와 무대에서 춤을 추기를 권하는데 거절하기가 매우 어렵다. 연주와 노래가 끝나자 테이블을 돌며 밴드 그룹은 자기들의 CD를 소개하며 구입을 청한다.

제14일(일)
태양의 섬

아침 8시에 프론트에 내려가니 어제의 택시가 막 도착하고 있었다. 티티카카 호수 왕복에 500볼리비아노에 예약했었다. 일정은 박하고 시간은 여유가 없어 근교 투어를 하는 버스 등 정해진 스케줄에 의해 움직이는 것은 여전히 부담스럽다. 비용이 조금 더 들더라도 택시를 이용한 개인 투어가 더 장점이 많을 수 있다. 게다가 우리는 두 명이 움직이니까 더 이로울 수 있는 것이다. 어제 달렸던 그 끝없는 평원을 약 세 시간 가량 달려가는 것이다. 코파카바나Copacabana까지는 약 158km 거리다.

가이드 북에는 태양의 섬으로 가는 배의 시간이 정해져 있었는데(오전, 오후 각각 11:30, 13:30에 두 편의 배가 있다) 어제 택시기사의 말을 곧이곧대로 믿은 것이 문제가 되었다. 그곳에 도착하면 바로 배를 탈 수 있을 것이라는 택시기사의 확신에 찬 말도 있고, 여러 번 가 본 경험이 있는 듯하기에 다른 곳에서 재차 확인하는 것을 잊은 것이다. 현지 돈이 다 떨어져 환전을 하려고 했으나 택시는 그다지 크지 않은 라파스 시내를 벌써 빠져나와 알토 시로 접어 들고 있었다.

알토 시는 라파스와는 비교도 안 될 만큼 그 낙후된 모습이 현저했다. 마치 짓다 만 것 같은 흙벽돌로 된 집들이 넓게 뻗은 길 양옆에 늘어서 있었는데 수많은 사람들이 저마다 바쁜 발길을 옮기고 있었다. 이곳에는 마땅히 환전할 곳이 없다고 해서 코파카바나 현지에서 환전을 하기로 했다. 알토 시를 벗어나자 이내 드넓은 광야가 나타

평원

난다. 알토 시를 벗어나려면 두 갈래의 길이 있는데 왼쪽은 티와휘나코로 가는 길이고 오른쪽이 코파카바나로 가는 길이다. 저 멀리 지평선이 보이고 오른쪽 저 멀리에는 드높은 만년설의 산이 장대하게 펼쳐져 있다. 끝이 없어 보이는 푸른 초원 위로 나 있는 아스팔트 도로에는 이따금 달리는 자동차와 버스를 빼고는 너무도 한산한 모습이었다.

▼ 티티카카 호수 지도

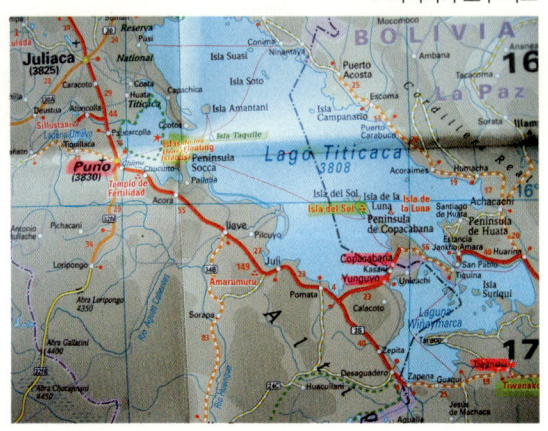

두 시간 정도를 달리자 왼편으로 호수가 보이기 시작하는데 그 경치는 이루 말로 형용할 수 없을 정도였다. 산을 끼고 올라가는 비탈길로 접어 들자 아래로 보이는 티티카카 호수가 그 짙푸른 색을 드러내 보이며 뜨거운 태양과 더불어 환상적인 기운을 자아내고 있었다.

티티카카 호수는 안데스 내부의 높은 알티플라노 만의 북쪽 끝에 위치한 해발 3,812m에 있는 호수이다. 수량만으로는 남미에서 가장 큰 호수이다. 호수의 서쪽 부분은 페루의 푸노지역 안에 있고 동쪽 부분은 볼리비아의 라파스 주 안에 위치하고 있다. 티퀴나^{Tiquina} 만에 의해 분리되는 두 개의 내만으로 구성되어 있다. 큰 내만은 평균 수심 135m이고 최대 수심은 284m이다. 작은 내만은 평균 수심 9m에 최대 수심 40m이다. 호수의 전체 평균 수심은 107m이다. 전체넓이 8,300km²의 티티카카 호수는 빗물과 알티플라노에 인접한 산맥 위의 빙하로부터 녹은 물에 의해 유지된다.

주요 5개의 강이 티티카카 호수로 흘러든다(라미스, 코아카, 라베, 우안카네 그리고 수체스). 또한 20개 이상의 다른 작은 강들이 호수로 흘러들고 물은 차갑고 맑다. 호수에는 41개의 섬이 있으며 몇몇의 섬에는 인구가 조밀하다. 단지 한 계절에만 자유롭게 통행할 수 있기 때문에 호수는 단조롭고 물은 작은 내만을 통하여 지나가고 데사구아데로 강에 있는 출구 하나로만 흘러나간다. 그리고 나서 볼리비아를 통과해 푸포 호수까지 남쪽으로 흘러간다. 이것은 호수의 수량 발란스의 단지 10%에 해당한다. 높은 고도에서의 강풍과 강한 태양빛에 의해 야기되는 증발산이 수량 유입의 나머지 90%와 평형을 이룬다.

티티카카는 아이마라어로 '회색 퓨마'라는 뜻이지만 본래 이름은 알려지지 않는다. 그것은 이른바 퓨마가 토끼를 사냥하는 모습과 비슷하여 '바위 퓨마'로 해석되는데 지역언어인 퀘추아와 아이마라어가 결합된 단어이다. 일부 언어학자와 고고학자들은 그 이름이 티티 Titi(퓨마)와 칼라 Kala(바위)의 와전이라고 믿는다. 또 다른 언어학자의 가설에 의하면 아이마라어에서 티티는 납 또는 주석이라는 금속의 이름이었다. 그러면 티티칼라는 '주석의 바위'를 의미하며 티티카카는 '주석의 암석'이다. 주석과 동은 티아휘나코의 생산물이었다.

호수의 인공위성 사진

지역적으로 호수는 몇 가지 이름들로 불려진다. 호수의 남동쪽 지역이 주 몸통으로부터 분리되기 때문에 (티퀴나 호협에 의해 연결된다) 볼리비아 사람들은 작은 내만은 '라고 우이나이마르카 Lago Huinaymarca(퀘추아: 위나이 마르카 Winay Marka)'라고 부르고 큰 내만은 '라고 축시토 Lago Chuccito'라고 부른다. 페루에서 이들은 각각 '라고 페쿠에노 Lago Pequeno'와 '라고 그란데 Lago Grande'로 언급된다. 티티카카 호수와 주변의 티아휘나코 문명을 떼어 놓고 생각할 수 없는 이유로 잠깐 이 둘의 상관관계에 대해 잠시 언급하는 것도 방문 여행에 매우 큰 도움이 될 듯하다.

전설에 의하면 수세기 동안 티티카카 호수 바닥에는 해변(호변이라고 해야 맞는 말이지만 호수가 바다같이 워낙에 크기 때문에 해변이라고 표현한다)에서 발견된 것과 비슷한 종류의 석조 구조물이 있다고 이야기되어 왔다. 이 지역 인디언들의 이 전승에도 불구하고 최근까지 그러한 구조물의 증거는 없다. 1968년 프랑스 잠수 탐험가 코스테우 Jacques-Yves Cousteau(1910~1997)는 팀원들과 함께 호수를 탐사하고 호수 아래에 있는 구조물의 증거를 찾아나섰다. 며칠 동안 태양의 섬과 달의 섬 부근에서 호수 밑을 탐사했지만 아무것도 발견하지 못한 코스테우는 전설은 단지 신화에 불과할 뿐이라고 결론지었다.

그러나 1980년 선-콜롬비아 문화 학자인 로호Hugo Boero Rojo는 호수의 북동쪽에 있는 페루 국경 근처 볼리비아의 항구 마을 푸에르토 아코스타 해변의 15~20m 바닥에서 고고학적 유적지를 발견했다고 발표했다. 그 지역의 100살이 넘은 원주민인 엘리아스 마마니의 구색을 갖춘 정보에 기초하여 로호와 두 명의 푸에르토리코의 영화 사진가는 근처 인디언의 다큐 필름을 제작하는 동안 그 지역의 호수 바닥을 샅샅이 뒤진 후에 유적지의 위치를 확인할 수 있었다.

로호는 "우리는 지금 선-콜롬비아 시기의 건축물이 티티카카 호수 아래에 존재한다는 것이 사실이라고 확실히 말할 수 있다. 발견된 잔재물은 스페인의 정복보다 엄청나게 앞서는 오랜 문명의 존재를 보여준다. 우리는 알 수 없는 장소로 이어진 돌로 된 길이 있고 거석으로 세워진 신전들과 두터운 식물군의 중심에 그 기초 부분을 잃어버린 계단들을 발견했다"라고 말했다. 로호는 이들 기념비적 유적지가 아마도 티아휘나코가 기원이라고 묘사한다.

포스난스키의 제자 벨라미Hans Schindler Bellamy(1901~1982) 교수는 티아휘나코가 현재보다 12,000년 이전으로 거슬러 올라간다고 믿었다. 그럼에도 불구하고 로호의 발견은 해결된 것보다 더 많은 문제를 만들어낸다. 만일 모든 과학자들이 동의하고 있는 경우처럼 과거 3~4,000년 동안 티티카카 호수가 천천히 후퇴하고 있었다면 어떻게 우리는 여전히 물밑에 있는 석조 신전들, 계단들 그리고 길들을 설명할 수 있을까?

유일한 대답은 그것들이 호수가 제 모습을 갖추기 전에 세워졌다는 것이다. 그렇다면 우리는 티아휘나코의 잔재물로 되돌아가야 하고 단지 10%만이 발굴된 1,600km² 이상의 유적지를 재조사해야 한다. 우리는 고대 문명을 덮고 있는 적어도 1.8m 이상의 흙을 지적해야 한다.

이 퇴적의 유일한 설명은 물이다. 엄청난 양의 물이 도시를 범람시켰다. 물이 빠지자 여전히 노출되어 있는 거대한 조각상과 석주들만 남겨놓은 채 진보된 문명의 모든 증거들을 덮어버린 침적토가 남았다. 티아휘나코가 호수가 생겨나기 이전에 그것이 해변의 항구로서가 아닌 목적으로 세워졌다고 결론짓는 것은 당연하다.

오늘날 물이 계속하여 빠지고 있기 때문에 우리는 도시의 먼 과거 사람들의 보다 많은 증거를 발견할 수 있을 것이다. 과학자들은 지역에서 발견될 수 있는 다수의 화석화된 해양 생물 때문에 티티카카 호수 지역이 한때는 해수면의 높이였다고 결론지었다. 그 지역은 안데스의 융기와 더불어 상승되었고 호수를 형성하기 위해 채워진 만이 생겨났다.

페루의 전설은 먼 과거에 있었던 전 세계적인 홍수 이야기와 분명히 관련된다. 그것이 성경의 노아의 홍수인지 아닌지 우리는 말할 수 없지만 수백 개 이상의 홍수 신화에 묘사된 전 세계적 홍수와 더불어 우주적 범람의 명백한 물리적 증거가 있다. 노아의 홍수가 바빌로니아의 길가메쉬 서사시에 나오는 우트나피스팀, 수메르의 지우수드라, 페르시아의 지마, 인도의 마누, 마야의 콕스콕스, 콜롬비아의 보치카, 북아메리카 알곤킨족의 나나보주, 크로우족의 코요테, 그리스의 데우칼리온과 피라, 중국의 곤(鯀) 그리고 폴리네시아의 탕카로아라는 것과 함께 19,000년 전에 전 세계적인 홍수가 있었다는 증거이다.

지구 운명의 날은 호피 인디언의 전설, 핀란드의 칼레발라^{Kalevala} 서사시, 마야의 칠람 발람$^{Chilam\ Balam}$ 그리고 포풀부 그리고 우리들의 현재 문명이 '나후아틀 올린' 또는 지진 같은 '지구 운동'에 의해 파괴될 것이라고 예언하는 아즈텍 달력에서 예견된다. 아즈텍의 주기 이론 때문에 이것은 '재규어의 죽음', '폭풍의 죽음', '거대한 불의 죽음' (하산 작용) 그리고 '대홍수' 이후에 다섯 번째 운명의 날이 될 것이다.

만일 번창하는 진보된 한 문명이 수천 년 전에 페루의 알티플라노에 존재했고 홍수에 직면했다면 4,050m의 고도에서 지표의 1.8m 아래에 있는 티아휘나코의 존재 같은 많은 의문들이 해결되었을 것이다. 불가능한 고도에서 여전히 호수물 바닥에 있는 석조 건물들과 해양 생물들의 존재는 또한 상식에 부합할 것이다

페루에는 가파른 봉우리들의 옆면과 아주 꼭대기에 계단식 농경지가 있다. 이것들은 매우 오래된 것으로 보이는데 현재는 사용되지 않는다. 산 아래쪽을 바라보면 최근에 만들어진 더 많은 계단식 농경지를 볼 수 있다. 우리는 단지 잉카인(특히 사파 잉카)이 아래쪽 부위와 비옥한 계곡을 사용했을 것이라고 알고 있다. 그러

나 날품을 파는 가난한 사람들이 스스로의 생계를 위해 토지를 경작하러 아주 높은 봉우리에 올라갔다. 이것은 순수한 공산주의적인 신정주의 사회라고 알아 온 것과는 확연히 다른 것으로 보인다. 관련된 세부 사항을 숙고해 볼 때 한 부대의 씨앗을 산꼭대기까지 운반하고 어느 정도 땅을 개간하고 그것들을 심기는 어려움이 없었을 것이다. 그러나 가을에 600~900m 아래 계곡 면으로 수확물을 가지고 내려오는 것은 매우 힘들었을 것이다.

실제로 대부분의 지구 표면을 휩쓴 세계적인 홍수가 있었다면 (오로지 산꼭대기만이 태양에 돌출하여 남아 있었다면) 남겨진 두 명의 홍수 생존자가 당연히 그들의 씨를 산꼭대기에 심었을 것이다. 그들은 꼭대기에 살았기 때문에 생산물을 아래로 내릴 필요가 없었다. 또한 그들은 한쪽 봉우리에서 다른 봉우리까지 이동하는 데 배를 사용했다. 홍수의 물이 빠져나감에 따라 계단식 농경지는 오늘날 볼 수 있듯이 산의 옆면을 기어 내려오기 시작했다.

로호가 말한 것처럼 '티티카카 호수 아래의 아이마라 건물의 발견은 어떤 알 수 없는 이유로써 가라앉게 된 모든 문명의 사멸에 관하여 완전히 새로운 이론을 취할 수 있다.' 티아훠나코인들은 전 세계적인 홍수의 희생자일 수 있다. 그들의 문명은 그들의 집과 건축물들이 바닷물로 덮였을 때 그저 씻겨나가 버렸다. 그 지역의 만 같은 지형 때문에 홍수물은 빠져나갈 수 없는 티티카카 호수가 되었고 수세기 동안 단지 점차적으로 증발되어 왔다.

티퀴나로 가는 길

차는 어느덧 티퀴나에 도착했다. 이

오른쪽 붉은 3층 건물 사이로
차들이 차례를 기다리고 있다

곳은 마을이라고 부르기에는 너무도 작다. 집들이라고 해바야 손가락으로 헤아릴 정도였다. 배를 타기 위해 흙길의 내리막길 주변에는 집들이 몇 채 없다. 호수 건너편이 주 마을로 보인다.

티퀴나 호협은 큰 티티카카와 작은 티티카카 호수를 연결하는 통로로 라파스에서 130km에 위치하고 있다. 이곳은 배로 코파카바나로 건너가는 필수 통로이다. 호수를 건너는 데 800m로 가장 좁은 지점이다. 춥고 습한 기온은 평균 12℃이다. 북서에서 남동 방향으로 190km 뻗은 호수에서 가장 넓은 구역이 80km이고 가장 좁은 구역인 티퀴나 호협은 호수를 두 부분으로 나눈다. 투루차 양식장이 두 곳있다.

아직 이른 시간이어서 그런지 우리는 기다리는 시간도 없이 곧바로 작은 바지선에 오를 수 있었다. 이곳에서는 대형 버스도 배에 실어 강을 건너고 있었다. 바지선은 20여 척이 운행하는 것 같았는데 배 한 척에 소형차는 두 대, 버스는 한 대가 실릴 수 있었다. 정말 열악한 교통시설이다. 조금만 여유가 있다면 좀더 커다란 바지선을 호협에 상설 운용토록 할 수 있을 것이며 주변 경치가 조금 훼손되더라도 중형 다리를 하나 가설하면 좋지 않을까 하는 생각이 들었다. 하지만 이것은 내가 산

바지선

업사회에서 성장한 고정관념이며 편견일 수도 있다. 언제까지나 이렇게 유지되는 것도 세월의 변화에 대항하지 않는 자연스러움이 아닐까.

바지선의 버스

도강

티퀴나 마을

　너무도 청명한 날씨에 눈을 뜨기 어려울 정도로 햇살이 강렬했으며 새파란 하늘과 바다 같은 호수는 어디를 보나 한 폭의 그림이다. 날씨 자체가 예술이라고 해도 과언이 아니다. 이곳의 물 색깔은 어떻게 표현할 말이 없다. 마치 어느 그림 속에 들어와 있는 것 같았다. 짙은 파란색의 물감 위에 떠 있는 느낌이다. 10분도 채 걸리지 않는 시간이었지만 여행의 즐거움을 강하게 느낄 수 있었다.

　호수 건너편 부두에는 많은 사람들이 배를 타기 위해 줄 서 있다. 바지선을 내린 곳에는 음료와 과자를 파는 노점이 몇 군데 있고 언덕을 오르는 길가의 집에는 가게 몇 개가 문을 열어놓고 있는 상태였다. 택시는 언덕의 오른쪽 길을 따라 또다시 달리기 시작했다. 아까와는 달리 이제 제법 커다란 호수가 눈앞에 펼쳐졌. 저 멀리 수평선에는 뭉게 구름이 걸려 있는데 하늘과의 경계선을 구분할 수 없을 정도였으며 그 아름다움은 지구상 어디에서도 보기 힘든 장면일 것이라는 생각이 들었다. 이 경치를 오랫동안 즐기며 차는 빠른 속도로 달렸다.

부두의 사람들

오른쪽에 면해 있던 호수가 안 보이는가 싶더니 이내 산새가 험해진다. 높은 산을 향해 차는 계속하여 올라간다. 간간히 시골 주민들이 도로가에 보이는 경우를 빼고는 그야말로 적막한 풍경이다.

따사로운 햇살이 없어지는가 하더니 이내 날씨가 무척 흐려져 있었다. 한참을 달리다 보니 소나기가 내린다. 드넓은 평원이지만 고원 지역이고 산길을 지나다 보니 구름 안개가 진하게 끼어 있어 세상은 어둑어둑했다. 저 언덕 아래로 코파카바나 시내가 잠깐 보이더니 차는 곧 아래로 달려 내려가기 시작했다. 중턱의 작은 초소에서 검문을 한다. 대체 무엇을 검문하는 건지 이해가 되질 않았는데 오른쪽 차창 쪽으로 어린아이 둘이 다가오더니 손을 내민다. 재빨리 주머니에 있던 초콜릿을 꺼내 건네주었더니 '그라시아스'를 조그맣게 외치며 이내 집앞으로 뛰어간다. 참으로 귀여운 아이들이었

티티카카 호수

하늘과 수평선의 구분이 없고 바다같이 넓다

티퀴나를 지나 산길을 계속 달린다

는데 한편으로는 측은한 마음도 들었다. 검문소 안의 누군가에게 기사가 몇 마디 답변하자 차는 곧바로 검문을 통과하고 마을 부두를 향해 내려갔다.

  표고가 3,814m인 코파카바나는 티티카카 호수에 있는 볼리비아의 주요한 마을로 이곳에서 잉카의 신성한 섬인 태양의 섬을 향해 떠나는 배들이 출발한다. 마을에는 성모 마리아의 커다란 성당이 있다. 코파카바나의 성모 마리아인 '호수의 검은 성모'는 볼리비아의 수호신이다. 잘 만들어지지 못한, 화려한 분홍의 수도복을 입고 기적을 행하는 키 2m의 조각상을 보기 위해 볼리비아와 남미의 여러 곳에서 수많은 순례자들이 찾아온다. 잉카인들에게 신성한 태양의 신전으로 알려진 코파카바나 성당은 가파른 작은 언덕 아래에 16세기에 건축되었다. 성당은 바로크 스타일과 르네상스 스타일이 혼합되어 있다. 지역의 가톨릭주의는 볼리비아 자신만의 특별한 방식으로 진화했다. 이 성당은 토착인들과 가톨릭교도들에게 똑같이 중요한 신성한 장소이다. 마을은 연어요리로 잘 알려져 있다.

  마을은 3,966m의 세로 칼바리오 Cerro Calvario 산과 니노 칼바리오 Nino Calvario 산

빗속의 코파카바나 : 세로 칼바리오산의 모습

사이에 세워졌다. 이곳은 치리파스 Chiripas, 티와나코타스 Tiwanakotas, 잉카 그리고 스페인 문명들이 점유해왔다. 코파카바나에는 현재 대략 6,000여 명이 살고 있다. 이곳의 종교적 축제, 문화 전승 그리고 전통 축제들은 볼리비아에 두루 잘 알려져 있다. 마을 이름은 '호수의 전경' 이란 뜻의 아이마라어인 코타 카후아나 kota kahuana 로부터 생겨났다.

코파카바나의 역사는 선-콜롬비아 시대로 거슬러 올라간다. 마을의 남쪽으로 약 600m 지점에 언덕이 있으며 이곳에는 케사나니 오 시로카니 Kesanani o Sirocani 가 있는데 이것은 호르카 델 잉카 Horca del Inca 로 알려진 스페인 정복 이전의 역사적 기념물이다. 이것은 춘분과 추분점을 관찰하는 천문 관측소이다. 이 기념물은 태양, 달의 운동 그리고 식의 예언을 연구하는 과학적 장소인데 여전히 수수께끼이다. 이곳은 또한 다른 행성들의 운동을 표시하는 데 사용이 가능했다.

호수의 전망을 잘 볼 수 있는 칼바리오 언덕은 한 시간 정도면 오를 수 있는데 가톨릭과 토착신앙이 함께하는 신비의 장소이다. 이 언덕의 야티리 Yatiri 들은 수천 가지의 전승, 마법, 마술 그리고 행운을 위한 축도 의식을 행한다. 그들은 허브와 자연의 부산물들을 사용하여 의식용 테이블을 준비한다. 야티리는 사람들의 특이한 질병이나 문제를 돕기 위해 코카잎을 사용한다. 코카잎은 신성하게 생각되었고 또한 미래를 점치는 데 사용되었다.

부두에는 많은 배들이 있었는데 의외로 사람들은 별로 보이지 않았다. 나중에 알게 되었는데 배 시간이 정해져 있어 지금은 사람이 없는 것이었다. 배를 탈 사람들은 지금 마을 어딘가에 서성대고 있을 터였다. 부두에 휑하니 서있는 작은 매표소에 가서 태양의 섬 왕복표를 사려는데 배가 벌써 출항하고 없단다. 역시 안내서에 써 있는 대로 11시 30분에 이미 떠났고 다음 배는 1시 30분이란다. 지금은 11시 40분! 이런 낭패가 있을 수 없다.

태양의 섬에 가는 데 소요시간이 1시간 30분이 걸리며 돌아오는 배는 4시에 있
단다. 이대로라면 5시 30분 이후에나 겨우 코파카바나를 떠나 라파스에는 9시 30
분경에 돌아오게 된다. 이건 순전히 그렇다는 계산일 뿐 시간은 더 늦어질 수 있을
것이다. 라파스의 마지막 밤을 근사한 저녁으로 보내려는 생각은 물거품처럼 사
라졌다. 어쨌든 방법은 없었다. 40볼리비아노에 표를 구입했다. 그런데 이 요금이
정말 문제다. 가격표가 어디 쓰여져 있는 것도 아니고 그저 달라고 하는데 이것도
깎아야 하는지 정말 아무런 생각 없이 지불한 값이 마음에 걸린다.

부두

점심을 해결해야 하는데
매표소 근처에서 재빨리 먹
는 것이 시간을 절약하는 것
이다. 부두 바로 앞에있는
분홍색의 8층 높이의 미라
도르 호텔 쪽으로 가서 음식
점을 찾으려 했지만 시간이
그리 많지 않아 바로 앞에 있는 허름한 음식점으로 들어갔다. 식당은 좋은 위치에
있었음에도 불구하고 손님은 한 테이블밖에 없었다. 정리정돈이 잘 되어 있진 않
았는데 그런데도 식사는 신속하게 준비되는 것 같았다. 점심시간인데도 손님은
우리와 함께 두 팀뿐이다. 샌드위치와 생선요리를 시켰다. 생선요리는 투루차 요
리로 연어를 튀긴 요리이다. 음식맛은 언제나 마찬가지로 좋았다. 20볼리비아노.
식사 후 잠시도 머뭇거림 없이 곧바로 마을 위쪽에 위치하고 있는 유명한 코파카
바나 성당으로 향했다.

성당으로 오르는 길은 '8월 9일 대로' 라고 불리는데 이 언덕길은 경사가 많이 가
파르다. 대로에 들어서자 언제 그랬냐는 듯 한낮의 뜨거운 태양이 작렬하기 시작
했는데 불과 몇 십 분 사이에 수많은 여행객들이 길을 꽉 메우고 있었다. 두 번째
배의 출항시간이 가까워진 이유였다. 이곳에 마냥 체류하는 것으로 보이는 어떤
젊은이들은 세계 각지에서 구한 듯한 다양한 액세서리들을 길바닥에 늘어놓고 팔
고 있었다. 작은 마을이라 그런지 사람들이 더 많아 보였으며 여행지에서만 볼 수

'8월 9일 대로'

있는 특별한 기운과 활기가 넘쳐났다. 사람들이 뱃시간에 맞춰 자연스럽게 몰리는 모양이다.

언덕 위에 거의 다다르자 구멍가게 앞에 사람들이 몰려 있다. 물을 사거나 과자를 사는 여행객들이었는데 이 가게는 환전도 한다. 생수 한 병을 다시 사고 일부 달러를 볼리비아노로 환전했다. 환율은 조금 나빴지만 당장 현지돈이 없는 것이 문제였다. 가게가 있는 작은 교차로의 왼쪽에는 버스, 트럭, 택시 등 온갖 종류의 차들이 주정차하고 있었다. 인디헤나 여인들과 더불어 수많은 현지인들의 모습이 보인다. 이들이 있는 곳은 코파카바나 성당의 입구 바로 앞이다. 처음 코파카바나에 도착할 때만 해도 날씨도 안 좋고 해서 매우 썰렁한 기분이었는데 이 많은 사람들이 대체 어디서 나타났는지 도저히 이해할 수가 없었다.

지역의 전설에 따르면 1576년 어떤 잉카의 어부들이 티티카카 호수에서 엄청난 폭풍우를 만났다. 그들은 도움을 요청했고 성모 마리아가 나타나 그들을 안전한 곳으로 인도하였다. 같은 해 그들은 은혜에 보답하기 위해 잉카의 장인 티토 유판퀴 Tito Yupanqui에 의해 조각된 성모의 조상이 있는 성당을 지었다.

조각상의 기원에 대한 또 다른 설명은 조각한 사람에 초점이 맞춰져 있다. 뱃사람들에게 나타난 코파카바나의 성모는 당시에는 조각가가 아니었던 티토 유판퀴의 꿈속에 나타났다. 그는 그 형상에 큰 영향을 받았고 조각을 배우러 포토시 Potosi(당시 세계에서 가장 중요한 예술의 중심지 중 한 곳)로 출발했다. 새로운 기술로 그는 마구에이 maguey 선인장의 검은 나무로부터 성모를 조각하고 그것을 포토시에서 640km 떨어진 코파카바나로 걸어서 가져왔다. 그것은 1583년 아도베로 만든 회당에 놓여졌다.

코파카바나 성당

검은 마돈나는 성당에서 예배당으로 옮겨졌고 예배당은 스페인인들에 의해 1619년 무어 양식으로 크게 확장되었다. 조각상은 기적을 일으킨다고 해서 볼리비아와 페루를 통해 곧 명성을 얻게 되었다. 오늘날의 촛불의 성모 교회 Basilica de la Virgen de Candelaria는 1805년에 완성되었다. 브라질의 리오데 자네이로에 있는 유명한 코파카바나 해변의 이름은 그녀가 몇몇의 브라질 어부들을 티티카카 호수의 또 다른 폭풍으로부터 구한 이후에 검은 성모의 집의 이름을 따서 유래되었다.

촛불의 성모 교회는 빛나는 흰색 외벽, 무어 양식의 돔들과 다채로운 타일들이 눈에 띈다. 축제 기간 중에 안뜰은 야생 또는 재배된 꽃들로 들어찬다. 성모 머리 위에 있는 황금의 조상이 태양의 힘을 상징하는 데 반해 제단 바닥에 있는 은으로 만든 배는 달을 나타낸다. 성모는 제단 위에 높이 있는 장엄한 벽감 안에 서있다. 주말에는 사제들이 조상의 얼굴이 주 예배당을 향하게 하고 순례자들이 조금밖에 없는 주중에는 다른 쪽의 작은 예배당을 향하게 한다. '호수의 검은

성당 앞의 모습

'성모' 조각상은 티티카카 호수에 파괴적인 폭풍과 홍수를 야기할 것이라는 잘 알려진 미신 때문에 성당으로부터 결코 옮겨지지 않는다. 축제가 진행될 때는 잘 차려입은 복제품을 가지고 나간다. 신도들은 값어치가 있는 선물을 성모에게 바친다.

성당의 박물관에는 유럽과 그 지역의 종교적 예술품들이 있다. 주말 아침에 승용차, 트럭 그리고 버스들이 보다 많은 제례적 자비를 받기 위해 교회 정문에 주차한다. 차주들은 그들의 차량들을 꽃의 화관, 색깔 리본 그리고 깃발로 장식하고 성모에게 보호를 탄원한다. 차량 위에 술을 뿌려 집으로 돌아가는 여행을 정화한다. 성금요일과 부활절 사이에 새차를 장만한 순례자들과 장거리 버스 회사에게는 차량에 자비를 베푸는 의식이 특별히 중요하다. 검은 성모 축제는 2월 2일에서 5일까지 축원된다. 순례자들과 댄서들이 페루와 볼리비아로부터 코파카바나로 온다. 전통적인 아이마라 춤, 음악, 술과 향연이 있다. 축제 3일째, 얌푸파타^{Yampupata} 길가에 돌로 된 우리에 황소 100마리가 모이고 용감하거나 술에 취한 향락자들이 그곳으로 뛰어들어 가 공격을 피해다닌다.

또 다른 큰 축제가 8월의 첫 며칠 동안 볼리비아의 독립기념일을 축하하기 위해 열린다. 참가자들은 낮밤을 통해 음악, 퍼레이드, 고적대, 전통춤 그리고 놀라우리만큼 많은 술을 마신다. 성 금요일에 수천 명의 순례자들이 (어떤 이는 라파스로부터 158km를 완전히 걸어서) 세로 칼바리오에 고행을 하기 위해 코파카바나로 여행을 한다. 해질 무렵, 유리관 안에 있는 그리스도의 조각상과 검은 성모의 복제품에 의해 이끌어지는 엄숙한 촛불 행렬이 검은 성모 교회에서 시작하여 마을을 휘감는다. 세로 칼바리오의 정상에서 그들은 성모의 은혜로부터 그해에 실제의 물건을 갖게 되기를 바라면서 다양한 물건들의 작은 복제품을 산 후 향을 태우고 불태운다.

다시 언덕길을 따라 성당에서 내려오는 길에 과일을 사러 근처의 재래시장에 들렀다. 오렌지와 바나나 등 과일 몇 개를 샀는데 가격이 무척이나 싸다. 이곳 시장에 있는 여자들 또한 모두 전통적인 인디헤나 복장을 하고 있었는데 그들 일상의 모습을 보며 그들의 분위기를 흥미롭게 잠시 느껴보았다.

곧바로 부두로 내려오니 벌써 배를 타려는 여행객들의 긴 줄이 서 있었는데 끝이 없을 정도였다. 모두가 흥분해서 즐거운 표정들이었다. 이들 중의 일부는 그곳 섬에서 며칠을 숙박할 것이다. 커다란 배낭을 둘러멘 그들 젊은이들이 부럽기만 했다.

▼ 채소 가게

그런데 이렇게 많은 관광객들이 모이고 있는데 오랫동안 마을의 편의시설들이 개선되지 않는 것이 의아했다. 아무렇게나 방치되어 있는 듯한 부두, 허술한 매표소 그리고 주변의 산뜻하지 못한 외관의 음식점들은 조금만 관심을 가지면 좋아질 것으로 보였다. 개선의 의지가 있어도 재정이 여의치 않은 탓이 많이 있

▲ 배를 타기 위해 줄서 있는 여행객들

겠지만 그래도 이렇게 중요한 관광지라면 특별한 조치를 해야 하는 것이 아닐까. 어쨌든 우리네 시각으로는 무언가 할 일이 매우 많을 것 같은데 한편으로는 이대로 원형만이라도 보존되었으면 하는 생각도 있다.

부두를 출발하자 왼편으로 해군기지가 보인다. 볼리비아는 바다가 없어 해군기지가 티티카카 호수에 있는 코파카바나에 있다. 배가 호수 한가운데로 나아가자 바람이 매우 차가워진다. 외투를 걸치고 모자를 쓰고 있어야 할 형편이었다. 한 현지인 관광객은 반팔 티셔츠에 반바지를 입고 있다가 결국은 다른 사람으로부터 스웨터를 빌려 입을 정도로 온 몸을 떨어야만 했다. 물살도 의외로 센 것 같아 배의 속도는 더디게 느껴졌다.

1시간이 넘어가자 지금까지의 흥분된 기분이 어느 정도 가라앉았다. 배 위의 사람들은 그저 빨리 섬에 도착하기를 바라는 것 같았다. 잉카문명의 상징적인 섬이

라는 호기심만이 사람들의 무료함을 달래주고 있는 듯했다. 나는 늦게 출발하게 된 배 시간 때문에 오늘 저녁의 일정이 망가질 것이라는 생각에 기분이 조금 언짢은 상태였다. 그러나 다시금 마음을 추스르기로 했다. 지금을 맘껏 즐기자. 사진에서만 보았던 그 호수에 와 있지 않은가.

날씨가 종잡을 수 없다. 티퀴나 호협을 건널 때까지는 눈을 뜰 수 없을 정도로 날씨가 더없이 맑았다. 배를 타러 줄을 서서 기다리고 있을 때까지도 그랬다. 하지만 지금처럼 날씨가 흐린 경우에는 그 짙푸른 빛깔의 호수면이 왠지 덜 감동적인 듯했다. 하지만 지구 반대편의 이 신성한 호수에 와 있다는 것 자체가 마음을 흥분시키는 데 충분했다.

배 위에서 본 태양의 섬

왼쪽으로 돌면 부두가 있다

배 위의 여행객들의 모양은 제각각이어서 모두들 담배를 피우거나 잡담을 나누고 과자를 먹으며 제 나름대로 무료한 시간을 달래고 있었다. 호수에 떠 있는 이 같은 배들은 5척이 채 안 되었으나 한 척당 승선인원이 거의 50명을 넘어 총인원은 매우 많다고 할 수 있었다. 코파카바나 부두가 멀리 보이게 되자 이내 태양의 섬이 눈앞에 다가와 있다. 배는 우측의 달의 섬과는 많이 떨어져서 좌측으로 방향을 틀었는데 중간 지점에 작은 선착장이 있었고 유람선 한 대가 정박하고 있었는데 섬의 중턱에 자리잡고 있는 허름한 벽돌집 같은 곳으로 사람들이 올라가는 것으로 보아 잉카의 또 다른 유적지임을 금방 알아볼 수 있었다. 이곳은 태양의 섬을 관광하고 돌아올 때 들른다. 코보 주교는 이곳이 '필코 카이마 Pilko Kaima' 라고 하는 태양의 신전으로 잉카의 시조 망코 카팍이 태어난 곳을 기념한다고 한다. 오래된 신화를 간직하고 있는 벽의 돌들은 유독 엉성하게 보였다.

태양의 섬은 호수에서 가장 큰 섬으로 호수의 남쪽에 위치하고 있으며 볼리비아의 코파카바나 마을에서 정기적인 유람선이 운행하고 있다. 지리적으로 지세는 황량하고 암벽의 언덕으로 된 섬이다. 섬에는 차도 없고 포장된 도로도 없다. 섬의 800여 가족들의 주된 경제활동은 어업과 농업이며 관광수입이 생계에 도움을 주고 있다. 섬에는 180개 이상의 유적이 있다. 이것들 대부분은 약 15세기 잉카 시기의 것들이다. 고고학자들은 BC 3,000년경부터 섬에 사람들이 살고 있었다고 믿는다. 섬의 많은 언덕들에는 농사를 짓기 위해 가파른 바위 지형을 개간한 계단식 농경지가 있다. 유적지들 중에는 신성

태양의 섬 부두

언덕 오르는 길

한 바위, 미로 형태의 건물 친카나 등이 있다. 잉카인들의 종교에서 이곳은 태양신이 태어난 곳으로 믿어진다.

17세기에 볼리비아를 방문한 코보 주교는 섬의 북쪽에서 생겨난 잉카 기원신화의 두 가지 설을 기록했다. 하나는 잉카의 망코 카팍이 티티칼라 titikala (신성한 바위)로 알려진 특별히 커다란 사암 안에 있는 돌출된 바위로부터 출현했다고 한다. 망코 카팍은 태양과 동일시된 안데스의 신성인 인티의 아들이다. 지역의 고대인들에게 여러 날 동안 하늘에 빛이 없었고 어둠의 공포가 커져만 갔다고 한다. 마침내 사람들은 바위틈에서 나오는 태양을 보았고 그곳이 태양이 사는 곳이라는 것으로 믿었다.

또 다른 신화에서 사람들은 대홍수 기간 동안 바위틈 아래에 태양을 숨겼다. 대홍수의 물이 밀려가기 시작하고 태양이 티티칼라로부터 또다시 하늘을 밝히기 위해 나타난 이후에 드러난 최초의 땅이 태양의 섬이다. 이 바위에 신전이 세워졌고 후에 10대 잉카인 투팍 잉카 유판퀴에 의해 확대되었다. 그는 마르마코나스 marmaconas(선택된 여인들)을 위한 방주와 방문하는 순례자들을 위한 탐보(여관)를 만들었다.

칼라 Challa만 위의 작은 정상에 위치한 추수쿨루 Chuxuqullu의 고고학 유적지에서의 발굴은 탄소연대측정으로 BC 2200경의 고대의 선 - 도자기 유물들의 발견을 보여주었다. 이 환경에서 여덟 개의 흑요석 파편들을 찾았고 분석을 통하여 파편 세 개는 모두 아레키파 지역의 콜카 계곡에 위치하고 있는 치바이 Chivay의 흑요석 출처로부터 왔음을 보여주었다. 치바이 흑요석의 존재는 섬의 거주자들이 보다 넓은 교역망에 참여하고 있었다는 명확한 증거이다.

해변의 가장자리와 태양의 섬 사이는 호수 바닥이 200m 이상되는 지역이다. 고기후 연구에 의하면 BC 3100경에 티티카카 호수의 수면은 현재보다 85m 낮았지만 약 BC 2000년까지 현재의 수준에 근접하였음을 가리킨다. 추수쿨루로부터의 자료는 고대에 잘 개발된 선박 기술이 사용되고 있었음을 제기할 수 있다.

중턱에서 호수를 바라본다

1989년부터 92년까지 태양의 섬에서 떨어져서 수행된 수중 고고학적 조사들은 잉카 및 티아휘나코의 유물들을 발견했다. 이것들은 현재 찰라팜파에 있는 지역 박물관에 전시되고 있다.

언덕을 오르며

섬은 매우 아담해 보였는데 여행자들에게 신비한 기분을 느끼게 하는 그 무언가가 있는 듯했다. 섬의 남쪽 부두에 도착했다. 부둣가 앞에는 몇몇 노점상이 보였고 먼저 하선한 수많은 관광객들이 섬의 중앙에 나 있는 '잉카의 계단'이라고 부르는 가파른 계단길을 빽빽이 오르고 있는 모습이 보였다. 잉카의 계단을 거의 다 오른 지점의 왼쪽에는 작은 구멍 세 개에서 샘물이 흘러 내려오고 있다.

중턱의 이정표

 3시에 도착했으나 4시에 배가 돌아간다니 정상까지 갔다 올 수 있을지 걱정이 되었다. 처음부터 30분으로는 무리인 줄 알고 있었지만 지금으로서는 잉카의 옛 돌계단을 오르며 그 정취를 피부로 최대한 느끼는 것이 우리가 해야 할 일이었다.

 섬 꼭대기에는 나무들을 일렬로 심어놓았는데 그 모습이 재미있다. 갈 때까지 갔다가 다시 내려오리라 생각하고 최대한 빠른 발걸음으로 섬을 오르기 시작했다. 그런데 이게 또 생각을 잠시 잘 못한 것이다. 시간에 쫓기다 보니 산 중턱에서 또 다시 우려했던 일이 발생했다. 갑작스런 고산병이 찾아온 것이다. 고산병에는 여러 증상이 있었는데 갑작스런 움직임으로 인해 극심한 현기증 같은 것을 경험했다. 이 증상이 나타나면 바로 주저앉고 싶은 마음밖에 없는데 낮은 곳으로 내려와 한동안 지나면 이내 증상이 곧 사라진다. 이 상태로 정상으로 가는 것은 역시 무리였다. 숨이 무척 가쁘다. 중간에서 섬의 전경을 보는 것으로 만족해야 했다. 사실 수많은 관람객들에게서 나와 같은 사람들이 자주 눈에 띄었다. 그들은 남녀 할 것 없이 계단에 대책없이 주저앉아 숨을 헐떡거리고 있다. 중턱 즈음에 '태양의 섬'이라고 세워놓은 흰 간판이 서 있다. 잠시 숨을 고르며 주변 경치를 살핀다.

 한 무리의 젊은 여행객들이 무거운 배낭을 메고 올라가자 이번에는 현지 원주민

▲ 개간한 언덕을 오르는 현지인들

▼ 노새와 원주민

여인이 등짐을 메고 라마를 끌고 올라오고 있다. 라마 뒤로는 노새도 숨을 헐떡거리며 올라오고 있다. 섬의 뜨거운 태양에 타서 그런지 얼굴이 유난히 그을렸다. 그런가 하면 건너편 산등성에 계단식 밭 사이로 나 있는 길로 10여 명의 현지 원주민들이 길게 줄을 서서 언덕을 오르고 있다. 섬을 오르는 다른 길인 듯싶다. 한결같이 그림 같은 모습이다.

저 멀리 아득하게 섬이 보인다. 가장 높은 곳에 위치한 바다 같은 호수는 세상이 창조된 장소라는 신성한 이야기를 안은 채 조용히 그림 같은 경치를 드리우고 있었다. 새파란 하늘에 갑자기 구름이 몰려든다.

태양의 섬은 세상이 창조된 장소이므로 이곳을 상징하는 유적을 보아야 하는 것이 당연하다. 그러나 이를 위해서는 당일 방문으로는 불가능하고 최소한 1박을 해야 한다. 남쪽의 부두 반대편에 북쪽 부두가 있는데 배를 타고 이동하거나 아니면 산 위에서 도보로 이동하는 방법이 있다. 잉카 시조 신화가 서려 있는 친카나가 있는 곳으로 가면 오누이 망코 카팍과 마마 오클로가 나왔다는 성스러운 바위가 있는 곳이다. 바위 근처에는 티카니^{Ticani}라는 봉우리가 있어 태양숭배의 흔적을 보여준다. 성스러운 바위 맞은편에는 넓은 광장에 돌로 된 제단들이 있다. 끝쪽으로 친카나 유적이 있는데 태양의 섬에 있는 가장 큰 유적이다. 시간이 없는 여행객은

태양의 섬에서 바라본 호수

다시 한번 오겠다는 지킬 수 없는 약속을 굳게 하며 시계를 쳐다본다.

시간이 벌써 30여 분이 지났고 우리는 곧바로 내려가야 했다. 하지만 4시 정각에 배에 오르자 배는 15분이 지나도 떠날 줄을 모른다. 한시가 급한 나머지 선장에게 시간이 지났는데 왜 배가 떠나지 않느냐고 큰 소리로 물었더니 선장은 귀찮다는 듯 배는 원래 4시 30분에 떠난단다. 그렇다면 언덕에서 조금 더 머무를 시간이 있었는데 무척 아쉬웠고 한편으로는 짜증이 나기도 했다.

사실 내가 시간에 이렇게 연연하는 이유는 다른 데 있었다. 바지선을 타고 호수를 건너온 티퀴나 마을이 저녁 7시 30분에 바지선 도강을 끝낸다는 것을 알고 있었기 때문이었다. 코파카바나에서 6시에 출발해도 1시간 30분 만에 그곳에 갈 수가 없었다. 이런 상황에서 가까스로 출항한 배는 이내 아까 보았던 그 잉카 유적지 앞에서 배를 접안하기 시작했다. 배에서 봐도 작은 돌벽으로 세워진 폐허가 된 집 한 채가 있을 뿐이다.

나는 유적지 보러 가는 것을 포기하고 먼저 와 있던 다른 배로 옮겨 타기로 했다. 몇 십 분만이라도 시간을 벌어볼 참이었다. 곧바로 배는 출발을 했지만 호수를 건너 코파카바나로 돌아오는 시간은 너무도 더디게 느껴질 따름이었다. 아직 해가 떨어지기 전이라 맑고 청명한 날씨의 호수 경치는 너무도 아름다웠다. 이곳은 호수라기보다는 드넓은 바다라고 해도 과언이 아니다. 뭉게구름이 수평선에 걸려 있는데 강렬한 햇볕 때문에 수평선이 눈이 부실 정도였으며 지구상에 이런 곳이 있다는 것이 놀라울 따름이었다.

태양이 모습을 드러냈다. 다시금 눈을 뜨기가 힘들 정도다. 달의 섬 뒤로 멀리 장엄한 설산이 보인다. 코딜레라 레알 산맥의 봉우리들인데 이얌푸Illampu산은 해발 6,580m이다. 바다 같은 호수와 섬과 산이 하나의 캔버스에 펼쳐져 있다. 한 시간 이상 현지인 젊은 여자 여행객들이 시끌벅적 떠들어댄다. 하루를 마냥 즐기고 있다. 즐겁게 수다를 떨고 춤까지 추

달의 섬

배 위의 경치

는 모습이 밉지가 않다. 덕분에 외국 여행객들도 연신 웃음바다다.

배가 선착장에 거의 다 왔을 때 일이 벌어졌다. 연료가 떨어진 듯했다. 마지막 몇 십 m를 남겨두고 배가 물 위에서 떠돌기를 계속한다. 시간이 없어 배를 갈아탔는데 뒤에 처져 있던 먼젓번 배는 벌써 30분 정도 일찍 도착한 상태였다. 작은 배가 다가와서 밧줄을 선착장에서 당기고 하여 배는 겨우 부두에 접안할 수 있었다.

배에서 내리는데 어디선가 '안녕하세요' 라며 인사하는 소리가 들린다. 오랜만에 들어보는 반가운 소리다. 고개를 돌려보니 마추피추 정상에서 마주쳤던 한국인 젊은이들이었다. 시간에 쫓기는 우리였지만 여행에 행운이 깃들기를 바라며 인사를 건넸다. 젊은 나이에 많은 것을 보고 견문을 쌓아가고 있는 모습이 보기 좋았다.

어둠이 어둑어둑 내리기 시작한 산길을 차는 매우 빠른 속도로 달리고 있었다. 운전 기사는 계속 휴대폰으로 통화중이다. 아마 차가 건널 수 있는 바지선의 영업시간의 연장을 부탁하는 모양이었는데 나중에 물어보니 조금 늦더라도 호수를 건너게 해준다고 했단다. 그런데 재미있는 것은 길에는 우리 차 말고도 다른 자동차들과 버스들도 있었는데 모두들 하나같이 굉장한 속도로 달리고 있는 모습이 모두 라파스를 향해 달려가는 것이었다.

코파카바나 부두가 보인다

아니나 다를까 이 차들이 모두 바지선에 실려 호수를 건넜다. 돈만 내면 시간에 상관없이 배를 운행하는 것 같았다. 새까만 밤하늘에 별이 정말 많아 그야말로 쏟아져 내려오고 있었고 드넓은 평원 저편에서는 비가 오는지 번개가 계속 치고 있었다. 정말로 넓고도 넓은 땅이다. 가로등이 있을 수도 없고 간간이 멀리서 오는 차가 있을 때면 마치 충돌이라도 할 것처럼 비켜가는 위험한 상황이 연출되었지만 운전기사는 아무렇지도 않은 듯했다. 알티플라노의 밤은 칠흑같이 어둡다. 호협을 안전하게 건너서인지 긴장이 풀리면서 피로가 엄습해 온다. 눈이 감기고 있었다.

티퀴나로 향하는 버스

산등성을 가로지르는 길

10시가 지나서 라파스 시내의 호텔에 도착할 수 있었다. 시내로 내려올 때 보이는 수십만 개의 전등이 산기슭을 타고 붉게 빛나는 색다른 풍경이 보인다. 이제 사람은 좋았으나 미숙한 택시기사와는 작별이다. 택시 대절을 할 경우에는 호텔에서 소개를 받는 것이 당연히 시행착오를 방지할 수 있을 것이다. 이들은 많은 정보를 가지고 있고 신뢰할 수 있는 사람들과 연계되어 있을 것이기 때문이다. 그렇다고 오늘의 여정에 큰 착오는 없었다. 다만 오늘의 택시 문제는 옥의 티일 뿐이다. 시간이 너무 늦어 우리는 근처에 있는 치킨점에 들러 늦은 저녁을 때워야만 했다. 11시에 문을 닫는다고 하니 10여 분 남았다. 시내에는 치킨점이 많이 있다. 치킨 몇 조각과 튀긴 감자를 순식간에 먹어치웠다. 29볼리비아노. 이곳의 치킨점에는 현금을 취급해서인지 아니면 거리 치안을 위해서인지 제복을 입은 경비가 있었다.

제15일(월)
페루 리마

아침에는 언제나 비가 와 기온이 조금 쌀쌀하다. 아침 식사는 빵 두 조각과 딸기 쨈 그리고 코카차와 주스 한 잔이었다. 식사를 하는 손님도 한두 명밖에 되지않아 한산했다. 어제 프론트에 예약해둔 택시가 도착했다. 45볼리비아노. 친절하게 안내를 해준 여직원에게 작별인사를 하며 가지고 있던 핸드폰 고리를 선물하니 무척 기뻐한다. 참으로 잊을 수 없는 얼굴들이다. 이제 라파스를 뒤로 하고 택시는 공항으로 향한다. 사실 공항으로 가기는 쉽다. '아에로푸에르토 Aeropuerto' 라고 표시된 미니밴이 시내에 많이 있다. 0.5달러 정도의 요금으로 볼리비아의 유일한 고속도로를 통해 짧은 거리를 운행한다.

공항까지는 약 12km로 30분 정도 소요된다. 산프란시스코 광장을 지난다. 아침인데도 이곳은 언제나 북적이는 느낌이다. 가파른 고갯길을 구비구비 올라가면 역시 수많은 사람들이 붐비는 알토시에 접어든다. 택시는 곧바로 왼쪽으로 방향을 틀었는데 교차로는 더 많은 사람들과 차량들로 뒤엉켜 무척이나 번잡했다. 공항이라는 간판을 따라가다 보니 넓은 평지 저 멀리 조그마한 관제탑이 보였는데 규모는 아주 작고 아담했다. 시골의 작은 공항에 와 있는 기분이었다. 엘알토 국제공항은 해발 4,061m에 위치하고 있어 세계에서 가장 높은 곳에 있는 공항 중의 하나이며 국제선과 국내선이 함께 운용된다. 국가의 유일하고도 중요한 개인 항공사인 아에로수르 항공의 허브이다. 희박한 공기 때문에 공항에서는 비행기가 빠르게 들어온다고 한다.

체크인을 하려고 줄을 서 차례를 기다리고 있는데 며칠 전 항공권을 예약한 여행사의 직원이 나와 인사를 한다. 티켓 커버를 보고 자기네가 발행한 것임을 안 모양이다. 그는 우리를 줄에서 빠져나오라고 하더니 다른 줄에 세운다. 아하! 비즈니스석이 다르긴 다르구나. 그래도 줄서서 기다리지 않고 곧바로 체크인을 하니 기

라파스공항

분도 좋다. 인사를 하고 가는 직원한테 팁을 주니 고마워한다. 그런데 공항세가 28달러다. 너무들 하는 것 같다. 세계의 가장 큰 공항에서 받는 일반적인 세금의 두 배이다. 사실 이 공항세 문제 때문에 공항이 거의 활성화 되지 못한다. 대부분의 볼리비아인들은 육로를 통해 페루로 건너가서 그곳에서 비행기를 타는 것이다. 이 세금은 현금으로 지불하는 것만이 유일한 방법이다. 공항 로비도 매우 작아서 그런지 그런대로 인파들과 섞여 제법 번잡해 보이기도 했다. 공항 관제탑을 받치는 건물의 외벽은 태양의 문의 비라코차신을 그대로 그려 놓았는데 매우 인상적이었다.

오전 10시에 리마행 비행기에 올랐다. 리마까지는 약 1시간 40분이 소요된다. 그런데 비행기에 탑승했는데 큰 비행기가 아니다. 스튜어디스에게 물어봤더니 이 비행기에는 비즈니스석이 없다고 한다. 하소연할 곳도 없고 착잡한 심정으로 좌석을 찾아 앉았다. 여행사에 당한 것인지, 아님 내가 뭘 몰랐던지…. 여행사 친구들이 괘씸하게 느껴져 이번에는 리마에 가면 란 항공을 찾아가 꼭 항의를 해야겠다고 결심했다.

잠깐 졸았을까, 비행기는 벌써 리마 상공을 날고 있었다. 안개가 끼였는지 뿌옇게 보이는 리마 시가 창문으로 시야에 들어왔다. 1532년에 잉카 통치자를 물리친 프란시스코 피자로가 이끄는 스페인의 정복자 무리들이 이 제국을 접수했다. 피자로는 처음에 수도로 자우하^{Jauja} 도시를 선택했지만 리막 강 계곡의 더 좋은 지역을 발견했다. 거기서 그는 1535년 1월 18일 시우다드 데 로스 레이예스$^{Ciudad\ de\ los\ Reyes}$(왕의 도시)라는 새로운 수도를 건설했다. 리마는 페루의 총독권 내에서 가장 중요한 도시가 되었다. 페루 독립전쟁 이후 페루 공화국의 수도가 되었다.

스페인인들의 연대기에 따르면 도시의 처음 이름은 본래의 거주민들을 따라 이

치마 Ichma라고 불렀다. 그러나 15세기에 잉카의 정복 직전까지도 리막 계곡에는 유명한 신탁소가 있었는데 방문객들에게 리막 rimaq으로 알려져 있었다. 리막은 해안의 퀘추아어로 '말하는 자'를 의미한다. 이 신탁소는 나중에는 없어졌고 스페인인들에 의해 교회로 대체되었다. 도시의 설립이 에피파니Epiphany(동방박사의 예루살렘 방문이 상징하는 예수 공현) 축제일인 1월 6일에 결정되었기 때문에 생긴 '왕의 도시'라는 이름에도 불구하고 본래의 고유 이름인 리마가 통용된다. 이 이름의 기원은 불확실하다. 아이마라어의 리마-리막 lima-limaq(황색꽃) 또는 퀘추아의 리막(말하기)에서 파생되었을 것이라고 한다.

16세기 초 동안 오늘날 리마라는 도시 지역에는 여러 개의 아메리인디언 그룹들이 잉카제국의 통치하에 거주하였다. 1551년 최초의 대학인 산마르코 대학이 설립되었고 도시는 또한 중요한 종교 중심지가 되었다. 로마 가톨릭 관구가 1541년 설립되었다. 도시는 17세기 동안 유럽과 필리핀까지 뻗친 활발한 무역망의 중심지로 번창하였다. 태평양의 해적과 민간 무장선들의 존재는 매우 위험했다. 그들로부터 도시를 방어하기 위해 총독은 1684년과 1687년 사이에 도시를 둘러싸는 성벽을 세웠다. 리마는 1746년에 있었던 지진으로 인해 거의 파괴되어 이후에 새로 건설되어야 했다. 자연재해는 오늘날까지 지속되는 기적의 신을 위한 강력한 봉헌이 생겨나게 했다.

안데스를 넘는 산마르틴

1821년 산마르틴의 페루 독립선언

1821년 볼리바르와 더불어 라틴아메리카 해방의 영웅인 산마르틴에 의해 페루의 독립이 선언되었고 1824년 시몬 볼리바르는 독립전쟁을 종식시켰다. 도시의 팽창으로 1872년 도시의 성벽은 도로를 내기 위해 해체되었다.

1879~1883년 동안 그들만의 태평양 전쟁(칠레가 볼리비아의 초석 광산을 무력으로 점령하자 페루가 볼리비아를 지원해서 발발

한 전쟁) 기간에 칠레 군대가 리마를 점령했다. 이 칠레와의 전쟁에서 패배한 페루는 완전히 파산하였다.

1940년대 도시는 페루 안데스 지역의 이주민들에 의해 고속 성장의 시기를 맞았다. 리마는 실제 도시지역이 31%이고 도시 교외가 69%로 구성되어 있다. 리마는 아메리카에 있는 가장 큰 10개의 메트로폴리탄 지역들 중 하나이다. 리마의 기후는 열대지역에 위치하고 있지만 매우 온난하다. 평균 기온은 18~19℃이다(가장 낮을 때 12~20℃, 가장 높을 때 25~30℃). 상대적인 습도는 매우 높다. 매우 건조한 해양성 기후지역으로 강우는 거의 알려지지 않았다.

리마의 인구는 1,000만 명이며 이집트의 카이로 다음으로 두 번째로 큰 사막 도시이다. 도시에는 페루 전체 인구의 30% 이상이 살고 있다. 인구 구성은 전통적으로 유럽인(스페인)과 아메리인디언의 자손들과의 혼혈인 메스티조가 가장 많다. 다음으로 많은 수가 스페인의 후손들이지만 이탈리아, 독일, 유대 그리고 중동인들의 수도 많다. 또한 수많은 중국인과 일본인들이 이주하여 도시로 들어왔다. 1950년대에 북쪽과 남쪽 교외로 정착한 안데스 사람들의 이주가 기하급수적으로 증가했다. 20세기 중반 동안의 정치적, 경제적 불안정은 시골 도시와 안데스 고원에 빈곤과 폭력을 양산했다. 많은 아메리인디언들이 중류 상태를 유지하는 반면, 다른 이들은 여전히 푸에블로스 호베네스 pueblos jovenes(새로운 마을)로 알려진 빈민가에서 살고 있다. 이들 지역은 전기나 수도 같은 기본 서비스가 많이 결여되어 있다.

리마는 페루의 산업, 경제의 중심이다. 칼라오 항구는 남미의 주요 상업 항구 중의 하나이다. 가장 인구 밀도가 높은 곳은 북부와 남부 끝에 있다. 남쪽의 팬아메리칸 하이웨이를 따라 위치하고 있는 수많은 작은 해변들은 여름 동안 많은 사람들이 방문하는데 1년에 수천만 명의 관광객이 찾고 있다.

공항은 매우 한산한 느낌이었다. 씩씩거리며 란항공을 찾았더니 점심시

리마 공항

간이라고 문이 잠겨있다. 흥분을 접고 점심을 먹으러 넓은 스넥코너로 가니 앉을 테이블이 없을 정도로 많은 사람들이 있었다. 햄버거로 간단히 점심을 때웠다. 점심을 먹고 몸에 기운이 나자 슬슬 다음 일정을 빨리 재촉하고 싶어진다. 란 항공 문제는 어차피 벌어진 일이고 클레임을 제기해도 멀리 라파스에 있는 작은 여행사와 사건의 전후 사정을 조회하고 해결하려면 복잡한 상황이 연출될 것이고 게다가 이 문제가 내 뜻대로 종결될 것이라는 보장도 없어 괜한 시간을 허비할 수도 있겠다는 생각이 들었다.

그냥 빨리 시내로 나가 리마에서의 다음 일정을 진행하기로 했다. 공항 내에서 환전을 하고 재빨리 로비에 있는 여행사를 통해 미라플로레스Miraflores 지구의 한 호텔을 예약했다. 이렇게 호텔을 쉽게 예약할 수 있는 이유 중 하나는 다시 한번 이야기하지만 우리가 혼자가 아니고 두 사람이라는 것이다. 비용대비 효율이 높다는 것이다. 만일 혼자 여행을 한다면 여행책을 찾거나 인터넷에서 확인한 정보를 가지고 보다 저렴한 호스텔을 찾아야 하는 것은 당연하다.

미라플로레스 지구에 숙박을 하는 것은 매우 중요한 사항이다. 구(舊) 리마는 관광객들에게는 안전한 도시가 아니기 때문이었다. 여러 번 강조해도 모자라지 않는 이유는 이곳에서 말하는 위험이라는 것이 매우 심각한 결과를 초래한다는 것이다. 그리고 그 위험 자체가 안내책자의 여러 사례를 보면 예상할 수 없을 정도로 급작스럽고 치명적인 경우가 대부분이었다. 도시에 올라와 있는 수많은 사람들이 빈민 상태에 있으며 경찰들도 도덕적으로 별다른 기강이 없을 정도이니, 특히 저녁 7시 이후의 밤거리는 통행 자체가 사고를 불러들이는 요인이 되는 것은 자명하다. 호텔을 예약하자 이어서 이 여행사에서 취급하는 나스카 라인의 투어를 문의했는데 매우 친절하긴 했지만 시간만 더디게 진행되었고 투어 비용도 터무니 없이 요구해서 이곳에서의 투어 예약은 포기하기로 했다.

일반 택시에 대한 안 좋은 소문 때문에 곧바로 공식 택시를 잡으러 둘러보았다. 특히 흰색 택시는 절대로 타지 말고 검은색의 그린택시를 타라고 안내책에는 쓰여 있다. 벌써부터 유리문 저편에서 말끔하게 차려입은 기사들이 증명카드를 목에 걸고 여행객들이 나오기만을 기다리고 있었다. 제일 먼저 다가온 기사가 자기의 신분증을 보여주며 '내가 공식 택시다. 신분증을 봐라. 어디까지 가는가' 라고 물어온다. 미라플로레스를 15달러에 흥정한 뒤 호텔로 향했다. 공항에서 16km 거리이다. 주차장을 빠져나온 택시는 8차로의 넓은 길로 들어서 달리기 시작한다. 설마 했는데 역시나 택시는 경적을 연신 울려대며 앞 차들을 추월하기 시작한다. 지금껏 경험해보지 못한 매우 난폭스런 운전이다. 하지만 다른 차량들도 마찬가지 모습이다. 거리는 넓었지만 매우 낙후되어 있다. 어느정도 달리자 택시는 거리를 빠져나와 유명한 리마의 절벽 아래길을 달리고 있다. 왼쪽으로는 흙 절벽이 높이 솟아 있고 오른쪽은 드넓은 태평양의 파도가 넘실거린다. 갑자기 택시는 주유소에 들어가 한가롭게 기름을 넣는다. 참 마음이 편한 사람들이다. 미라플로레스까지는 30분 정도가 걸렸다.

오로 호텔

동네가 아주 깨끗하다. 호텔에 짐을 풀자마자 프론트에 황금 박물관행 택시를 부탁했다. 호텔 정문에는 사복 입은 사람이 벤치 앞에 서 있었는데 경비를 보는 것 같다. 그래서 미라플로레스인가 보다. 괜히 안심이 된다. 곧바로 택시가 왔는데 프론트의 직원은 13솔에 가란다. 몬테리코 지구에 있는 박물관은 지도상으로는 10km 정도의 거리로 보인다. 곡예를 하는 듯한 택시는 20여 분을 달려 박물관으로 갔다. 그런데 택시가 이상하다. 차 안에 아무런 액세서리가 없다. 운전석의 핸들만이 전부다. 라디오, 히타 등등의 전면부는 다 뜯어내어 본넷 속이 휑하니 들여다 보인다. 완전히 바퀴와 엔진에 껍데기만 걸쳐 있는 꼴이다. 살짝 운전기사의 얼굴을 보니 젊은 친구인데 인상이 썩 좋아 보이지는 않는다. 이것은 선입관일 것이다. 어쨌든 괜한 불안감에 마음은 편하지 않다. 어서 내리고 싶다. 정부에서는 리마 시내를 운행하는 택시의 질을 개선시키기 위해 중고차의 수입을 금지하는 등의 새로운 법을 선포했다고 한다.

박물관에 도착하니 여러 대의 택시가 주차해 있다. 아무래도 박물관에서 나오는 관광객을 태우려는 모양이다. 나중에 이들 택시 중의 하나를 타기는 했지만 왠지 불안하다. 마치 강도를 당할 것 같은 분위기다. 참 답답한 노릇이다. 박물관의 첫 인상은 그리 특별해 보이지 않았다. 표를 끊고 안으로 들어갔다. 입장료 1인 30솔. 이 박물관은 한적한 주택가에 자리잡고 있는 개인 박물관으로 잉카의 유물을 가장 많이 보유하고 있는 곳이다. 박물관 안은 푸른 나무와 잔디로 산뜻하게 꾸며져 있어 매우 아늑한 분위기를 보이고 있었다. 피곤한 몸을 잠시 벤치에 앉혀본다. 조용하고 한가롭다. 틈만 나면 아무렇게나 쉬는 것이 컨디션 유지에 도움이 된다. 마음이 안정된다. 잠시 앉아 휴식을 취한 후 곧바로 전시실로 들어갔다. 조그마한 현관 옆에는 오래된 대포가 전시되어 있었는데 이곳이 바로 무기박물관이라는 것을 상징하는 것이기도 했다.

입구의 대포

박물관의 정원

황금 박물관은 1968년 실업가인 무이카 갈로Miguel Mujica Gallo가 설립한 세계 최대의 개인 박물관이다. 리마에서 태어난 갈로는 나라에서 다양한 경제활동을 했던 유별난 사업가였는데 무엇보다도 그는 페루의 역사적 예술적 전통에 관한 열정을 가진 국제적으로 유명한 수집가였다.

1층은 무기 박물관이다. 이것들은 나름대로 매우 흥미로운 전시물이다. 세계로부터 골동품적인 총기들을 수집·전시하고 있다. 이곳 역시 무이카 갈로가 설립했으며 20,000점의 무기 관련 유물들이 전시되어 있는 6개의 방이 있다. 이들은 역사적인 유명인사들의 방, 동양관, 일본관, 마구 관련방 그리고 유럽과 미국관으로 이루어져 있다. 모든 종류의 총기류, 칼, 갑옷 그리고 다양한 군복 등 군사관련 유물들이 사방 벽의 유리 전시관 속에 또는 복도를 따라 빼곡히 늘어서 있다. 전시실에는 대포까지 들어서 있다. 이렇게 방대한 무기 수집고에는 피자로가 소유했었다고 믿어지는 칼이 있다. 황금 박물관은 무기 박물관이라고 불러도 과언이 아니다. 엄청난 수집품들은 시간을 두고 천천히 보았으면 하는 아쉬움을 자아낸다. 이곳을 방문한 목적이 잉카의 황금 보물이었기에 무기 박물관을 여유 있게 관람하는 것을 포기하고 곧바로 지하층으로 발길을 옮겼다.

놀라운 황금 유물들이 전시되어 있었다. 박물관에는 5개의 방에 25,000점의 유물들이 있다. 황금 유물답게 모든 것이 유리벽과 유리 진열장 안에 보관되어 있다. 이 박물관은 선-콜롬비아 시기의 황금, 은 그리고 동으로 만든 현란한 예술 작품들을 전시하고 있다. 8세기에 고대 페루인들은 화려하게 금속 작업을 하였다. 페루의 혁신적인 금속 장인들에 의해 창조된 예술품들은 파라카스, 차빈^{Chavin}(BC 1000~300), 나스카, 프리아스, 모체, 와리, 비쿠스, 람바예쿠에^{Lambayeque}(AD 700~1100) 그리고 치무에서부터 잉카에 이르는 시기를 망라하고 있다. 방마다 있는 황금 유물들과 더불어 모체의 유명한 성애 도자기들이 전시되어 있다.

다섯 개의 전시실들은 중심이 되는 방, 그릇의 방, 훌륭한 깃털 장식이 있는 잉카의 의식용 의복이 있는 방, 미이라와 기타 물건들의 방 그리고 공구의 방으로 구성되어 있다.

비쿠스 문화로부터 새, 사람, 원숭이들을 묘사한 섬세한 인형, 망토, 팔찌 등이 있고 찬카이 문화로부터 동물 디자인의 가슴판과 돋을새김한 왕관이 있다. 이카 문화로부터 장례 가면이 있으며 나스카 문화로부터 입이 벌어진 가면, 치아, 소매, 정강이 보호대 등이 있다.

람바예쿠에 문화의 황금으로 만든 투미^{Tumi}, 황금 마스크, 황금 컵, 치무 문명의 황금 잔, 모체의 황금 가면, 프리아스 문화의 황금으로 만든 코카 가방 등 최고의 유물들은 찬란하기만 하다.

페루 고대 문명을 고고학적으로 분류해 보는 것은 이들 문화를 이해하는 데 매우 도움이 될 것이다. 1500년경에 멸망한 잉카제국의 이전 문명을 시대별로 확인하기 위해 먼저 페루 지역을 해안 문화, 고원 문화, 그리고 티티카카 지역으로 구분하는 것이 일반적이다. 이들 각각의 문화는 또다시 지역별로 세분화된다. 먼저 해안 문화는 북부 해안, 중부 해안 그리고 남부 해안으로, 고원 문화는 북부, 중부 그리고 남부로, 마지막으로 티티카카 지역은 모퀘구아, 아리카 그리고 티티카카 고원 문화로 크게 구분된다.

북부 해안에서 모체 문화를 시작으로 치무 문화가 융성했다. 남부 해안에서는 파라카스 문화와 나스카 문화가 있었다. 그리고 고원 문화의 북부 지역에서는 차빈이라는 고대 문화가 있었고 중부 지역에서는 와리 문화가 나타났다. 티티카카 고원에서는 티아휘나코 문화가 있었다. 이들 문화는 BC 500년경 차빈의 경우처럼 각각이 독립적인 성격을 가진 것이기는 하나 어떤 것은 나스카의 경우처럼 선행 문화를 흡수하거나 그 토대 위에 나타났으며 또 어떤 것은 그 유사성이 지역과 시간대를 뛰어넘는 것이었다.

예를 들면 티아휘나코의 문화는 북부 고원 지역의 차빈 문화와의 확실한 영향 관계를 보이고 있다. 차빈 문명의 유물 중에 송곳니를 드러낸 인간과 재규어의 모습을 갖춘 신이 있는데 이것은 올멕문명에서도 볼 수 있는 것으로 이 또한 서로 멀리 떨어진 두 문명 간의 문화적 접촉이 있었음을 확실이 보여주고 있는 것으로 신기한 일이 아닐 수 없다.

어느 미국 작가의 견해에 따르면 올멕인이 페루까지 내려가서 옥수수는 물론이고 건축 기술과 천문학 지식, 고양이과의 신 그리고 턱수염이 있는 백인 모습의 신 등을 가지고 돌아왔다고 생각하는 것이 충분히 가능하다고 한 점은 주목할 만하다.

황금 투미

한 가지 간과해서는 안 될 사실은 리마 북쪽 약 200km 지점에서 발견된 '카랄' 유적이다. 이 발견은 페루의 고고학을 기원전 2600년으로 올려놓는다. 이곳에는 피라미드의 흔적이 남아있다. 연구가 더 진행되면 안데스 지역의 고대 문명의 실체가 구 세계의 문명들과 비슷한 시기에 똑같이 번성하고 있었음을 증명하게 될 것이다.

커다란 유리관 안에 잉카의 상징 중의 하나인 황금 투미들이 시야에 들어온다. 군데 군데 선명한 초록색의 터키석을 박아 놓은 황금 투미는 찬란하기 그지없다.

투미는 북부 해안지대에서 잉카와 선-잉카 시대에 사용된 반원형의 희생 제의용 칼로 청동, 구리, 황금 합금 또는 은 합금으로 만들어졌다. 투미는 신인동형의 신성을 나타낸다. 가슴을 펼치고 손에는 신비한 원반을 들고 있으며 반원형의 왕관을 쓰고 있다. 안데스 신화에서 모체, 치무 그리고 잉카인들은 태양의 자손들이었고 매년 화려한 의식으로 태양을 숭배했다. 감자와 옥수수의 수확이 끝나는 시기에 태양에 감사하고 다음해

장례용 가면

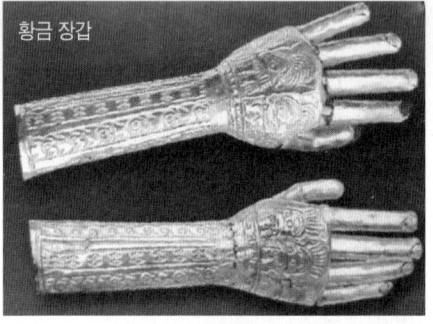
황금 장갑

의 더 많은 풍작을 위한 의식이 실행되었다. 이 중요한 종교 행사 동안 고위 사제는 완전히 검거나 흰 라마를 제물로 바쳤을 것이다. 그는 투미를 사용하여 제물의 가슴을 열고 손으로 여전히 뛰고 있는 심장, 폐 그리고 내장을 꺼내 관찰한 뒤 미래를 점쳤을 것이다. 이후 제물은 완전히 태워진다. 또 다른 안데스 문화에서는 투미가 두개골을 잘라내는 외과 수술용으로 사용되었다. 페루에서 벽에 투미를 걸어두는 것은 행운을 의미한다.

물컵

또한 람바예쿠에의 장례용 가면은 람바예쿠에와 시칸 Sican 시기의 나임랩 Naymlap신의 얼굴을 나타내는데 그저 보는 이로 하여금 탄성을 자아내게 한다. 또한 두 개의 황금팔은 손등이 있는 면에 정교한 새김이 있는데 아마도 장례의식에 사용되었을 이것은 경이로운 물건이다. 잉카의 전형적인 물컵인 케로의 원형으로 보이는 나임랩 신이 새겨져 있는 황금잔 또한 아름다웠는데 양 손에 지팡이를 들고 있는 모습은 영락없는 비라코차신을 연상시킨다.

박물관은 전형적인 기하학적 문양을 보이는 와리 시대의 염색을 한 모자와 손으로 떠서 만든 직물류뿐 아니라 화병, 장례용 도자기도 전시하고 있다.

잉카의 역사에 대해 잘 알지 못한다면 대충 보아도 한 시간 정도 걸리는 이 많은 유물들이 하나같이 다 똑같아 보일 수 있다. 이런 경우에 시간이 충분하다면 박물관 가이드의 도움을 받을 수 있을 것이다.

박물관 앞의 예쁜 정원 건너편에 몇 개의 기념품 가게들이 있는데 규모도 크고 상품들도 질이 좋았다. 박물관에 대한 인상이 좋아서인지 이들 가게들을 둘러보는 기분도 매우 좋았다. 정문 입구로 다시 나오자 정차하고 있던 여러 대의 택시기사들이 몰려와 행선지를 묻는다. 첫 번째 기사와 아까 왔을 때의 가격대로 흥정을 하자 15솔을 내란다. 더 이상은 흥정이 어려울 것 같아 OK 했더니 어서 타라고 한다. 물론 인상은 별로 좋아보이지 않았는데 이것도 선입관일 것이다. 그래도 외국인이 많이 방문하는 박물관 입구에서 기다리며 영업을 하는 것을 보면 외국인을 많이 상대하는 택시라고 생각되어 어느 정도 마음이 놓이기는 했다. 택시는 여전히 금방이라도 폐차장에 갈 정도로 낡았는데 달리는 것은 쌩쌩했다. 정리정돈이 잘 되어 있지 않은 거리는 매우 어수선한 분위기였다.

저녁시간이 거의 다 되었기 때문에 우리는 호텔로 바로 가지 않고 호텔 근처의 상점들이 어느 정도 몰려있는 곳으로 가서 하차했다. 주위를 두리번거리며 상가가 있는 쪽으로 가려는데 마침 '코리아'라고 쓰인 한국 음식점이 보인다. 우연스럽게도 미라플로레스 지구에 있는 한국 음식점에 바로 내린 것이다. 몸도 추스릴 겸 오늘은 한식을 먹기로 하고 이 음식점에 들어갔다. 오랜만에 먹는 삼겹살은 80솔에 가격도 저렴하고 개운했으며 여행에 지친 몸에 다소 도움이 되었다. 사실 이 가격은 현지에서는 싼 것이 아니었다. 손님은 없다. 그저 하루에 한 팀 정도 받는 것이 아닌지….

현지인 아저씨가 써빙을 하는데 반찬을 척척 갖다 놓더니 불판에 불을 지피는데 매우 익숙해 보인다. 주인아주머니도 가족을 대하듯 식탁 옆에 와서 앉더니 이것저것을 물으며 모자라는 반찬을 더 가지고 온다. 식사가 끝날 즈음 중학생 아들과 함께 한 가족이 들어오는데 얼굴이 많이 그을려 있었다. 한식을 먹으로 일부러 찾아왔다고 하는데 얼마 전 힘겹게 잉카트레일을 마쳤다고 했다. 이런 뜻있는 시간을 보내고 있는 가족의 모습이 매우 좋아보였으며 한편으로 부럽기도 했다. 오랜만에 풍족하게 먹은 즐거운 식사였다. 식사 후 시간도 늦고 어두운 길에서 잘못하여 헤매지나 않을까 해서 그냥 택시를 타기로 했다. 이는 두 명이 움직일 경우 짧은 거리는 택시가 때로는 더 경제적일 수 있기 때문이었다.

식당 앞에서 택시를 잡아 호텔 약도를 보여주며 흥정하니 4솔이라 해서 탔는데 나중에 알고 보니 걸어서 5분 거리였다. 하지만 이곳 도로가 거의 일방통행이라 어디를 가도 여러 번 뱅글뱅글 도는 것 같았다. 호텔로 돌아와 프론트에 있는 관광안내 팜플렛을 조사했다. 내일의 일정으로 나스카 차량 투어를 예약하려 했는데 이 투어는 종류도 매우 다양했다. 거리가 멀어 보통 버스를 이용, 피스코나 이카에서 1박을 하고 나스카에서 1박을 하거나 최소 2일을 할애하는 것이 보통인데 시간이 여의치 못한 여행자들을 위한 하루 코스 프로그램도 다양했다.

나스카는 리마나 아레퀴파(나스카에서 남쪽으로 570km)로부터 버스가 많이 있고 이카로부터 버스 또는 콜렉티보가 있다. 버스 소요시간은 이카까지가 4시간 반, 나스카까지 7시간 소요된다. 버스로 이동하는 것인데 일정이 새벽 5시에 시작되는 것이어서 피곤한 여행자에게는 다소 무리가 있어 보였다.

비슷한 시간대에서 보다 편리한 프로그램인 개인차량 투어를 선택했다. 여행에서 경비를 아끼는 것은 무엇보다도 중요하지만 때때로 시간을 절약하기 위해 개인 투어를 이용하는 것도 매우 현실적일 경우가 많다. 1인에 250달러라는 비싼 투어 비용이었는데 버스를 이용하는 방법은 이른 새벽에 호텔에서 택시를 타고 버스터미널에 가는 일정이지만 돌아올 때를 감안하면 번거로움이 많아 결정은 쉬웠다.

프론트의 직원들은 남녀 모두 20세 전후의 나이로 매우 젊었는데 이곳에서는 나름대로 좋은 직장인 듯 활기가 있어 보였다. 동양인을 보기가 힘든지 일본인인 줄 알고 있었다는데 그렇지 않다고 하자 중국인인지 다시 묻는다. 직원에게 팜플렛의 여행사에 전화를 해달라고 부탁했는데 여행사 관계자는 늦은 시간인데도 30분 내로 호텔로 찾아온단다. 내일 일정이 맞지 않으면 모레 나스카 일정을 잡으려고 했는데 기분이 좋다.

나중에 알게 되었는데 여행사 사장 호르게는 지금이 비수기라서 시간 여유가 많단다. 자기 사무실에는 직원이 한 명 있는데 동생이라고 했다. 40대의 경험 많은 사람이라 흥정이 정말 어려웠다. 팜플렛에 표시된 가격은 최소의 경비만을 감안한 것이라서 절대로 깎아줄 수 없단다. 두 사람이 같은 차량으로 여행하는 터라 다분히 가격인하가 가능할 터인데도 여행사 사장은 막무가내다. 밤도 늦었고 내일 새벽에 빨리 출발해야 하는 터라 나는 더 이상의 협상에 실패했는데 나중에 가끔 이때를 생각할 때마다 아쉬운 마음이 남기도 했다. 계약서가 예쁘다.

▼ 계약서

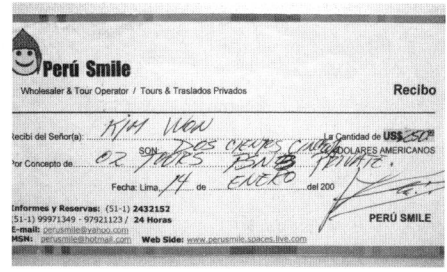

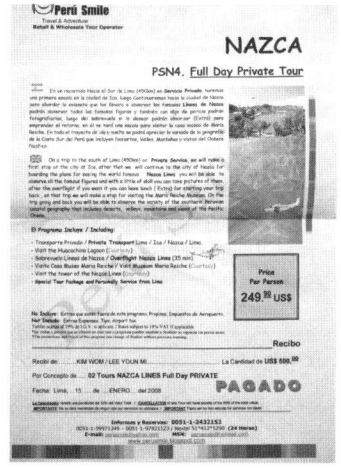

사실 이 하루 일정에 파라카스의 바예스타스 섬을 끼워넣은 투어 프로그램도 있었는데 아무리 생각해도 너무나 촉박한 일정이라 선뜻 마음이 내키지 않았다.

나스카 여정이 확정되자 내일의 숙박을 결정하는 문제는 쉽게 해결되었다. 리마로의 복귀가 늦은 밤이 되므로 다른 저렴한 호텔을 찾는 수고를 할 시간이 없어진 것이다. 그런데 추가 1박에 대한 요금이 문제였다. 개인이 직접 숙박을 하려면 정상가를 전부 지불해야 하는데 비록 1박이지만 여간 부담되는 가격이 아니었기 때문이다. 그래도 혹시나 해서 현재의 요금이 가능한지 카운터의 친절한 직원에게 묻자 그들은 환한 얼굴로 우리들에게 여행사에서 소개해준 가격을 계속 적용해도 된다고 한다. 일이 쉽게 해결되니 기분이 한결 가벼워진다. 오늘밤은 느긋하게 욕조에 몸을 담글 수 있을 것 같다.

호텔 로비

노트를 보며 잠시 생각에 잠긴다. 2박 3일의 페루 일정에 나스카를 하루에 다녀오는 것은 강행군이라 할 수 있다. 사실 페루의 역사여행은 리마를 기준으로 크게 북쪽과 남쪽으로 나누어 볼 수 있다. 그리고 투루히요를 포함한 북쪽 지역이야말로 차빈과 같은 페루 고대문명의 원형을 볼 수 있는 곳이기도 하다. 차빈, 모체, 치무 등을 거쳐 나스카 문명에 이르는 여정을 통해 진정한 페루의 역사를 전반적으로 느낄 수 있기 때문이다. 하지만 우리의 여건으로 보면 이번 여정에서 남쪽을 택한 것은 당연한 결론이라고 할 수 있겠다.

제16일(화) 나스카

 5시에 기상하여 빵 두 조각과 주스 한잔으로 아침을 먹었다. 6시에 예약해 둔 차가 출발하여 이제 막 동이 트는 리마 시를 뒤로하고 남동쪽으로 440km 떨어진 나스카를 향했다. 투어는 이카에서 현지의 다른 차량으로 갈아타기로 되어있었다.

 나스카는 페루의 남쪽 해안지역의 계곡 체계의 이름이며 그곳에 있는 가장 큰 마을의 이름인데 실제로는 아주 작은 사막 마을이다. 그것은 또한 BC 300 에서 AD 800년 사이에 이 지역에 번성했던 나스카 문화에 적용된 이름이기도 하다. 그들은 나스카 라인과 카우아치 Cahuachi (의식의 도시)의 장본인들이었다. 나스카 문명의 진수는 아름다운 연마 토기이다. 물고기, 새, 곤충 등 일상생활에서 볼 수 있는 무늬들을 정교하게 그려넣어 11종류나 되는 색으로 채색하였다. 기술적으로 매우 섬세하고 테마에 있어 뛰어난 상징주의를 보여준다. 나스카인들은 모체처럼 도공들이었고 도기문화는 친차 Chincha 계곡, 피스코, 이카 그리고 아카리 Acari 지역으로 퍼져나갔다. 그들은 또한 오늘날에도 기능을 하는 인상적인 지하 수로체계를 건설했다.

 나스카의 마을은 최근에 쓰레기들을 팜파 Pampa 에 내다 버려 몇몇의 나스카 라인들의 파괴가 진행 중이다. 팜파는 페루의 해변가 내륙의 전형적인 평평한 고원을 이야기한다. 퀘추아어로 '평평한 표면' 을 의미하는데 남미의 비옥한 저지대로 풀이 나 있고 나무가 없는 평원이다. 기후는 온화하고 토양은 농사 짓기에 적합하다. 두터운 황토층이 팜파를 덮고 있다. 평균 강우는 연간 254~762mm이다. 1997년 이래 나스카는 캐나다의 금광산 사업의 주된 지역이다.

 새벽이라 날이 무척 흐렸지만 가이드는 오늘 날씨가 무척 뜨거울 거라고 이야기한다. 외지인이 느끼는 날씨는 전혀 그렇게 보이지 않았지만 이런 나의 생각이 틀렸다는 것이 조금 후에 그대로 확인되었다.

호텔을 나선 차가 대로를 지나 달려
가다 보니 왼쪽 모래 언덕 위로 슬럼화
된 마을이 나타난다. 이러한 장면이
잠시 계속되는가 싶더니 차는 얼마 되
지 않아 톨게이트를 통과해 벌써 팬아
메리칸 하이웨이로 진입했다. 4차로
의 넓고 깨끗한 도로는 한산했으며 차

슬럼화된 마을

는 이내 곧 속도를 높였다. 이 도로는 이카를 가기 전에 2차로의 도로로 바뀐 것으
로 기억이 된다. 가끔 마주치거나 지나가는 버스들을 보면 나스카의 벌새 문양을
표시한 것들이 자주 눈에 띄었는데 이곳을 향해 가는 우리의 여행에 기대감을 한
껏 고조시켰다.

팬아메리칸 하이웨이 리마 톨게이트

나스카 문양 버스

팬아메리칸 하이웨이는 총연장 48,000km의 도로망이다. 87km의 우림지역의
일부를 제외하고 도로는 아메리카의 본토 국가들을 고속도로 시스템으로 연결한
다. 기네스북에 따르면 팬아메리칸 하이웨이는 세계에서 가장 긴 '자동차 도로' 이
다. 팬아메리칸 하이웨이는 북아메리카 알라스카의 푸루드호에 Prudhoe Bay만으
로부터 남아메리카의 최남단까지 거의 완전하게 뻗어 있다. 칠레의 푸에르토 몬
트Puerto Montt와 쿠엘론 Quellon과 아르헨티나의 우슈아이아Ushuaia를 포함한 여러
개의 고속도로 터미널들이 있다. 비록 '팬아메리칸' 이라고 불리긴 하지만 캐나다
와 미국에서 공식적으로 확인된 확실한 루트는 없다.
팬아메라칸 하이웨이는 많은 다양한 기후대와 빽빽한 정글에서부터 추운 산맥까지 생태학적 군락들을 통과한다. 고속도로는 많은 나라들을 지나기 때문에 일정하지는 않다. 고속도로의 어느 구간은 건기에만 통과할 수 있고 많은 지역에서 차로 달리는 것이 때때로 위험하기도 하다. 팬아메리칸 하이웨이의 유명한 구간은 알라스카 하이웨이와 인터아메리칸 하이웨이 (미국과 파나마 수로 사이의 구간)를 포함하고 있다. 이들 구간들은 2차대전 동안 유보트 공격의 위험을 피할 수 있는 원거리 공급 수단으로 건설되었다.

팬아메리칸 하이웨이

좌측의 모래 언덕 위로는 판자 또는 칙칙한 벽돌로 지어진 것 같은 빈민가가 군데군데 촌을 이루고 있다. 이 집들은 멀리서 보기에 벽돌로 보이지만 사실 나무 기둥 네 개를 박아

짚 같은 것으로 막은 것에 불과하다. 70년대 이전 우리네 판자촌과 흡사한데 땅이 넓어서인지 다닥다닥 붙어있지는 않아 나름대로 여유가 있어 보인다. 밤에는 전기가 제대로 들어오는지 유심히 쳐다보니 전혀 그럴 것 같지 않다. 우측으로는 끝없는 태평양이 펼쳐져 있었다. 간간히 큰 규모의 양계장이 시야에 들어온다. 이들 지역을 지나자 이제부터는 전형적인 나스카 사막지대가 나타나는데 이 경치는 끝없이 계속된다.

모래사막

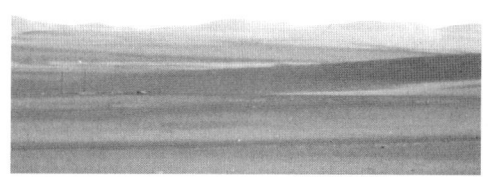

나스카 사막

계속하여 아래로 내려가면 지구 상에서 가장 건조한 지역으로 여겨 지는 아타카마 Atacama 사막이다. 왼 쪽으로는 저 멀리 안데스의 산맥이 시작되는 면이 보이는 듯하고 오른 쪽은 낮은 지대의 모래 사막이 계속 하여 펼쳐진다. 사막은 전형적인 모

래 사막이라기보다 자갈 같은 돌들이 많이 있으며 가끔은 푸른 풀들로 군데군데 자라나 있다.

리마에서 이카까지는 308km 정도로 약 4시간 정도가 걸린다. 이카로 가는 길은 여행자들에게 다양한 매력을 제공한다. 길을 따라 처음에 지나는 곳은 축제와 전 통이 어우러진 평안한 계곡, 친차Chincha인데 목화 경작을 가져온 아프리카 노예 들의 자손들에 의해 진척된 문화의 중심부이다.

다음은 해발 9m에 있는 도시 피스코이다. 본래 피스코의 집들은 1640년에 세워 졌다. 피스코는 퀘추아어로 '새'를 의미한다. 피스코는 원래 근처의 포도밭 때문에 번성했고 페루의 포도주인 '피스코'의 이름과 같다. 이 지역은 일반적으로 해양 동물과 새들의 군집지 때문에 파라카스 국립 보호구역 즉, 페루의 갈라파고스로 많은 관광객의 방문이 이어진다. 이곳은 해양 생태계가 포함되어 있는 페루에서 유일한 보호지역이다. 피스코에서 10~15분이면 갈 수 있다.

파라카스만이 올려다 보이는 언덕 위에는 나스카의 것과 비슷한 또 다른 그림이 있다. 보호구역에는 사람이 들어갈 수 없지만 파라카스 부두로부터 보트 관광으로 가까이 접근할 수 있는 바예스타스 섬이 있다. 친차섬 또한 해안에서 가깝다. 섬에는 펠리칸, 펭귄, 가마우찌, 제비갈매기를 포함한 수많은 새들이 있다. 또한 바다사자, 거북이, 돌고래 그리고 고래도 있다. 해양생물들은 먹이가 되는 수많은 양의 플랑크톤을 몰고 오는 차가운 태평양 조류에 의해 모여든다. 피스코의 기원은 페루 고대 문명의 하나인 파라카스 문화이다. 접근의 용이함과 안데스로 향하는 교차로 때문에 스페인인들은 리마를 수도로 결정하기 전에 피스코를 선정하는 것을 고려했다. 인구는 약 100,000명 정도이다.

피스코 샤워

페루인들은 피스코를 화이트 브랜디인 '피스코'와 유명한 칵테일인 '피스코 샤워 Pisco Sour'의 고향으로 알고 있다. 피스코 샤워는 주정 성분이 40도 정도인 페루 또는 칠레산의 포도 브랜디 피스코에 레몬 주스, 설탕, 달걀 흰자위 등과 함께 섞은 다음 얼음을 띄워 마시는 칵테일의 하나로 중남미 사람들이 일반적으로 즐겨 마신다.

피스코 자체는 볼 것이나 할 것이 별로 없지만 어촌의 항구로서 날생선에 라임주스를 얹은 전통적인 페루의 세비체 Ceviche 요리를 먹기에 유명한 곳이다.

나스카 사막을 얼마나 달렸을까? 길가로 늘어선 낙후된 집들이 몇몇 보이는가 싶더니 이윽고 차량은 이카 시로 들어왔다. 건조한 지대라서 그런지 시내가 온통 황토빛으로 점철되어 있는 듯했다. 더운 지역에서는 어디서나 볼수 있는 수많은 삼륜차가 보인다.

이카의 삼륜차

시내로 들어간 우리는 생수를 사기 위해 가게로 들어갔는데 유명한 잉카콜라Inka Cola를 먹고 싶은 충동도 있었으나 가능하면 탄산음료를 마시지 않기 때문에 유혹을 뿌리쳤다. 이 잉카콜라를 코카콜라가 인수했다고 하니 그 인기가 대단한 모양이다. 지나가는 사람들이 그들과는 달리 반바지를 입고 있는 좀처럼 보기 힘든 동양인 남녀의 모습을 보고 시선을 놓지 않는다. 이곳에서 우리는 나스카까지 우리를 안내하기 위해 기다리고 있던 또 다른 차량을 만났다. 몸집이 큰 운전기사와 그보다 나이가 많은 가이드가 함께했다. 간간히 차량이 정지할 때면 몸집이 큰 운전기사는 재빨리 문을 열고 나와 윤미가 편안히 내릴 수 있도록 계속하여 문을 열어주었다. 물론 차에 올라탈 때도 마찬가지였다. 여행사 사장은 우리가 나스카를 관광하고 돌아올 때까지 이카에서 기다릴 것이라고 했다. 그가 최선을 다해 가이드를 하라고 이들에게 단호하게 일러둔 것 같았다. 호사스럽게도 마음만은 VIP가 된 것 같아 즐거웠다.

이카 시내

오른쪽에 성당의 돔이 보인다

이카는 사막, 바다, 오아시스와 계곡, 페루 크레올레Creole(원주민) 문화의 요람, 성인들 그리고 주술사들의 지역으로 알려졌다. 이곳은 최상의 피스코 브랜디가 증류되어 얻어지는 곳이다. 뛰어난 와인과 피스코를 생산하는 많은 포도밭의 고향이다. 또한 이카는 종교적인 열정이 강한 곳이다. 모래의 버려진 이곳의 땅은 선-콜롬비아의 주된 문명을 낳았고 시간의 파괴와 풍화로부터 살아남은 흔적을 남기고 있다. 1563년에 카브레라Luis Jeronimo de Cabrera에 의해 설립된 이카는 성당과 지은 지 몇 세기가 되는 저택 등 식민지 시대의 뛰어난 건축물을 여전히 간직하고 있다. 이카시의 남쪽에는 우아카치나Huacachina 오아시스가 있다.

이카에는 세 개의 주요 이벤트가 있는데 와인 축제, 세뇨르 데 루렌 Senor de

Luren 그리고 친차의 버진 델 카르멘 Virgen del Carmen 축제이다. 이때는 모든 질병을 치료할 수 있다고 얘기되는 민속의 치료사로 유명한 카치체 Cachiche 마을을 방문할 뿐만 아니라 전형적인 이카의 음식을 맛볼 수 있는 좋은 기회이다.

아르마스 광장의 길 건너편에 유명하지만 일반인들에게 잘 알려지지 않은 개인 박물관이 하나 있다. 바로 카브레라 페이드라 Cabrera peidra 박물관이다. 카브레라 박사의 '이카의 돌' 박물관이다.

1960년대 이 지역의 농부가 이카 근처의 동굴과 골짜기에서 발견한 돌들을 팔고 있었다. 이 돌들은 사람, 놀라운 의료 행위의 장면 그리고 망원경과 비행기 같은 진보된 기술의 도구들, 동물, 공룡 그리고 공룡을 타고 있는 사람들의 조각이 있었다. 수년간 그는 이 돌들을 수집했다. 결국 고고학 협회에서 이 돌들의 소식을 듣고 조사에 착수했다. 농부는 체포되어 감금되었고 감옥에서 풀려나자 그의 증거품들에 대한 주장을 취소했고 자기 자신이 조각을 했노라고 고백했다.

카브레라 박사는 농부에게 어디서 돌을 발견했는지를 물었다. 농부는 다시 감옥에 가기를 두려워해 자기 자신의 소행이라고 계속 이야기했다. 약 15,000개의 돌들이 발견되었다. 이것들은 이카박물관에 보관되어 있다. 수천 년에 걸쳐 형성된 이 고대의 돌들은 광택을 낸 것이다. 광택이 제거되면 보다 가벼운 색깔의 선들이 드러난다. 돌위의 조각을 조사하면 고대에 그 기원을 두고 있음을 알 수 있다. 이카의 돌 1/3이 공룡을 묘사하고 있다.

시간이 없어 이곳에 들르지는 않았으나 이 돌들은 이카의 새로운 명성이 아닐까 생각된다. 작은 이카 마을을 돌아보며 작년에 있었던 지진의 피해를 엿볼 수 있었다. 박물관을 지나치며 500여 m를 가다 보면 왼쪽에 루렌교회가 있다. 교회는 이카의 수호신인 루렌을 모시는 신성소이다. 굳게 닫혀있는 철문 앞에서 바라보는

지진으로 첨탑이 없어진 루렌교회

무너지기 전의 교회 모습

교회는 지진에 첨탑부분이 무너져 내리고 천장이 붕괴되어 있다. 아직도 복구가 진행되지 않은 것을 보면 정말로 재정이 어려운 모양이다. 보기에도 안쓰럽다. 복구하는 데 5년은 걸릴 것이라고 한다. 지진이 있었을 때 마을에는 많은 사람이 사망했고 이재민이 발생했는데 아직도 살 집이 마련되지 않은 상태라고 했다.

큰 길을 건너 5km 정도를 달려 조금 나아가자 높은 모래 언덕이 시야에 들어왔는데 이곳 어디엔가 유명한 우아카치나 오아시스가 있을 것이라는 생각이 들었다. 모래 언덕 아래 쪽에는 4륜 구동 지프차가 여러 대 있었는데 관광객들을 위해 이들 모래 언덕을 가로지르는 체험을 위한 것이었다.

모래 언덕 쪽으로 조금 더 나아가자 옛 건물이 시야에 들어왔고 저 앞에 유명한 오아시스가 보였다. 우아카치나는 이카 지구에 있는 150여 명 인구의 작은 마을 사막 안에 있는 조그마한 호수 주변에 세워졌다. '아메리카의 오아시스'라고 불리며 이카 시 근처로부터 지역의 가족들을 위한 리조트로 사용되고 있고 수백 m 높이로 뻗어 있는 모래 언덕에서의 샌드보딩은 관광객들의 호기심을 자극하고 있다.

아름다운 원주민 공주가 목욕할 때 젊은 사냥꾼에 의해 붙잡혀 갔는데 이때 석호가 생겨났다는 전설이 있다. 목욕을 했었던 물웅덩이를 떠나며 도망친 그녀는

모래 언덕 오아시스

석호가 되었으며 그녀가 달려갈 때 뒤에서 펄럭이던 망토는 이곳을 둘러싸고 있는 모래 언덕이 되었다. 그리고 그 여자 자신은 오아시스 속에서 인어로 여전히 살고 있다는 소문이 돌았다.

주차장에 차를 대고 오아시스로 나갔다. 야자 나무가 둘러서 있는 오아시스는 그야말로 사막의 한가운데에서 젖과 같은 생명의 물을 간직하고 있었다. 앞 쪽 모래 언덕 중턱에는 저수조가 있었는데 물을 끌어올려 보관하는 곳이라고 한다. 오아시스 정면의 빨간색의 매우 아름다운 건물은 100년이나 오래된 대저택으로 1920년대부터 모소네 Mossone 호텔로 운영되고 있었는데 내부 안뜰에는 거북이가 한가로이 기어다니고 있는 무척이나 고즈넉하고 아름다운 건물이었다. 수령이 꽤 된다고 하는 커다란 나무가 있었는데 모래 지역에 있는 나무여서 그런지 왠지 신기한 기분이 들기도 한다. 호텔에 있는 레스토랑에 앉아서 바라보는 오아시스의 풍경은 그림과도 같았다. 이카에서 1박을 할 경우 이곳이 바로 그곳이다.

안뜰의 고목

모소네 호텔의 레스토랑

나스카로의 먼 여정으로 인해 우리는 곧바로 이카를 출발하였다. 또다시 140여 km를 달려간

제16일 - 나스카 | 349

다고 생각하니 답답한 마음이 들었지만 나스카라는 지명만 생각하면 모든 것이 즐거움이었다. 또다시 똑같은 사막의 모습이 반복된다. 이 황량한 경치는 비옥한 팔파 지역에 이르기까지 2시간 이상 계속된다. 이들에게는 한낱 버려진 땅일 뿐이지만 우리처럼 좁은 국토에서 사는 사람이라면 이 드넓은 사막을 어떻게 하면 가치있게 바꿀 수 있을까 연구하는 사람도 많이 있었을 것 같은 재미있는 생각에 잠시 잠겨보았다.

나스카 사막

가이드가 갑자기 우측을 보란다. 황량한 사막에 별다른 특이한 경치의 변화가 없었던 터라 순간적인 기대감에 오른쪽으로 고개를 돌렸다. 바위의 모습이 이집트의 유명한 피라미드 3개의 형상을 하고 있다는 것이었는데 말 그대로 그 유형이 매우 흡사하게 보였다. 가이드는 매우 자랑스럽게 계속 말을 했는데 이어서 영화 타이타닉의 거대한 유람선이 있을 것이라고 하였다. 실제로 3분의 1이 물 속에 가라앉은 모습이었는데 누가 봐도 침몰하는 타이타닉호였다. 아무리 그래도 그저 막 갖다 붙이기는….

지루한 사막 여행 중에 있었던 잠깐 동안의 재미였지만 이내 곧 경치는 예전대로 삭막한 경치를 계속하여 보여 주었다. 경치가 무미건조하다고는 하지만 사실

피라미드

타이타닉

나는 그렇지가 않았다. 오히려 이 특이한 경치를 즐기고 있었다. 이른 아침부터 지금까지 한 번도 졸지 않았을 만큼 기분은 매우 고조되어 있었다.

첩첩이 보이는 안데스 산맥

물이 넘친 도로

이곳의 경치는 좌측으로는 저 멀리 지평선 쪽으로 만년설이 정상에 보이는 안데스 산맥이 계속하여 이어져 있었고 우측으로는 태평양의 바다가 있었지만 팬아메리칸 하이웨이와 바다 사이의 거대한 사막으로 인해 바다는 전혀 볼 수 없었다. 갑자기 차의 속도가 떨어졌는데 저 앞쪽에 사람 무릎 정도 깊이의 물이 흘러나와 고이고 있었기 때문이었다. 상수관이 터진 것 같은 사고로 보였는데 조금 더 나아가니 커다란 콘테이너 차량이 전복되어 있었다. 교통량이 그다지 많지 않았는데 이런 대형사고가 난 것이 조금 의아했다.

가이드는 '충돌사고네요!' 하며 소리를 질렀다. 사실 차량들의 속도는 매우 빨라서 때로는 위험함을 느끼기도 했다. 지금까지 오면서 길 위 어디에서도 경찰이나 보안관들은 전혀 볼 수 없었다.

차는 이제 오르막 길을 달리고 있었다. 붉은 색이 감도는 바위산이다. 도중에 짧은 터널이 있는데 이곳을 지나면 이제 정말로 나스카 사막 쪽으로 접어든다. 흙과 돌로 된 바위산 위쪽에는 차량이 다닐 수 있게 터널을 뚫어 놓았다.

▲ 터널

터널이 없었다면 푹 내려앉은 계곡을 우회할 길을 찾아서 저 멀리 해안 쪽으로 한없이 가야만 할 터였다.

터널을 지나 차를 세우고 경치를 보는데 너무도 멋있다. 마치 샹그릴라로 들어온 느낌이었다. 정상으로 올라오는 산길이 이리저리 구불거리며 이어져 있다. 저 멀리 전형적인 나스카의 팜파가 보인다.

터널을 빠져나와 정상에서

한참을 내려가니 야자수 우거진 아름다운 작은 마을이 보인다. 경치는 완전히 바뀌어 푸르른 나무와 야자수가 어우러져 한 폭의 그림을 그려내고 있다. 이곳은 양옆에 거대한 고원이 있는 커다란 계곡이다. 이 계곡에 물이 있다면 엄청난 강이 되었을 것이라고 상상할 수 있을 정도이다. 삭막한 풍경 속의 고원에 둘러싸인 계곡은 푸르른 열대나무와 풀들로 인해 생명력이 넘쳐 보였다. 사실 이곳이 이렇게 푸르게 변할 수 있었던 것은 고대로부터 전수되어 내려온 최상의 관개수로 덕분이다. 고대로부터 해안 계곡의 오아시스들은 아마도 관개 시스템을 공유하는 수많은 작은 경작지들로 구성되어 있었을 것이다. 이곳 작은 마을의 몇 채 되지 않은 집들은 여전히 진흙으로 세운 듯하다.

인헤니오 Ingenio 강을 건너는 작은 다리를 건너 반대편 언덕에 오르면 나스카 그림이 그려진 장소가 나온다. 광활한 돌사막에 고속도로가 지평선 끝까지 뻗어 있다. 오가는 차량이 별로 없는 한적한 도로가에 차가 멈췄다. '사막의 부인' 이란 별

팜파

명의 마리아 라이헤 Maria reiche가 생전에 살았던 집이다. 이카와 나스카 사이의 산 파블로 San Pablo라고 불리는 구역에 있다. 집은 그녀가 죽은 후에 1994년 박물관으로 바뀌었다. 수년 전부터 나스카 라인에 대한 서적을 대하면서 가지고 있던 그녀에 대한 특별한 감정이 복받쳤다. 그녀가 작업을 하고 생활을 했던 단조로운 방을 오늘날 그녀를 기리기 위해 박물관으로 바꾸어 놓았다. 마을 주민들과의 불화로 지금은 닫혀있는 그녀의 박물관을 들어가 보지는 못했지만 철문 사이로 들여다보이는 무덤의 비석은 나스카에 대한 모든 영광을 한몸에 받은 여류학자의 마지막 모습으로는 조금 쓸쓸해 보였다.

그녀는 1988년 이 무덤에 묻혔다. 평소 존경하던 라이헤 여사의 무덤을 보고 가슴 한편에 뭉클한 마음이 일었다. 사막에 있는 집 같지 않게 푸른 나무들이 들어선 마당 주변에는 이름 모를 붉은 꽃만이 그 적막함을 메우고 있었다. 한평생을 연구자로 살아온 그녀가 한줌의 흙으로 돌아간 지금 남아있는 것은 이 작은 집과 쓸쓸한 무덤 하나라는 것이 마음을 숙연하게 했다. 묘비석에는 벌새

박물관 정문

박물관 전경

의 문양이 새겨져 있다. 페루의 5솔짜리 동전에는 유명한 벌새 문양이 도안되어 있다.

라이헤 무덤

마리아 라이헤는 독일 태생의 수학자이자 페루 나스카 라인을 연구한 유명한 고고학자이다. 그녀는 1903년 5월 15일 드레스덴에서 태어났다. 드레스덴 기술대학에서 수학, 지리 그리고 언어학을 공부했다. 1932년 페루의 쿠스코에서 독일 영사의 아이들을 위한 보모와 선생으로 일을 시작했다. 1934년 괴저로 손가락을 잃은 그녀는 리마에서 교사가 되었으며

▲ 생전의 라이헤

묘비석의 벌새 문양

▼ 페루의 5솔 동전

과학 번역을 했다. 2차 세계대전이 발발하자 그녀는 독일로 돌아가지 않기로 결정했다.

1940년 그녀는 나스카 라인을 발견한 롱아일랜드 대학의 미국 고고학자 폴 코소크 Paul Kosok 의 조수가 되었다. 1946년경에 그녀는 나스카 문양들의 지도를 그리기 시작했다. 1948년 코소크가 사망하자 그녀는 그 일을 계속하였고 그 지역의 지도를 그렸다. 라이헤는 라인을 그린 사람들이 그것을 태양의 달력과 천문학적 주기를 위한 관측소로 사용했다는 이론을 제기했다. 이 선들은 오로지 위쪽에서만 선명하게 보이기 때문에 그녀는 페루 공군의 사진 조사를 통해 도움을 받을 수 있었다. 그녀는 나스카에 있는 집에서 홀로 대부분의 시간을 보내며 자기의 이론을 '사막의 미스터리 The Mystery of the Desert' 라는 저서에 설명하고 책의 수익금을 이 지역을 보존하는 운동과 경비원들과 조수들을 고용하는 데 사용했다. 라이헤는 팬아메리칸 하이웨

이의 근처에 있는 나스카 라인을 침범하는 차량들 그리고 다양한 정부의 개발 계획으로부터 이곳을 보호하기를 원했고 그러한 노력에 자신의 대부분의 돈을 지출했다. 그녀는 정부에 일반인들을 그 지역에 접근하지 못하도록 하라고 설득했다. 그녀는 방문자들이 더 많은 라인들을 볼 수 있도록 하기 위해 고속도로 옆에 탑을 세웠다.

라이헤의 건강은 악화되어 그녀는 휠체어에 의지하게 되었고 피부병으로 고통받았으며 시력을 잃었다. 또한 말년에는 파킨슨병으로 고통받았다. 라이헤는 리마의 공군 병원에서 1988년 6월 8일 난소암으로 죽었으며 명예롭게 묻혔다. 나스카에는 그녀의 삶과 업적에 대한 정보를 얻을 수 있는 마리아 라이헤 센터가 있다. 그곳에서는 척도에 따른 선들의 모델, 최근의 연구 그리고 다양한 이론들에 대한 강연들이 진행된다. 이곳에서는 고고학적 예술품들이 있으며 책, 사진 그리고 지도들을 구할 수 있다. 센터는 마리아 라이헤의 조수와 친구 빅토리아 니키즈키에 의해 유지되고 있다.

전망대 가는 길의 나스카 평원

아쉬움을 뒤로하고 조금 더 차를 달려 도착한 곳이 그녀가 평생을 오르내렸던 전망대, 미라도르 Mirador였다. 전망대는 나스카 시내로부터 20km 정도 떨어져 있다. 전망대로 오르는 사다리 옆에서는 작은 돌멩이에 커터칼로 직접 그림의 모양을 파낸 다음 구멍을 뚫어 만든 열쇠고리 등 조잡한 기념품들을 팔고 있었다. 우리네 같았으면 전망대를 중심으로 사방으로 무질서한 노점들이 아무렇게나 들어서 판매행위를 할 것이지만 유적 관리를 잘하고 있는 것으로 보였다. 이 나라가 현재는 경제적으로 매우 어려운 나라이기는 하지만 문화적인 의식수준은 매우 뛰어난 것으로, 특히 이러한 점은 우리가 빨리 배워야 할 것이라고 생각되었다.

몇 명의 현지인 관광객을 제외하고는 아무도 없는 황량한 사막의 전망대다. 사실 이곳에 올라서 무엇을 본다는 것은 별로 기대할 것이 없을 노릇이었다. 그만큼 사막은 광대하고 사막의 그림은 350㎢ 지역에 멀리 퍼져 있는 것이다. 현지에서도 이곳이 특별한 의미가 있는 곳이기는 했지만 그저 넓은 사막의 작은 전망대일 뿐인 이곳에 그리 많은 사람들이 찾아올 이유는 없는 곳처럼 보였다. 차라리 나스카 그림들의 항공 관광이 더 흥미로울 것이기 때문이다. 전망대는 철제파이프로 만들어 견고하였지만 20m 상부에 오르니 바람도 세차 조금 무서운 느낌마저 들었다.

전망대 아래의 기념품 가게

돌멩이에 문양을 그려넣은 열쇠고리

나스카 사막은 황량하면서 끝이 없는 평원이다. 여기서는 나스카 그림 중 도마뱀, 손 그리고 나무 모양을 볼 수 있고 많은 기하학적 문양들이 근처에 산재해 있다. 도마뱀은 1937년 팬아메리칸 하이웨이를 건설할 때 둘로 나누어졌다. 이것들 중 전망대의 왼쪽에 있는 50m 길이의 유명한 손에 대해서 몇몇 사람들은 이것이 개구리, 물의 신성 또는 생명의 중요한 요소를 나타낸다고 하며 고고학자들에 따르면 이지역의 그림들이 AD 100 ~ 300년 사이에 만들어졌다고 한다.

전망대

전망대에서 보이는 활주로 문양

그러나 이것에 대해 아주 특별한 해석을 한 학자가 있음을 짚고 넘어가고 싶다. 모리스 코트렐 Maurice Cotterell이라는 학자인데 그는 마야와 관련한 고대문명을 새로운 시각에서 해석하는 것으로 유명하다. 그의 이론에 따르면 이 손의 모양과 유명한 원숭이 그림의 손 그리고 거대한 거미의 다리 개수를 티아훠나코에 있는 손을 엇갈리고 서있는 석상의 손과 연결시키고 있다. 이들은 오른손은 네 손가락, 왼손은 다섯 손가락을 가지고 있다. 이러한 비대칭은 무엇을 의미하는 것일까.

라이헤가 이 아이디어를 알았더라면 보다 진전된 연구 결과가 나오지 않았을까 하는 아쉬움이 밀려온다. 최초의 연구자는 언제나 고독한 법이다.

전망대의 오른쪽에 있는 나무 그림은 하이웨이에서 불과 몇 미터 떨어져 있지 않다. 약 70m 길이의 나무는 나스카 계곡에 매우 풍부한 우아란고 Huarango라는 지역의 나무를 나타낸다고 한다. 우아란고 나무는 수령이 1,000년 정도 되며 세계에서 가장 단단한 나무 중의 하나이다. 나스카 사람들은 이 나무를 긴 선들을 그릴 때 말뚝으로 사용했을 것으로 보이며, 또한 이 나무로 카후아치 신전과 무덤들의 지붕을 받치는 기둥을 만들었을 것으로 보인다.

전망대에서 약 1km쯤 떨어진 곳에 자연적인 언덕 전망대가 있다. 이곳에서는 모든 방향으로 방사되는 많은 선들을 관찰할 수 있다. 여러 방향으로 뻗어있는 선들을 볼 수 있는 이러한 언덕은 소위 '방사-센터'라고 불리는데 60여 개가 등록되어 있다. 이 작은 언덕 위에서는 여러 개의 직선들과 마리아 라이헤가 지적한 매년 6월 21일 동지를 가리키는 특별한 선들을 관찰할 수 있다.

전망대에서 보는 나스카 평원의 모습은 느끼는 사람마다 다르긴 하겠지만 나로서는 말로 표현할 수 없는 감동 그 자체였다. 평생을 바쳐 사막의 문양을 연구한 여

| 이카 방향 | 나스카 방향, 자연적인 전망대가 있다 |

사의 힘겨운 삶이 그대로 전해져 오는 느낌이다. 이러한 감동에도 불구하고 한 가지 뇌리를 스치는 생각이 있었으니 이 위대한 사막의 그림들이 칼로 베어낸 듯 고속도로에 의해 잘려져 버렸다는 사실이었다. 과거 이집트에서 아스완댐 건설로 인해 아부심벨 신전이 다른 곳으로 옮겨져 설치된 적이 있었다. 인간의 편의를 도모하는 사회 발전 계획으로 얼마나 많은 유적과 기념물들이 상처를 입어야 하는가에 대한 안타까움이다.

나스카의 문양 전체를 가장 잘 볼 수 있는 것은 이른 아침에 작은 비행기를 타는 것이다. 나스카에는 수많은 전세 비행기들이 있다. 현지에서 공항의 조종사와 가격을 흥정하여 비행기를 정할 수 있다. 또한 리마에서 버스로 마을에 가서 비행기를 타는 투어를 신청할 수 있다. 이것은 약 8시간의 버스 여행인데 새벽 일찍 출발해 점심때 도착하여 오후 비행을 하는 것이다. 버스로 가기 싫으면 리마나 이카(북쪽으로 141km)에서 아에로 콘도르 항공을 이용한다. 그러나 나스카에 도착하면 나스카 상공의 45분 정도의 짧지만 기류가 심한 비행을 맞이해야 한다. 방향 전환이 급해 토할 수 있으며 비행기 멀미가 심할 것 같으면 나스카에서 하루 머물며 기류가 약간 안정된 이른 아침에 비행을 계획해야 할 것이다.

전망대를 떠난 차는 나스카 마을을 통과하여 어느덧 나스카 공항에 와 있었다. 나스카에 있다는 것 자체가 흥분이 아닐 수 없다. 황량한 흙산을 배경으로 흰색의 조그마한 관제탑이 썰렁하게 서 있다. 그러나 이곳에서 사막의 그림을 볼 수 있는 비행이 이루어진다는 생각에 작은 공항은 방문객의 마음을 강하게 유혹하고 있는 듯하다. 안내인의 설명을 들어 보면 비행이 무척 많이 있는데 가용되는 세스나 비

나스카 공항

경비행기

허름한 정비소

행기는 10대 정도라고 한다. 착륙한 비행기는 바로 재이륙을 위한 점검을 받는데 매우 철저하게 정비를 하는 까닭에 탑승객들은 항상 기다려야 한다는 것이다. 비행기들이 매우 낡은 탓인 이유가 있는 듯한데 허름한 정비소 건물이 3채 정도 보인다.

1차로의 아스팔트 길 건너편에 있는 한 가게에 들어갔다. 사실 이곳 말고는 다른 가게는 없다. 한두 군데 작은 기념품 판매점이 있을 뿐이다. 사실 투어 회사들의 나스카 일정에는 비디오 관람이라는 항목이 있는데 말이 비디오 관람이지 음식점 안의 높은 벽에 작은 TV를 한 대 올려 놓고 시도 때도 없이 낡아빠진 비디오 테이프를 틀어놓고 있는 것이었다. 물론 보는 사람은 없다. 비행시간을 기다리기가 무료할까봐 비디오를 틀어놓았겠지만 투어 팜플렛에 번듯하게 '비디오 상영' 이라고 써놓는 것은 조금 오버하는 것 같다. 웃음이 나온다.

벌써 거의 한 시간이 다 되어 가는데 배가 고프지만 아직은 점심을 먹을 수 없다. 만일을 대비해서다. 요란하게 움직이는 비행이 급작스런 멀미를 일으킬지 모른다. 무작정 기다리는 동안 작은 기념품 가게를 어슬렁거렸는데 물건값이 진짜 싸다. 오늘은 관광객이 별로 보이지 않는다.

이제는 탑승 시간이 거의 다 된 것 같아 다시 도로 건너편 공항 입구로 들어가 기다리기로 했다. 입구를 들어서자마자 신문가판대 같은 곳이 있는데 기념품을 판다. 특별한 것은 없고 그저 작은 수공예품들과 저가의 티셔츠 등이다. 찻잔이 있었는데 나스카 문양을 새겨놓은 것이 보기가 좋다. 이것 저것을 기웃거리다 보니 비행 순서가 되었는지 안내소에서 오라고 손짓을 한다.

찻잔

30여 분의 비행을 위해 4인승의 경비

제16일 - 나스카 | 359

행기가 이륙할 때의 마음은 극도로 흥분되었다. 사실 비행기는 이륙하려고 활주로로 접어들자 시동이 꺼져 잠시 재점검을 하였는데 승객의 마음은 두근거리기만 했다. 계기판은 미터가 없는 곳도 있고 수없이 너트를 풀었다 조였다 한 흔적이 역력했다. 이 비행기가 무사히 날아오를 수 있을 것인가?

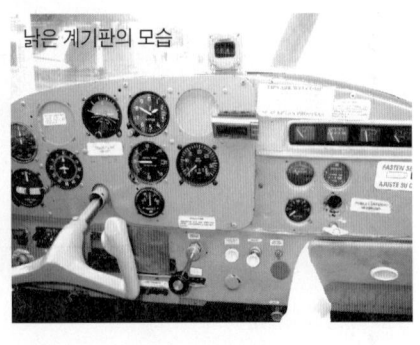
낡은 계기판의 모습

마침내 버거운 엔진 소리를 내며 드넓은 나스카 평원 위를 주욱 날아오르자 광활한 평원이 시야에 펼쳐진다. 세계 최대의 미스터리의 하나인 나스카 지상화를 300m 상공에서 내려다보는 설레임은 무슨 말로도 표현이 되지 않는다. 하늘에서만 보아야만 그 모습이 제대로 파악이 되는 이 지상화들이 실제로 그 자태를 드러낸다. 믿을 수 없는 감동이 가슴으로 밀려온다. 그저 내려다보는 것만으로도 머릿속은 아무런 생각 없이 흥분의 도가니다.

나스카 라인은 1,300km 이상 뻗어 있으며 어떤 것은 20km 이상 긴 것도 있다. 이들 기하학적 문양들은 나스카뿐 아니라 다른 해안 지역들(자나 Zana, 산타 Santa, 세친 Sechin 계곡, 팜파 칸토 그란데 Pampa Canto Grande, 시우아스 Sihuas 계곡)과 북부 칠레에도 있다.

이곳의 선들은 기하학적 그림들, 사다리꼴, 삼각형 그리고 벌새, 고래, 원숭이, 거미, 펠리칸과 닮은 새, 콘도르 같은 새 등 100개 이상의 동물과 식물들 그리고 우주인이라고 불리는 사람들로 다양하다. 선들은 세 개의 다른 그룹들(파라카스 사람들 BC 900~300, 나스카인들 BC 200~AD 600, 그리고 AD 600년경의 아야쿠초로부터의 정착민들)에 의해 팜파 모래 위 붉은 바위에 새겨진 것으로 생각된다.

유명한 원숭이 그림을 보고 나니 신기함에 잠시 정신이 없어지는 것 같다. 바닥에서 그린

▲ 원숭이

▼ 거미

60m에 달하는 거대한 그림이 이렇게 잘 그려질 수 있을까. 공중에서의 누군가의 협조가 있어야 가능한 그림이 아닐까. 추측은 꼬리를 물고 생겨난다. 유명한 거미 그림은 아마존의 거미를 그린 것이라고 한다. 이 지역에서 거미는 비를 내리게 하는 신성시되는 동물이었다. 이윽고 붉은 언덕 위에 그려진 14m 크기의 '우주인'을 보자 이것들이 예사로운 그림들이 아님을 깨닫게 한다. 손을 들어 마치 환영인사를 하는 듯한 자세를 보이고 있다. 발에는 커다란 신발을 신고 있는 모습이다.

50m 크기의 벌새 또한 나스카 문양의 상징이라고 해도 과언이 아니다.

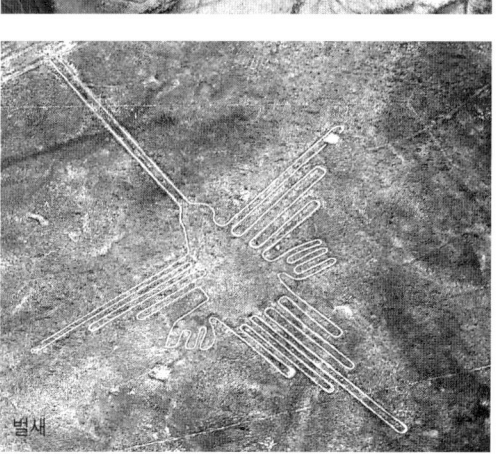

비행기는 유명한 특정 그림들 위에 도착하면 이를 더 잘 관찰할 수 있도록 두어 번 거의 45도 가까이 심하게 회전을 한다. 물론 사진 촬영을 원활하게 하기 위한 목적도 있다. 사실 이때는 매우 공포스럽다. 그러나 이런 비행 자체도 매우 재미있다. 젊은 조종사는 매우 숙련된 가이드였다. 탑승 때 나스카 비행을 했다는 증명서를 준다. 이 증명서 뒷면에는 그림을 보기 위한 비행 순서가 그려져 있어 매우 유용하다.

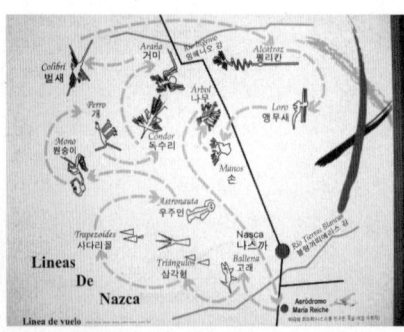 

▲ 비행 증명서 뒷면의 비행안내도   ▲ 비행 증명서

  조종사는 그림들을 일일히 자세히 설명하면서 승객이 그림을 놓치지 않도록 한다. 이 지역은 후마나 평원으로 그림도 그림이려니와 온통 직선으로 복잡하게 그려져 있는 소위 '활주로'들은 더욱 더 신기한 따름이다. 이는 분명 어떤 목적을 가지고 있었음에 틀림이 없었을 터였다.

  비행기는 계속 나아갔으며 마침 마리아 라이헤 여사의 전망대 위를 비행할 즈음엔 복받치는 또 다른 감동을 억제할 수 없을 정도였다. 드넓고 광활하고 황량하며 수천 년을 버려진 바윗돌 투성이 벌판에 찰라의 순간을 머물다 간 불타는 작은 열정의 상징! 손톱만 한 크기의 단촐한 전망대인 것이다. 가슴 뭉쿨한 감정이 마음속 깊은 곳에서 울렁이고 있다. 사실 이러한 느낌은 이곳을 그저 신비한 장소로 또는 유명한 관광지로 오는 사람들에게는 이토록 진한 감동을 주지는 못할 것이지만 이

하늘에서 본 전망대

곳의 사연을 어느 정도 알고 있고 특별한 관심을 갖고 있었던 사람이라면 필자의 가감 없는 표현을 이해할 수 있을 것이다. 전망대 왼쪽 위로는 손가락이 네 개인 손모양이 뚜렷하게 남아있다.

  나스카 근처의 바위투

성이의 팜파에 있는 나스카 라인은 발견된 이래로 학자들을 혼란스럽게 만들었다. 나스카 라인은 고대 종교? 외계로부터 온 외계인? 고대 우주인? 과대망상의 예술가? 수원지? 등등 수많은 유용한 이론들이 그림을 설명하려고 노력했지만 이 그림이 그려진 이유는 전혀 알려지지 않고 있다.

활주로 문양

산에서부터 그림 근처의 농사짓는 오아시스까지 끌어온 물을 수세기 동안 유지해 온 바위 벽들로 공들여 만든 수로가 있다. 하지만 라인을 관찰하면 이 사실만으로 고대 문명이 지하수원을 가리키는데 그것들을 사용했다는 데 의문이 생긴다. 선들은 나스카 주변에서만 볼 수 있는 유일한 것이 아니기 때문이다. 또 다른 이론은 본래 녹색의 나스카 계곡 저편에 있는 관개수로 라인의 잔재라고도 생각되었다. 어떤 이론들은 그림들이 신과 여신들의 만신전을 나타내고 종교적 의식을 행하는 지역이었다고 주장한다.

나스카 라인의 짧은 암시는 16세기에 살았던 스페인 연구자의 원고에서 볼 수 있지만 이들 선들은 1920년대까지 일반인들에게 알려지지 않은 채 남아있었다. 또한 나스카 라인들은 폴 코소크 박사가 나스카를 떠난 1941년까지 진지한 과학적 연구의 주제가 되질 못했다. 후에 라이헤 박사가 40년간 이 그림들을 체계화하고 묘사하는 데 헌신을 다했고 그것들은 설명하려고 노력했다.

과학적으로 설명할 수 없는 이 지역의 현상들에 대해 '신들의 전차'에서 그것들이 외계인의 거대한 착륙장이라고 주장한 데니켄의 이론은 학생들의 엄청난 방문을 몰고왔다. 수많은 방문객들이 선들을 위협하게 되자 이 지역은 접근 금지가 되었다.

넓은 선들 사이의 문양들

선들로 가득찬 평원

2,000년간의 바람과 간헐적인 비에 살아남은 선들은 1995년 유네스코 세계 문화 유산으로 지정되었고 현재 페루에서 가장 인기있는 관광지 중의 하나이다.

과학자들은 오래된 도기 위에 그려져 있는 동물들, 식물들 그리고 사람들이 나스카 라인을 상기시킨다고 언급했다. 그림들은 자연의 신들(하늘, 땅 그리고 물)을 보여주는 것일 것이다. 인디언들은 많은 물을 얻고 충분한 경작을 위해 그들 신들을 안심시키는 것이 필요했다. 다른 과학자들은 나스카의 고대 거주자들이 지상에 있는 물의 위치를 분산시키는 체계를 표시하는 것이라고 생각했다. 이 체계는 강물이라기보다 확실히 식수와 급수의 근원이기 때문이다. 메사추세츠 대학과 네셔널 지오그래픽 소사이어티에서 수행된 최근의 연구에서 수원지리학자인 스티븐 마비와 고고학자 도날드 프롤크스가 이끄는 연구 그룹이 신비스런 선들 몇 개가 지하수원을 가리킬 것이라는 생각을 했다. 지금까지 연구 결과는 지하수가 확실하고 방해받지 않는 물 공급의 근원이었다는 것을 보여준다. 강물과 비교되는 이 물은 페하 pH 값(수소이온 농도)이 우수하고 마그네슘, 칼슘, 염소 그리고 황산이 포함되어 질이 더 좋다. 128곳이 넘는 배수 체계의 지리학적 고고학적 조사가 준비되었다. 나스카의 인디언들이 차선책의 물의 원천으로 사용했던 가까운 곳에 지하 강물이 흐르는 것이 새롭게 발견될 것인가?

나스카인들은 잉카제국 설립 이전에 페루에 거주했던 인디언들이다. 그들은 농업을 하는 사람들이었고 페루의 태평양 연안을 따라 뻗어있는 비옥한 평원을 경작했다. 이 사람들이 문자를 가지고 있었다는 증거는 없다. 나스카에 있는 이들의 매장지를 조사하고 그들이 만든 물건들을 발견함으로써 이들 거주자들의 유용한 모든 정보들을 얻을 수 있었다. 그렇지만 그들이 왜 그렇게 완고하게 사막에 그림을 그렸는지는 설명하지 못한다. 한 가설에 따르면 선들은 고대의 길이었다고 한다. 그러나 이것은 많은 선들이 기대와는 달리 언덕 위 꼭대기에서 끝이 나기 때문에 설득력이 약해 보인다.

가장 유명한 가설은 폴 코소크 박사가 제기한 것이다. 박사는 이들 모든 문양들과 선들은 '세계에서 가장 큰 천문학 책'을 보여준다고 생각했다. 라이헤 박사도 이러한 관점을 가지고 있다. 그녀는 이들 그림들이 1년의 다른 기간의 별의 위치와 별자리들을 보여주고 인디언들에게 중요한 파종 및 경작에 알맞은 농사 주기의 정확한 시간을 결정하는 데 사용되었다고 가정했다. 고대 페루인들이 신들을 기쁘게 하고 자기들의 바람을 확실히 하기 위해 신을 그렸다는 이론을 발전시켰다. 그림들은 신들로 하여금 물이 필요한 사막, 자비가 필요한 경작 그리고 물고기가 필요한 바다를 상기시키기 위한 천문학적 달력이라고 한다. 몇몇 그림들에서는 새들의 부리들이 태양이 떠오르는 방향과 지일을 가리킨다.

선들이 단지 공중에서만 선명하게 보일 수 있는 사실은 새로운 이론을 세우게 한다. 그것에 따르면 나스카 인디언들은 하늘을 날 수 있거나 적어도 땅 위를 떠 있을 수 있었다는 것이다. 사실 이 환상적인 생각도 믿을 수 없는 것은 아니다. 과학자들은 풍선이나 연 같은 그림을 도기에서 발견했다. 그러나 이것도 왜 나스카 인디언들이 이런 그림들과 선들을 필요로 했는지 설명하지는 못한다.

사막의 모든 그림들은 한 방향으로 만들어져 있다. 붉은 바위의 바깥쪽 층은 계속되는 선으로 밑에 있는 옅은 노란 퇴적물이 보이는 깊이까지 긁혀져 있다. 이들 라인은 손으로 그려진 것 같다. 문양의 주제는 그림과 선들의 두 개의 범주로 분류될 수 있다. 선들은 기차 선로처럼 평행하거나 또는 기하학적 문양을 형성한다. 많은 곳에서 선들은 그림 위를 긁고 지나가고 있기 때문에 그림들이 먼저 그려진 것이 분명하다. 그림들은 식물들의 나뭇잎과 가지들, 동물의 모습 그리고 새들과 몇몇 알려지지 않은 존재들(예를 들면 올빼미의 머리를 한 사람이나 뱀 같은 목이 있는 새의 머리를 한 믿기 어려운 사람)의 묘사이다. 곧바른 선들은 시야를 기준으로 눕힌 막대기를 사용했다는 생각을 하게 한다. 가설이 맞더라도 그들이 어떻게 구상을 따라 정확히 그림을 그려 나갔고 두드러진 직선을 먼 거리에 걸쳐 그렸는지는 여전히 미스터리이다.

나스카의 남쪽 마을

▲ 활주로가 보인다

나스카마을 주변의 경작지 ▶

나스카의 그림은 관광상품으로는 최상의 것이다. 사실 이 그림이 발견되기 전에 이 마을은 척박한 사막으로 사람이 찾지 않는 보잘것없는 작은 마을에 불과했었다. 그러나 일반인들이 잘 모르는 것이 있어 잠시 언급해 둔다. 이곳에서 비행기로 10분 정도 지나면 팔파Palpa의 인헤니오 계곡 주변에 산들이 있다. 또 다른 지상화들이 있는 곳인데 나스카의 그림은 여기에 비하면 하나의 서곡에 불과하다. 이미 설명했지만 그림들이 바닥의 돌을 들어내어 그 색의 대비로 윤곽이 구분된다고 일반적으로 생각되고 있지만 이곳의 그림들을 보면 그런 생각은 곧 사라지고 만다.

단순하게 들어낸 돌멩이들 아래로 또 다른 그림이 지나고 있기 때문이다. 이것은 그림을 그린 방법 자체를 다른 차원으로 해석해야만 하는 사실을 보여주고 있다. 활주로도 산 정상을 오늘날의 토목공사처럼 반듯하게 잘라내어 평판작업을 한 후에 그려놓았고 유명한 나스카의 우주인보다도 더 정교하고 특이한 인물들의 묘사가 있다. 이들의 존재 자체로 위에 설명한 여러 가설들이 모두 재고되어야 함은 물론이다. 이렇듯 나스카 자체에 대한 확실한 연구가 아직 미진한 상태에서 이곳까지 일반인들에게 개방할 이유는 없다고 생각한 것이 페루 당국의 입장일 것이다. 그렇게 되면 항공사의 비행시간이 늘어날 뿐더러 그 비용이 훨씬 더 비싸지게 되어 상품가치가 떨어지기 때문일 것이다. 다만 지상화의 진짜 모습은 인접한 곳에 있다는 것을 여기에 기록해 둔다.

나스카 남서쪽의 사막에 뼈들과 매장 옷감 재료들이 흩어져 있는 차우칠라 묘지 Chauchilla Cemetery의 고고학적 유적지가 있다. 1990년대 말에 13개의 무덤이 발굴되었는데 안에 있는 미이라들은 모두 하늘을 향하고 있다. 몇몇의 무덤지역이 도둑들로부터 피해를 입었다는 데는 의심의 여지가 없으며 끊임없는 바람은 무덤을 덮고 있던 모래들을 흩날려 버려 셀 수 없는 해골들을 드러내어 노출시키고 있다. 또 다른 두 개의 흥미있는 지역이 있는데 첫째가 카우하치 고고학적 지역이다. 일련의 광장 같은 공간 주변에 40여 개의 아도베 피라미드가 세워져 있다. 그것은 초기 나스카 문명의 최대 종교적 중심지로 생각되고 발굴되지 않은 구릉 형태는 부수적인 신전을 숨기고 있을 것이다. 상주 인구는 매우 적었지만 분명히 대규모의 의식행사를 치르기 위해 많은 사람들이 몰렸던 순례 중심지였을 것이다. 이곳에서는 일부 나스카 라인이 내려다보인다. 다른 지역은 나스카의 동쪽 약 90km의 팜

나스카를 떠나며

파 갈레라스에 있는 비쿠나 Vicuna(야생 알파카) 보호소이다.

차에 몸을 실었는데도 오늘의 흥분이 아직도 몸에 남아있다. 차라리 이곳에 그대로 눌러앉아 라이헤 여사처럼 수많은 문양 위를 하염없이 거닐고 싶었다. 황량한 사막에 그림을 그렸던 사람들이 있었다면 과거에 이곳은 그저 삭막한 땅은 아니었을 것 같았다. 간간이 보이는 푸른 나무들과 잡초들이 매우 정답게 느껴진다.

이카로 돌아와 여행사 사장과 다시 만났다. 이번 투어는 비용 속에 가이드 팁도 전부 포함되어 있었지만 우리는 이카에서 나스카까지 친절하게 설명을 해준 가이드에게 마음에서 우러나오는 팁을 주었다. 그는 연신 즐거워하며 고맙다고 한다. 지금까지의 서비스에 대하여 아무런 보상을 하지 않는다면 오히려 내 마음이 불편하게 될 것이다.

다시 리마로 돌아오는 길, 우리는 여행사 사장에게 멕시코행 비행 편의 예약확인을 부탁했다. 그는 사무실 직원에게 전화를 걸었고 몇 분이 지나자 비행 편은 이상이 없다는 회신이 왔다. 짧은 시간 동안에 이동이 잦기에 비행 편 확인은 우리에

저 멀리 보이는 물은 신기루이다

사막의 빈곤 가옥

게는 매우 중요한 일이다. 사장은 최선을 다해 친절을 베풀려고 노력하는 모습을 보였다. 나름대로 비수기에 오늘 하루 훌륭한 손님을 받고 있는 것이다. 마진만 좋으면 되는 것이 아닌가?

고속도로에 보이는 신기루가 매우 신기하다. 얼마를 더 가자 도로 주변으로 또 다시 몹시도 허름한 집들이 시야에 들어온다. 말이 집이지 그저 아무렇게나 바람만 막으려고 지은 움막이라고 하면 알맞다. 사막의 주인 없는 땅에 아무 데나 말뚝을 박으면 내 집이 되는 모양이다. 이것이 페루 빈곤의 실상인 것이다. 잠시 착잡한 생각에 잠길 즈음 어느덧 피스코를 지나는 간판이 눈에 들어온다. 시간이 없어 그냥 지나칠 수밖에 없는 바예스타스 섬이 있는 곳이다.

피스코를 지나며

이곳에서는 간간히 작은 마을들을 지나가는데 이름은 확인할 수가 없다. 유니폼을 입은 여자 둘이 지나가는데 학생인지 직장인지 구분은 가질 않는다. 멀리 한국에서 수입한 중고 택시들이 여기저기 서 있을 뿐이다. 어느덧 해는 저물어 왼쪽으로 보이는 바닷가에 석양이 물들고 있다. 구름이 껴 흐려서 그런지 붉은 기운은 덜하다. 오히려 황금빛 태양빛이 색다른 풍경을 보이고 있다.

도로변의 작은 마을

오는 도중 비스켓을 먹으며 허기를 버티던 중에 가이드는 조금만 더 가면 자기가 잘 아는 유명한 음식점이 있다며 한 곳을 소개시켜 주었다. 어둠이 내려서야 우

태평양의 석양

리는 친차 지역에 이르렀다. 큰 규모의 음식점이었는데 저녁시간이 훨씬 지난 탓인지 손님은 두 테이블밖에 없다. 우리는 맛을 보기 위해 서로 다른 스프를 시켰는데 그 엄청난 양에 다시 한번 놀랐다. 스프 하나는 옥수수와 여러가지 야채 그리고 닭고기가 들어간 것이었고 다른 하나는 진한 소고기 국물에 국수가 들어있어 매우 맛이 있었다. 이 음식이 오늘 제대로 먹는 유일한 음식이었다.

가이드는 자기 음식은 식당의 한 직원이 친구이기 때문에 공짜라고 말하자 나도 그 친구가 내 친구라고 이야기하며 '아미고 amigo(친구)' 하고 불렀더니 테이블 주변의 모든 사람이 박장대소를 한다. 어쨌거나 음식값 80솔을 지불했다.

음식점의 스프

이곳 날씨는 알 수가 없다. 하루 종일 태양이 작렬하는 뜨거운 날이었는데 지금 밖에는 비가 가늘게 내리고 있다. 날은 벌써 어두워졌고 도로가에는 가로등이 없어 아무것도 보이지 않는다. 우리네 시각으로는 교통사고 나기 딱 안성

맞춤이다. 그런데 여행사 사장은 아무렇지도 않은 듯 운전을 잘도 한다. 간간이 마주오는 차들이 스칠듯이 지나쳐 간다. 컴컴한 길을 한참 가다 보니 저 멀리 왼쪽 편으로 도시의 붉은 불빛들이 눈에 들어왔다. 리마에 도착할 즈음 비는 오지 않는다. 도시에 고층 건물이 없어 불빛은 평지에 넓게 펼쳐진 불밭 같았다. 리마의 밤거리는 온통 붉은 가로등으로 넘쳐났다. 그런데 자세히 보면 조금 이상한 점을 발견할 수 있다. 집집마다 전부 불이 들어오고 있지는 않은 듯했다. 마치 전기세를 내지 못해 단전이 되고 있는 것 같은 모습이다. 이유야 어떻든 불꺼진 집들이 많이 있는 것으로 보아 빽빽이 세워져 있는 가로등이 무슨 역할(가정용 조명을 대신?)을 하고 있는 것은 아닌가 하는 생각이 든다.

호텔에 돌아와 곧바로 침대에 쓰러졌다. 내일 아침은 조금 늦게 일어나도 될 것이다. 마음이 편안해진다.

제17일(수)
리마

 호텔의 아침식사는 깔끔하다. 빵 2개에 계란 후라이, 바나나 그리고 주스 한잔이었지만 훌륭한 아침이다. 오늘은 리마를 떠나야 하는 날이어서 체크아웃을 하고 짐을 맡겼다. 그리고 곧바로 미라 플로레스 해변을 향해 걸어갔다. 이른 시간인데도 태양은 뜨겁게 내리쬐기 시작했다. 아침의 거리는 일하러 가는 사람들로 인해 매우 활기가 있어 나름대로 매우 번잡하게 느껴졌다. 미라 플로레스로 가는 길을 잘못 들어서 한참을 돌았다. 물어 물어 길을 찾아 해변 전망대에 도착하니 경치가 일품이었다. 우뚝 선 호텔 건물들이 최첨단 도시 타운을 형성하고 있었고 해변 쪽으로 들어선 상가는 드넓은 태평양을 마주보며 잘 정돈된 모습을 보였다. 레스토랑과 고급 상점들이 몰려있는 이 상가가 라르코 마르이다. 여기 저기 경비원들이 눈에 많이 띄는 것으로 보아 치안에 매우 신경을 쓰는 것 같았다.
 아침 9시경이었는데 맑았던 주변의 경치가 해변에서 밀려오는 물안개에 점점 그 모습을 감추고 있었다. 이곳에서 15분 정도 걸어가면 아모르 공원(연인들의 공원)이 있는데 리마 젊은이들의 사랑의 장소로 유명하다. 시야는 흐렸지만 산뜻한 푸른 잔디길을 걷고 있노라니 마음은 상쾌하다. 저 앞에 포옹하고 있는 커다란 조각상이 보인다. 피어오르는 해무를 배경으로 매우 인상적이다.

연인상

 아침인데도 꽤 많은 사람들이 산책을 나와 있다. 키스하는 동상 아래 앉아 있으려니 좀 머쓱해지기도 한다. 해안 쪽으로 바다는 이제 거의 보이지 않는다. 이 상태로는 전망을 잘 살필 수 없을 것 같아 오후에 다시 오기로 하고 바로 택시를 타고 라르코 박물관으로 향했다. 다시 언급하지만 페루의 택시는 정말 무시무시하다. 우선 신호 개념이 없다. 경적을 울리고 먼저 가면 된다. 손님들은 불안하다. 한참을 간 것 같은데 기사가 한 건물을 가리키더니 여기가 원래 라르코 박물관이었는데 사람들은 잘 모른다고 한다. 조금 더 가다가 번잡한 교차로에서 좌회전을 하니 어느덧 박물관에 도착했다.

박물관 정문의 황금 간판

  라르코 박물관은 리마의 푸에블로 리브레 지역에 있다. 박물관은 7세기의 피라미드 위에 지어진 18세기의 총독의 맨션에 마련되었다. 박물관은 페루의 선-콜롬비아 4,000년 역사의 개관을 이해하기 쉽게 시대별 갤러리에 전시하고 있다. 그것은 모체, 나스카, 치무 그리고 잉카의 유물들을 포함한 가장 많은 선-콜롬비아 시기의 예술품 45,000여 점을 소장하고 있다. 1925년 라파엘 라르코 에레라Rafael Larco Herrera는 처남인 알프레도 호일로부터 고고학적 유물들의 수집물을 취득하였다. 모두 600여 개의 도자기 조각상들이었다. 이들 물건들은 그의 아들인 라파엘 라르코 호일에게 수집가의 열정을 일깨웠으며 이후 라르코 에레라는 아들에게 수집 책임을 맡겼는데 이들 유물들은 라파엘 라르코 박물관이 되기 위한 최초의 전시물이 되었다.
  라르코 호일은 리마에서의 최초의 박물관을 설립한 그의 삼촌, 빅토르 라르코 에레라에게서 몇 가지 조언을 들었다. 그는 라르코 호일에게 은밀한 발굴자에 의

해 계속하여 나오고 있는 모든 고고학적 유물들을 보호하기 위하여 리마에 새로운 박물관을 만들라고 재촉했다. 라르코 호일은 삼촌의 말에 동의했다. 그는 부친의 페루에 대한 사랑과 애국심을 기리기 위한 살아있는 기념비를 세우기를 원했다. 그는 부친의 유산을 소장할 박물관을 만드는 작업에 착수했다. 라르코 호일은 로아 Roa에서 8,000점, 카란자 Carranza에서 6,000점에 이르는 많은 소장품들을 매입했다. 또한 치카마 계곡, 트루히요, 비루 그리고 침보테에서도 소장품들을 매입했다. 수집을 시작한 지 1년도 되기 전에 소장품들은 엄청나게 늘어났으며 치크릴 지역 위의 작은 집에 전시대가 설치되었다.

1926년 7월 28일 독립기념일에 박물관은 대중에 개방되었다. 라르코 박물관은 현재 소장품의 일부를 자매 박물관인 쿠스코에 있는 선 - 콜롬비아 예술 박물관에 대여하고 있다. 박물관은 몇 개의 상설 전시실이 있다. 황금과 은의 갤러리는 페루 선 - 콜롬비아 시대의 유명한 지배자들에 의해 사용된 수많은 보석들의 가장 크고 수준 높은 전시물들을 전시한다. 황금으로 정교하게 세공하고 귀한 보석으로 장식한 왕관, 귀걸이, 코걸이, 의상, 가면 그리고 항아리들을 포함한다. 또한 성애 갤러리는 남아메리카에서 무조건 봐야 할 매력있는 곳 중의 하나가 되었다.

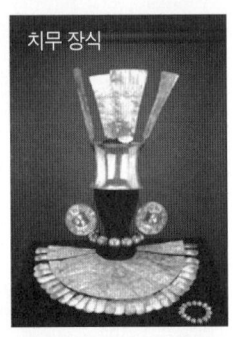
치무 장식

입장료는 1인 30솔이다. 박물관은 흰색 건물로 아주 예뻤으며 정원의 만발한 붉은 꽃들과 더불어 아름다웠다. 규모는 작았는데 안으로 들어가면 연대별로 구성된 갤러리가 네 구역으로 나뉜다. 북쪽 해안, 중부, 남부 그리고 고원으로부터의 문화 전시물은 문화 계열에 따라 정열되어 있다.

▲ 람바예쿠에 물컵

- 북쪽 해안으로부터 : 쿠피스니쿠에, 비쿠스, 모체 그리고 치무
- 중부 해안으로부터 : 리마와 찬카이
- 남부 해안으로부터 : 파라카스, 나스카
- 고원으로부터 : 차빈, 티아휘나코, 와리 그리고 잉카

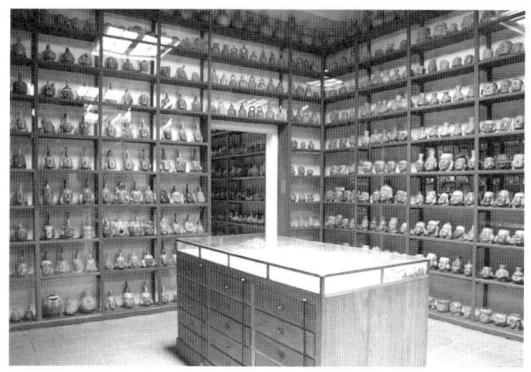
▼ 보관실

다른 갤러리들은 보석, 도자기, 금속, 섬유들을 전시하고 있다. 잉카의 방에는 새의 모습이 새겨져 있는 전형적인 아리발로스 aryballoid 도기가 있었는데 그들의 슬픈 역사를 상기시키고 있었다. 아담한 갤러리를 지나면 보관 창고가 나온다. 그런데 그곳에 소장된 엄청난 양의 도기들을 보고 놀라지 않을 수 없었다. 모체의 초상형 도기들은 그 하나하나가 모두 다른 얼굴에 다른 모자를 하고 있으며 크기도 조금씩 다른 것이 정신이 없다. 이렇게 많은 유물들이 있을 것이라고는 상상도 못했었다. 유물이 너무 많아 그저 선반 위에 쌓아만 놓았다. 정말 부러운 노릇이었다.

이윽고 입구 쪽 별관으로 갔다. 별관으로 가는 길은 아름다운 꽃들도 화려하게 가꾸어 놓았으며 푸른 잔디는 뒤쪽 박물관의 흰벽과 그림처럼 조화를 이루고 있었다. 별관 옆에는 이쁘게 생긴 오픈 카페테리아가 있어 한가한 방문객들이 여유로운 시간을 보내고 있었다.

고대 페루 문명은 그들의 일상 생활을 도자기에 묘사했고 이 갤러리는 세계에서 가장 많은 애로틱 도자기를 소장한 곳이다. 비로소 그 유명한 애로틱 도기들을 보려고 하니 가슴이 뛰었다. 표현이 매우 사실

▲ 모체 초상 도기

정원

적이고 세밀했으나 저속하지 않고 오히려 예술 작품으로서의 가치가 더 있어 보인다. 이들이 성애에 이토록 집착한 이유는 무엇이었을까. 과연 이 도기들은 사용을 하던 물건이었는가, 아니면 예술 작품 그 자체였을까. 여러 가지 의문들이 머리를 맴돌았다. 이 갤러리는 예상과는 달리 전시되어 있는 작품은 몇 점 되지 않지만 그 자체로도 매우 인상적이었다.

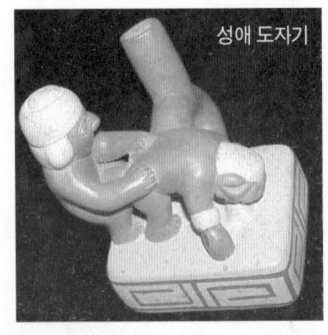
성애 도자기

박물관 앞에 이야기를 나누고 있던 경찰에게 대통령궁 위병 교대식을 보러 광장에 간다고 하자 친절히 택시를 잡아주며 요금까지 알려준다. 12솔을 이야기하는 택시 기사한테 8솔을 요구하자 안 된다고 한다. 9솔에 동의하고 광장으로 향했다.

분수

구시가 센트로Centro Lima의 중심에는 남미의 도시 어디에나 있는 같은 이름의 아르마스 광장이 있다. 남미의 광장은 어디나 비슷해 보였다. 중앙에는 분수가 있다. 리마의 광장도 꽤 큰 것 같았지만 멕시코의 소칼로보다

아르마스 광장

작은 규모였다. 광장이 있는 센트로는 역사 중심지이다. 산프란시스코 성당의 지하무덤 등 스페인 정복시기의 역사적 건물들이 많아 유네스코의 세계문화 유산으로 지정되어 있는 곳이다.

시청사

스페인의 정복자 프란시스코 피자로는 1535년 이곳에 리마시를 설립했다. 대성당, 성구의 교구, 대주교의 공관, 시청 등 모든 중요한 식민지 시대의 시설들이 광장 주변에 세워졌고 오늘날까지 역사적 중심지로 남아 있다. 말을 타고 있는 피자로의 동상이 서있는 광장에는 커다란 청동 연못이 있는데 1651년으로 거슬러 올라간다. 분수에는 승리의 나팔을 불고 있는 청동 여신상이 있다. 페루의 독립운동은 1821년 여기서 발발했다. 몇몇 사람들은 피자로가 이곳에서 최초로 투우를 한 것으로 알고 있다. 광장은 또한 스페인의 재판소에 의해 실형을 받은 사람들을 처형하는 데 사용되었다.

택시는 광장 뒤쪽의 거리에 우리를 내려주었다. 가게가 보이는데 모두 쇠창살로 가려져 있다. 리마는 특히 여행객들에게 커다란 위험이 도사리고 있는 도시이다. 이곳의 호텔들은 비교적 안전한 지역에 있다고 하더라도 정문을 항상 잠가두고 있는 형편이다. 페루의 공산 게릴라인 샤이닝 패스Shining Path(센데로 루미노소

▲ 광장의 뒤쪽 거리

▲ 치안 경찰들

대주교 궁전의 발코니

'빛나는 길')의 테러를 경계하는 정치적 이유도 있을 것이다. 택시가 교통정체에 막혀서 정차하게 되면 운전사는 재빨리 문을 잠그고 열려있는 유리창을 닫는다.

광장에는 페루 정부청사인 대통령궁, 대성당, 리마 시청, 중앙우체국 등의 관청들이 있다. 리마의 건축물들은 다양한 건축양식이 혼합되어 있다. 시청사와 대주교의 궁전(대성당의 오른쪽에 붙어 있음)의 돌출된 무데하르Mudejar 양식의 목조 발코니가 인상적이다. 이들 아랍식 양식은 스페인의 그리스도교 영토에 거주하던 아랍인들이 사용하던 양식이다.

벌써 시계가 12시 정각을 가리키려 했고 많은 사람들이 광장의 북쪽편에 있는 대통령궁 앞에 모여드는 것이 보였다. 사진에서 보아온 페루 궁전의 보초들이 교대를 하는 것이다. 교대식이 있을 때면 이곳 도로는 일시적으로 폐쇄가 되는데 양 쪽에 장갑차가 있고 기관총을 든 무장 경찰들 10여 명과 비무장 경찰 10여 명이 보초를 선다.

의식은 영국 버킹엄 궁전의 이벤트에 기초하고 있는데 페루의 의식은 보다 다채롭다. 경비병들은 깃털 달린 모자와 밝은 색상을 가진 볼

무장경찰

경비병들

378 | 마야·잉카 여행

장갑차

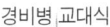
경비병 교대식

리바르 형식의 제복을 입었는데 매우 멋있다. 악대는 미리 나와 바깥쪽에 도열해 음악을 연주하고 있다. 의식이 시작되면 건물 내부에서 천천히 절도있게 걸어나온다. 경비병들은 다리를 높이 들어 뻗어서 걷는 매우 절도 있는 보행을 하는데 대단한 장관이다. 느린 듯 우아하게 걷는 위병들의 모습은 멀리서 온 이방인의 가슴을 뛰게 하는 데 충분했다. 게다가 이 진지한 의식이 행해지는 동안 군악대가 연주하는 '엘 콘도르 파사'는 대부분의 관람자들로 하여금 흥분을 선사한다. 사실 '이 곡은 1940년대 페루인에 의해 작곡되었지만 1960년대 미국인 남성 듀엣 가수에 의해 차용되어 세계적으로 유행하였다.

교대식은 높은 철망 안에서 이루어지고 있어서 거리가 멀어 자세히 보기가 어렵다는 것이 커다란 아쉬움으로 남았다. 이는 정치적 불안이 심한 나라의 상황을 반증하는 모습이기도 하다. 교대식이 끝난 뒤 광장을 가로질러 대통령궁 왼쪽에 있는 성당으로 갔다. 이곳의 대성당은 1535년 새로운 수도 리마시가 건설될 당시에 지어졌는데 페루에서 가장 오래된 성

대성당

성당에서 본 광장

당으로 규모는 대단히 컸다. 대성당은 도시를 강타한 수차례의 지진 때문에 여러 번 재건축되어 오늘날의 모습을 드러냈다. 성당에서 바라보는 광장의 모습이 매우 운치가 있었다. 많은 시민들이 자유로이 거닐며 벤치에 앉아 한가로운 시간을 보내고 있었다.

성당의 거대한 문

피자로는 왕들의 도시를 세우기 위해 자신이 직접 도시 건설을 시작했다. 그리고 그는 스페인의 세비야 대성당을 본따 리마 대성당을 짓기 시작했다. 사자의 머리를 한 커다란 손잡이가 있는 성당의 육중한 정문 위로는 섬세하게 조각된 화려한 외벽이 성당의 위용을 잘 나타내고 있다. 성당 앞에 제복을 입은 여성이 핸드폰 통화를 하는데 인상적이다.

입구로 들어서면 어두컴컴한 실내에 엄청나게 큰 공간이 나타난다. 입구에서 바로 입장료 10솔을 받는다. 저 멀리 미사를 집전하는 본당이 보이는데 웅장하다. 높은 유리창에는 작은 스테인드 글라스를 통하여 햇빛이 들어오고 있었는데 건물이 워낙에 커서 그런지 실내를 밝혀주기에는 역부족이었다.

성당 정면

오른쪽에는 회당이 있는데 암살당한 정복자 피자로의 유해가 안치되어 있는 관이 있다. 우리는 중앙 홀로 들어가 성당을 관람하고 종교 박물관을 본 뒤 돌아나오면서 피자로의 관을 보기로 했다.

▼ 입장권에는 종교박물관이라고 써있다

흰색 성당의 기둥은 매우 웅장한데 위쪽으로 커다란 곡선을 그리며 돔을 형성하는 디자인이 무척이나 깔끔하고 아름다운 모습이다. 성가대석의 정교한 목조 조각은 여러 명의 가톨릭 성자들을 표현하고 있다. 그 조각과 색감은 아무리 보아도 목조 기술의 극치를 보여주고 있음이 틀림이 없다. 승천하는 아름다운 마리아 상과 상아로 조각한 예수상도 유명하다.

▼ 스테인드 글라스

온통 금박으로 씌운 성모 마리아상이 유난히 눈길을 사로잡았다.

성당에는 종교 예술 박물관이 있어 종교 유물, 조각품 그리고 17~18세기의 중요

특별한 디자인의 기둥

성가대 석

▼ 화려한 제단

▼ 지하로 내려가는 계단

한 미술품들이 전시되어 있는데 종류도 다양하고 그 짜임새도 매우 훌륭했다. 종교화와 역대 잉카 황제들의 초상화들도 놓칠 수 없는 전시물이다. 사실 박물관 자체의 규모도 상당히 컸다. 성당의 커다란 홀을 따라 왼쪽으로 가다 보면 중간쯤에 방들이 있는데 이곳이 박물관이다.

　박물관에는 역대 성직자들의 무덤으로 내려가는 돌 계단이 철창 사이로 보이는데 흙벽돌의 모습에는 세월의 흔적이 아련히 남아있다. 입구 쪽으로 나오면 왼쪽으로 아담한 홀이 있다. 피자로의 관이 있는 곳이다. 관 주위의 벽에는 피자로의 상륙과 관련한 대형벽화가 걸려 있고 십자가에서 내려지는 예수의 그림 등이 장식되어 있다. 역사적인 약탈자인 그가 이렇게 성인처럼 묘사되어 있는 것은 승자의 역사를 기록하는 인류사의 전형을 보고 있는 것 같아 씁쓸한 생각이 들었다.

피자로

　프란시스코 피자로는 1475년 보병 대위 곤잘레스 피자로의 사생아로 스페인 투루히요에서 태어났다. 피자로는 학교에는 다니지 않았고 돼지를 키우는 일을 하는 문맹자였다. 피자로에게는 가족관계가 복잡한 세 명의

▼ 피자로의 상륙

동생들, 에르난도, 곤살로 그리고 후안 피자로가 있었다. 피자로는 1502년 처음으로 스페인을 떠나 히스파니올라로 출항했다. 1509년, 스페인인들은 파나마(남아메리카 본토)에 최초로 그들의 영구적인 식민지를 건설했다. 피자로는 오헤다 Alonzo de Ojeda 와 함께 1509년 11월 10일 신세계로 항해했으며 오헤다는 콜롬비아에서 산세바스티안 도시를 건설하였다.

파자로는 1513년에는 태평양을 발견한 발보아 Vasco Nunez de Balboa(1475~1519)가 파나마 지협을 건널 때 함께했고 신세계의 태평양 연안을 본 최초의 유럽인들 중의 한 명이 되었다. 다음해 발보아에 이어 페드라리아스가 새로운 총독으로 선임되었다. 이후 5년여 동안 피자로는 페드라리아스를 도와 원주민을 감독하는 일을 했다.

1519년 페드라리아스는 피자로에게 발보아를 반역죄로 체포한 후 신속하게 재판하여 그를 처형하라고 개인적으로 명령했다. 발보아는 정식으로 유죄가 확정되어 참수되었다. 페드라리아스에 대한 충성심으로 피자로는 새롭게 건설된 파나마 시의 시장으로서 중요한 정치적 위치에 오르게 되어 1523년까지 재임했다.

▲ 피자로의 관

1522년 안다고야 Pascual de Andagoya 에 의해 남아메리카 서부로의 최초의 탐험이 시도되었다. 당시 그가 만난 원주민들은 피루 Piru 라고 불리는 강가에 있는 비루

Viru라고 하는 황금의 땅에 대해서 이야기했다. 지금의 에콰도르와 콜롬비아 사이에 있는 산후안 San Huan 강까지 갔던 안다고야는 병에 걸려 파나마로 되돌아왔다. 1년 전 코르테스가 멕시코에서 성공한 이야기와 함께 이 새로운 소문은 또다시 탐험열기를 불러일으켰다. 1524년 여전히 파나마에 있던 피자로는 동업자를 모으기 시작했다. 이들은 군인 알마르고 Diego de Almagro(1474~1538)와 루께 Hernando de Luque 신부였다. 피자로는 탐사를 위한 자금이 준비되자 대장이 되어 1524년 9월 13일 80명의 부하와 40마리의 말을 가지고 그의 세 번의 탐험 중 첫 번째 탐험을 시작했다. 협력자이기도 했던 알마그로는 보다 충분한 준비를 위하여 조금 늦게 다른 배로 그들을 따라갔다.

그러나 첫 번째 탐험이 실패로 끝나자 페드라리아스는 이 탐험에 매우 부정적인 입장이 되었다. 2년 후 운좋게도 새 총독 리오스 Pedro de los Rios 가 도착하여 페드라리아스와 교체되었는데 그는 탐사가 가져다 줄 이익에 대해 잘 인식하고 있었다. 알마르고와 루께 신부 등 세 명의 동업자는 1528년 3월 10일 탐사에서 얻어지는 모든 이익을 자기들끼리 똑같이 나누어 갖기로 하는 데 합의했다. 동업자들은 2척의 배를 구입하고 피자로와 알마그로는 마지막 여정 때 갔었던 산후안 강으로 항해를 시작했다. 산후안 강에서 상황이 여의치 않자 피자로는 황금을 찾아 계속 본토로 탐사를 떠나기로 하고, 알마그로는 증원과 보급을 위해 파나마로 돌아왔다.

이후 다시 합류한 그들은 콜롬비아의 남부지역인 타카메즈 Tacamez 에 도달할 때까지 남쪽으로 항해를 계속했다. 여기서 다시 알마그로는 보급을 위해 파나마로 돌아갔고 피자로는 갈로 Gallo(수닭) 섬으로 항해를 계속했다. 그러나 새 총독은 사태가 나쁜 쪽으로 진행된다고 판단되어 이들에게 탐사를 중지하고 돌아올 것을 명령했다. 여기서 피자로는 일생일대의 결정을 내리게 되는데 11명의 지원자와 함께 갈로에 남기로 한다. 남은 일행 13명은 원주민들에 대한 공포 때문에 뗏목을 만들어 콜롬비아 해안의 고르고나로 항해를 했으며 수개월 동안의 죽음과도 같은 고생을 한 이후에 다시 돌아온 알마그로와 합류하게 된다.

이제 본격적인 그의 정복사업이 시작되었다. 그는 현재 페루의 북부 연안에 투루히요 도시를 건설했다. 그는 부하들에게 원주민들에 대한 적대행위는 절대 못하도록 단호하게 명령했다. 이러한 이유로 그는 모든 원주민들로부터 행운을 얻을 수 있었다. 18개월 후에 피자로는 파나마로 돌아왔다. 총독은 탐사를 계속하는 위험을 감수할 생각이 없었다. 이에 정복사업의 타당성을 지원받고자 피자로는 스페인으로 돌아와 카를로스 5세에게 그의 상황을 알렸다. 왕은 1529년 6월 26일 허가서에 서명을 했다. 이는 그가 발견하거나 정복한 모든 영토에 대한 절대적인 권한을 위임하는 것이었다. 250명의 병사, 그의 세 동생들과 함께 그는 1530년 1월 18일 스페인에서 출발했다.

1531년 1월 피자로는 파나마에서 3척의 배, 180명의 부하, 27명의 기병과 함께 그의 세번째이자 마지막 탐사 항해를 시작했다. 그는 산티아고 강의 어귀에 상륙하여 육지로 탐사를 시작했다. 1532년 11월 15일 그는 코사마라카 Coxamaraca 도시에 들어갔다. 당시 잉카제국은 제 11대 잉카인 와이나 카팍의 아들들인 우아스카르와 아타우알파가 분쟁을 벌이고 있었다. 우아스카르는 군사 원정 중이었고 아타우알파는 쿠스코에 머무르고 있었다. 코사마라카 전투에서 승리한 피자로는 아타우알파의 12명의 근위병을 처형하고 그를 포로로 잡아 몸값의 방에 감금했다.

6.7×5.2m의 방에 황금을 가득 채우는 것이 몸값이었다. 그러나 아타우알파는 석방되지 않았고 1534년 6월 24일 처형되었다. 피자로는 1년 후에 쿠스코를 침공했고 페루 정복을 마감했다. 그 후 새로운 잉카인 망코 잉카 유판퀴의 저항이 계속되어 완전한 정복을 지연시켰다.

피자로는 쿠스코의 영유문제로 동지였던 알마그로와 다투게 되자 동생 에르난도로 하여금 그를 처형시

▲ 알마그로의 처형

켜 버렸다. 이에 알마그로의 지지자들은 리마에서 1541년 6월 26일 피사로를 암살하고 만다. 생사고락을 함께했던 친구는 끝까지 서로의 탐욕을 자제하지 못해 죽음을 맞이하는 운명이 되었다.

라우니온 거리

인류사의 찬란한 거대한 문명이 한낱 몇 명의 악당들에 의해 무너져 내린 역사를 되새기며 성당 밖으로 나왔다. 성당의 출구 쪽에 피사로의 무덤이 있어서 그런지 그 여운은 밖에서도 오래도록 지속되었다.

태양은 뜨겁게 빛났고 우리는 허기를 달래러 라우니온 La Union 거리의 상가 골목으로 들어섰다. 라우니온 거리를 곧바로 조금 가면 리마의 또 다른 중심 광장인 산마르틴 광장이 있다. 이 광장은 구 리마의 중심지로 많은 사람들로 붐빈다. 거리 양옆으로는 식민지 시대의 건물들이 늘어서 있다.

점심식사 시간을 줄이기 위해 패스트 푸드점을 찾아 두리번거렸다. 중심가이기 때문에 한두 군데 눈에 띨 것으로 판단되었다. 마침 거리 초입에 있는 커다란 규모의 음식점이 눈에 들어왔다. 밖으로 드러난 주방에서 닭을 굽고 있는 모습이 보였다. 건물 1층과 2층에 걸쳐 운영하고 있었는데 손님들로 만원이었다. 사장으로 보이는 중년의 아저씨는 일본계처럼 보였는데 자꾸 우리에게 시선을 준다. 동양 손님을 보니 반가운 모양이다. 주문을 하려고 주변을 둘러보았는데 그 양이 너

▲ 치킨 가게

▲ 1인분을 두 접시에 나누었다

무 엄청나서 1인분만 시켰는데 역시 우리의 예상은 적중했다. 닭다리 한 쪽과 샐러드, 감자튀김이 13솔. 대단한 양이다. 한국에서는 맛 보기 힘든 그릴 치킨이었다. 정말로 맛이 있었다.

마침 현지 돈이 떨어져서 스페인 특유의 회랑이 있는 건물 앞에 여기저기 쉽게 볼 수 있는 거리의 환전상에게 일부 달러를 환전했다. 적은 금액을 환전할 때는 굳이 환율을 따질 필요는 없을 것이다. 하지만 환전은 가능하면 그 횟수를 줄여야 함은 물론이다. 환전 중에는 주변의 수많은 시선이 의식되어 조금 불안하기도 했다. 지나가는 택시를 잡아 산 크리스토발 San Cristobal 언덕의 요금을 묻자 25솔을 요구한다. 그러나 가격이 적당한 것 같지 않아 우리는 버스를 타기로 결정하고 광장 여기저기 서 있는 여자 경찰에게 어디서 버스를 타는지 물었다. 산크리스토발로 가는 버스가 바로 여기로 올 것이라고 해서 기다리려는 순간 마침 작은 마이크로 버스가 도착하고 있다. 버스는 현지인들로 만원이었는데 이 차는 시티투어 전용버스라는 것을 나중에 알았다.

시내의 투어 버스

투어 서비스 Servicio Tristico 라는 글자가 옆면에 쓰여 있었다. 가격은 1인 5솔이었다. 승객이 다 타자 앳되어 보이는 한 여자아이가 차에 올라 아이스크림을 팔았다. 버스가 광장을 한 바퀴 돌 때쯤 아이스크림 몇 개를 판 아이는 내려갔고 그곳에서 새로 올라온 30대 여자가 마이크를 꺼내더니 관광 안내를 하는 것이었다. 이곳이 발차 지점인 듯했다. 승객들은 몇몇 서양인을 빼고는 모두 현지인들이었는데 가족들도 있었고 연인들도 있었다. 산크리스토발로 가려면 센트로를 빠져나와 다리를 건너는데 이곳에서부터는 주변 환경이 매우 낙후되어 있음을 한눈에 느낄 수 있다. 마치 순식간에 외딴

▲ 다리를 건너면 낙후된 거리가 나온다

시골 마을로 들어선 기분이다.

산크리스토발 언덕은 리막^{Rimac} 강에 가까이 위치해 있고 16세기에 스페인인과 토착민들 사이의 전투가 있었던 곳이다. 스페인인의 요새가 있었고 스페인인이 승리하자 가톨릭 성인의 이름을 따 산크리스토발 언덕이라고 이름지었고 정복자 프란시스코 피자로는 그곳의 가장 높은 지점에 높이 20m, 폭 7m의 나무로 된 십자기를 세웠다.

산으로 오르는 곳은 리마의 최고 빈민촌을 가로질러 올라간다. 이곳은 우리의 달동네와 다름이 없었는데 집들이 우리처럼 판자로 지어지지 않고 흙 벽돌로 지어졌다는 것만 다를 뿐 누가 보아도 초라한 빈민촌의 모습을 하고 있었다. 사람이 살기에는 너무 열악한 환경임을 직관적으로 알 수 있었다. 이곳의 꼭대기에 무엇이 있던 간에 외국 관광객이 많이 찾는 곳이라면 약간의 손을 볼 수도 있었겠지만 생각이 있어도 그렇게 하지 못하는 것은 아마도 나라 살림이 여의치 못한 이유일 것이다. 그래도 정상으로 오르는 길은 최근에 포장을 했다고 하니 그나마 다행스런 일이 아닐 수 없다. 사실 이곳을 찾는 가장 큰 이유는 페루 시내의 드넓은 전망을 조망할 수 있는 것과 더불어 페루의 빈민가 자체를 가까운 곳에서 직접 눈으로 살펴보는 것으로도 그 의미가 매우 크다는 사실이다.

언덕으로 오르는 길의 빈민가

오토바이에 좌석을 만들어 승객을 태워 날으는 소위 툭툭 $^{Tuk-Tuk}$이 운행을 하고 있다. 동남아시아에서 많이 보던 탈것이다. 물건을 차에 싣고 다니며 판매하는 조그마한 용달차가 있는데 범퍼는 다 떨어져 나가고 차체의 철판은 더 이상 부식

물건을 파는
폐차 직전의 차량

오토바이를 개조한 택시 모습

이 될래야 될 것이 없어 보이는 데 여전히 운행 중이다. 지나는 행인이 차를 세우더니 운전자에게서 물건을 사고 있다.

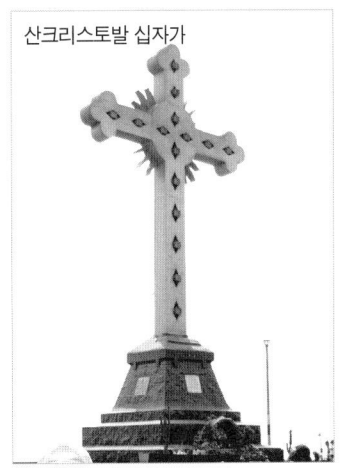
산크리스토발 십자가

십자가의 내력을 적은 판

정상에는 관광객이 별로 없었으며 정기적으로 오르는 투어 버스가 내려주는 손님이 전부였다. 아래쪽을 내려다보니 소형버스 두 대가 서로 올라오고 내려가면 조금 더 폭이 넓은 곳에서 서로가 겨우 비껴서야 할 정도로 좁은 도로가 보인다. 바깥 절벽 쪽에 가드레일도 없고 매우 불안하다. 꼭대기에 다 이르러서는 U자형 굽은 도로가 있는데 소름이 끼칠 정도이다.

정상은 해발 409m의 높이에 위치하고 있으며 여기서 방문객들은 확 트인 경관을 조망할 수 있다. 해변 리조트의 아스팔트 도로와 행정 구역들 뿐만 아니라 고층 건물들, 리막 강의 굽이치는 모습, 빛을 내는 십자가가 있는 전망지점, 박물관 그리고 '안티쿠초(케밥)'와 '피카로네(프리터)'가 있는 음식점이 있다. 거대한 노란 십자가에는 전등이 설치되어 있어 밤에는 리마 시를 향해 자비의 불을 밝힌다. 정상에서 내려다보이는 리마 시의 전경은 뿌연 공해에도 불구하고 그야말로 대단했다. 드넓은 평원에 세워진 매우 큰 도시이다.

리막 강 위로 우측에 아르마스 광장이 보인다

남쪽으로 바라본다. 저 멀리 보이는 고층 건물들은 해변 쪽 미리플로레스 지역인데 어렴풋이 바다도 보인다. 리막 강 건너 오른쪽에는 아르마스 광장이 있고 바로 아래쪽에는 원형의 아름다운 투우장 Plaza Acho이 비행접시가 앉아있는 것처럼 놓여 있다. 반대편으로 가 내려다보면 산트리스토발 바깥쪽으로 낙후되어 있는 빈민촌이 모여 있다.

그 위쪽으로 더 멀리는 곧바로 뻗은 아스팔트 도로가 넓은 평원 위로 시원하게

▲ 빈민가의 모습

리막 강과 나란한 아스팔트 도로

뚫려 있다. 리막 강과 나란히 쭉 뻗어 있는 모습이 인상적이다. 탁 트인 시야를 한 껏 즐기는 가운데 한편으로는 왠지 쓸쓸한 생각이 드는 것은 왜일까. 아무리 전망이 뛰어나다고 해서 나라의 치부인 빈민가를 그대로 외국관광객이 보도록 허락하는 것에 다소 의아스러움이 있었다. 그러나 사실 그대로의 모습을 있는 그대로 보여주는 것은 페루의 순수함이기도 한 것 같다.

우아야마르까 입구

투어 버스는 출발지점으로 다시 돌아왔다. 이곳은 엄청난 인파가 지나다니고 있으며 주변은 다양한 가게들로 들어차 있다. 관광 상품을 파는 곳도 매우 많아 두어 곳을 둘러보았는데 무척 재미있다. 오후의 태양은 참기 힘들 정도로 뜨겁다. 물만으로는 해결이 안 돼 오랜만에 청량음료를 사서 마신다.

또다시 8솔 하는 택시를 타고 우리는 잉카 이전의 고대 피라미드 유적지인 우아야마르까 Huallamarca 로 향했다. 이곳으로 가는 길은 리마의 넓은 아레퀴파 대로를 지나는데 때로는 넓은 지하차도 옆으로 대형 건물들을 지난다. 도시 고속도로도 보인다. 우아야마르카는 주택가의 한가운데에 있어 언뜻 보기에 유적지처럼 보이지 않았다. 사실 나는 이곳도 시간이 허락되면 꼭 올 것이라는 계획을 가지고 있었다. 입장료는 5.6솔이다.

흙벽돌의 피라미드

우아야마르까의 역사는 초기 기독교 시대로 거슬러 올라간다. 이곳은 리막 계곡으로부터의 고대 우아야 Hualla 정착민들에 의해 처음부터 점유되어 있었다. 매우 잘 보존된 이 기념물은 선-콜롬비아 시대까지 거슬러 올라간 특정한 시기의 개념의 뚜렷한 증거이다. 여기에는 리마 문화 이전 시기(BC 2세기~기원후 7세기까지), 이시마 Ishma (기원후 11세기) 에서 잉카 시기 (15세기~16세기까지)의 세 개의 주된 점거 시기가 있었다. 각각의 시대는 신전으로, 묘지로 그리고 나중에 사람의 거주지로 그 기능을 달리했다.

신전 본래의 목적은 리마 문화의 회합과 구성의 장소로 활용되었다. 피라미드 형태의 구조물은 아랫지역인 리막 계곡의 지역적 개발 기간 동안에 지어진 것이다. 이 시기는 안데스 계곡의 정착민들이 팽창할 때 점차적으로 모여들기(영토적으로 또한 생산적인 견지에서) 시작할 때이다. 사회는 점점 그들의 독특한 문화와 종교적 표현에 의해 한정되었다. 구조물은 햇볕에 말려서 만든 벽돌로 건설되었으며 모양이 옥수수 낱알과 닮도록 손으로 수고스럽게 모양을 만들었다. 시간이 지남에 따라 계곡에 새로운 리마 문화의 도심 중심지가 나타났고 우아야마르까는 신전으로서는 버려졌지만 지역 사람

피라미드에서 본 정문의 작은 박물관

들은 그것을 매장지로 사용하기 시작했다. 초기 단계 동안, 리마 문화 사람들이 처음으로 그곳에 매장되었을 때 매장 방식은 매우 단순했다. 시신은 높은 위치에 놓여져 목화천으로 싸서 갈대 끈으로 묶었다. 영생을 위한 도기들과 음식으로 구성된 부장물들이 머리 주변에 놓였다. 이후 단계에서는 매장이 보다 더 공들여졌다. 마지막 단계 동안 우아야마르까는 잉카인들의 정착지가 되었다. 정착민들은 피라미드의 동쪽과 아래쪽에 테라스를 세우고 거주지를 세웠다.

경비견과 함께 경비원이 있어 낯선 이방인에게 심적으로 안정감을 주는 곳이었다. 관람객이 거의 없어 우리를 대하는 경비원과 여성 관리인은 미소를 한아름 머금은 채 매우 친절했다. 이곳은 대도시 리마 시에 산재해 있는 너무나도 많은 관광지로 인해 그리 자주 찾아지는 곳이 아닌 듯했다. 역사에 관심있는 일부 여행객이나 일부러 오는 곳처럼 보였다. 하지만 잉카 이전의 문명으로 밝혀진 유적지로써 충분히 방문해 볼 만한 가치가 있는 곳이었다.

고급 주택가이다 보니 지나는 택시들이 많이 있었다. 8솔에 택시를 타고 호텔로 돌아오는데 운전기사가 길을 모른다. 미라플로레스 지구에 들어와서는 연신 길가의 사람들에게 주소를 불러주며 위치를 묻는다. 그래도 택시기사는 당황하지 않고 고개를 쭉쭉 내밀며 목적지를 확인한다. 몇 번을 뱅글뱅글 돌다가 청소부에게 길을 묻더니 마침내 호텔에 도착했다. 미터기가 없으니 요금은 변동이 없다. 금액에 상관없이 목적지까지 데려다 주니 참 좋은 시스템이다.

호텔에 들어가 다시 한번 짐을 확인하고 밖으로 나왔다. 한국 식당이 걸어서 10분여 거리에 있어 오늘도 그곳에 다시 들렀다. 여전히 우리 말고는 손님이 한 팀밖에 없다. 이들은 젊은이들이었는데 한 친구는 장기 체류를 하고 있고 나머지는 장기 여행을 하는데 체류하고 있는 친구가 안내를 하는 모양이었다. 낮에 피스코에 다녀온 이야기들을 하고 있었다. 이들을 보고 있노라니 해외여행은 아예 생각지도 못했던 우리의 학창시절이 떠올랐다. 젊은 나이에 세상의 견문을 넓힐 수 있다는 것이 얼마나 다행스런 일인가. 식사를 끝내고 시내를 걸어 미라플로레스 해변으로 다시 향했다. 라르코 마르로 내려가는 잔디 앞에서 바라본 메리엇 marriott 호

▼ 메리엇 호텔

텔은 리마의 현대적 모습의 상징처럼 보인다.

　미라플로레스는 리마 시의 한 구역이다. 쇼핑지역과 꽃이 만발한 정원 그리고 해변으로 알려진 이곳은 리마 시의 수준을 한층 끌어올린 구역 중의 하나이다. 이 지역은 극장, 영화관 그리고 미술관들이 있는 문화적 중심지이다. 교육의 측면에서, 미라플로레스 지역에는 페루에서 가장 이름난 몇 개의 명문학교가 있다. 일요일이면 수많은 리마 시민들이 모여드는 카페, 선술집, 음식점 그리고 기념품과 관광용품을 파는 많은 상점들로 가득 차 있다.

　미라플로레스의 중앙 광장인 게네디 공원에는 규칙적으로 벼룩 시장과 미술품 전시회가 열린다. 태평양 해변이 내려다보이는 쇼핑몰 라르코 마르는 관광객들, 젊은이들 그리고 중상류층 이상의 시민들에게 매우 인기가 있다. 그곳에는 리마의 모든 것인 음식점, 가게, 아케이드, 볼링장, 나이트 클럽, 술집, 최신식 영화관들이 있다. 미라플로레스는 언제나 리마의 관광객들을 위한 주요 중심지가 된다.

　'녹색 해안' 지역은 써퍼들과 바다를 찾는 사람들을 위한 여러 개의 해변이 있다. 그러나 이들 바위 해변은 모래가 있는 다른 해변에 비하면 수영을 하는 사람들에게는 그리 인기 있는 곳이 아니다. 바람이 불어 패러글라이딩을 하는 사람들은 해안 절벽으로부터 출발하여 바다와 말레꼰에 있는 빌딩 사이를 활공한다.

　미라플로레스 해변으로 진입하는 넓은 교차로에는 높은 현대식 호텔들이 들어서 있다. 모두 5성급 호텔로 최신 건물들이다. 이 구역 만큼은 멕시코 칸쿤의 호텔 존과 별 차이가 없다. 미라플로레스 바로 옆의 바랑코 지역은 페루의 작가와 지성인들의 고향인 보헤미안의 지역이다. 호텔에서 미라플로레스 지역까지 가는 데는 걸어서 20여 분이 소요된다. 이미 밤이 되었으나 가로등이 별로 밝지 않아 거리는 어두운 느낌이었다. 리마에서 이곳을 빼고는 이 시간에 외지인이 거리를 걷는다는 것은 상상할 수 없는 일이라고 한다. 그들은 강도들에게 좋은 목표가 되기 때문이다. 사실 택시도 함부로 탈 수 없다고 하니 호텔에서 잡아주는 택시여야 그래도

해변 모습

안심할 수 있을 정도란다. 반면에 이 지역은 외국인이 많이 살고 현지인들도 형편이 조금 나은 사람들이 거주하고 있는 지역이라서 그런지 거리 주변에는 음식점, 기념품 가게, 전자 제품 판매점 등 다양한 가게들이 즐비어 서 있어 행인들의 눈을 끌고 있었다.

이곳으로 가는 길에 원주민 아주머니가 아기를 안은 채 앉아 있고 5~6세 가량의 어린 소녀가 우리를 막 쫓아오며 때묻은 손을 내민다. 나는 주머니를 뒤져 1솔 이하의 동전들을 모두 긁어 모아 소녀의 손에 쥐어 주었다. '그라시아스' 라는 감사의 말조차 하지 못하는 아이의 모습에서 벌써 체념해 버린 삶의 의욕을 보는 것 같아 안타까웠다. 아이는 전부 해 봐야 몇 솔 되지 않는 동전을 가지고 엄마에게로 달려간다. 좀더 많은 동전을 주면 어떨까 생각해 보았지만 빨리 외면하고 잊어버려야 한다.

쇼핑몰로 내려갔다. 3개 층으로 이루어진 몰은 명품점, 음식점 그리고 영화관 등이 몰려있었다. 이곳에 온 대다수의 사람들이 모두 서양인들이었다. 유럽의 어느 한 곳에 와 있는 것 같다. 그들은 관광객들이거나 리마의 상류층인 백인계 페루인

들이었다. 마치 백인
들을 위한 쇼핑몰로
만든 것 같다. 현지인
들은 별로 볼 수가 없
다. 주변 고급 호텔의
투숙객들이 밤의 여
유로움을 즐기기에
매우 적합하게 만들
어 놓았다. 그러다 보

라르코 마르

니 가격 또한 만만치 않다. 액세서리류는
우리의 상식으로도 고가였다. 과연 주민의
불과 몇 %의 사람들만이 즐길 수 있는 호
사로 생각되었다. 그래도 이런 류의 고급
몰을 운영하는 것이 관광산업에 작게나마
일조를 할 수 있는 것이라고 생각해 보니
좋은 마케팅이라 할 수도 있다. 식사는 오
는 도중에 미리 하고 왔기에 서점에 들러
책 몇 권을 사고 윈도우 쇼핑을 하며 시간
을 보냈다. 서점은 크기가 아담하고 책도
그리 많지는 않았다. 페루의 책값은 상상

서점

을 초월한다. 그래도 이곳에서만 구입할 수 있는 몇 권의 책이 있다는 것은 행복한
일이 아닐 수 없다.

새벽 1시에 출발하는 멕시코시티행 비행기를 타기 위해 호텔에서 택시를 불러
10시에 공항으로 향했다. 요금은 30솔.
체크인 창구부터 줄이 꽤 길게 늘어서 있었는데 30여 분을 기다려도 전혀 줄어
들지 않았다. 사람들은 여기저기서 의아해하기 시작했는데 모두가 웅성거리기만
할 뿐 할 수 있는 것은 아무것도 없었다. 그저 기다리는 수밖에 없었는데 승객들이

모두 두리번거리는 표정으로 보아서는 아무런 안내도 없는 것처럼 보였다. 1시간 정도 지나 겨우 보딩 패스를 받아 출국장으로 들어섰는데 이번에는 더 긴 줄이 공항세를 내기 위한 창구에 늘어서 있었다.

리마는 국내선과 국제선 모두 공항세가 있다. 국제선의 공항세는 매우 비쌌다. 60.5달러. 그래도 체크인을 끝내고 들어와 있다는 것이 천만다행이라고 생각되었다. 밤 비행기여서 가능한 한 잠을 많이 자 두어야 내일 일정을 조금이나마 편하게 보낼 수 있는데 오늘 밤을 뜬눈으로 시달리며 지샌다고 생각하니 정말 짜증스러웠다. 지그재그로 서 있는 줄을 한참 후에야 통과했는데 이번에는 뭐가 잘못되었는지 출국 심사대에 줄이 너무나 길어 통과가 지연되기 시작하더니 체크인 시간부터 벌써 두 시간이 소요되었다. 여기저기에서 사람들이 불만을 토로하였고 공항 관계자는 이 소란스러운 상황이 평소에 드문 일인지 열심히 사진에 담고 있었다.

출발 예정 시간을 1시간 반이나 지난 새벽 2시 30분이 되어서야 비행기는 공항을 이륙할 수 있었고 우리는 이내 잠에 빠져 들었다.

제18일(목)
멕시코시티 그리고 툴라

　눈을 떴는데 비행기는 멕시코시티 상공을 날고 있다. 정신없이 잠을 잔 모양이다. 공항에 도착했는데 이번에는 공항이 참으로 낯설다. 규모도 크고 모든 것이 새것이다. 알고 보니 신청사였다. 2007년에 개장했다고 하나 시설이 아직 완전히 들어서 있지 않아 보였다. 아무리 둘러보아도 식사할 곳이 보이지 않는다. 간단하게 아침 먹을 곳을 찾는데 공항 맨 끝쪽에 레스토랑이 한 곳 보일 뿐이다.

　금강산도 식후경! 부실하더라도 매 끼니는 착실하게 찾아 먹는 것이 여행자에게는 무척이나 중요한 일이다. 잠시 참았다가 나중에 햄버거 같은 것으로 때우면 좋을 듯도 싶지만 이럴 경우 이 자체가 또 다른 계획이 되어 일정에 작은 걸림돌로 작용할 수 있다. 그런데 레스토랑에는 사람이 미어 터진다. 제일 저렴한 음식을 주문했다. 그래도 엄청나게 비싸다. 150페소. 게다가 빨리 먹고 움직이려 했지만 기다리는 시간이 만만치 않다. 이젠 슬금슬금 짜증이 난다. 여행 중에는 때때로 간단히 식사를 해야 할 경우가 있는데 이번 경우에는 특히 아침을 해결하는 데 계획에도 없는 초과 비용을 지출하게 되니, 그 금액이 그다지 크지 않더라도 기분은 상하기 마련이다. 여행 중에는 잘 먹어야 하지만 이런 경우를 두고 말하는 것은 아니다.

　식사를 마치자마자 바로 공식택시를 타고 멕시코를 떠나기 전에 묶었던 호텔로 향했다. 127페소. 멕시코를 떠나기 전에 미리 예약을 해 두었기에 오늘은 마음이 홀가분하다. 눈부신 태양이 내리쬐는 시내는 벌써부터 교통이 꽉 막혀 주차장을 방불케 했다. 그런데 이번에 소칼로로 가는 길은 먼젓번 길과는 달랐다. 무슨 지름길을 이용하는 것 같았다. 겨우 호텔에 도착한 우리는 짐을 풀고 곧바로 소칼로 광장으로 나왔다. 대성당 오른쪽으로 몇 블록을 걸어가 여행사에 들어갔다. 시간을 절약하기 위해 툴라로 가는 투어를 알아보았는데 별도로 취급하는 상품은 없었다. 중년의 여사장은 개별적으로 진행을 해주겠다며 높은 값을 제시한다. 다시 들르겠다 하고 나온 우리는 여행책자의 안내대로 버스를 타고 가기로 했다. 소칼로역으로 가기 위해 다시 광장을 가로질러 와서 대통령궁을 먼저 보기로 했다. 광장에는 여전히 커다란 국기가 휘날리고 있었으며 저 멀리 식민시대 건물 위로 라틴타워의 모습이 보이고 있었다.

대통령궁 앞

▲ 대통령이 연설하는 발코니

대통령궁은 광장의 동쪽에 있다. 이 궁은 원래 스페인의 정복 이후인 1563년에 몬테주마의 집 마당 위에 지어졌다. 1659년과 1692년에 화재 이후로 궁전은 현재의 모습으로 재건축되었다. 1821년, 스페인에 대항한 독립전쟁의 정점과 함께 궁전은 국립 궁전으로 이름이 붙여졌다. 정부의 행정, 입법 그리고 사법부가 궁전 안에 자리잡았다는데 입법과 사법부는 나중에 다른 곳에 옮겨졌다. 멕시코와 미국의 전쟁 후에 미국군의 지휘자 존 퀴트만 장군이 궁전에서 통치했다. 제2멕시코 제국 기간 동안 막시밀란 1세는 이곳을 황제의 궁으로 이름을 고쳤다. 제국이 1867년 공화국에 의해 전복되었을 때 건물은 또다시 국립 궁전으로 불렸고 계속하여 입법부의 소재지가 되었으며 대통령의 공식 거주지가 되었다. 차풀테펙의 성이 대통령의 공식 주거지였다.

1926년 재설계에 의해 3층이 더해졌다. 이후부터 대통령실로 사용하게 되었다. 이 건물의 발코니에서 중요한 대통령의 연설이 이루어진다. 1929년과 1951년 사이에 디에고 리베라가 궁전에 멕시코의 역사를 묘사하고 찬양하는 거의 110㎡의 벽 공간을 점유하는 거대한 벽화들을 그렸다. 1999년과 2000년 사이에 궁전은 실질적으로 리모델링되고 수리되었다. 현재 국립궁전은 비록 대통령의 공식 거주지가 아니지만 계속적으로 입법부의 소재지이다. 궁전 내에는 재무부 장관의 사무실, 의회 구내, 대통령의 갤러리 등의 흥미로운 구역이 있다.

　녹색 군복을 입은 몇몇 군인들이 서성이고 있는 철문을 들어가면 궁의 정문이 나오는데 이곳에서 여권을 제시하고 간단한 소지품 검사를 받은 후 안마당으로 들어갔다. 사각형의 작지 않은 시멘트 바닥의 마당이다. 중앙에는 어김없이 아담한 분수가 있다. 분수 중앙의 꼭대기에는 기마 형상의 조형물이 있다. 3층의 아름다운 건물과 조화롭게 대비되어 무척이나 아름답다. 사방을 둘러싼 궁전 건물이 아담하게 안마당을 포근히 감싸고 있는 느낌이었는데 궁전 위로 올려다보이는 사각형의 새파란 하늘이 너무도 선명하여 금방이라도 파란물이 떨어질 정도의 착각을 불러일으켰다. 왼편으로 돌아서면 넓은 중앙 계단이 있는데 그 유명한 디에고 리베라의 벽화가 있는 곳이다.

대통령 궁 뜰에서 본 모습

　디에고 리베라(1886. 12. 8 ~ 1957. 11. 24)는 로마 가톨릭으로 개종한 유대인 가족으로 과나후아토에서 태어났다. 리베라는 10살 때부터 멕시코시티의 산 카를로스 아카데미에서 미술을 공부했다. 그는 베라쿠르즈 주지사의 후원을 받아 유럽에서 공부를 계속했다. 당시 파리는 피카소 같은 뛰어난 화가들에 의한 회화가 시작되고 있었다. 1917년경 폴 세잔에 감명을 받은 그는 간결한 형태와 강렬한 색채의 후기인상파로 옮아갔다. 그의 그림은 주목을 끌기 시작했고 몇 번의 전시회를 열 수 있었다. 1921년 멕시코로 돌아와 정부에서 후원하는 멕시코 벽화 프로그램에 참여하게 되었다. 1922년 기술 노동자, 화가와 조각가의 혁명 조합 결성에 참여했고 이후 멕시코 공산당에 가입했다. 결론적으로 프레스코화로만 그려진 그의 벽화는 멕시코 사회를 주제로 다루었고 1910년 나라의 혁명을 반영했다. 그는 크고 간소화한 인물과 아즈텍의 영향이 있는 강렬한 색깔에 기초한 자신만의 고유한 형식을 계발했다. 마야의 석비와 비슷한 형태의 그의 예술은 이야기를 담고 있다. 리베라의 급진적인 정치신념, 트로츠키파 사람들과의 만남 그리고 좌익 사람의 암살뿐 아니라 그의 교회와 목사에 대한 반감은 그를 공산당 내에서도 비판적인 인물로 만들었다.

가장 유명한 리베라의 벽화는 텍스코코 근처의 국립농업학교(1925~27), 쿠에르나바카에 있는 코르테스 박물관(1929~30) 그리고 멕시코시티에 있는 국립궁전(1929~30, 1935)에 있다. 1934년 멕시코에 돌아온 후 그의 벽화 작업의 질은 점차 쇠퇴하기 시작했다.

1927년 가을, 그는 10월혁명 10주년 기념식에 초대를 받아 모스크바에 갔다. 이곳에서 그는 모스크바에 있는 붉은 군대 클럽의 벽화를 그려야 했지만 1928년 그는 반소련 정책에 관여한 이유로 추방 명령을 받아 멕시코로 돌아왔다. 1929년 그는 멕시코 공산당으로부터 축출되었다. 여성편력이 심했던 그는 같은 해 그의 나이 42세 때 22세의 프리다 칼로와 재혼했다. 1930년 미국의 초대를 받아 샌프란시스코의 증권거래소, 캘리포니아 예술학교 벽화를 그렸다.

궁정 계단의 벽화.

아내 프리다와의 사이에 내재한 상호 불신과 그의 폭력적 성향은 1939년 이혼을 초래했지만 그들은 1940년 샌프란시스코에서 다시 재혼했다. 프리다가 죽자 리베라는 1946년 이래로 대리인이었던 엠마

우르타도와 1955년 결혼했으며 1957년 뇌일혈로 사망했다. 리베라의 거대한 벽화는 멕시코의 벽화 부흥을 이루는 데 기여했다.

사진으로 보아온 2층 계단 정면에 있는 그림은 실제로 엄청난 규모였다. '멕시코의 역사' 라는 제목의 이 거대한 벽화의 꼭대기에는 사파타의 모습도 보인다.

몸에 딱 달라붙는 차로바지와 솜브레로를 쓴 전형적인 멕시코인의 모습이 연상되는 사파타 Emiliano Zapata Salazar(1879~1919)는 먹을 것과 땅 문제의 해결을 위해 봉기한 농민을 위한 멕시코의 영웅이었다. 마야인들과 스페인 정복자들과 관련된 역사적 사건들을 강한 원색으로 표현하고 있었다. 오른쪽 계단의 벽화는 '퀘자코아틀의 전설' 이라는 제목으로 1929년 작품이다. 벽화의 채색과 형상은 강한 인상을 심어주기에 충분했다.

사파타 모습

2층 복도에 계속하여 걸려있는 벽화들은 아즈텍 시대, 식민시대 그리고 독립전쟁 및 혁명 등 멕시코 역사의 일련의 사건들을 보여주고 있었다.

달의 신전이 있는 그림에서는 희생의 식이 있기 전에 높은 철탑 위에서 피리를 불며 사람을 모으며 탑에서 줄에 매달려 돌고 있는 모습이 있는데 볼라도레스와 같다. 또 다른 벽화에서 말린체가 말하는 모습을 담은 말풍선을 표시한 그림이 눈길을 끈다. 혁명기의 벽화를 자세히 보면 아래쪽에 프리다 칼로의 모습이 보인다.

1930년대 리베라가 전성기의 창작 활

▲ 2층 복도의 대형 벽화들

▲ 틀라텔로코의 시장

▲ 테노치티틀란의 전성기

▲ 혁명기의 멕시코

동을 벌일 당시 뉴욕 자본의 상징이라 할 수 있는 록펠러 센터의 장식 벽화에 공산혁명의 주역인 레닌의 얼굴을 그려 여론의 도마 위에 오른 사건은 그의 예술 세계에 대한 큰 사건의 하나였다. 자신의 작품에 자신에게 특별한 누군가를 그려넣는 모습은 천재의 특이성은 아닐까. 마치 알프레도 히치콕 같은 유명 영화감독의 카메오와 비슷한 맥락으로 보여 한편으로는 유머스럽기도 하다.

▼ 10페소, 5페소 동전에도 독수리 문양이 있다

벽화들을 감상하며 걷다 보면 사각형의 건물을 빙 돌아 반대편에 이르게 되는데 다시 1층으로 내려간다. 코르테스는 모든 벽면에 그림을 채우려 했으나 이를 이루지 못하고 죽었다. 어두운 실내 복도를 들어서면 붉은 카펫을 깔아놓은 아담하지만 매우 아름다운 의회가 나온다. 천장의 장식에는 삼각형 안에 눈이 있는 문양이 있으며 이로부터 황금빛이 방사되고 있다. 미국 1달러 지폐의 뒷면에 있는 '피라미드의 눈'이라는 그림과 같아 매우 흥미롭다. 멕시코의 상징인 독수리가 선인장 위에 내려앉아 뱀을 게걸스럽게 먹는 조각상이 눈에 띈다.

커다란 감동과 함께 관람한 대통령궁이었는데 현관을 나오자 또다시 쫓기듯 조급한 마음이 들기 시작한다. 식사도 해야겠고 지하철도 타야겠고 마음만 급하다. 현관 앞에는 교통경찰이 눈에 띈다. 그 앞을 악명 높은 폭스바켄 택시가 지나간다.

우리는 지하철을 타기 위해 오른쪽으로 걸어 지하도로 내려갔다. 툴라에 가기 위해서였다. 툴라에 가는 것은 나에게는 특별한 이유가 있다. 그곳에 있는 유명한 아틀란테스 전사상이 주는 의미가 남다른 것이기 때문이다. 멕시코시티의 인류학 박물관에 전시되어 있는 전사상 한 개를 보긴 했지만 현장에서 보는 것은 확연한 차이가 있을 것이다. 복잡한 시내를 빠

경찰과 택시

져나간다는 것이 즐겁기도 하거니와 그 거석상의 이름이 시사하는 신비가 내 눈으로 확인되기 때문이었다.

멕시코시티에는 동서남북의 목적지로 향하는 버스터미널이 네 곳이 있다. 그리고 이 터미널은 모두 지하철로 연결이 된다. 동터미널은 칸쿤 등 유카탄 반도 방향, 서터미널은 멕시코시티 북서부 방향, 남터미널은 아카풀코 등 남쪽, 그리고 북터미널은 티후아나 등 북쪽 국경 쪽의 목적지를 운행한다. 멕시코에는 여섯 개의 큰 버스회사가 있다. 북 터미널로 가는 지하철을 탔다. 이달고역과 라 라사역 두 곳에서 갈아타야 한다. 이달고는 멕시코의 국부로 1810년 스페인과의 무장 독립투쟁을 선언한 신부의 이름으로 앞서 설명했다. 라 라사역의 환승하는 곳에서 많이 걸었다. 의외로 구간이 길었다. 지하철역을 나오면 바로 터미널이다. 창구에서 툴라

북 터미널

행 버스를 물어보니 오른쪽 맨 끝 창구로 가란다. 터미널은 어느 정도 규모가 있었다. 여기에서는 툴라로 가는 시외버스가 수시로 있었는데 지금 막 출발하는 버스가 있다고 표를 끊어준다. 1인 57페소.

12시 정각에 떠나는 버스로 승차시간까지 10분도 여유가 없다. 30분 정도 여유가 있었으면 점심을 먹고 움직이려 했는데 시간이 없다. 규모가 꽤 큰 터미널이라 입구 중앙부분에 빵을 파는 가게도 여럿 있었다. 충분할 정도의 빵과 물을 사고 버스에 올랐다. 그러나 버스에서 먹는 식사로서의 빵은 그리 맛이 없었다. 하지만 시간을 최대한 보전하는 것은 마음을 편하게 한다. 버스에 승객은 1/3 정도 만이 있었다.

툴라 거리

시내와 교외는 확연한 차이가 있다. 옛날 서부영화에 나오는 풍경이 펼쳐진다. 여기저기 파란 잡목들이 자라나 있는 황량한 지대에 흙바람이 군데군데 불고 있다. 흙언덕 위로 허름한 집들이 가끔 보였으며 별다른 특별한 경치는 없었다. 날씨는 작열하는 태양 아래 청명하기 그지 없었다. 툴라는 멕시코시티의 북서쪽 약 100km에 있는 중앙 멕시코에 있는 마을로 93,000명의 인구를 가지고 있고 외딴 곳에 수많은 작은 마을들을 포함하고 있다. 두 시간이 채 못 되어 도착한 툴라 버스터미널은 매우 좁고 초라해 보였다. 터미널을 나오기 전에 돌아오는 버스 티켓을 미리 구입해 두었다. 정문 앞의 좁은 도로에서 몇 대의 택시가 호객을 했지만 유적지까지 25페소이라는 가격이 좀 비싼 듯하여 조금 걸어나가 다른 택시를 잡으니 20페소에 간다고 한다. 도시라기보다는 작은 마을이었으며 거리에는 커다란 야자나무 가로수가 서 있었으며 도로변 기둥에는 툴라의 유적 그림이 걸려있어 방문자의 기분을 한층 돋우기에 충분했다.

사실 10분에서 15분 걸릴 것이라는 이야기에 택시를 탄 것이었는데 실제로 5분이 채 걸리지 않았다. 다시 한번 멕시코인들은 참 웃기는 사람들이라는 생각이 들었다. 한 가지 실망스러운 것은 고속도로 톨게이트처럼 생긴 유적지 입구가 버려진 집마냥 휑하니 썰렁했으며 아무런 경비원도 없다는 것이다. 내심 이 훌륭한 유적지가 왜 이렇게 관리가 되는지 의아했다. 주차장을 지나 입구에는 작은 박물관이 있었는데 작은 홀 하나에 그저 몇 가지 유물들을 전시해 놓은, 규모가 매우 작은 전시실이었다. 사실 이곳의 유물 중에는 역사 전문가들에게 매우 중요한 새김이 있는 조각상이 있다.

선인장이 자라는 흙길

박물관을 나와 사람 키 정도의 선인장들이 간간히 서 있는 황량한 사막을 가로질러 간다. 선인장의 나라에서 이렇게 가깝게 선인장을 보니 기분이 좋다. 멕시코에는 2,000여 종의 크고 작은 선인장들이 있다. 툴라 신전으로 가는 길은 꽤 멀었는데 몇 군데의 기념품을 파는 작은 가게들이 있어 심심함을 달래주었다. 강한 바람이 부는 마른 땅에는 흙먼지가 수시로 날리고 있었다.

'툴라'는 '톨란'이라고도 알려졌는데 일반적으로 980년경 톨텍의 고대 수도로 확인되었으며, 1168년 또는 1179년 사이에 파괴되었다. 이 유적지는 리오 로사스 Rio Rosas와 리오 툴라 Rio Tula라는 두 강이 만나는 곳에 있다. 의식용 건축물들의 거대한 두 집단은 '툴라 그란데 Tula Grande' (가장 많은 관광객이 찾음) 와 '툴라 치코 Tula Chico' 라고 별명이 붙어있다. 다른 건물들의 잔재들도 어느 정도의 거리까지 모든 방향으로 뻗어 있다. 거주 지역의 거리들은 격자 모양으로 꾸며져 있다.

치치멕 Chichimec이라는 종족에 의해 설립된 도시는 9세기와 10세기에 30,000명

툴라 신전의 전경

이상의 인구로 중앙 멕시코에서 가장 큰 도시였다. 이 정도의 도시는 이 기간 동안 유카탄의 몇몇 마야 유적지에 있을 뿐이었다. 이곳의 뚜렷한 톨텍 양식은 계단형 피라미드, 주랑이 있는 건물 그리고 독특한 차크물을 포함하여 부조가 있는 조각상들이다. 커다란 구기장이 두 개 있으며 수많은 기둥들이 세워져 있는 몇몇 건축물은 치첸이차의 전사의 신전에 있는 천 개의 기둥과 거의 비슷하다.

유적지는 아즈텍 시기에 수많은 예술품과 조각상들이 짐수레로 옮겨져 철저하게 약탈되었다. 최초 유적의 조사는 1873년 멕시코지리역사협회의 안토니오 가르시아 쿠바스에 의해 이루어졌으며 최초의 고고학적 발굴은 1880년 프랑스 골동품 수집가에 의해 이루어졌다. 멕시코의 국립 인류학 역사연구소의 20년 고고학 발굴 계획이 1940년 시작되었다. 1970년대 몇몇 구조물들에 대한 계속된 발굴과 복원이 국립 인류학 역사연구소와 미국 콜롬비아 대학에 의해 수행되었다.

아무렇게나 나 있는 흙길을 어느 정도 가다 보면 두 갈래로 나뉘는데 오른쪽은 구기 경기장으로 가는 길이다. 우리는 왼쪽의 툴라 전사상이 있는 곳으로 발길을 옮긴다. 사실 왼쪽으로도 더 큰 구기 경기장이 있다. 신전의 뒷모습이 보일 즈음 방문자의 흥분된 마음은 고조되고 있었다. 아직도 무언가 발굴되거나 조사되고 있는 듯 외부에 구조물들이 설치되어 있었는데 마음은 그저 신전 위에 뒷모습을 보이고 있는 아틀란테스(아틀란티스 사람) 상으로 무작정 가고 있었다. 거대한 주 신전인 금성의 신전 또는 퀘자코아틀 신전이다. 뒤쪽으로 접근하게 되어 있는데 오른쪽에 기둥의 궁전을 지난다. 이 건축물은 치첸이차의 전사의 신전을 떠올리게 한다. 이것들의 유사성은 두 문명 사이의 확실한 접촉을 의미한다. 평평한 구내에 한때 지붕을 지탱했던 많은 기둥이 있으며 세 개의 홀이 있다. 건물의 기능은 분명히 공공의 목적을 가지고 있었을 것이다.

툴라의 거상

신전 정면에서 계단을 오른다. 각각의 계단은 조금 높으며 경사가 약간 급하다. 사진에서 보아온 툴라상들! 현재 네 개가 있지만 두 개는 모조품이다(한 개는 멕시코 인류학 박물관에 옮겨져 전시 중이다). 거의 4.96m 높이에 폭 60cm의 거석상의 모습은 무척이나 장엄한 것이었다. 전사상들은 신전의 나무 지붕을 지탱하는 기둥이었는데 신들, 전사, 톨텍의 왕들을 표현한다. 사람의 형상을 하고 있는 석상은 4개의 부분으로 나뉜 블록으로 구성된다. 첫 번째 부분은 깃털 달린 두건을 쓰고 있는 머리를 나타낸다. 두 번째와 세 번째 부분은 몸통을 형성하고 마지막 부분은 다리와 발이다. 가슴은 나비의 모습을 가진 거대한 장식판으로 덮여 있다.

아틀란테스는 같은 표정을 가지고 있는데도 불구하고 그들의 얼굴은 해부학적으로 차이를 보이고 있어 독특한 개성이 있다. 아틀

▲ 나비 모양의 가슴 장식

란테스는 오른손에 어떤 물건을 가지고 있다. 톨텍인들은 예술적이고 문화적인 사람들로 알려져 있지만 그들은 또한 전사였다. 그들의 무기는 아틀라틀 Atlatl이었는데 살짝 곡선을 이룬 테두리를 가진 물건으로 화살을 쏘는 것이었다. 그러나 현재의 상식으로 볼 때, 톨텍인들은 아틀 - 아틀을 석상에서 보는 것처럼 오른손으로 잡은 것이 아니라 왼손으로 잡고 휘둘렀다.

거대한 인물상 옆에서 발견된 기둥들의 하나에서는 등에 박스 같은 것을 메고 돌에 불꽃 같은 것을 발사하는 인물의 묘사가 있다. 이것은 아틀란테스가 가지고 있는 물건이 불꽃을 쏘는 또는 화염방사기라고 추정하게 한다.

인물상의 뒷면에는 둥그런 테두리 안에 사람의 얼굴이 조각되어 있다. 이 형태는 어디서 많이 본 듯한 느낌을 받았는데 볼리비아 티아후아나코에 있는 반지하 신전에서 본 인물과 상당히 닮아있다. 연구가 진행되면 어떤 특별한 연관이 드러나지 않을까 하는 생각도 조심스럽게 해본다.

전사상이 있는 곳에는 조각이 되어 있는 둥그런 석주 조각들과 사각형의 기둥들도 서 있어 보는 이로 하여금 당시의 모습을 여러가지로 상상하게 만든다. 그래도 지붕을 떠받치고 있는 신전의 모습은 도무지 그려지지가 않는다.

전설은 테오티후아칸 도시가 알 수 없는 이유로 버려진 후 톨텍인들이 후에 톨텍 문명의 수도로써 '톨란' 이라는 복제 도시를 세웠다는 것이다. 도시는 퀘자코아틀의 자손들에 의해 통치되었다고 한다. 그러

▲ 뒷면의 인면

한 경우가 톨텍의 왕좌에 오른 토프친 Toptzin의 경우이다.

전설은 또한 톨텍인들이 퀘자코아틀의 인도 아래 남쪽으로 행진하여 마야문명의 전통과 융화한 그들의 새 도시 치첸이차를 세웠다고 한다. 톨란은 13세기 쇠퇴기에 북쪽에서 온 아즈텍

▼ 조각이 있는 둥그런 석주 조각

인들에 의해 정복되었다. 툴라는 톨텍의 영광된 과거의 한 장이다. 비록 이곳이 멕시코에서 중요한 곳으로 인정되지는 않지만 톨란을 방문하는 것은 메소아메리카 역사에서 매우 가치있는 일이다. 거석상의 손에 해당되는 부분을 쓰다듬어 보며 그 옛날 석공이 이 경이로운 석조상을 조각하는 모습을 상상해 보았다. 감동의 순간이었다.

건너편에 툴라에서 제일 큰 피라미드인 구릉 Mound이 있다. 그대로 오랫동안 그것을 지켜보고 싶었다. 이 피라미드는 바깥쪽으로는 완전히 무너져 내려 그저 흙두덩으로 남아있다. 무너진 흙 경사면을 올라 꼭대기에서 바라보는 툴라상들은

피라미드

피라미드에서 보이는 마을

그야말로 환상적인 자태를 보이고 있었다. 툴라상들이 바라보고 있는 앞쪽의 야산을 바라보았다. 작은 마을이 있는데 툴라상들은 과연 무엇을 응시하고 있었던 것일까? 툴라를 떠나오는 심정은 마치 집을 떠나는 사람마냥 아쉽고 쓸쓸했다. 먼지가 휘날리는 이 황폐한 땅 위에 이토록 훌륭한 유적지가 역사의 뒤편에 쓸쓸하게 서 있다는 것이 못내 아쉬웠다.

입구에서 길가로 나와 10여 분을 기다려 1인 5솔의 버스를 타고 툴라 터미널로 왔다. 북터미널에서 다시 지하철을 타고 소칼로로 돌아왔다. 오늘도 숙소에서 남겨진 음식으로 겨우 저녁을 먹었다. 빵과 함께 쌀밥을 제공하고 있었는데 시간이 늦더라도 밥은 최소 3~4 공기 정도는 남아있다. 우리와 같이 늦게 온 서양인들은 텅 빈 테이블을 보고 불만을 토로하며 발길을 돌렸지만 우리는 이번에도 우리의 주식이 쌀인 것을 다행으로 여겼다. 맨밥이었지만 바닥에 깔린 야채 등과 더불어 먹는 데는 지장이 없었다. 서양인들에게는 아주 버거웠을 것이다.

나름대로 푸짐한 식사를 끝내고 광장으로 산책을 나가기로 했다. 세탁물을 맡기려고 프론트에 내려와 물어보니 오늘은 사정이 있어 미안하다면서 자기들 형제가 운영하는 다른 호스텔로 가서 해결하란다. 매우 가까운 곳이라고 한다. 근처에 있다고 해서 마침 산책 방향을 그쪽으로 잡았지만 그곳은 그리 가까운 곳은 아니었다. 멕시코 사람들의 말은 어디까지 믿어야 할지 모르겠다. 그곳 호스텔에서는 매우 반가워하며 함박웃음을 보였다. 세탁물을 맡겼는데 40솔이었다.

제19일(금)
탁스코

　아침을 먹으러 옥상 식당으로 올라갔는데 문이 열려있지 않았다. 프론트에서는 아침식사 제공이 되질않으니 광장 건너편에 있는 형제가 운영하는 호스텔에 가서 해결하라고 한다. 사실 어제 세탁물을 맡기러 간 곳이라 적잖이 놀랐다. 그곳은 사실 가까운 곳이 아니다. 멕시코 사람들이란 모두 자기 입장에서 말하는 것 같았다. 그렇다고 그들과 말다툼할 일은 없는 것이었다. 멕시코인들의 천성을 익히 책에서 알고 있기 때문이었다. 산책하는 기분으로 한참을 걸어 그 호텔에 도착해 보니 벌써 우리쪽 호텔의 몇몇 투숙객들이 와 있었다. 아침은 이곳의 메뉴가 훨씬 더 좋았다.

　호텔로 돌아온 우리는 곧바로 지하철 역으로 향했다. 사실 이번 여정에 있어 우리는 탁스코보다 가까운 곳에 있는 푸에블라(멕시코 남동쪽 110km에 위치)를 계획하고 있었다. 푸에블라 외곽에는 세계에서 가장 규모가 큰 촐룰라 피라미드가 있는데 이 유적지는 테오티후아칸 시대와 동시대에 두 번째로 큰 도시였다. 그러나 짧은 여정 동안에 어차피 많은 유적을 볼 수 없다는 한계뿐 아니라 여행의 막바지에 다다름에 따라 우리는 또다시 아즈텍을 접하는 것을 포기하고 근대 스페인인들의 은 광산 도시를 보며 새로운 분위기를 맛보기로 했다.

　사실 지하철은 가장 편한 교통수단이다. 남터미널은 소칼로역을 통과하는 2호선의 종점 탁스퀘나역이다. 남터미널에서 탁스코행 버스는 쉽게 탈 수 있었는데 그 버스가 매우 고급이었다. 1인 105페소. 멕시코에서 버스는 매우 경제적이다. 버스 끝쪽에 앉았는데 앞쪽을 보고 있노라면 마치 비행기에 탑승한 기분이다. 이곳의 버스는 모두 화장실이 있다. 그리고 버스를 타기 전에 작은 비닐 봉지를 주었는데 거기에는 음료수와 비스켓이 들어 있었다. 손님들의 모습을 자세히 살펴보니 멋있는 카우보이 모자를 쓴 현지인의 모습 등 생활 수준이 조금은 좋아 보였다.

버스 손님은 15명 정도 되었는데 서양의 여행객들도 5~6명 정도 섞여 있었다. 깨끗한 버스는 2시간 30분 정도의 짧은 여행이지만 마음을 한결 가볍게 했다.

남터미널

탁스코행 버스 내부

멕시코의 고속도로는 매우 현대적이다. 그곳을 달리는 자동차들은 모두 깨끗하며 마치 미국의 어느 곳을 달리는 듯하다. 멕시코 사회에서의 빈부의 격차가 확연히 드러나 보이는 곳이 시내의 슬럼이라든가 시골의 마을이라면 고속도로는 완전히 다른 세계라 할 수 있다.

게레로 Guerrero 주에 위치한 탁스코는 예전 식민지 시대의 은광산 중심지이다. 아카풀코에 이르는 1,800m 고지의 구 고속도로를 따라 멕시코시티에서 남서쪽으로 200km에 위치하고 있다. 우뚝 솟은 시에라 마드레 남쪽 산맥 Sierra Madre del Sur Mountains의 서쪽에 위치한 탁스코는 아메리카에서 가장 오래된 광산지역 중의 하나이다. 탁스코로 가는 경치는 정말 아름답다.

약 3시간을 달려온 버스가 탁스코에 다다르자 제법 산새가 험해지고 길은 고갯

드넓은 대지가 끝없이 펼쳐지는데
주변의 산들과 평원이 서로 잘 조화되어
나그네의 눈을 즐겁게 한다.

탁스코 가는 길

길로 바뀐 지 오래다. 산을 끼고 지나가는 길이 매우 아름답다. 산을 돌 때마다 저 멀리 언덕이 보이는데 마치 우리네 달동네처럼 집들이 꼭대기까지 들어서 있는데 그 모습이 무척이나 이쁘다. 흰색의 집들이 있는 언덕이 한 움큼 손아귀에 잡힐 듯하다.

탁스코 전경

스페인인들이 도착하기 전에 아즈텍의 토착 인디언들은 구기장을 의미하는 '틀라코 Tlacho' 라고 불리는 도시를 설립했다. 이들은 선 - 고전기 시대부터 살고 있었다.

코르테스가 1524년 10월 15일 멕시코에서, 카를로스 5세 황제에게 보내는 네 번째 보고서에 탁스코에 대한 언급이 있다. 1521년 아즈텍을 정복한 코르테스는 대포를 제작하기 위해 구리 외에 주석이 필요했다. 그는 주석을 찾기 위해 조사에 착수했다. 최대한의 속도를 내야 했던 그는 원주민의 지역들 중 탁코 Tachco로 알려진 곳에 대해 우연히 알게 되었다. 지역의 전설에 따르면 아즈텍인들에게는 황금 막대를 공물도 바치는 지역민들이 있었다고 했다. 그리하여 그는 탁코라는 지역의 원주민들이 매우 얇은 동전 같은 작은 주석 조각들을 사용하고 있다는 것을 알게 되었다. 조사에 의하면 이 조각들은 이곳과 다른 곳에서도 돈으로 사용되었다는 것을 발견했다.

탁코는 그가 머문 곳에서 26리그(영국과 미국에서 1리그는 약 4.8km의 거리) 떨어진 곳이었다. 그는 이 지역을 조사한 후에 이곳에 광산이 있다는 것을 알고 장비를 갖춰 스페인들을 그곳에 파견하였으며, 이윽고 그들은 탁스코의 시에라 마드레의 언덕에서 그 샘플을 가져다 주었다. 그는 그들에게 필요한 모든 것을 채굴하라고 명령했다. 마침내 2년 후 은광에서 채굴이 시작되었으며 코르테스는 1534년에 탁스코의 은광 개발권을 획득하였고, 1542년 카스티야 Don Luis de Castilla 시장은 탁스코의 광산에서 많은 이익을 얻었다. 이윽고 16세기 말에는 탁스코의 은이 유럽으로 퍼져 나갔다.

1716년에 이르러 사람들은 탁스코의 광산은 이제 바닥이 났다고 믿었다. 그러나 보르다 Don Jose de Borda는 탁스코의 은광을 재발견하였는데 이 은광은 1800년대에 다시 한번 고갈되었다. 1926년 미국의 윌리엄 스프라틀링은 이 지역의 은 세공 재능이 매우 가치가 있음을 상기하고 직접 디자인한 제품과 함께 젊은 기술자들을 훈련시켜 세계적으로 손꼽히는 장인들의 작품을 만들어 냈다.

오늘날 인구 100,000명의 탁스코는 좁은 산의 옆면에 세워져 있는데 붉은 타일의 지붕에 백색 도료를 칠한 집들 사이로 매우 가파르고 좁은 자갈길들이 있는 매우 아름다운 도시다. 집들의 발코니에는 예외없이 화려한 색의 꽃들이 장식되어 있다. 어디를 보아도 한 폭의 그림같다. 도시라고 하기에는 너무 작지만 마을 전체 어느 곳이라도 눈이 닿는 그 부분 자체가 그림의 한 부분이라고 해도 과언이 아니다. 음식점, 기념품 가게, 일반 가정집 모두가 아담하고 이쁘고 운치가 있었다.

에스텔라 데 오로 버스터미널에서 보르다 광장으로 오르는 길은 경사가 심하다. 그런데 이 길은 차들이 다니고는 있지만 우리의 동네 골목같다.

골목들 사이로 작은 폭스바겐들이 잘도 다닌다. 광장에 도착할 즈음 언덕길을 오르는 교복 입은 학생들이 보인다. 그래도 계단이 아니라서 다행이다. 광장에 도착하자 사람들이

탁스코의 골목

▼ 언덕길을 오르는 교복입은 학생들

많이 모여 있었으며 기관총으로 무장한 경찰들도 많이 눈에 띄었다. 은 관련 제품을 파는 가게들이 많아서 치안 유지를 위한 모습이었다.

광장에는 어김없이 교회가 우뚝 서 있었다. 1758년 완성된 바로크 양식의 산타 프리스카 Santa Prisca 교회인데 항상 그렇듯 앞면의 정교한 장식적인 조각과 함께 세월의 내음을 풍기고 있었다. 분홍색의 외벽과 섬세한 뾰족탑은 정말로 아름답다. 이 교회는 멕시코시티 소칼로에 있는 사그라리오 성당과 함께 바로크 양식의 대표적인 건물이다. 정면 파사드의 장식 또한 츄리게라 양식을 잘 나타내고 있다. 보르다 광장은 교회를 세운 사람인 보르다의 이름이 붙여졌다. 보르다는 자기가 쌓은 부를 사회에 환원하기 위해 이 교회를 지었다. 성당이 지어졌을 당시 수많은 황금으로 장식되어 햇빛에 반짝거렸다.

산타 프리스카 교회

중앙광장

제19일 - 탁스코 | 417

탁스코의 식당

광장 주변의 건물들은 대부분 카페나 레스토랑이다. 여기저기 은제품을 사라고 자기 집으로 유인하며 호객하는 사람들이 있는데 귀찮을 정도는 아니다. 시내를 둘러보기 전에 먼저 점심을 먹고 가겠다고 하고 2층 건물의 한 음식점으로 올라갔다. 테이블이 세 개 정도밖에 없는 작은 음식점이었는데 미국의 유명 영화배우의 액자들을 아무렇게나 걸어 놓은 단순한 인테리어가 그 운치를 더하고 있었다. 허기를 그다지 느끼지 않았던 우리는 타코 1인분만 시켰다. 39페소. 주인아저씨는 우리가 식사를 다 마치자 갑자기 작은 광물 하나를 보여주며 기념품으로 사 가라고 한다. 자기 동생이 은광산에서 일하고 있는데 직접 가져온 거라면서 특별한 가격에 주겠다고 한다. 그래도 특이한 기념품이 될 것 같아 가격을 약간 흥정하니 못내 아쉬운 듯하며 물건을 내준다.

식사 후 거리로 내려오니 아까의 그 아저씨가 기다리고 있었는지 바로 앞에 있는 건물로 안내한다. 그의 안내대로 은 세공품을 파는 가게들을 둘러보았다. 작은 건물 안에 한 평도 안 되는 판매 부스들이 다닥다닥 붙어 있었는데 상품의 종류가 너무나 다양했다. 이곳은 우리의 남대문시장의 도매상 같아 보였다. 탁스코는 200개가 넘는 가게와 1,000개소에 이르는 은 판매점이 있다. 수십 명의 유명한 은 세공가들이 있는 세계의 은의 수도이다. 이곳에서 은 악세서리를 살 때 멕시코 정부에서 승인한 함량 표시 '0.95' 표시가 있는 것을 확인하는 것도 쇼핑에 도움이 된다. 가격은 1달러에서 200달러까지 다양하다. 비록 가격이 싸다고는 하는데 분위기는 매우 싼 느낌이었으나 가격에 둔감한 여행자로서는 덤덤할 뿐이다.

은제품 가게

상점의 내부

탁스코에서는 한 달이나 계속되는 은축제를 매년 11월 말에서 12월 초 사이에 개최한다. 그 지역의 모든 세공사들이 몰려와 성황을 이룬다.

바깥 거리에는 예쁜 외관을 가진 매장들이 줄지어 있었다. 이 상점들은 아까의 밀집된 가게들보다는 소매의 성격이 조금 강해 보였는데 구경하는 재미가 쏠쏠했다. 마을을 예쁘게 그려놓은 작은 회화그림들이 있는데 정말 예쁘다.

아름다운 탁스코를 더 잘 보기 위해 케이블카를 타기로 했다. 조그만 광장으로 다시 나와 시내버스를 기다리려니 문을 열어놓은 건지 아니면 아예 없는 건지 작은 승합차가 정차하더니 탈 것인지 안 탈 것인지를 묻는 듯 손짓을 한다. 케이블카를 손짓으로 표현하니 빨리 올라타란다. 운전석 뒤에 승객 좌석이 두 줄뿐이다. 어른 두 명이 앉는 의자에 세 명이 앉는다. 6명이 타면 만원이다. 이곳 여자들은 엉덩이가 커서 여간 불편한 것이 아니다. 가격은 1인 4페소. 우리 시골의 장터 사람들처럼 모두가 이웃처럼 친숙한 느낌이다.

미니 버스는 버스터미널로 내려와 주 도로를 달린다. 워낙 작은 마을이기는 하지만 케이블카를 타는 곳은 마을의 북쪽 끝에 있어 걸어가기는 힘들다. 구불구불한 도로를 달려 탁스코를 처음 진입하던 지점까지 되돌아왔다. 케이블카를 탄다고 하니 내리는 곳을 알려준다.

시내버스

버스에서 내리니 길 양옆에 가게가 몇 군데 있고 지나는 사람이 거의 없다. 마침 한 아주머니가 눈에 띈다. 길을 물으니 손으로 위쪽으로 올라가라고 친절히 알려준다. 2~3분 정도 언덕을 올라가니 케이블카 정류소가 나온다. 오가는 사람이 별로 없다. 빈 케이블카 주위를 어슬렁대고 있는데 젊은 친구가 표를 팔러 나온다. 케이블카는 1인 30페소이다. 정상이 바로 코앞에 보이지만 그래도 탁스코 전체를 조망할 수 있다는 기분에 마음이 설렌다. 5분도 안 걸리는 케이블카를 타고 정상에 내리면 기념품 가게가 두어 군데 있고 몬테 탁스코라는 고급 호텔이 있다. 그런데 이 케이블카는 전망을 보려는 목적보다는 교통수단으로써의 역할이 더 강한 듯하다. 이곳에서 바라보는 시내 전경은 예쁘기 그지없다.

그냥 산책만 즐겨도 훌륭한 경관이다. 첫인상부터 마을 자체의 모습에 반해 버린 탓에 마냥 즐겁기만 하다. 사실 탁스코는 3일 정도는 머물고 싶은 곳이다. 아기자기하고 볼거리가 그만이다. 보이는 것 모든 것이 그림같다. 이 분위기를 오래도록 느끼고 싶다.

탁스코를 떠나기 위해 터미널로 내려오며 1991년 복원되어 식민시대 예술 박물

케이블카

정상에 호텔이 보인다

기념품 가게

골목길의 교차로

관으로 개조한 건물을 둘러보았다. 박물관으로 개조되기 전에는 17세기 가르멜회의 수도원이었다. 가르멜회는 12세기에 성 베르톨드에 의해 이스라엘 카르멜산에서 설립된 수도회로 묵상 기도를 한다. 성모 마리아를 특별히 보호하기 위한 규칙 하에 성모 마리아에 대한 강한 봉헌을 한다.

이 박물관은 탁스코에서 가장 오래된 식민시기의 집들 중의 하나로 훔볼트의 집으로도 알려져 있다. 기하학적 디자인의 무어 양식 건물은 정면의 벽이 붉은색의 훌륭한 장식으로 채색된 것으로 유명하다. 현관과 창문의 틀은 정교한 석조 조각의 골격으로 제작되어 있다. 훔볼트는 1803년 이곳에서 하룻밤을 묵었다. 박물관의 전시품은 적지만 잘 배치되어 있다. 대부분의 기념품들은 최근 산타 프리스카 교회를 복원할 때 발견된 비밀의 방에서 나온 것들이다. 박물관은 시대순으로 3단계로 구분된다. 입구에 들어서면 오른쪽으로 채색된 장례용 제단들이 있다. 아래쪽 두 개는 스페인의 샤를 3세를 기리기 위해 채색되었고 꼭대기의 불사조가 새겨진 제단은 보르다의 장례를 위해 채색되었다. 이 제단을 따라 보르다의 옷장에 있는 의복들도 전시되어 있다.

복원된 방들은 값을 매길 수 없는 진귀한 봉헌물들, 벽화, 정교한 금속공예품 그리고 식민시대의 회화들이 있다. 그런데 성모 마리아의 그림들이 예사롭지 않다. 처음에는 아기 예수에게 젖가슴을 드러내고 모유를 먹이는 모습이 다소 충격적이었는데 갈수록 태산이다. 처절하게 죽임을 당한 예수, 가슴에 정통 으로 칼이 찔린 성모 마리아, 그 리고 구석의 작은 벽감 안에 세 워져 있는 무시무시한 마귀 인 형은 머리카락이 쭈뼛 설 정도 로 섬뜩하다. 사실 이곳에는 젊 은 학생들이 여러가지 언어로   박물관을 설명하는 가이드를 하고 있는데 시간이 없어 사연을 묻지 못한 것이 못내 아쉬웠다.

또 다른 구획은 18세기 멕시코의 최고 미술가 미구엘 카브레라 Don Miguel Cabrera의 역사적 정보를 제공한다. 그 다음의 작은 방은 남아메리카와 멕시코에서 훔볼트의 체류를 위해 헌정된 것이다. 박물관을 중간쯤 지나다 난 간에 기대어 바깥을 내다본다. 눈을 깜빡이는 것도 아까 울 만큼 마을의 모습은 여전히 한 폭의 그림 그 자체다. 날씨까지 청명하여 마치 동  화 속의 어느 나라에 와 있는 듯한 착각이 든다.

박물관에서 바라본 경치

박물관은 이전에 병원이기도 했고 또 마을의 최초의 극장이기도 했다. 박물관 을 나와 내려오려고 하는데 바로 옆에 아 름다운 마을과는 어울리지 않게 무시무 시한 고문 박물관이 붙어있다. 역시 시간 이 없어 둘러볼 수 없는 것이 못내 아쉬웠 지만 이곳이 예전에 금광산이었던 사실 과 무슨 연관이 있는 것 같다. 하지만 방 금 보았던 박물관의 암울한 그림들뿐 아 니라 아름다운 탁스코 마을과는 어울릴 것 같지 않은 고문 박물관이 있다는 것이

▲ 고문박물관의 고문기구 현수막

고속버스 터미널 앞

궁금해지는 것은 왜일까.

버스터미널을 향해 빠른 걸음으로 내려왔다. 탁스코에서 떠나는 것이 이렇게 아쉬운 것을 보면 정말로 매력있는 도시임에는 틀림이 없다.

터미널에 도착하니 버스에는 벌써 손님들이 승차를 하고 있었는데 좌석을 전부 채우지는 못했다. 관광객들이 많은 도시이기는 하지만 버스가 한가한 것은 즐거운 일이다. 마음이 괜히 여유로워진다. 탁스코는 많은 여행객들이 쇼핑을 위하여 당일치기로 방문을 하는 경우가 많다. 그러나 다음에 다시 올 수 있다면 최소 3일의 여유를 가지고 차분히 즐길 수 있는 곳이라고 생각되었다.

하루 해가 절정을 향해 달려가는 시간에 탁스코를 지나는 산악도로는 경치 변화가 매우 다양했다. 높은 산이 보이는가 하면 넓은 분지가 보인다. 한참을 달렸을까. 한동안 주변의 경치는 단조로운 평원을 보이고 있다. 고속도로는 산뜻한 아스팔트와 깨끗한 차량들로 바뀌어 가고 있는 것처럼 보인다. 시티에 거의 도착하고 있음을 직감할 수 있었다. 저 멀리 아름답게 물드는 붉은 저녁노을이 땅거미가 되어 몰려올 즈음 날은 벌써 어두워졌고 버스는 복잡한 시내를 통과하고 있었다. 전철을 탈 때면 언제나처럼 가방을 앞쪽으로 들고 정신을 바짝 차린다. 워낙 전철이 좁은 데다가 승객들이 많이 있기에 현지인들과 몸을 맞대고 있어야 하기 때문이다.

호텔에 도착하자마자 곧바로 저녁을 먹기 위해 밖으로 나왔다. 오늘은 소나로사

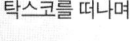
탁스코를 떠나며

기념비

Zona rosa 지역으로 가 보기로 했다. 시간도 늦고 해서 택시를 잡기로 했다. 대통령궁 앞을 지나 최고재판소 건물이 있는 거리로 갔다. 어두컴컴한 거리 한쪽에 그 옛날 코르테스와 몬테주마 2세가 만난 장소에 기념비가 세워져 있었다.

비문을 읽은 다음 택시를 타려고 하는데 지나다니는 택시가 없다. 아니 잡을 수가 없다. 처음에는 흰색 폭스바겐은 잡을 생각이 없었다. 문제가 많이 발생한다고 가이드북에 쓰여 있기 때문이었다. 그런데 시간이 8시가 넘었기에 마음이 급했다. 아무리 늦은 저녁식사라도 9시가 넘어서 먹는 것은 마음이 내키지 않았다. 이젠 흰색 폭스바겐이라도 타야 했다.

그때 마침 일반 택시가 와서 흥정을 하려 했더니 자기는 미터로 간단다. 그런데 택시를 타자마자 미터기가 오르기 시작하는데 대통령궁을 오른쪽으로 지나 소칼로 광장을 거의 다 빠져나와 국영 전당포 건물 앞에 오기 전에 미터는 12페소를 가리킨다. 소칼로에서 소나로사까지는 20~25페소 정도로 갈 수 있다고 생각했던 터라 놀라지 않을 수 없었다. 이대로 가면 40페소는 나올 거라고 기사는 이야기한다. 우리는 곧바로 내렸다. 소칼로를 벗어나지도 못한 채 12페소를 날려버린 것이다. 여행에 있어 빈번히 발생하는 '새옹지마'에 우리는 마음을 추스르고 다시 빈 폭스바겐을 잡기 위해 계속 거리를 걸었다. 이 시간의 거리는 어둡고 인적도 드물고 해서 매우 위험해 보였다. 걷는 것이 오히려 위험할 수 있을 것 같아 작은 치킨점 앞에서 간간이 승하차하는 폭스바겐을 눈여겨 보고 있었다.

마침내 반갑게도 빈차가 오고 있다. 흥정을 하니 이번에 기사는 20페소를 내란다. 생각보다 오래 달린 후에 소나로사 중심에 도착했다. 많은 사람들이 거리를 활보하고 있었고, 음식점의 네온싸인들이 가득한 거리에 도착하자 우리는 차를 세웠다. 요금을 내니 기사는 고개를 절레절레 흔든다. 요금이 잘못 되었단다. 40페소를 내란다. 이건 정말 어처구니가 없다. 차를 세우고 실랑이를 벌이니 사람들이 쳐다본다. 여기서 경찰을 불러 싸워봐야 여행객인 우리가 불리할 것이 뻔하다. 1달러 지폐를 주니 기사는 기분을 푼다. 두 눈 뜨고 당하는 꼴이라니!

　소나로사는 멕시코시티의 가장 중심지역이며 제일의 고급 번화가이다. 레포르마 거리의 독립기념탑을 지나 다시 남쪽으로 소나로사가 있다. 이곳은 멕시코 증권거래소와 은행들이 있는 멕시코의 금융의 심장부이다. 또한 호텔, 댄스 클럽, 레스토랑, 바 그리고 라이브 밴드로 가득차 관광객들이 가장 붐비는 곳이다. 이 지역은 진정으로 밤이 없다. 기분도 그렇고 해서 제일 좋아 보이는 고급 레스토랑 중의 한 곳으로 들어갔다.
　여행의 막바지에 이르자 마음이 조금 여유로워진 것일까. 긴장을 조금 풀고 현지인들의 분위기에 젖어본다. 외국인들이 많았고 현지인들도 꽤 잘 차려 입은 사람들이 있었다. 주문은 역시 1인분이다. 198페소. 늦은 시간에 산뜻한 음식을 먹자 피곤이 심하게 몰려온다. 택시를 타고 호텔로 돌아와 곧바로 잠이 들었다. 택시요금 역시 40페소.

제20일(토)
우남대 그리고 미국

오늘 아침은 편안한 마음으로 아침을 먹을 수 있었다. 이전에는 시간이 조금 늦으면 음식이 금방 동이 났다. 오늘은 8시가 되기도 전에 대부분의 투숙객들이 자리를 잡고 앉아 일부는 선 채로 아침을 기다리고 있었다. 호텔 운영을 오랫동안 했을 텐데 문제가 자주 발생하는 것을 보면 멕시코인들의 업무 스타일에 문제가 있어 보인다. 호텔 측에서 많이 연구한 듯, 오늘은 음식도 모자르지 않게 자꾸 채워 놓는다.

소칼로 지하철역은 사람으로 북적거린다. 유난히 많은 사람들이 움직이고 있다. 표를 살 수 있는 창구가 단지 두 개뿐이라는 것이 의아스럽다. 멕시코의 지하철을 이용하는 것은 매우 쉽다. 다만 여행 안내서에는 특별한 구역을 제외하고는 여행객들에게 매우 주의를 요한다고 되어 있다. 아무래도 절도나 강도 같은 불행한 일들이 자주 일어나기 때문이다. 현지인들은 언제나 동양인이 신기한 모양이다. 사실 현지인들의 모습은 그다지 생활이 넉넉해 보이질 않는다. 상대적으로 여행객을 바라보는 그들의 시각은 언제나 부러운 듯하다. 관광 명소가 많은 나라이기에 관광객들에 대해 매우 익숙한 그들이지만 그래도 서양인들에 비해 상대적으로 수가 적은 동양인들에 대한 그들의 호기심이 무척 큰 이유에서일 것이다. 이달고역에서 3호선 지하철을 갈아타고 종점인 우니버시다드 역에서 내리면 바로 재래시장과 연결되었는데 첫인상은 매우 무질서한 모습이었다.

이곳을 지나면 오른쪽에 버스 정류장이 보이는데 이곳이 바로 우남대학교 UNAM(National Autonomous University of Mexico, 멕시코 국립자치대학)의 셔틀버스 정류소이다. 학교가 얼마나 크기에 버스 노선표가 다 있는지 어리둥절하기만 했다. 학교 정문 쪽으로 유명한 미술가 마티아스 괴리츠 Mathias Goeritz(1915~1990)의 작품인 '너와 나'라는 학교 상징이 우뚝 서 있다.

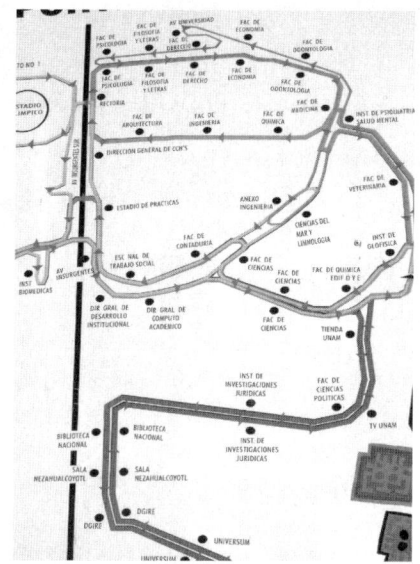

▲ 우남대 내의 버스노선표　　　　　　▲ 우남대의 상징물 '너와 나'

　우남대는 1551년 9월 21일 스페인의 국왕 카를로스 1세가 서명한 포고령에 의해 설립되었고 북아메리카에서 가장 오래된 대학교이다. 라틴아메리카에서 가장 큰 대학교이며 서반아어권 세계에서 가장 중요한 대학이다. 1920년대에 주어진 자율권으로 정부로부터의 간섭 없이 자체의 예산으로 교육과정을 자유롭게 결정한다. 20세기 멕시코의 유명한 건축가들에 의해 세워진 메인 캠퍼스는 세계의 유산이며 디에고 리베라와 시쿠에이로스 같은 유명한 화가들에 의해 채색되었다. 1968년 멕시코 올림픽 때 대학의 주 경기장이 올림픽 스타디움이었다.

　우남대는 멕시코에서 가장 다양한 교육과정을 제공한다. 고등학교, 대학교, 대학원 그리고 박사 과정에 260,000명의 학생이 등록되어 있다. 대학교는 졸업 후 연구과정으로 300개 이상의 프로그램을 제공하고 멕시코에서 행해진 연구의 50% 가량을 수행했다. 또한 문화 파급과 대학 활동의 다양한 프로그램을 수행한다.

　정확한 학생수를 알 수 없다는 이 대학의 규모는 실로 어마어마해서 버스를 타고 들어가야 하는데 우리는 시간이 없어 버스 정류장 조금 위쪽에 있는 택시 정류장으로 가서 줄지어 서 있는 그 유명한 폭스바겐 택시를 타고 도서관으로 향했다. 택시는 계속 직진을 하는가 싶더니 한번 좌회전하여 넓은 도로에 접어들어 계속 나아가더니 중간 지점 즈음에 있는 주차장 옆에 정차하였다. 무슨 학교가 시내 거리를 주행하는 느낌이었다. 주차장에서 도서관으로 들어가는 통로에는 학생들과 원주민들이 섞여 작은 노점 좌판을 벌이고 있었다. 액세서리, 음반 그리고 헌책 등을 내다놓고 손님을 기다리고 있었다. 수공예품이 있어 가격을 물어보니 그리 저렴하지는 않았다. 아무래도 프로 장사꾼들이 아닌가 생각된다.

도서관으로 향하는 통로

현관 앞의 분수

정면에 보이는 멕시코의 상징 중 하나인 도서관 벽화가 보이자 나는 또 다른 감회에 젖었다. 학창시절 학교 도서관에서 보아온 흑백 사진이 머릿속에 떠올랐다. 그 당시 이 벽화 사진을 보며 언젠가 이곳에 꼭 다녀가리라는 생각을 품고 있었던 것이다. 이것은 오고르만 Juan O' Gorman 의 작품(1951~1953)으로 세계에서 제일 큰 10층 높이의 모자이크 벽화이다. 남쪽 벽에는 두 개의 두드러진 황도 바퀴가 있고 강력한 비평주의로 식민시대를 풍자하고 있다. 북쪽 벽에는 아즈텍 문화를 묘사하고 있으며 동쪽은 현대 멕시코의 탄생을 보여준다. 서쪽 벽은 전체적으로 현대를 주제로 하여 만물의 근원인 원자핵 등으로 라틴아메리카 문명을 기리고 있다.

북쪽 벽

현관 앞 오른편으로는 사람 얼굴의 양각이 벽에 새겨져 있는데 양쪽 귀에서 분수가 뻗어나오고 있다. 인상적인 디자인이다. 도서관 바로 옆 건물은 대학 본부 건물인데 회

남쪽 벽

색 벽면을 장식하고 있는 양각의 모자이크가 눈길을 끈다.

건물 앞 광장에서는 학생들이 모여 놀고 있었는데 조금 더 넉넉한 시간을 가지고 캠퍼스에 머물렀으면 하는 아쉬움이 밀려왔지만 오늘은 멕시코를 떠나야 하기 때문에 벽화를 본 것으로 만족해야 했다.

넓은 학교를 들어 온 길로 되돌아 얼마간 걷고 있자니 빈 폭스바겐이 지나간다. 손을 흔들자 택시는 물고기를 낚는 어부처럼 재빨리 다가와 정차한다. 폭스바겐에 대한 나쁜 선입관 때문인지 마치 우리가 먹이감이 된 것 같은 묘한 기분이 든다. 요금을 확인하고 입구로 나왔다. 재미있는 것은 이렇게 크고 유명한 학교 정문의 입구에 있는 버스정류장 앞은 잘 정돈이 되질 않아 매우 혼잡하다는 것이다. 우리

나라의 리어카 장사 같은 사람들이 다닥다닥 붙어 있는 가게를 통과해야지만 전철을 탈 수 있는 계단을 오를 수 있다. 사람들이 몰릴 때면 대단한 혼잡을 일으킬 것은 뻔한 일이었다. 우니버시다드역의 구조는 조금 혼돈스럽다. 앞 쪽으로 계속 들어가 'ㄷ' 자형으로 되돌아와야 소칼로 방향으로 전철을 탈 수 있었다.

전철역에서 바라본 우남대 조형물

우니버시아드역에서 네 정거장을 가면 코요야칸역이다. 역 구내에는 통행하는 사람들이 거의 없다. 마침 지하도 출구에서 경비를 서고 있는 경찰들이 있어 프리다 칼로 박물관의 위치를 물어보았다. 그들은 지하도를 나가면 있다고 친절하게(?) 가르쳐 주었다. 밖으

우니버시아드 전철역의 벽화

로 나오자 박물관 방향을 가리키는 커다란 거리 표지판이 보였다. 코요아칸은 멕시코 시의 남쪽에 있으며 중류층이 거주하고 있다. 길을 건너 정차 중인 운전자에게 위치를 묻자 왼편으로 꺾어 지나면 된다고 했다. 우리는 그곳에서 길을 건너 다시 한번 한가하게

▼ 박물관 앞

서 있는 백인 남자에게 길을 물었다. 백인계 멕시코인인 그는 세 블록을 더 가서 오른쪽으로 두 블록을 더 가면 된다고 했다. 또다시 우리는 그곳에서 이삿짐을 나르는 작업자에게 위치를 묻고 직진하여 왼쪽으로 가면 된다는 안내를 받았다. 문득 예전에 멕시코인들의 습성에 관해 읽었던 책의 내용이 생각났다. 그들은 너무도 친절한 사람들이고 잘 몰라도 마치 잘 아는 것처럼 친절을 베푼다는 것이었다. 나는 '아차' 하는 심정으로 내가 바로 이런 경우를 당한 것이구나 하고 실소를 머금었다. 차라리 택시를 타고 왔으면 이 먼 거리를 더운 날씨에 힘들여가며 시간을 낭비하지는 않았을 것이라고 자책했다. 역시 여행은 정보를 최대한 이용해야 함은 두말할 나위도 없다.

30여 분이나 걸려 어렵게 도착한 박물관 앞 길가에는 여러 대의 택시와 투어버스들이 줄지어 주차되어 있었는데 다른 유명 관광지와는 달리 이상하리만큼 백인 관광객들이 많아서 그녀에 대한 서양인들의 특별한 관심을 느낄 수 있었다. 한때 샌프란시스코와 뉴욕에서 살기도 했던 그녀의 흔적은 많은 미국인들의 향수를 불러일으키기에 충분한 여인일 것이다. 입장료는 1인 45페소로 비싼 편이었다. 이 표는 디에고 리베라 박물관을 볼 수 있는 더블티켓이다. 이 또한 멕시코 관광산업의 아이디어라 할 수 있다. 관련된 두 곳을 연계해서 관람을 유도하고 보다 많은 이윤도 창출하는 것이다.

이 집은 우선 여느 나라의 주택처럼 멕시코의 주택가에 자리 잡고 있어 분위기가 안정되어 있다. 짙은 파란색으로 칠해진 담장은 평소 원주민 문화에 집착했던

프리다가 아즈텍 신전의 색채를 나타내기 위해 칠했다고 한다. 그 색감으로 인해 건물의 벽은 마치 동화 속에 나오는 인형의 집과 같았다. 입구에 들어서면 각종 화초들과 커다란 나무가 있는 조그마한 정원이 있어 기분을 싱그럽게 한다. 서양에서 많이 볼 수 있는 것처럼 일반 가정집을 그대로 박물관으로 만든 것이어서 관람객들은 방문의 감흥을 더욱 잘 느낄 수 있다. 토요일이라 그런지 관광객들이 무척 많아 줄을 지어 관람을 해야 하는 상황이다. 이 집은 휠체어를 탄 프리다 칼로의 생가이며 남편 디에고 리베라와 1929년 이후 그녀가 죽을 때까지 함께 살았다. 이 집은 1957년에 죽은 디에고 리베라에 의해 기부된 인기있는 박물관이다.

프리다 칼로(1907. 6. 6 ~ 1954. 7. 13)는 국제적 명성을 얻은 멕시코의 위대한 화가이다. 그녀는 현실주의, 상징주의 그리고 초현실주의를 포함하는 유럽 영향뿐만 아니라 멕시코의 독립적인 문화에 의해 영향을 받은 형식에 다양한 색상을 사용하여 그림을 그렸다. 그것들 중 많은 작품이 그녀 자신의 고통과 그녀의 성장을 상징적으로 표현한 자화상이다. 병약한 여성으로 고통과 슬픔으로 점철된 삶을 영위하며 그 돌파구를 혁명적 정신으로 지고한 사랑을 통하여 이루려는 강항 의지를 보여주었던 그녀의 인생은 한편으로는 측은하기도 한편으로는 일종의 대서사시 같았다. 프리다는 남편 리베라의 영향을 많이 받았다. 그들은 정치적 관점도 같이했다. 비록 그녀가 오랫동안 중요한 화가로 인정받았지만 그녀의 작품에 대한 대중의 느낌은 1970년 이후가 되어서야 보다 널리 알려지게 된 것이다. 비록 47세의 짧은 인생에도 불구하고 파란만장한 생을 살아온 그녀는 대단한 여성임에는 틀림없어 보인다.

방들은 그녀가 죽었을 때 그 모습 그대로 보존되어 있다. 구소련의 망명자 레온

트로츠키Leon Troski는 1937년 멕시코에 도착하자 이곳에서 손님으로 머물렀다. 한때 공산 소련을 손에 넣을 수 있었던 강력한 트로츠키와 열렬한 밀애를 즐긴 프리다는 자유의지를 가진 여성의 표상이라고도 할 수 있겠다. 내면의 슬픔을 외면의 가면으로 덧씌워 살아가는 이중적 성격은 착잡한 그의 그림 어디에서나 쉽게 찾아볼 수 있다. 이곳에는 박물관이 소장하고 있는 개인적인 유품들과 더불어 그녀와 남편의 작품들인 회화, 18~19세기 멕시코 예술가들의 조각상, 선-콜롬비아 시대의 유물뿐 아니라 그녀가 개인적으로 수집한 멕시코 민속 예술품들도 전시하고 있다.

일반 가정집의 전시물이기에 접근 금지용 라인을 걸쳐 놓아 움직임에 적잖은 제약이 따랐다. 하지만 침대, 일상생활 집기, 수많은 흑백 사진들과 더불어 그녀의 미술 작품들은 관람객의 시선을 사로잡기에 충분했다. 벽에 걸린 모택동의 사진 또한 매우 인상적이었다. 리베라의 그늘에 가려있던 그녀의 작품이 페미니즘의 선구자로 재평가받고 있다는 것은 다행스런 일이 아닐 수 없다.

부러진 기둥(1944) ▶

사실 시간이 허락되면 디에고 리베라 박물관과 레온 트로츠키 박물관을 더 둘러볼 계획이었으나 오전에 두 곳 이상을 방문한다는 것은 불가능한 일이었다. 스탈린의 밀정에 의해 무참히 살해된 역사의 현장을 볼 수 없는 아쉬움은 언젠가 다시 멕시코를 방문해야 할 빌미를 남기는 것이 아닐까. 박물관 입구에는

▲ 정원에서 본 박물관 건물

관광버스와 택시들이 줄지어 서 있었다.

　40페소에 흥정한 택시를 타고 지하철역으로 나왔다. 그런데 지하철에 사람이 너무 많다. 문이 열려도 들어갈 틈이 없다. 다음 열차를 기다릴 시간은 안 된다. 그래도 우리가 누구인가? 한국에서 지옥철(?)에 단련된 우리가 아닌가. 시간에 맞게 귀환하려면 무조건 버텨야 하는 시간에 쫓기는 여행자 아닌가? 뚝심을 발휘할 때다.

　막무가내로 몸을 들이밀어 겨우 승차할 수 있었다. 중간에 환승할 때도 승객이 너무 많아 그야말로 콩나물 시루가 따로 없었다. 여행지에서 현지인들과 부대끼는 것은 무의식적인 살아 있는 체험인 것이다. 소칼로역은 그야말로 사람들로 인산인해를 이룬다. 가방과 주머니를 단속하며 지하철을 빠져나왔다.

　허겁지겁 호스텔로 돌아오니 정확히 12시가 되었다. 예약해 둔 택시가 벌써 기다리고 있었다. 짐을 들고 나오려는데 갑자기 고산증 증세가 나타나기 시작했다.

공항으로

정신이 멍해지면서 현기증이 일어났는데 멕시코시티도 2,400m 고산인데다 시간에 쫓겨 갑자기 서두르다가 증상이 나타난 것 같았다. 고산 지대에서는 절대로 뛰지 말라는 말을 마지막에 시간에 쫓기다 잊어먹고 말았다. 이 증상은 비행기를 타는 오후 2시까지 계속되었다.

　공항에서의 점심은 불고기 덮밥 비슷한 멕시칸 요리를 먹었다. 맛은 훌륭했으나 머리가 계속 멍한 것이 매우 힘든 시간이었다. 로비에서 잠깐의 휴식을 취한 후 멕시카나 항공 카운터에서 체크인을 하려고 한참 동안 줄을 섰다. 티켓을 내밀자 이곳은 국내선이니 국제선으로 가라고 한다. 아차! 깜박했다. 멕시코 공항은 국내선과 국제선이 한 청사에 있다. 한참을 걸어 국제선 창구로 가서 체크인을 하고 기다리고 있으려니 안내 방송에서 비행기가 지연 출발을 한다며 변경된 게이트를 알려준다. 일정이 촉박한 우리 같은 여행객은 지연 출발 또는 연착이라는 단어만 들어도 겁이 덜컥 덜컥 나는 상황이다. 변경된 게이트는 청사 제일 끝쪽에 있었다. 한참을 걸어 도착하여 터미널 끝쪽의 게이트에 앉아 있는데 게이트 문은 굳게 닫혀 있다.

여독이 밀려와 눈을 감고 무료하게 앉아 있는데 눈을 떠보니 주변에 있던 일부 사람들이 보이질 않는다. 주위를 살펴보니 다른 게이트에는 사람들이 탑승을 하고 있다. 혹시나 해서 가서 확인해보니 아뿔사! 이 게이트에서 탑승하는 승객들의 긴 줄에 가려 우리 게이트가 보이질 않았던 것인데 모두가 탑승을 했는지 아무도 보이질 않는다. 안내원에게 물어보니 빨리 탑승하라는 것이다. 워낙에 큰 공항이라 안내방송을 귀 기울여 듣지 못한 점과 지연이라는 말에 넋 놓고 긴장을 잠시 놓아버린 것이 큰 일을 벌일 뻔했다.

가슴을 쓸어내리며 비행기에 앉았다. 엄청난 실수를 할 뻔했다. 여행의 마지막에 식은 땀이 절로 나왔다. 태양 빛에 비춰지는 뿌연 먼지 속의 멕시코시티를 이륙하며 언제고 다시 와야 한다는 생각을 하며 지난 며칠간의 추억 속에 잠겼다.

이번 여정에서 최소한 1주일만 더 여유가 있었으면 하는 아쉬움이 물밀듯이 몰려왔다. 이 일주일은 보다 많은 곳을 방문하기 위한 것은 아니다. 이번 여정을 그대로 진행하며 각각의 목적지에 조금 더 시간을 할애할 수 있었다면 보다 여유있는 시간을 누릴 수 있었을 것이다. 하지만 그 일주일이 정말 더 있었다면 또 다른 일주일을 요구할 것이기 때문에 더 이상 날짜를 생각하는 것은 바보 같은 일이다. 다만 어렵게 만든 이번 20일이라는 시간이 한순간의 버려진 시간도 없이 잘 소비되었느냐의 문제가 평가되어야 한다. 지금까지는 그렇다고 할 수 있다. 매일매일의 일정에 조금의 군더더기도 없이 숨가쁘게 그러나 차분하게 진행된 여행이었다.

저녁노을이 지는 LA 상공

LA 중심의 고층 빌딩들

이제 비행기는 로스엔젤레스로 향한다. 창문 밖으로 캘리포니아의 해변이 보이기 시작한다. 그곳에서 인천행 비행기를 갈아타야 한다. 그렇게 되면 여행 제21일(일요일)이 될 것이다. 지구 반대편으로의 또 다른 여행이 시작된 것이다.

새로운 영혼을 발견한 사랑스런 남미여!
다시 만날 때까지 아디오스! 아디오스!

후기

　여행을 마치며 몇 가지 예정된 계획을 이루지 못한 아쉬운 점을 언급하며 비슷한 여정에서 보다 알찬 여행이 되기를 원하는 여행자들을 위해 후기를 적는다. 이 같은 아쉬운 점들은 대부분 일정이 짧음으로 인해 발생된다. 그럼에도 불구하고 결론적으로 이번 여정은 계획대비 높은 점수를 주고 싶다.

제1일(월) 인천 출발 그리고 미국

　무엇보다 시간이 촉박한 여정이기 때문에 현지에서는 단 몇 시간이라도 아쉬울 때가 많았다. 비용이 조금 추가되더라도 가능하면 직항로를 이용하여 경유지인 LA에 들어갔으면 했다. 출발 날짜와 시간이 맞지 않아 북경을 경유했는데 가는 데 3시간, 가서 대기하는 데 5시간 정도를, 그리고 북경에서 다시 동해쪽으로 비행하는 데 2시간여를 소비해야만 했다. 출발 시에 진지하게 고려할 사항이라고 생각된다. 사실 LA에서 멕시코시티로의 비행은 시간으로는 여유가 있었으나 혹시 연착 같은 특별한 상황에서는 아무런 대안이 없음을 감안할 때 위험성이 있음은 자명하다. LA 도착 다음날 멕시코행 비행을 예약하는 방법이 실수를 방지할 수 있을 것이다. 그러나 이렇게 되면 여정은 다소 안전해지지만 여행일정이 하루 줄어들게 된다. 선택의 여지는 없다. 게다가 LA에서 중남미로의 비행 편은 야간에 몰려있다.

제2일(화) 멕시코시티에서 칸쿤

　멕시코시티에서 칸쿤으로 직접 갈 경우 LA 현지에서 발권을 하는 것이 바람직할 것이다. 성수기의 경우 멕시코시티에서는 원하는 시간의 표가 없을 수도 있다. 물론 하루도 채 나지 않는 차이지만 그래도 밑져야 본전 아닌가.
　멕시코시티에서 곧바로 칸쿤으로 올 수만 있었다면 이슬라 델 무헤레스 섬을 볼 수 있는 시간이 가능했을 것이다. 그러나 이것은 앞으로의 여정에 있어 첫날부터

무리한 일정일 수도 있다. 아직 느끼지는 못했지만 한국을 출발한 긴 여정은 무의식중에 이미 커다란 피로를 몰고 오고 있을 터였다. 어쨌든 이 문제는 칸쿤에 몇 시경에 도착하는가에 대한 문제이다. 하지만 오랜 여독과 시차 적응을 위해서는 호텔에서 휴식을 취하는 것이 전체 여정을 위한 체력 안배에 도움이 될 것이다.

제3일(수) 치첸이차

여행지에서 투어 예약은 숙박한 호텔에서 예약을 해야 할 것이다. 괜히 중심 지구에서 예약을 하면 편하기는 하겠지만 생각지도 못했던 돌발 상황이 발생하면 대처하기가 힘들다. 치첸이차는 일정상 단체 투어를 하는 경우가 대부분일 텐데 사전에 유적지의 관람포인트를 나름대로 구상해 놓으면 매우 도움이 될 것이다. 유적지가 넓고 규모가 크기 때문에 어느 한곳에서 시간을 오래 지체하면 다른 장소에서의 관람 시간에 제약이 따르기 때문이다. 우리의 경우 쿠쿨칸의 피라미드에서 많은 시간을 보냈다. 그 앞에 앉아 상념에 빠진 시간이 많아 나중엔 허겁지겁 움직여야 했다. 3시간 정도의 시간을 주는데 사전에 유적지 지도를 잘 검토하는 것은 필수적이다. 물론 개별적으로 버스를 타고 다녀오는 방법도 있지만 짧은 일정의 여행객들에게는 권하고 싶지 않다.

제4일(목) 툴룸

버스는 가능하면 전날 예매를 하는 것이 좋은 방법이다. 최대한 가장 이른 시간에 출발하는 것이 좋다. 교통 체증도 문제이지만 현지에서 해변을 즐기는 시간을 늘리면 좋겠고 혹시나 툴룸 주변의 다른 해변이나 유적지 한곳이라도 더 관람할 기회가 있을 수 있겠다. 물론 툴룸 유적의 지도를 사전에 검토하여 유적지 내에서 신속한 이동이 가능하도록 노력해야 한다. 당일 발권을 하는 경우 터미널에서 출발 전에 돌아오는 버스를 예약하는 것은 필수다. 또 다른 대안으로 툴룸만을 위한 하루 투어 프로그램을 이용하는 것도 좋을 것이다.

제5일(금) 멕시코시티

늦은 오후가 되어서야 멕시코시티의 소칼로 광장에 나올 수 있었다. 조금만 일찍 나올 수 있었다면 알라메다 광장까지 도보로 움직일 수 있었을 것이다. 그러나 그저 소칼로에 마음 편하게 앉아 주변의 분위기에 취해있는 것도 나쁘지만은 않았을 것이다. 또 다른 대안으로 라틴아메리카 타워에 올라보는 것도 좋은 선택일 것이다.

제6일(토) 테오티후아칸

이미 언급한 대로 유적지 방문은 언제나 방문 예정 루트를 미리 예정하고 가는 것이 도움이 된다. 특히 테오티후아칸은 그 규모가 매우 크기 때문에 정해진 시간에 모든 것을 자세히 볼 수 없다. 그렇기 때문에 미리 계획한 중요한 지역을 선별하여 중점적으로 보아야 할 것이다. 적은 시간이라도 알뜰하게 사용할 수 있기 때문이며 다음의 여정에도 도움이 된다.

제7일(일) 인류학 박물관

여행 중 박물관은 언제나 그러하듯 주마간산 격이 될 수밖에 없다. 유명한 박물관들은 자세히 보는 데 적어도 일주일은 걸리기 때문이다. 학자들처럼 어떤 유물이 있는가가 중요한 것이 아니라 유명한 유물의 실물은 과연 어떤 모습일까가 보다 중요하다. 주요 유물들을 사전에 기억하고 방문해야 함은 상식이다. 박물관 상점의 물건들이 고급스럽다. 여유가 되면 이곳에서 구입하는 작은 물건 한두 점은 좋은 기념이 될 것이다.

제8일(월) 쿠스코

오후 투어를 시내투어와 신성한 계곡투어로 나누어 선택을 해야 할 것이다. 제반 여건이 맞지 않을 경우 시내투어를 하는 것으로 만족할 수 있는데 3일째 오전에 시내투어를 할 경우라면 첫날 오후에 쿠스코에 늦게 복귀하더라도 신성한 계곡을 여행하는 것도 좋은 방법이다. 이 계곡에도 여러 유적지가 있어 짧은 일정상 전부 볼 수 있는 시간은 되지 않는다. 그러므로 멀리 오얀타이탐보를 방문하고 오는 방법과 아니면 피삭과 우루밤바 계곡까지를 돌아오는 두 가지 방법이 있다. 피삭의 경우 전통적인 장날에 맞추어 방문하는 것이 금상첨화인데 여의치 않다면 피삭 지역을 포기하고 오얀타이탐보를 보는 것도 좋겠다. 사실 피삭의 장날은 지금은 관광객들을 위한 기념품을 판매하는 노점들로 바뀌었다는 점도 참고할 만하다.

제9일(화) 마추피추

관람 전에 유적의 지도를 머리 속에 기억하는 것이 필수적이다. 게다가 지도에 동선을 미리 정하고 시간을 할애할 특정한 지점을 찾아서 움직이는 방법이 유용할 것이다. 물론 가이드의 안내도 도움이 되겠지만 넓고 볼 것이 많은 인류 최대의 유적지를 가이드 옆에서만 볼 수는 없는 노릇이다.

제10일(수) 잉카 박물관

첫날 오얀타이탐보나 피삭을 방문했다면 오늘은 시내투어를 해야 한다. 그러나 시내투어를 이미 했다면 오전 일정으로는 다른 대안이 없다. 박물관을 둘러보는 등 시내에서의 산책을 해야 할 것이다. 언덕으로 된 골목들이 많은데 여행객들이 별로 없고 현지인들만 있는 곳은 되도록 피하는 것이 안전한 여행이 될 것이다.

제11일(목) 우로스

우로스섬 투어는 근처의 타킬레섬까지의 투어를 포함할 수 있다. 그러나 타킬레섬에서 구태여 숙박을 하지 않을 것이기 때문에 우리는 간단히 우로스 섬 관광으로 끝냈다. 타킬레섬을 당일로 다녀올 경우 시유스타니는 포기해야 할 것이다.

제12일(금) 볼리비아

열흘이 지나도록 휴식일이 없다. 오후에 라파스에 도착하면 저녁시간까지는 여유가 있다. 시내를 둘러보거나 휴식을 취한다. 그러나 늦은 저녁시간에 시내를 둘러본다는 것은 번화한 중심가가 아니라면 매우 위험한 일이 될 수 있다.

제13일(토) 티아훠나코

티아훠나코는 티티카카 호수와 더불어 라파스 근교의 대표적인 유적지 중의 하나이다. 유적지 투어가 많이 있다. 고원지대에 들어와 피로가 누적된 상태라 투어 방법은 여행자의 선택이다. 우리의 경우 체력을 최대한 아끼기 위해 택시를 이용한 개별여행을 했다. 유적지에 가능하면 오래 머물기 위해 시간을 벌고 싶었고 또 이 나라의 물가가 싸다는 이유도 컸다. 알티플라노를 달리는 이동 거리 문제도 택시는 최대의 편안함을 제공한다. 시간의 여유가 있다면 티아휘나코 마을로 들어가 성당을 포함한 마을의 모습을 둘러보는 것도 좋은 추억이 될 것이다.

제14일(일) 태양의 섬

투어를 예약하는 방법이 일반적이다. 라파스에서 이동 거리가 매우 멀다. 티아휘나코처럼 선택의 문제이다. 휴식일이 없는 촉박한 여정에서 계속하여 투어 버스에 시달리는 것은 체력적 무리가 따르는 것은 자명한 사실이다. 또한 볼리비아처럼 낙후된 나라에서는 여행에 있어 워낙에 돌발 변수가 많고 예약을 했더라도 취소되는 경우가 많다는 것을 염두에 두어야 했다. 물론 이런 근교 투어의 경우 그리 큰 문제는 없겠지만 오래 머무르는 여행이 아니므로 택시를 이용하는 것은 두 사람이 함께 움직이는 편안함과 함께 안전도 확보되기에 가능한 한 느긋한 방법을 택하는 것이 중요하다. 물론 택시는 호텔에 의뢰해 이용하는 것이 좋을 것이다. 또한 당일로 돌아보는 관람이라면 무조건 오전에 출발하는 배를 타야 함은 물론이다. 유명한 유적지 두세 곳을 방문하려면 아주 빠른 발걸음이 필요할 것이다. 섬에서의 주요 유적을 보거나 섬의 풍광을 만끽하기 위해서는 최소 1박을 해야 하는 것이 보통이다.

제15일(월) 페루 리마

정오경에 리마에 들어오면 최대한 빨리 호텔을 결정하고 오후 일정에 들어간다. 우리의 경우 시간이 늦어 황금박물관을 보는 것으로 만족해야만 했다. 시간여유가 조금 더 있다면 인류학 박물관도 볼 수 있을 것이다. 밤이 늦더라도 라르코 마르에서 오랜만에 문화생활을 즐길 수 있으면 금상첨화가 될 것이다.

제16일(화) 나스카

나스카의 경우 새벽에 출발한다고 해도 시간적 여유가 정말 없다. 아쉬운 점은 사막에 있는 무덤들의 미이라들을 볼 수 없었다는 것이다. 아무렇게나 남겨진 미이라들의 생생한 모습을 보는 것은 또 다른 문화적 충격일 수 있다. 그러나 거리상으로 30km 정도를 더 움직여야 함에 따라 어려운 결정을 해야 한다. 이 지역을 방문했다면 리마의 호텔로 자정이 되어서야 도착했을 터이고 다음날 일정을 늦게 시작해야 하는 부담이 있었을 것이다. 순전히 체력의 문제로 나스카 무덤의 방문은 다음날의 일정과 비교하여 보면 장단점이 있다.

참고로 나스카 가는 길에 이카를 들르게 되는데 본문에서 언급하기는 했지만 이카의 카브레라 박물관을 방문하여 신기한 돌을 관람하는 것도 새로운 경험이 될 것이다.

제17일(수) 리마

라르코 박물관 / 아르마스 광장 / 산크리스토발 / 우아야마르카는 하루 일정으로 아주 훌륭한 것이었다. 아쉬운 점은 잉카문명의 유적에 관심이 많다면 아르마스 광장 / 산크리스토발 방문 후 오후에는 파차카막을 방문하는 방법이 있을 수 있다. 남미 여행이 유적의 방문에 중심을 두고 있지만 그렇다고 너무 많은 유적만을 보다 보면 조금 식상할 수 있는 부분도 있을 수 있다. 과감히 파차카막을 포기하고 산크리스토발 광장을 올라 기분을 전환하는 것도 좋은 대안이었다. 산크리스토발 방문 대신 또 다른 대안으로 산토도밍고 교회나 산마르틴 광장을 둘러보는 것도 좋을 것이다.

제18일(목) 멕시코시티 그리고 툴라

대통령궁과 툴라를 보는 것은 하루 일정으로 충분하다. 그러나 툴라는 일반 관광객이 둘러보기에는 별다른 흥미를 끄는 곳이 아닐 수 있다. 테오티후아칸이라는 거대한 유적과 인류학 박물관으로 역사 관람은 충분할 수 있다. 여행의 막바지에 도시의 유명 관광지를 둘러보며 오후의 여유로운 시간을 보내는 것도 좋은 방법이 될 수 있다. 시내의 가리발디 Garibaldi 같은 유명한 광장, 차풀테펙 공원, 인수르헨떼 Insurgente 거리 또는 근교의 소치밀코가 그 예이다.

제19일(금) 탁스코

멕시코시티 근교 여행이다. 최대한 일찍 출발한다. 사실 이러한 계획은 제대로 지켜지기가 힘들다. 저녁 늦게 숙소로 돌아와 피곤함에 잠이 들고 다음날 아침 일찍 일정을 소화하기란 무척이나 힘들다. 또한 아침 식사도 매우 중요하다. 점심이 간혹 늦어질 수 있기 때문이다. 탁스코와 푸에블라, 두 도시 중에 하나를 선택한다. 탁스코의 경우 무척이나 아름다운 마을이고 오랫동안 머무르고 싶은 곳이다. 오후 늦게까지 마을에서 보내고 싶은 곳이다. 가능하면 아침에 빨리 가는 것이 탁스코에서의 즐거운 시간을 오래 할 수 있을 것이다. 푸에블라는 세계 최대의 피라미드 둔덕이 있는 곳이며 또한 매우 아름다운 도시이다. 유적지 관광의 끄트머리에서 탁스코처럼 다른 세상을 보는 느낌도 상쾌하다.

제20일(토) 우남대에서 미국

우남대학교를 향한 출발은 가능하면 아침 일찍 빨라야 한다. 프리다 칼로 박물관은 코요야칸 역에서 택시를 타는 것이 좋다. 걸어서 가는 것은 많은 시간이 소요된다. 프리다 칼로의 감흥은 레온 트로츠키 박물관에서 대미를 장식할 수 있을 것이다. 무조건 빨리 움직임이면 계획된 일정을 모두 소화할 수 있겠지만 사실 이렇게 촉박한 것보다는 오히려 비움의 여유가 그 여운을 더욱 오래 간직하게 하지 않을까.

이번 여정 중 멕시코시티에서 LA행 비행기가 지연 출발을 했다. 긴장되는 순간이었다. 그러나 이런 경우는 하늘의 섭리인 것이다. 다행히도 2시간 정도의 지연으로 끝이 났다. 혹시라도 LA 도착 시간이 맞지 않으면 추후 일정이 불확실해질 뿐만 아니라 추가 비용이 들어갔을 것이다. 안전을 위해서는 LA 도착 다음날에 LA를 출발하는 여정을 세우는 것이 유종의 미를 거두는 데 도움이 될 것이다. 이것은 여행일 하루를 포기해야 하는 반대급부가 따른다.

참고 문헌

Arevalo J., Inka Initiation Path, Cusco, 2002.
Aveni A., Stairways to the Stars, Canade, 1997.
Bellwood P., The Polynesians, London, 1987.
Bernbaum E., Sacred Mountains of the World, Sanfrancisco, 1992.
Brian M. Fagan., Eyewitness to Discovery, New York, 1996.
Carrasco D., City of Sacrifice, Boston, 1999.
Churchward. J., The Lost Continent of MU, England, 1995
Childress D. H., The Mystery of the Olmecs, Illinois, 2007.
Collins A., The Cygnus Mystery, London, 2008.
Cotterell Maurice, The Lost Tomb of Viracocha, London, 2001.
Cotterell Maurice, The SuperGods, London, 1997.
Daniken E. V., Pathways to the Gods, New York, 1984.
Davies N., The Ancient Kingdoms of Mexico, New York, 1983.
De Landa Friar diego, Yucatan Before and After the Conquest, New York, 1978.
De la Vega Inca Garcilaso, The Royal Commentaries of the Incas, Urocyon Books.
Freidel D., Schele L. & Parker J., Maya Cosmos, New York, 1993
Furneaux R., Ancient Mysteries, New York, 1978.
Hancock G., Faiia S., Heaven's Mirror, New York, 1998.
Honore P., In search of Quetzalcoatl, Illinois, 2007.
Jones D. M., The illustrated encyclopedia of the Inca, London, 2007.
Joseph Frank, Atlantis and other lost world, London, 2008.
Krupp. E. C., Echoes of the Ancient Skies, New York, 2003.
Mason J. Alden, The Ancient Civilizations of Peru, Buckinghamshire, 1975.
Meave A. Laguna, Tiwanaku, La Paz, 2004.
Michell John, A Little History of Astro-Archaeology, London, 2001.
Miller M. E., The Art of Mesoamerica from Olmec to Aztec, London, 1986.
Miller Schele, The Blood of Kings, London, 1992.
Morey S. G. & Brainerd G.W., The Ancient Maya, California, 1983.
Morrison T., Pathways to the Gods, New York, 1978.
Moseley M. E., The Incas and their Ancestors, London, 1994.
Noone R. W., 5/5/2000, New York, 1994.
Phillips C., The lost History of Aztec & Maya, London, 2005.
Quilter Jeffrey, Treasures of the Andes, 2006.
Reinhard J, Machu Picchu, Lima, 2007.
Sitchin Z., The Lost Realms, New York, 1990.
Stacy-Judd R. B., Atlantis, Illinois, 1999.

Sterlin H., Architecture of the world-Ancient Mexico, Germany, 1993.
Sterlin H., The Art of Maya, Spain, 1981.
Stone-Miller R., Art of the Andes from Chavin to Inca, London, 1994.
Teresi D., Lost Discoveries, New York, 2002.
Tompkins P., Mysteries of the Mexican Pyramids, New York, 1976.
Townsend Richard F., The Aztecs, London, 2000.
Loney planet, Bolivia, 2006.
Loney planet, Mexico, 2006.
Loney planet, Peru, 2007.
http://en.wikipedia.org
http://commons.wikimedia.org

고대사회, 모오건, 최달곤/정동호 역, 현암사
그림으로 보는 황금 가지, 제임스 조지 프레이저, 이경덕 역, 까치
나스카 유적의 비밀, 카르맨 로르바흐, 박영구 역, 푸른역사
나스카의 수수께끼, 에리히 폰 대니켄, 이영희 역, 삼진기획
낭만적인 고고학 산책, C. W. 쎄람, 안경숙 역, 평단출판사
라틴아메리카 문화의 이해, 정경원/서경태/신정환 공저, 학문사
라틴아메리카역사 다이제스트, 이강혁, 가람기획
라틴아메리카의 역사, 카를로스 푸엔테스, 서성철 역, 까치
로스트 랭귀지, 앤드루 로빈슨, 최효은 역, 이지북
마야 문명, 존 S. 헨더슨, 이남규 역, 기린원
마법의 도시 야이누, 프란시스코 카란사, 송병선 역, 문학과 지성사
마야의 예언, 에이드리언 길버트/모리스 M. 코트렐, 김진영 역, 넥서스
마야인의 성서, 고혜선 역, 문학과 지성사
마야의 예언, 시간의 종말, 에이드리언 길버트, 고솔/강민영 역, 말글빛냄
메스티소의 나라들, 고혜선, 단국대학교 출판부
멕시코, 마크 크레머, 김경하 역, 휘슬러
멕시코의 어제와 오늘, 다니엘 꼬시오 비예가스 외, 고혜선 역, 단국대학교 출판부
수퍼내추럴, 그레이엄 핸콕, 박중서 역, 까치
시간의 문화사, 앤서니 애브니, 최광열, 역, 북로드
시몬 볼리바르, 헨드릭 빌렘 반 룬, 조재선 역, 서해문집
신화의 이미지, 조지프 캠벨, 홍윤희 역, 살림
아즈텍과 마야 신화, 칼 토베, 이응균/천경효 역, 범우사
아틀란테스, 김 원, 도서출판 와우
아틀란티스로 가는 길, 앤드루 콜린스, 한은경 역, 김영사
안데스 내 영혼의 지도, 호르헤 루이스 델가도, 이정아 역, 담담

오안네스, 김 원, 도서출판 와우
옛 문명의 풀리지 않는 의문들, 피터 제임스/닉 소프, 오성환 역, 까치
이야기 라틴아메리카사, 마스다 요시오, 신금순 역, 심산
이카의 돌, 코르넬리아 페트라투/베르나르트 로이딩거, 조석현 역, 창해
인디아스 파괴에 관한 간략한 보고서, 바르똘로메 데 라스 까사스, 최권준 역, 북스페인
인디언, 찰스만, 전지나 역, 오래된미래
잉카속으로, 권병조, 풀빛
잉카 신화, 케리 어튼, 임웅 역, 범우사
잉카 IN 안데스, 우석균, 랜덤하우스코리아
천국과 지옥이 이웃한 땅, 김안나, 가람기획
태양의 나라, 땅의 사람들, 유화열, 아트북스
태양의 제국, 잉카의 마지막 운명, 마이클 우드, 장석봉/이민아 역, 랜덤하우스중앙
캘린더, 데이비드 유잉 던컨, 신동욱 역, 씨엔씨미디어
코르테스의 멕시코제국 정복기, 에르난 코르테스/앙헬 고메스, 김원중 역, 나남
콜럼버스가 바꾼 세계, 엘프리드 W. 크로스비, 김기윤 역, 지식의 숲
크리스털 해골의 비밀, 크리스 모턴/세리루이스 토머스, 유영 역, 크림슨
페루, 이원종, 휘슬러
페루, 페루비안, 김안나, 평민사
페루의 어제와 오늘, 고혜선, 단국대학교 출판부
프리다 칼로와 디에고 리베라, 르 클레지오, 신성림 역, 다빈치
환각제와 문화, 피터 퍼스트, 김병대 역, 대원사

찾아보기

12각돌	161	달의 피라미드	111
갈색의 예수상	165	독수리 전사	83
과달루페	97	돌로레스의 절규	99
구기장	41	데사구아데로	231, 253
국립 인류학 역사연구소	36, 407	디에고 데 란다	41, 400
금성 플랫포옴	46	디에고 리베라	45, 84
나스카 라인	332, 360	디에고 벨라스케스	58, 93
나임랩신	336	라르코 박물관	218, 373
나후아틀어	78, 98, 122	라마	223
네몬테미	135	라스 까사스	88
달의 섬	306, 319	라틴 타워	90, 399
달의 계곡	297	람바예쿠에	334

로다데로	176	산 바르톨로 벽화	44
레스링하는 사람	138	산 크리스토발	387
리비에라 마야	57	산토 도밍고 성당	167
마마 오클로	153, 229	선-콜롬비아 박물관	218
마리아 라이헤	353	세케	169
마리아 앙골라 종	165	소로체	181
마야	34, 37, 61	소치밀코	106
만인의 주 카카오	87	소칼로 광장	73, 76
망코 잉카 유판퀴	156	스테펜스	60
망코 카팍	148, 153, 229, 319	시몬 볼리바르	78, 295
명문의 신전	140	시에자 데 레온	171, 274, 279, 289
메리다	15, 69	시시칸차	172
메소아메리카	33, 115	시유스타니	230, 242
멕시카니스타스	123	시페 토텍	65, 85
모체	336, 374	신치 로카	148
몬테주마2세	94, 122	씨뇨테	18, 52
미구엘 이달고	99, 404	아구아스 갈리안테	188, 191
미라도르	355	아끄야와시	166
미라플로레스	331, 394	아도사다 플랫포옴	117
믹스테카	81, 103	아레퀴파	150, 185
반지하 신전	277, 281	아루트루 포스난스키	275, 284, 306
발보아	383	아슬라	189
베넷 석상	277	아이돌	283
베니토 후아레스	14	아이마라	237, 261, 285
베르나디노 데 사아군	79, 122	아즈텍	72, 78, 94, 119
베르나베 코보	169, 178, 320	아카파나 피라미드	279
보남파크 신전	140	아타우알파	150, 385
볼라도레스 의식	65	아툰 루미욕	161
부쿱 우나푸	43	아틀란테스	114, 404, 408
북서쪽의 집	59	안데스	152, 217, 270
비라코차	203, 237, 273, 286	안티수유	152
사그라다	197	알마그로	385
사자의 길	105, 113	알토	260
사파 잉카	153, 307	알티플라노	260, 270
사파타	402	알파카	179, 222
삭사이와망	148, 171	에드워드 톰슨	51
산 마르틴	295, 329	에르난 코르테스	92, 122, 384, 415

엘솔 거리	159
엘카라콜	50
엘카스티요	39
오레호네스	154
오안네스	277
오얀타이탐보	157, 190
올린	135, 307
올멕	15, 45, 135, 335
올멕 두상	137
와리	218, 334
와이나피추	195, 207
와이라나	198
와하카	15, 130
우남대	426
우아야마르까	391
우아스카르	150, 385
우아카	152, 169
우아카치나	348
우루밤바	186, 191, 205
우이칠로페크틀리	81, 119
유카탄	18, 93
이슬라 무헤레스	21
이카	182, 346
이킬 씨뇨테	51
이투르비데 황제	87
인디헤나	37, 74, 265
인티	152, 200
인티와타나	181, 199
일리마니 산	260, 270
잉카	149, 221
잉카 가르실라소	164, 219
잉카의 길	157
잉카의 계단	322
재규어의 신전	44
전사의 신전	48
중심의 돌	273
차빈	334

차스키	157
차카나	292
차크	34, 47, 129
차크물	47, 139
차풀테펙	128
체게바라	294
촐룰라	106, 114
추수쿨루	321
추스파스	217
츄리게라 양식	88, 417
촘판틀리	45, 81
출파	242
치무	218, 334
치차	180
친카나스	175
친쿨틱의 원반	43
친차수유	152
카렌다 석	133
카치마유	177
칼라사사야	283
칼라오	147, 330
코리칸차 신전	160
코아틀리쿠에	81, 121, 139
코욜사우쿠이	81
코카	157, 213
코파카바나	303, 313
콘티수유	152
콜야수유	152
쿠스코 카라 우루미	169
쿠이	165, 246, 248
쿠쿨칸	38, 61, 119
쿠쿨칸의 피라미드	39
킬케 문명	175
퀴푸	157
캐서우드	60
케로	216, 336
켄코	179

퀘자코아틀	79, 118
퀘자코아틀 피라미드	39, 108, 117
퀘잘파파로틀	109
퀘추아	148, 159, 209, 217, 245
타완틴수유	152
타코	28
탈루드-타블레로	104, 116
탐보	157
탐보마차이	177
태양의 문	285
태양의 신전	202
태양의 피라미드	107, 114
테노치티틀란	80, 93
테즈카틀리포카	118, 120
테페약	101
텍스코코	72, 78, 80
템플로 마요르	77
토나티우	134
토레온 신전	196, 202
토토라	235
토필친 세아카틀	120
톡스카틀	79
투미	334
투팍 아마루	156, 219
툴라의 거상	48, 408
톨란	103, 409
톨텍	35, 48, 103, 131, 410
틀라로칸	110
틀라록	82, 83, 118, 129
틀라텔로코	92, 93
티소크의 돌	132
티키 비라코차	153
티쿠나	304
티티카카 호수	227, 233, 304
피리기스	335, 339
파차마마	152, 277
파차카막	179
파차쿠티	149, 154
파카리탐보	153
파칼왕	139
팔렌케	15, 139
팜파	341, 360
팬아메리칸 하이웨이	342
페루레일	186
페닌술라레	101, 295
포풀부	43
폭아톡	43
폰세 석상	281, 284
폴 키르효프	33
푸카푸카라	177
푸투니	284
퓨마	148, 181, 305
퓨마 푼쿠	288
프란시스코 수도회	79, 100, 123
프레스코 신전	63
프리다 칼로	84, 431
플로렌틴 고문서	103, 122
플롱게온	47
피삭	158, 190
피자로	155, 382
필코 카이나	319
하브	40, 133
호르헤 차베스	146
호초브의 신전	140
황금 박물관	333
황금잔	336
후안 데 그리할바	58
후안 디에고	98
홀리아카	224
훔볼트	78, 422
흑요석	38, 105, 107